Privatrechtsangleichung in der Europäischen Union und in Kanada

Europäische Hochschulschriften
Publications Universitaires Européennes
European University Studies

**Reihe II**
**Rechtswissenschaft**

Série II Series II
Droit
Law

**Bd./Vol. 4529**

PETER LANG
Frankfurt am Main · Berlin · Bern · Bruxelles · New York · Oxford · Wien

Michael Kuhnke

# Privatrechtsangleichung in der Europäischen Union und in Kanada

## Ein Vergleich am Beispiel des Gesellschaftsrechts und des Verbrauchervertragsrechts

PETER LANG
Europäischer Verlag der Wissenschaften

**Bibliografische Information der Deutschen Nationalbibliothek**
Die Deutsche Nationalbibliothek verzeichnet diese Publikation in der Deutschen Nationalbibliografie; detaillierte bibliografische Daten sind im Internet über <http://www.d-nb.de> abrufbar.

Zugl.: Konstanz, Univ., Diss., 2006

D 352
ISSN 0531-7312
ISBN-10: 3-631-56552-6
ISBN-13: 978-3-631-56552-0



www.peterlang.de

für Gabriela

**Vorwort**

Die vorliegende Arbeit wurde von der Universität Konstanz im Sommersemester 2006 als Dissertation angenommen. Tag des Rigorosums war der 27. Juli 2006. Das Manuskript wurde im November 2005 abgeschlossen. Anschließend ergangene Rechtsprechung sowie veröffentlichte Literatur wurden bis August 2006 berücksichtigt.

Ganz herzlich bedanken möchte ich mich zunächst bei meinem Doktorvater, Herrn Professor Dr. Rainer Hausmann, der diese Arbeit maßgeblich gefördert hat. Er hat mir einerseits die nötige Freiheit bei der Gestaltung des Themas gelassen und andererseits wertvolle Hinweise gegeben, um die sehr weite Fragestellung einzugrenzen. Ferner bin ich ihm dankbar für die angenehme und interessante Tätigkeit als wissenschaftlicher Mitarbeiter an seinem Lehrstuhl, wie auch seinen Einsatz, der mir einen Aufenthalt als Gastdozent an der Université de Montpellier, Frankreich, ermöglichte. Ebenso möchte ich mich bei Professor H. Patrick Glenn bedanken, der meine Studien während des halbjährigen Forschungsaufenthaltes an der McGill University Montreal, Kanada, betreut hat. Dank gebührt schließlich Professor Dr. Glöckner, LL.M., für die zügige Erstellung des Zweitgutachtens.

Bei der Universität Konstanz und dem Land Baden Württemberg möchte ich mich für die Aufnahme in die Landesgraduiertenförderung und bei dem Deutschen Akademischen Austausch Dienst (DAAD) für die Gewährung eines Stipendiums bedanken, das mir insbesondere den Forschungsaufenthalt an der McGill University Montreal ermöglichte.

Mein letzter und besonderer Dank gilt meiner Familie. Meine Mutter wie auch meine Großmutter haben mein Studium sowie meine Promotion durch ihre Unterstützung maßgeblich gefördert. Hierfür bin ich ihnen sehr dankbar. Ganz besonders möchte ich mich allerdings bei meiner Frau Gabriela bedanken, der dieses Buch gewidmet ist. Sie hatte Verständnis für die schwierigen Phasen des Entstehungsprozesses dieser Dissertation und half sie zu überwinden. Ihre Geduld, ihre moralische Unterstützung aber auch ihr Antrieb haben daher wesentlich zum Abschluss dieser Arbeit beigetragen.

Hamburg, im Dezember 2006 Michael Kuhnke

**Inhaltsverzeichnis**

## Abkürzungsverzeichnis

| | |
|---|---|
| ABCA | Alberta Corporation Act |
| ABl. | Amtsblatt |
| AG | Die Aktiengesellschaft |
| AIT | Agreement on Internal Trade |
| BB | Der Betriebs-Berater |
| BC | British Columbia |
| BCCB | British Columbia Corporation Act |
| BCCPA | British Columbia Consumer Protection Act |
| BGH | Bundesgerichtshof |
| BNA | British North America Act |
| Bus. | Business |
| BVerfG | Bundesverfassungsgericht |
| Can. | Canadian |
| Can. Bar Rev. | Canadian Bar Review |
| Can. Bus. L. J. | Canadian Business Law Journal |
| CBCA | Canadian Business Corporation Act |
| CCQ | Code Civil du Québec |
| CISG | United Nations Convention on Contracts for the International Sale of Goods |
| CMC | Consumer Measures Committee |
| CMLR | Common Market Law Review |
| CPA | Consumer Protection Act |
| D.L.R. | Dominion Law Report |
| DB | Der Betrieb |
| DGCL | General Corporation Law of the State of Delaware |
| EEA | Einheitliche Europäische Akte |
| EGV | Vertrag zur Gründung der Europäischen Gemeinschaft |
| EuLF | European Law Forum |

| | |
|---|---|
| EuR | Europarecht |
| EUV | Vertrag zur Gründung der Europäischen Union |
| EuZW | Europäische Zeitschrift für Wirtschaftsrecht |
| EVÜ | EWG-Übereinkommen über das auf vertragliche Schuldverhältnisse anwendbare Recht |
| EWIV | Europäische Wirtschaftliche Interessenvereinigung |
| EWS | Europäisches Wirtschafts- und Steuerrecht |
| FS | Festschrift |
| IAS | International Accounting Standards |
| IASB | International Accounting Standards Board |
| IFRS | International Financial Reporting Standards |
| IntGesR | Internationales Gesellschaftsrecht |
| IOSCO | International Organisation of Securities Commissions |
| IPR | Internationales Privatrecht |
| IPRax | Praxis des Internationalen Privat- und Verfahrensrechts |
| IWB | Internationale Wirtschaftsbriefe |
| JZ | Juristen-Zeitung |
| L.J. | Law Journal |
| LCQ | Loi des Compagnies de Québec |
| LPCQ | Loi sur la Protection du Consommateur du Québec |
| N.J.C.L. | National Journal of Constitutional Law |
| NAFTA | North American Free Trade Area |
| NJW | Neue Juristische Wochenschrift |
| NZG | Neue Zeitschrift für Gesellschaftsrecht |
| OBCA | Ontario Business Corporation Act |
| OBPA | Ontario Business Practices Act |
| OCPA | Ontario Consumer Protection Act |
| OEPCA | Ontario Extra Provincial Corporation Act |
| OLRC | Ontario Law Reform Commission |
| OSC | Ontario Securities Commission |

| | |
|---|---|
| PC | Privy Council |
| PEI | Prince Edward Island |
| PPSA | Personal Property Securities Act |
| RabelsZ | Rabels Zeitschrift |
| Rev. | Review/Revue |
| RIDC | Revue Internationale de Droit Comparé |
| RIW | Recht der Internationalen Wirtschaft |
| RL | Richtlinie |
| Rs. | Rechtssache |
| Rspr. | Rechtsprechung |
| S.C.R. | Supreme Court Review |
| SA | Société par actions |
| SAS | Société par actions simplifiée |
| SCC | Supreme Court of Canada |
| SCE | Societas Cooperativa Europaea |
| SE | Societas Europaea |
| SEC | Securities Exchange Commission |
| Slg. | Sammlung |
| U. | University |
| U. of T. L. J. | University of Toronto Law Journal |
| UCC | Uniform Commercial Code |
| ULCC | Uniform Law Conference of Canada |
| US GAAP | US Generally Accepted Accounting Principles |
| VO | Verordnung |
| VuR | Verbraucher und Recht |
| ZEuP | Zeitschrift für Europäisches Privatrecht |
| ZGR | Zeitschrift für Unternehmens- und Gesellschaftsrecht |
| ZIP | Zeitschrift für Wirtschaftsrecht |
| ZVglRWiss | Zeitschrift für Vergleichende Rechtswissenschaft |

# 1. Kapitel Einleitung

Auslöser für die folgende Untersuchung sind die Fragen, welche sich bezüglich der künftigen Entwicklung des Privatrechts in der Europäischen Union stellen: Wie weit sollen Vereinheitlichung und Harmonisierung des Rechts fortschreiten? Und welche Bereiche müssen diese erfassen, um ein möglichst reibungsloses Funktionieren des Europäischen Binnenmarktes zu gewährleisten?

Bislang drängt sich der Eindruck auf, dass Vereinheitlichung und Harmonisierung des Privatrechts nur in dem Maße erreicht werden, in dem ein politischer Konsens erzielt wird. Zudem sind diese Maßnahmen einseitig auf die Politikziele des primären Gemeinschaftsrechts, also vor allem auf die Gestaltung des Binnenmarktes, ausgerichtet. Damit folgt die Harmonisierung aber nicht einem kohärenten Konzept, sondern erfolgt nur punktuell und hält sich an die Kunst des politisch Machbaren und vertraglich Erlaubten. In rechtlicher Hinsicht stellt dies keine optimale und systemgerechte Lösung dar.[1] Geht man davon aus, dass die Angleichung des Privatrechts weiter fortschreiten soll, so bedarf es als Vorgabe an die europäische Legislative und Judikative eines Entwicklungsrahmens, der die grundlegenden Wertungen des Privatrechts darstellt und hierzu an die europäischen Rechtstraditionen anknüpft.[2] Weiterhin verdichtet sich der Eindruck, dass Vereinheitlichung als Selbstzweck angesehen wird.[3] Vernachlässigt wird dabei der Blick auf die Bedürfnisse der Praxis,[4] das Bewusstsein um die rechts-

---

1 Dazu *Buxbaum/Hopt*, Legal Harmonization S.15:

> *"It is still unclear whether any existing economic or political theory of integration is already able to offer a fully developed, operational model of how to draw rational dividing lines between federal and state regulation of company and capital market law. It is clear that in the European Community of today the institutions responsible for the harmonization of law have not yet taken up those bits and pieces of any theory which might be helpful to that effort. Instead, they explicitly understand themselves to be political actors, rather than social engineers, and seem more inclined to reach political feasible compromises at the outset rather than to construct a theoretically optimal dual legislative system in this field".*

In diesem Sinne auch *Steindorff*, EG-Vertrag und Privatrecht, S. 51.

2 *Steindorff*, EG-Vertrag und Privatrecht, S. 471.

3 *Merkt*, Europäische Aktiengesellschaft: Gesetzgebung als Selbstzweck? BB 1992, S. 652-661.

4 Siehe hierzu *Sandrock*, Die europäischen Gemeinschaften und die Privatrechte ihrer Mitgliedstaaten: Einheit oder Vielfalt? EWS 1994, S. 7:

> *„Wenn es um die Ausarbeitung von zivilrechtlichen Regeln für den internationalen Verkehr geht, ist in erster Linie nicht der staatliche Gesetzgeber zur Schaffung solcher Regeln berufen. Hier gebührt den Kaufleuten der Vorrang. Solange und soweit sie kein Bedürfnis nach Einheitsrecht sehen, muss sich auch der Gesetzgeber zurückhalten".*

Siehe ebenfalls *Remien*, Rechtseinheit ohne Einheitsgesetze, RabelsZ 56 (1992), S. 300, 310 f; Anlässlich eines Symposiums wurden Vertreter von Wirtschaftsverbänden und Praktiker nach kulturelle Identitätswahrung der Mitgliedstaaten, aber auch die Kohärenz des nationalen Rechts,[5] sowie eine rigorose Einhaltung des Subsidiaritätsprinzips.

Vor diesem Hintergrund bietet es sich an, Vergleiche mit anderen Mehrrechtsordnungen anzustellen. Zum einen ist es von Interesse, die dortigen Auseinandersetzungen um Notwendigkeit, Ziele und Grenzen sowie Kosten und Nutzen der Angleichung im Privatrecht zu beobachten. Zum anderen können die Entwicklung des Privatrechts, dessen Harmonisierungsprozess und die dabei erfolgten Erfahrungen analysiert werden. Hieraus lassen sich dann in der Folge Lehren oder Lösungsalternativen für die eigene Rechtsordnung entwickeln. Dies kann eine Orientierung bei der Erarbeitung des oben geforderten Entwicklungsrahmens darstellen.

Solche Vergleiche wurden in der Vergangenheit häufig zwischen der Europäischen Union und den USA, vornehmlich in den Bereichen des Gesellschafts- und Kapitalmarktrechts vorgenommen.[6] Im Rahmen dieser Arbeit soll allerdings Kanada als Vergleichsobjekt herangezogen werden. Zwar liegt ein Vergleich mit den USA im Hinblick auf die Wirtschaftskraft beider Bundesstaaten näher. Dennoch bietet Kanada gegenüber den USA rechtliche Besonderheiten, welche diesen Größennachteil in Bezug auf den hier zu ziehenden Vergleich wieder ausgleichen.[7] Ein Vergleich mit Kanada erscheint deshalb attraktiv, weil dort ein funktionierender Binnenmarkt, andererseits aber auch ein Bundesstaat vorliegt. Insgesamt existiert dort also ein Maß an politischer und ökonomischer Integration, das zumindest auf absehbare Zeit über das hinausgeht, was auf EU-Ebene angestrebt wird. Dennoch scheint das kanadische Modell in der Lage zu sein, eine identitätswahrende, privatrechtliche Eigenständigkeit seiner Glied-staaten zu erlauben, d.h. einen Zustand zu begünstigen, der auch in der EU als wünschenswert empfunden wird, den aber viele Stimmen in der Wissenschaft aufgrund der fortschreitenden Harmonisierung als gefährdet ansehen, beispielsweise auch durch Bestrebungen ein europäisches Zivilgesetzbuch zu schaffen.[8] Das Beispiel Quebec zeigt in beeindruckender Weise, wie ein Gliedstaat als Zeichen seiner zivilrechtlichen

ihren Ansichten hinsichtlich Einheitsrecht und Rechtsvereinheitlichung befragt; dabei erfolgten u.a. die nachstehenden Äußerungen „Die Rechtswahl spielt eine sehr große Rolle"; „ In Verträgen des Warenhandels wird regelmäßig das CISG ausgeschlossen"; „Eine Vereinheitlichung des Schuldrechts wäre nicht schädlich, vorausgesetzt es handelt sich um abdingbare Regelungen"; „Nicht schädlich aber überflüssig". Diese Äußerungen lassen augenscheinlich keinen Bedarf der Wirtschaft für Rechtsvereinheitlichung erkennen.

5 *Steindorff*, EG-Vertrag und Privatrecht, S. 51.

6 Siehe hierzu v.a. *Buxbaum/Hopt*, Legal Harmonization and the Business Enterprise, 1988; *Merkt*, Das Europäische Gesellschaftsrecht und die Idee des „Wettbewerbs der Gesetzgeber", RabelsZ 59 (1995).

7 In diesem Sinne auch *DeMestral/Winter*, Mobility Rights in the European Union and Canada, (2001) 46 McGill L.J., S. 979, 981.

8 Siehe nur *Sandrock*, a.a.O., EWS 1994, S. 1, S. 5 ff. m.w.N.

Eigenständigkeit, ein neues Zivilgesetzbuch (*Code civil du Québec*, CCQ[9]) erlassen kann, und dennoch im Bundesstaat Kanada eingebunden bleibt.[10]

Zur Aufteilung der Gesetzgebungskompetenzen im Zivilrecht zwischen den zehn Provinzen und dem Bund kommt hinzu, dass in Kanada die beiden großen Rechtskreise des Civil Law und des Common Law aufeinander treffen. Hieraus ergeben sich Spannungen und Konflikte, die interessante Aspekte für einen Rechtsvergleich mit der EU bieten.[11] Gerade in letzter Zeit scheinen diese Besonderheiten der kanadischen Rechtsordnung auch der dortigen Politik und Rechtswissenschaft vermehrt bewusst zu werden. So gab erst kürzlich das kanadische Justizministerium eine Studie über die Harmonisierung des Rechts unter Beachtung des Zusammentreffens zweier kanadischer juristischer Traditionen in Auftrag.[12] Weiterhin sind hier die umfassende Untersuchung einer Kommission über die ökonomische Union und die Entwicklungsperspektiven für Kanada[13] sowie die Tätigkeit der Uniform Law Conference of Canada anzuführen.

Zusätzlich sind aber auch einige politische und gesellschaftliche Aspekte zu berücksichtigen: Noch heute wird die Mitgliedschaft in der kanadischen Föderation nicht als selbstverständlich und unantastbar angesehen. Hier gab und gibt es Separationsbewegungen und Spannungen aus den unterschiedlichsten Gründen. In Quebec sind hierfür eher kulturelle Motive ursächlich; in anderen rohstoffreichen Provinzen waren dagegen ökonomische Überlegungen für Abspaltungsbestrebungen ausschlaggebend. Gerade der Umstand, dass innerhalb Kanadas zwei verschiedene Kulturen gelebt werden und eine Identifikation der Bevölkerung eher mit ihrer Provinz als mit dem kanadischen Bundesstaat erfolgt, führt dazu, dass dort eine Ausgangslage gegeben ist, welche der europäischen Wirklichkeit um einiges näher kommt als die Situation in den USA. Eine eingehende

---

9 Der CCQ ist seit dem 1. Januar 1994 in seinem ganzen Umfang in Kraft.

10 Die Bevölkerung von Quebec hat sich dabei mehrheitlich wiederholt für den Verbleib ihrer Provinz im Bundesstaat Kanada ausgesprochen. Die Mehrheit war bei dem letzten Referendum zwar denkbar knapp; dennoch dürfte sich die Frage stellen, ob dies bei Volksentscheiden zur Zugehörigkeit der EU in den europäischen Staaten anders wäre.

11 Siehe *Zweigert/ Kötz*, Rechtsvergleichung, S. 117:
*„Jedenfalls bieten die Rechte Louisianas und Quebecs dem rechtsvergleichenden Betrachter interessante Modelle einer Symbiose von Civil Law und Common Law, die deutlich machen, dass unter dem gemeinsamen Dach eines Bundesstaates Länder mit verschiedenen juristischen Traditionen zusammenleben können, dies auch dann, wenn diese Traditionen so verschieden sind wie die von Rom und Westminster“.*

12 Canada, Dept. of Justice, 1999: The harmonization of federal legislation with Quebec civil law and Canadian bijuralism: respecting the coexistence of Canada's two legal traditions.

13 The Royal Commission on the Economic Union and Development Prospects for Canada. (MacDonald Commission); *„...it is the most thorough examination of the Canadian economic, political and legal systems ever undertaken by an independent agency.“* (*MacDonald* in: State, Society, and the Development of Canadian Federalism, S. IX).

Untersuchung der Rahmenbedingungen für die Entwicklung des Privatrechts in beiden Verbünden soll in Kapitel 2. unternommen werden.

Um zu prüfen, ob das kanadische Modell Alternativen für die EU bietet, gilt es, die Entwicklung des Privatrechts innerhalb beider Mehrrechtsordnungen zu untersuchen. Dabei muss sich die Untersuchung auf Teilgebiete des Zivilrechts beschränken, die aufgrund ihrer Relevanz für das Erreichen eines gemeinsamen Binnenmarktes exemplarisch die Gesamtentwicklung aufzeigen. So soll die Untersuchung im Gesellschaftsrecht und im Verbrauchervertragsrecht geführt werden. Selbst dieser Rahmen ist immer noch recht weit gesteckt. Dieser Arbeit ist jedoch nicht an einer umfassenden Darstellung des beiderseitigen materiellen Rechts gelegen. Vielmehr soll die Entwicklung der einzelnen Rechtsinstitute der genannten Bereiche im Gefüge der Mehrrechtsordnung dargestellt und verglichen werden.

Die Materien wurden ausgewählt, da sie aufgrund ihrer Relevanz für die Errichtung eines Binnenmarktes Rückschlüsse auf die Art und den Umfang der jeweiligen Harmonisierungsprozesse erlauben. Zunehmend mehr Unternehmen agieren heutzutage in immer größeren Märkten. Dieser Umstand stellt auch das Recht vor großen Herausforderungen, da es trotz Internationalisierung weiterhin den Interessenausgleich zwischen den beteiligten Personen wahren muss, zugleich aber diese Entwicklung nicht behindern darf. Dadurch stehen das regulierende Gesellschaftsrecht sowie das Gesellschaftskollisionsrecht im Mittelpunkt des Interesses. Im selben Maße wächst aber auch die Bedeutung des Verbraucherschutzrechts: Für die Unternehmen bedeutet es einen Verlust an Effizienz, wenn sie sich auf viele unterschiedliche Schutzniveaus einstellen müssen, so dass die Attraktivität einer internationalen Betätigung wieder vermindert wird. Gleichzeitig ist aber auch an den Konsumenten zu denken, welcher sich vermehrt ausländischen Unternehmen ausgesetzt sieht.

Entsprechend ist auch festzustellen, dass sich das Verbraucherrecht wie auch das Gesellschaftsrecht als Gebiete etabliert haben, in denen die Europäische Gemeinschaft erheblichen Einfluss ausübt.[14] Aufgrund dessen scheint ein Vergleich in diesen beiden Gebieten am vielversprechendsten zu sein.

---

[14] Siehe die Einschätzung von *Hommelhoff*, in: Gesellschafts- und Unternehmensrecht in der Europäischen Union: Stand und Perspektiven 1997, S. 83, 84:

> *„Gesellschafts- und Kapitalmarktrecht flankiert von Bilanz- und Bankvertragsrecht waren über viele Jahre hinweg der Motor, um die Angleichung im europäischen Zivilrecht voranzutreiben. Mittlerweile jedoch haben das Arbeits- und vor allem das Konsumentenschutzrecht ganz erheblich an Bedeutung gewonnen.“*

# 2. Kapitel Vergleich der Rahmenbedingungen

In diesem Kapitel werden die Rahmenbedingungen für die Entwicklung des Privatrechts beider Mehrrechtsordnungen dargestellt. Dadurch wird zum einen ein besseres Verständnis für diese Entwicklungen in den jeweiligen Rechtsordnungen ermöglicht. Zum anderen soll es dazu dienen, die Vergleichbarkeit beider Verbünde zu ermitteln, da dies die Aussagekraft sowie den wissenschaftlichen Wert der im Vergleich erzielten Ergebnisse unmittelbar bestimmt. Viel mehr als bei vergleichenden Studien über die jeweilige Lösung von konkreten Rechtsproblemen, kommt bei dieser Untersuchung den historischen, politischen und verfassungsrechtlichen Rahmenbedingungen besonders große Bedeutung zu, da die Art und der Umfang einer Harmonisierung des Rechts letztlich immer durch politische Entscheidungen bestimmt werden. Für eine angemessene Würdigung der durch den Vergleich erzielten Ergebnisse ist die Berücksichtigung dieser Umstände daher unabdingbar.

Da die kanadische Rechtsordnung den deutschen und europäischen Betrachtern relativ fremd sein dürfte, liegt in diesem Kapitel der Schwerpunkt der Darstellung der Rahmenbedingungen in Kanada, wohingegen sich die Darstellung in Bezug auf die EU nur auf das Wesentliche beschränkt.

## A. Historische Entwicklung

### I. Die Geschichte Kanadas

#### 1. Die Kolonialzeit

Im Jahr 1534 wurde dieser Teil des amerikanischen Kontinents durch den Franzosen Jacques Cartier entdeckt und sodann durch die Kolonialmacht Frankreich in Anspruch genommen. Ab dem 17. Jahrhundert begannen französische Siedler die „Nouvelle France“ genannte Kolonie zu erschließen, ausgehend von den Gebieten am Sankt Lorenz Strom und der 1608 durch Samuel de Champlain gegründeten Stadt Quebec, sowie der 1642 gegründeten Stadt Montreal. Im Jahr 1670 erhielt die Hudson Bay Company von der englischen Krone die Souveränität über die

„Rupert's Land" genannten, weiter nördlich gelegenen Gebiete um die Hudson Bay und weiter nach Westen, um Pelzhandel zu betreiben.[15]

Die französische Vorherrschaft in Kanada endete im Jahr 1763, als die Besitzungen Frankreichs in Nordamerika nach dem 7-Jährigen Krieg durch den „Traité de Paris" an das siegreiche England abgetreten und anschließend in das englische Kolonialreich eingegliedert wurden. Zu diesem Zeitpunkt betrug die Bevölkerung der französischen Gebiete etwa 60.000 Einwohner.[16] Schon davor musste Frankreich im Jahr 1713 im Rahmen des Vertrages von Utrecht die Gebiete der heutigen Provinzen Nova Scotia und Newfoundland England überlassen.

In den ersten Jahren der englischen Herrschaft über die ehemals französischen Gebiete wurde versucht, durch die Einführung englischen Rechts und englischer Institutionen eine Anglisierung zu erreichen.[17] Zudem sollte die Bedeutung der nun in „Quebec" umbenannten Kolonie beschränkt werden, indem man durch eine neue Grenzziehung weite Teile der ehemaligen französischen Kolonie abspaltete. Unter dem Eindruck der Unruhen in den 13 älteren amerikanischen Kolonien verfolgte die englische Regierung in Quebec jedoch bald eine entgegengesetzte Politik: Die existierenden französischen Institutionen sollten weiterhin gepflegt werden, um die Bevölkerung auf diese Weise zu gewinnen und so ihre Anhänglichkeit an die britische Krone zu stärken.[18] Die britischen Machthaber in Kanada verfolgten das Ziel, aus Quebec eine Bastion gegen die rebellierenden südlicheren Kolonien zu machen; dabei setzten sie auf die alte herrschende Schicht im Land: die Feudalherren und die Kirche.[19] Umgesetzt wurde diese Zielsetzung in dem 1775 in Kraft getretenen *Quebec Act*. Unter anderem garantierte dieser den Fortbestand des französischen Zivilrechts und des angestammten Feudalsystems sowie der starken Stellung der katholischen Kirche. Weiterhin wurden die nach der Eroberung durchgeführten Gebietsabspaltungen zum großen Teil wieder rückgängig gemacht, und den Frankokanadiern der Zugang zu öffentlichen Ämtern eröffnet.[20] Im Ergebnis wurde damit die Sonderstellung Quebecs unter den britischen Kolonien erstmalig festgehalten.

Die Situation änderte sich allerdings, als in Folge des Unabhängigkeitskrieges der USA eine starke Zuwanderung von Königstreuen in die letzten beiden britisch

---

[15] Der Pelzhandel, in den auch die Indianer einbezogen wurden, war der eigentliche „Entstehungsgrund" für die ersten kanadischen Kolonien, sowohl auf britischer als auch auf französischer Seite. Bis weit in das 19. Jahrhundert war er der dominierende Wirtschaftszweig in Kanada.

[16] *Sautter*, Geschichte Kanadas (2000), S. 16.

[17] *Rémillard*, Le Fédéralisme Canadien, S. 101.

[18] *Sautter*, Geschichte Kanadas (1992), S. 68.

[19] *Rémillard*, a.a.O., S. 103.

[20] *Rémillard*, Le Fédéralisme Canadien, S. 102.

verbliebenen Kolonien Nordamerikas, Quebec und Nova Scotia, einsetzte. Aus Teilen letzterer Kolonie wurde die neue Kolonie New-Brunswick gegründet; in Quebec war die Lage allerdings problematisch, da die Neuankömmlinge nicht gedachten, das dort bestehende Feudalsystem sowie das französische Zivilrecht zu akzeptieren. Sie teilten weder dieselbe Sprache noch die Religion und ebenso wenig hatte man gemeinsame Traditionen. Auf diese Entwicklung reagierte England mit dem Erlass des *Constitutional Act 1791*, einer neuen Verfassung, welche die bisherige Kolonie in zwei Provinzen aufteilte, Upper und Lower Canada. In Lower Canada, das die Gebiete des heutigen Quebec umfasste, wurden die auf französischen Traditionen beruhenden Besonderheiten beibehalten, während in Upper Canada (das heutige Ontario) umgehend das englische Recht eingeführt wurde. Gleichzeitig begann damit die Spaltung der Gesellschaft nach ethnischer Herkunft: Die eingewanderten Loyalisten verspürten starke Ressentiments gegen die französischstämmigen Bewohner, da Frankreich die Republikaner im Unabhängigkeitskrieg unterstützt hatte, und fürchteten eine erneute Revolution.[21] Tatsächlich fanden die Ideen der französischen Revolution großen Anklang in Lower Canada; der Ruf nach mehr Kompetenzen des Parlaments wurde immer lauter. Ausserdem profitierte die stark ländlich und landwirtschaftlich orientierte frankokanadische Gesellschaft weder von der beginnenden Industrialisierung des Landes noch von der Kapitalisierung und Konzentration des Handels, der in anglophonen Händen lag.

Diese Gegensätze sorgten in den dreißiger Jahren des 19. Jh. für politische Unruhen in Lower Canada, die zu einem erneuten Kurswechsel in der englischen Kolonialpolitik führten. Das britische Parlament erließ 1840 den *Union Act*, der die beiden Provinzen wieder vereinigte. Die französische Mehrheit in Lower Canada sollte durch das Aufgehen in die neue vereinigte Provinz gebrochen und fortan zu einer Minderheit werden.[22] Dazu gehörte, dass fortan Englisch die alleinige offizielle Sprache des Landes war. Zwar überwog die Bevölkerungszahl der Frankokanadier innerhalb der neuen Provinz immer noch; jedoch wurden die ehemaligen beiden Kolonien – das britisch dominierte Upper Canada und das durch die Frankokanadier beherrschte Lower Canada – zu Verwaltungsbezirken der neuen Provinz welche beide je 42 Abgeordnete in das neue Parlament entsandten. Durch diesen simplen Trick lag die parlamentarische Kontrolle fortan in englischen Händen, was allerdings den Unmut der Frankokanadier weiter schürte und zu einem noch stärkeren Zusammengehörigkeitsgefühl innerhalb dieser Volksgruppe führte.

Die Besiedelung der heute durch den Bundesstaat Kanada umfassten Gebiete erfolgte im Laufe der Zeit durch unterschiedlichste Bevölkerungsgruppen, wobei

---

21 *Rémillard*, a.a.O., S. 110.

22 *Hogg*, Constitutional Law of Canada, 2.3 (b).

deren unterschiedliche Sprachen, Gebräuche, Religionen und Lebensweisen dafür sorgten, dass sie sich auch räumlich voneinander abgrenzten. Darin ist die Grundlage für den starken Regionalismus in Kanada zu sehen, welcher die herausragende Charakteristik der heutigen kanadischen Gesellschaft darstellt.[23]

## 2. Die Entstehung der kanadischen Föderation

Mit Inkrafttreten des *British North America Act 1867*[24] (*BNA Act*) am 1. Juli 1867 beginnt die Geschichte der kanadischen Konföderation. Durch Erlass des *BNA Act 1867* durch das britische Parlament wurden die ehemaligen Kolonien Nova Scotia und New Brunswick sowie die Provinz Canada (Upper und Lower Canada, heute Quebec und Ontario) auf deren Wunsch hin zum Dominion of Canada zusammengeschlossen. In den darauffolgenden Jahren traten noch weitere ehemalige britische Kolonien dem Dominion bei bzw. wurden neue Provinzen errichtet: 1870 Manitoba und die Northwest Territories; 1871 British Columbia; 1873 Prince Edward Island; 1898 die Yukon Territories; 1905 Alberta und Saskatche-wan sowie 1949 Newfoundland.[25] Zuletzt wurde mit Wirkung vom 1. April 1999 aus den Northwest Territories das Territorium Nunavut heraus-gebildet.[26]

Der *BNA Act 1867* sah eine föderale Ordnung vor und verlieh dem Bundesgesetzgeber sowie den Provinzgesetzgebern eine Reihe von Gesetzgebungsbefugnissen.[27] Dennoch bedeutete der Erlass dieses Gesetzes keinen Bruch mit der kolonialen Vergangenheit.[28] Auch wenn dem neuen Dominion weitreichende Selbstverwaltungsrechte verliehen wurden, blieb die Gesetzgebungsbefugnis des britischen Parlaments über den Dominion weiterhin bestehen.[29] Eine Unabhängigkeit vom Vereinigten Königreich war nicht erwünscht, ja noch nicht einmal in Betracht gezogen worden. Zwar setzte nach 1867 der Entwicklungs-prozess zur völligen Unabhängigkeit Kanadas ein, dieser stellte jedoch einen kontinuierlichen Prozess dar, welcher bis weit in das 20. Jahrhundert hineinreichte.

---

[23] *Leach*, Canadian Federalism Revisited, in Canadian Federalism S. 10.

[24] Dieses englische Gesetz stellt den wichtigsten Bestandteil der kanadischen Verfassung dar. Mit Erlass des *Canada Act 1982*, mit dem Kanada die volle verfassungsrechtliche Souveränität erlangte, wurde der *BNA Act 1867* in *Constitution Act 1867* umbenannt. Da es noch andere *Britisch North America* sowie *Constitution Acts* gibt, ist es unerlässlich, immer auch die Jahreszahl anzuführen.

[25] Nachdem sich erst in einem zweiten Referendum eine knappe Mehrheit der Bevölkerung für den Beitritt zu Kanada ausgesprochen hatte (*Hogg*, Constitutional Law of Canada, 2.5 (e)).

[26] Dies erfolgte, um den dort lebenden Eingeborenen (Inuiten) eine größere Autonomie zu ermöglichen.

[27] Siehe die Art 91 – 94 BNA Act 1867.

[28] *Hogg*, Constitutional Law of Canada, 3.1.

[29] *Hogg*, a.a.O., 3.1.

Der Zusammenschluss zum Dominion of Canada erfolgte auf Ersuchen der ehemaligen vier Kolonien, nachdem diese sich im Oktober 1864 auf der Konferenz von Quebec auf einen Entwurf für ein Konföderationsabkommen einigen konnten, welcher auf der Konferenz von London 1866 zum *BNA Act 1867* wurde.[30] Dieser Zusammenschluss bedeutete jedoch nicht die Überwindung der bis dahin gelebten Unterschiede und die Besinnung auf eine gemeinsame kanadische Identität; vielmehr waren hierfür wirtschaftliche und sicherheitspolitische Gesichtspunkte ausschlaggebend.[31] Zum einen verschlechterte sich der Handel mit den USA zusehends aufgrund von Zollerhöhungen auf US-Seite, mit denen Importe aus britischen Kolonien belegt wurden; die Schaffung eines gemeinsamen Marktes in Kanada sollte hierzu als Ausweg dienen.[32] Zum anderen waren sich die Kolonien darüber im Klaren, dass sie von einem freien Handel innerhalb eines gemeinsamen Binnenmarktes profitieren würden. Zusätzlich erleichterte der Zusammenschluss die Kapitalaufbringung zur Finanzierung wichtiger Infrastrukturprojekte, wie zum Beispiel des Baus der transkontinentalen Eisenbahn.[33] Gerade letzteres Vorhaben kann als Hauptmotivation für die Konföderation angesehen werden,[34] denn die bisherige Provinz des Vereinigten Kanadas war alleine nicht in der Lage, die nötigen finanziellen Ressourcen aufzubringen, um die Eisenbahnprojekte durchzuführen. Schon im Jahr 1862 rührten 60 % der Staatsschulden des Vereinigten Kanadas direkt aus der Finanzierung des Eisenbahnnetzes.[35] Die Einbindung der maritimen Provinzen sollte hier Abhilfe schaffen.

Neben diesen ökonomisch motivierten Beweggründen trat noch die in Kanada als bedrohlich eingeschätzte sicherheitspolitische Lage hinzu: Kanada war bereits 1812 in einen Krieg mit den USA verwickelt gewesen, und ein erneuter Konflikt schien vorprogrammiert, nachdem die durch Kanada unterstützten Südstaaten im amerikanischen Bürgerkrieg den Unions-Staaten unterlegen gewesen waren.[36] Den Höhepunkt dieser Entwicklung bildete das im Juli 1866 vom US-Repräsentantenhaus erlassene Gesetz zur Annexion der kanadischen Gebiete. Hinzu trat, dass Großbritannien bestrebt war, die Ausgaben für das Militär zu reduzieren, was dazu führte, dass das militärische Engagement in den Kolonien erheblich verringert wurde. Kanada konnte sich daher nicht mehr uneingeschränkt auf den Schutz durch Großbritannien verlassen und musste seine Verteidigung selbst

30 *Rémillard*, Le Fédéralisme Canadien, S. 40.

31 *Leach*, Canadian Federalism Revisited, in Canadian Federalism S. 10; *Rémillard*, a.a.O., S. 65 ff; *Strain*, Integration, Federalism and Cohesion, S. 40; *Sautter*, Geschichte Kanadas (1992), S. 132.

32 *Beaudoin*, La Constitution du Canada, S. 6 f; *Reesor*, The Canadian Constitution in Historical Perspective, S. 38.

33 *Hogg*, Constitutional Law of Canada, 2.4; *Sautter*, Geschichte Kanadas (1992), S. 126.

34 *Rémillard*, a.a.O., S. 71.

35 *Rémillard*, a.a.O., S. 71.

36 *Hogg*, a.a.O., 2.4; *Rémillard*, a.a.O., S. 74; *Reesor*, a.a.O., S. 39.

organisieren.[37] Diese Beweggründe spiegelt auch die Aufteilung der Gesetzgebungskompetenzen zwischen den Provinzen und dem Bund wieder: Der Zentralgewalt wurden die Kompetenzen für die Bereiche Außenbeziehungen, Verteidigung, Zölle, Bankwesen, Währung sowie Handels- und Wirtschafts-regulierung zugeteilt.

Zu den vorwiegend ökonomischen Beweggründen für den Zusammenschluss traten aber auch gesellschaftspolitische Aspekte hinzu. So waren die meisten Intellektuellen und die politischen Führer in den Provinzen, einschließlich Quebec, der Ansicht, dass eine Union eher die verschiedenen Kulturen zu schützen vermöge, als eine volle Souveränität der Provinzen.[38] Diese Ansicht wurde auf die beschränkte Rolle der Zentralgewalt im Vergleich zu den Provinzen gestützt, denn die Art der Verteilung der Gesetzgebungsbefugnisse ließ das Konfliktpotential unangetastet, das aus der für Kanada typischen starken regionalen Loyalität herrührt.[39] Daher bedeutete der *BNA Act 1867* für die Frankokanadier einen guten Kompromiss, welcher die Ungerechtigkeiten der Vereinigung von 1841 aufhob und ihnen erlaubte, eine eigenständige, charakteristische Gesellschaft mit einer eigenen autonomen Regierung innerhalb eines definierten Staatsgebietes zu bilden. Gleichzeitig wurden sie ein gleichberechtigtes Mitglied der neuen kanadischen Föderation.[40]

## 3. Die Entwicklung der Union bis zur Gegenwart

Sehr bald sorgte die Kompetenzaufteilung allerdings auch für Missstimmung. Die Union war ernsthaft in Gefahr, als 1869 in Nova Scotia eine Regierung gewählt wurde, die sich für eine Abspaltung ihrer Provinz aussprach. Grund hierfür war die Besorgnis, dass das vom Bund eingeleitete wirtschaftliche Entwicklungsprogramm die bevölkerungsreicheren Provinzen bevorzuge. Ein Austritt aus der Union scheiterte jedoch letztlich daran, dass die britische Regierung es ablehnte, Nova Scotia wieder den Status einer selbständigen Kolonie einzuräumen. In der Folge wurden spezielle Transferzahlungen an Nova Scotia vorgenommen, um den schwelenden Konflikt einzudämmen. Dieser Vorgang stellte damit einen Präzedenzfall dar für die Bewilligung von Transferleistungen mit dem Zweck, Desintegration zu vermeiden.[41] Dennoch fiel die wirtschaftliche Entwicklung der Atlantikprovinzen (Nova Scotia, New Brunswick und Prince Edward Island) deutlich hinter diejenige der größeren Provinzen zurück. Die Einwanderung ließ extrem

---

37 *Strain*, Integration, Federalism and Cohesion, S. 40.

38 *Rémillard*, Le Fédéralisme Canadien, S. 139.

39 *Strain*, a.a.O., S. 42.

40 *Hogg*, a.a.O., 2.4; *Rémillard*, a.a.O., S. 139 f.

41 *Strain*, a.a.O, S. 44.

nach, zusätzlich sank die Bevölkerungszahl erheblich aufgrund von Abwanderung in andere Provinzen.

Die nächste ernsthafte Bedrohung für die Union trat mit dem Ausbruch des Ersten Weltkriegs ein. Die Bundesregierung entschied sich, entgegen einer großen Opposition in Quebec, an der Seite Englands in den Konflikt einzugreifen. Die Beteiligung am Ersten Weltkrieg hatte zwei Folgen für die Kanadische Union: Während sie in den englischsprachigen Provinzen zu einem stark wachsenden nationalen Zusammengehörigkeitsgefühl führte, hatte sie in Quebec genau den gegenteiligen Effekt.[42] Dieses Ereignis markierte den Startpunkt für die heutzutage immer noch zu beobachtenden Querelen zwischen Quebec einerseits und dem Bund und den anderen Provinzen andererseits. Die Quebecer fühlten sich durch die Koalition der Bundesregierung mit den anglophonen Provinzen übergangen und besannen sich auf ihre eigenständige Kultur, Traditionen und Sprache, genauso wie sich in den anglophonen Provinzen eine beginnende kanadische Identität herausbildete. Damit einher ging das Aufkommen der Sprachenfrage, welche heute noch latent ist.

Ein bedeutsames Ereignis für die Geschichte Kanadas erfolgte im Jahr 1931 mit dem Erlass des *Statute of Westminster, 1931,* durch das britische Parlament. Darin wurde dem kanadischen Bundesstaat die volle gesetzgeberische Souveränität verliehen. Gleichzeitig wurde die Gesetzgebungsgewalt des englischen Parlaments über die Dominions in der Weise beschränkt, dass kein durch dieses Parlament erlassenes Gesetz in den Dominions gelten solle, es sei denn, ein Dominion wünsche dies ausdrücklich.[43] Diese legislative Souveränität war allerdings in der Hinsicht eingeschränkt, dass die kanadische Verfassung, in Gestalt des *BNA Act 1867*, durch den Bundesgesetzgeber weder geändert noch aufgehoben werden durfte. Erst mit dem Erlass des *Canada Act 1982* durch das britische Parlament sollte Kanada auch die verfassungsrechtliche Souveränität erlangen.[44]

In den Dreißiger Jahren setzte in Kanada eine erhebliche politische Krise ein. Sie war auf die einsetzende Wirtschaftskrise zurückzuführen, welche einige Provinzen an den Rand des Bankrotts trieb. Hinzu kam eine völlig unüber-sichtliche Steuergesetzgebung auf Bundes- und Provinz-Ebene sowie die zunehmende Bedeutung des Sozialstaates, auf die Bund und Provinzen nicht vorbereitet waren. Bei der Lösung dieser Probleme rückte die Zentralgewalt immer mehr in den Vordergrund, die hierin eine Gelegenheit zur Ausweitung ihrer Kompetenzen sah. Dabei musste sie sich jedoch häufig den Gerichten beugen, die zahlreiche Gesetz-

---

[42] *Strain*, Integration, Federalism and Cohesion, S. 45.

[43] *Hogg*, Constitutional Law of Canada, 3.3.

[44] *Hogg*, a.a.O., 3.4.

gebungsakte des Bundes für nichtig erklärten.[45] Die im Zuge dieser Krise 1937 eingesetzte Kommission[46] sollte eine grundlegende Untersuchung der ökonomischen und finanziellen Grundlagen der Konföderation, sowie der Aufteilung von Gesetzgebungskompetenzen im Lichte der ökonomischen und sozialen Entwicklungen der vorangegangenen 70 Jahre vornehmen. Der Bericht der Kommission empfahl, die Autonomie der Provinzen zu schützen, da sie unabdingbar für den Erhalt der Union sei. Andererseits sei diese Autonomie bedeutungslos, wenn die Provinzen nicht die finanziellen Mittel hätten, um ihren vielfältigen Aufgaben nachzukommen. Daher solle ein System nationaler Angleichungsfonds eingerichtet werden.[47]

Der inzwischen eingetretene Zweite Weltkrieg half, das Steuersystem zu entwirren und zu zentralisieren. Allerdings gab es in den Bereichen Gesundheit und Soziales eine starke Opposition gegen die Ausweitung der Aufgaben der Zentralgewalt seitens der reicheren Provinzen und Quebec. Zudem setzte nach dem Krieg ein starker Quebecer Nationalismus ein, der unter anderem auch die im Jahr 1968 erfolgte Gründung des Parti Québécois durch nationalistisch orientierte Politiker in Quebec zur Folge hatte. Zum einen waren hierfür dieselben Ursachen verantwortlich, welche schon während des Ersten Weltkriegs zu beobachten waren. Der Unterschied zwischen der anglophonen und der frankophonen Gesellschaft verschärfte sich. Das stark katholische Quebec lehnte die im übrigen Land nach dem Krieg vorherrschenden liberalen Werte und den Kapitalismus ab.[48] Hinzu kam, dass die Bürokratie der Zentralgewalt durch englischsprachige Kanadier beherrscht war, so dass sich für die zumeist nur französisch sprechenden Quebecer vor allem in höheren Kreisen kaum Teilnahmemöglichkeiten boten, was angesichts des Bedeutungszuwachses des Bundes eine gewisse Isolation Quebecs zur Folge hatte. Quebec bestand in der Folgezeit auf einer dezentralen Gewaltenteilung, wie sie das Konföderationsabkommen vorsah, um die frankophone Kultur zu schützen und Kanadas interne ethnische Harmonie zu wahren. Die Zentralgewalt suchte allerdings weiterhin ihren Einfluss zu vergrößern, wodurch es letztlich unweigerlich zu einem Konflikt kommen musste.

Dieser setzte ein, als die Provinz Quebec beschloss, ein eigenes Einkommens- und Unternehmenssteuerrechtssystem einzuführen. Da hierdurch die erst vor kurzem erreichte Vereinfachung des Steuersystems wieder vereitelt worden wäre, stieß diese Initiative auf starken Widerspruch seitens der Zentralgewalt. Es wurden schließlich Verhandlungen geführt, die zu einem Kompromiss gelangten, der die

[45] *Sproule-Jones*, An Analysis of Canadian Federalism, in Canadian Federalism, S. 23 Fn 2.

[46] Royal Commission on Dominion Provincial Relations, 1937 (Rowell-Sirois Commission), hierzu: The Rowell-Sirois Report, Book 1, *Donald V. Smiley, McClelland and Stewart* (Hrsg.).

[47] *Hogg*, Constitutional Law of Canada, 6.6.

[48] *Strain*, Integration, Federalism and Cohesion, S. 54.

Einheitlichkeit der provinziellen Steuersysteme aufrechterhielt, im Gegenzug aber Ausgleichszahlungen an Quebec vorsah. Dieses Ausgleichssystem trug erheblich zur sozialen Kohäsion zwischen den verschiedenen Provinzen bei.[49] Es stellt damit einen wesentlichen Baustein der kanadischen Föderation dar und wurde daher 1982 als Verfassungsprinzip verankert. Dennoch bestanden weiterhin starke regionale Disparitäten, und der Sprachenkonflikt schwelte immer noch.

Eine bestimmende Periode für die kanadische Nachkriegsgeschichte war die 16 Jahre währende Regierungszeit von Premierminister *Pierre E. Trudeau.* Dieser setzte sich massiv für die kanadische Einheit und gegen nationalistische und separatistische Strömungen ein. Gleichzeitig erreichte er, dass 1969 die Zweisprachigkeit gesetzlich verankert wurde, was einen wichtigen Schritt in Richtung Chancengleichheit zwischen Anglo- und Frankokanadiern bedeutete. Dennoch nahmen die Autonomiebestrebungen von Frankokanadiern in der Provinz Quebec weiterhin zu, und extremistische Splittergruppen verübten Attentate auf Politiker, die sich für die Einheit des Landes einsetzten. Daneben errang der Parti Québécois bei den Parlamentswahlen in Quebec 1976 die absolute Mehrheit. Im Rahmen des von ihr im Jahr 1980 abgehaltenen Referendums lehnte die Bevölkerung der Provinz mit knapper Mehrheit den Austritt Quebecs aus der kanadischen Union dennoch ab. Zu demselben Ergebnis führte ein erneutes Referendum im Oktober 1995.

Im September 1997 unterzeichneten die Regierungschefs von neun der zehn kanadischen Provinzen einen „Aufruf zur Erhaltung der Einheit". Diese Deklaration betont die Gleichheit der Provinzen, gesteht Quebec jedoch seinen „einzigartigen Charakter" zu. Am 20. August 1998 entschied der Supreme Court of Canada in einem „beratenden Urteil"[50] dass ein einseitiger Austritt der Provinz Quebec aus der Union nicht verfassungskonform wäre. Vielmehr bedürfe es hierzu Verhandlungen mit der nationalen Regierung, einer Verfassungsänderung sowie der mehrheitlichen Zustimmung bei einer Volksabstimmung. Das Urteil wurde sowohl von der Regierung Kanadas als auch von der Regierung Quebecs positiv aufgenommen. Die Zukunft der Union ist damit immer noch ungewiss. In Quebec hat der weiterhin mächtige Parti Québécois in naher Zukunft ein weiteres Referendum über den Austritt angekündigt. Nach seiner Vorstellung soll nach einem Austritt eine Art Gemeinschaft mit dem übrigen Kanada nach dem Vorbild der EU gebildet werden, die eine Währungsunion und eine Wirtschaftsgemeinschaft beinhalten soll.

---

[49] *Strain*, a.a.O., S. 55.

[50] *Re Secession of Québec*, (1998) 2 S.C.R. 217. Zum Supreme Court allgemein, sowie zu dieser besonderen Verfahrensart, siehe weiter unten in diesem Kapitel unter Punkt C. I. 3. a).

## II. Die Geschichte der Europäischen Union

Den Beginn für die heute existierende EU bildet die Gründung der Europäischen Gemeinschaft für Kohle und Stahl (EGKS oder auch Montanunion genannt) zwischen Deutschland, Frankreich, Italien, Belgien, den Niederlanden und Luxemburg im Jahr 1951, zurückgehend auf den Plan des damaligen französischen Außenministers *Robert Schuman*, welcher ein von *Jean Monnet* im Jahr 1950 entwickeltes Konzept aufgriff. Dem folgten 1957 die Gründung der Europäischen Atomgemeinschaft (EAG oder Euratom) und der Europäischen Wirtschaftsgemeinschaft (EWG) in Rom („Römische Verträge") durch die sechs Gründungsstaaten der EGKS. Diesen Gemeinschaften traten 1973 Großbritannien, Irland und Dänemark bei, gefolgt von Griechenland 1981, sowie Spanien und Portugal im Jahr 1986.

Die drei Europäischen Gemeinschaften waren zunächst auf eine reine wirtschaftlichen Integration ausgerichtet, d.h. auf die Herstellung eines Gemeinsamen Marktes und eines Gemeinsamen Zolltarifs. Ein darüber hinausgehender Verlust an nationaler Souveränität war jedoch nicht durchzusetzen, was auch das Scheitern der Bemühungen um die Errichtung einer Europäischen Verteidigungsgemeinschaft („Pariser Verträge") im Jahr 1954 belegt. Dennoch wurde im Laufe dieses Prozesses angesichts der Erfolge der ökonomischen Integration deutlich, dass auch eine zunehmende politische Integration wünschenswert sei, die durch den Abschluss der Einheitlichen Europäischen Akte (EEA) im Jahr 1986 eingeleitet wurde. Zentraler Bestandteil der EEA war das Ziel der Errichtung eines Gemeinsamen Binnenmarktes.[51] Eine neue Stufe erreichte dieser Prozess durch die Gründung der Europäischen Union durch den Vertrag von Maastricht im Jahr 1992. Die EU stützt sich danach auf drei Säulen, d.h. zum einen auf die drei Europäischen Gemeinschaften als supranationale Einrichtungen, zum anderen auf eine Gemeinsame Außen- und Sicherheitspolitik, und schließlich auf eine Zusammenarbeit im Bereich Innen- und Justizpolitik. Damit stellt die EU selbst keine supranationale Institution dar. Sie ist vielmehr das gemeinsame „Dach" der Gemeinschaften und eine Organisationsform zur Verfolgung der Ziele der beiden anderen Säulen. Weiterhin wurde durch den Vertrag von Maastricht die EWG zur Europäischen Gemeinschaft – EG – umbenannt. Daneben wurden der EG neue Ziele und Aufgaben zugewiesen, bestehende Kompetenzen erweitert, sowie die Zuständigkeiten des Parlaments durch die Einführung des Verfahrens der Mitentscheidung ausgeweitet. Insbesondere wurde das Ziel einer Wirtschafts- und Währungsunion beschlossen, welche durch Einführung des Euro im Jahr 1999 in 11 der 15 Mitgliedstaaten zum Teil verwirklicht wurde. Dieser Integrationsprozess wurde durch den Vertrag von Amsterdam im Jahr 1997 fortgesetzt. Zwischen-

[51] Zu dem Begriff des „Gemeinsamen Binnenmarktes" sowie dessen Verhältnis zum „Gemeinsamen Markt" siehe weiter unten in diesem Kapitel unter Punkt D. II. 1. c) (4).

zeitlich waren der Union im Jahr 1995 Österreich, Finnland und Schweden beigetreten. Im Jahr 2001 war es das Ziel des Vertrages von Nizza, die EU auf den Beitritt von Estland, Zypern, Lettland, Litauen, Ungarn, Malta, Polen, Slowenien, der Slowakei und der Tschechischen Republik im Jahr 2004 vorzubereiten. Daneben wurde anlässlich dieses EU-Gipfels die von einer Expertenkommission unter dem Vorsitz des ehemaligen Bundespräsidenten Deutschlands, *Roman Herzog*, erarbeitete Grundrechtscharta angenommen.

Die aktuellen Bemühungen um die Umgestaltung der EG und der EU zu einer einzigen Europäischen Union mit einer Verfassung stellen den (vorläufigen) Höhepunkt des europäischen Integrationsprozesses dar.[52] Obwohl das Vorhaben aufgrund der Ablehnung in Frankreich vorerst als gescheitert gilt, ist zu erwarten, dass er zumindest mittelfristig zum Erfolg geführt wird. Aber auch wenn die Verfassung zu einem späteren Zeitpunkt – möglicherweise in abgeänderter Form – angenommen werden sollte, zeigen die dabei auftretenden Hindernisse, wie auch die Schwierigkeiten der Einführung einer auf dem Mehrheitsprinzip basierenden gemeinsamen Außen- und Sicherheitspolitik und nicht zuletzt auch die Ausklammerung der Sozialpolitik, dass der Integrationsprozess noch nicht abgeschlossen wäre. Längerfristig ist eine Integration gerade in diesen beiden Bereichen unumgänglich.

## III. Vergleich

Bei einem Vergleich der in Kanada und in Europa erfolgten Entwicklungen lässt sich eine entgegengesetzte Laufrichtung feststellen. In Kanada stand zunächst die Herstellung einer politischen Union im Vordergrund. Auslöser hierfür waren, neben Sicherheitspolitischen Zwängen vor allem ökonomische Beweggründe. Dabei stand jedoch wiederum die Realisierung von Infrastrukturprojekten im Mittelpunkt. Eine wirkliche wirtschaftliche Integration mit entsprechenden Grundfreiheiten, der Abschaffung von Binnengrenzen und einer Verlagerung von entsprechenden Kompetenzen auf den Bund hat nicht so schnell stattgefunden und ist auch heute noch nicht so weit fortgeschritten wie in der EU. Hier stand die wirtschaftliche Integration zunächst im Vordergrund. Dies lag vielfach auch daran, dass eine solche einfacher zu realisieren war, weil sich der Souveränitätsverlust der Mitgliedstaaten zunächst in Grenzen hielt. Erst nach Erreichen des Binnenmarktes rückte auch eine politische Integration näher. Diese bestand in Kanada dagegen schon im Zeitpunkt der Vereinigung. Die darauffolgende Entwicklung war eher gekennzeichnet durch Bestrebungen der Provinzen, ihre Macht nicht weiter zu verlieren bzw. diese wieder auszuweiten. Als der wirtschaftliche

---

52 Siehe den vom Europäischen Konvent unter dem Vorsitz des ehemaligen französischen Präsidenten *Valéry Giscard d'Estaing* erarbeiteten Entwurfs eines Vertrages über eine Verfassung für Europa.

Aspekt Mitte des 20. Jahrhunderts an Bedeutung gewann, waren die Provinzen dann nicht mehr geneigt, weitere entsprechende Kompetenzen an den Bund abzugeben.

Daraus könnte man folgern, dass in der EU nach Erreichen der geplanten politischen Integration durch Annahme einer Verfassung eine entgegengesetzte Tendenz in der Hinsicht einsetzen könnte, dass die Mitgliedstaaten darauf bedacht sein werden, nicht mehr Kompetenzen zu verlieren. Aus Europa wäre dann (fast) ein Bundesstaat geworden, d.h. es wäre eine „Normalisierung" eingetreten, und das jetzige Integrationstempo würde deutlich abnehmen. Politische Integration muss daher nicht unbedingt insgesamt mehr Integration bedeuten. Irgendwann werden die Mitgliedstaaten um jeden Preis versuchen, ihre Zuständigkeiten zu behalten, bzw. sogar auszuweiten. Dies zeigt das kanadische Beispiel.

Für den weiteren Verlauf der Untersuchung wird sicherlich der Zeitpunkt der jeweiligen Vereinigung zu berücksichtigen sein, die in grundlegend verschiedenen Epochen erfolgt ist. Dies hat Auswirkungen auf die Kompetenzaufteilung und insbesondere deren Zeitgemäßheit. Trotz dieser Unterschiede sind bemerkenswerte Gemeinsamkeiten in bezug auf den Rückgriff von Transferzahlungen zur Förderung der Integration wie auch die jeweils stetig steigende Bedeutung der Zentralgewalt im sozialen Bereich festzustellen.

# B. Rechtsgeschichte

## I. Kanada

Die Entwicklung des Rechts stellt in der Zeit bis zur Gründung der Union im Jahr 1867 ein Spiegelbild der Kolonialgeschichte der kanadischen Provinzen dar. Dabei setzte sich die Abgrenzung der von englischstämmigen und französischstämmigen Siedlern dominierten Provinzen fort. Die Kolonialmächte Frankreich und England exportierten mit ihren Siedlern auch ihre jeweiligen Rechtssysteme in die neuen Kolonien, die auch nach Beendigung der französischen Herrschaft in Kanada – zumindest was das Privatrecht angeht – ihre Eigenständigkeit behielten. Aus diesem Grunde bedarf es auch einer getrennten Darstellung der geschichtlichen Entwicklung beider Systeme, wobei zur Unterscheidung auf die allseits übliche, wenngleich im strengen Sinne nicht ganz treffende Terminologie mit der Verwendung der Begriffe „Civil Law" als Bezeichnung für das kodifizierte Privatrechtssystem in Quebec, und „Common Law" für das durch das englische Rechtssystem dominierte Recht in den übrigen Provinzen, zurückgegriffen wird.

### 1. Das Civil Law

Die Besiedelung der neuen Kolonie begann zwar bereits Anfang des 17. Jahrhunderts, doch war für die Rezeption französischen Rechts vor allem der Erlass König Ludwigs XIV. von 1663 ausschlaggebend, welcher in der Kolonie eine königliche Verwaltung mit einem Rat („Conseil souverain") einrichtete, sowie das in Frankreich geltende Recht, und hier insbesondere die Coutumes de Paris einführte. Zugleich wurde angeordnet, dass sich königliche Erlasse künftig auch auf die Kolonie erstrecken würden.[53] Das von der Kolonie übernommene Privatrecht bestand daher zu dieser Zeit im Wesentlichen aus den Coutumes de Paris, ergänzt durch eine große Anzahl vor 1663 ergangener königlicher Erlasse.[54]

Nach der Kapitulation Quebecs im Jahr 1759 und Montreals im Jahr 1760 und der daraufhin einsetzenden englischen Herrschaft in den vormals französischen Gebieten versuchten die neuen Machthaber, englisches Recht durchzusetzen, was allerdings am lebhaften Widerstand der Frankokanadier scheiterte. Diese akzeptierten das englische Zivilrecht nicht und boykottierten das neue Rechtssystem, indem sie auf eigene private Schiedsgerichte zurückgriffen.[55] Die daraus resultierende Rechtsunsicherheit führte zur Unzufriedenheit auf beiden Seiten, weshalb

53 *Eliadis,* The Legal System in Quebec, in: Gall, The Canadian Legal System, S. 213; *Glenn,* La Cour Suprême du Canada et la tradition du Droit Civil (2001) 80 Can. Bar Rev., S. 151; *Smith/Kerby,* Le droit privé au Canada – Etudes comparatives, S. 127.

54 *Tremblay,* Les Compétences législatives au Canada et les Pouvoirs provinciaux en Matière de Propriété et de Droits civils, S. 21.

55 *Eliadis,* The Legal System in Quebec, in: Gall, S. 214.

die britische Regierung bestrebt war, diesen Zustand zu beenden.[56] Hierzu erließ sie im Jahr 1774 den *Quebec Act*, welcher in Art. 8 ausdrücklich festlegte, dass das Privatrecht, das bis 1759 bestand, mit Ausnahme der Testierfreiheit und des Seerechts weiterhin galt.[57] Das Strafrecht und das öffentliche Recht blieben dagegen britisch. Dennoch war der Machtwechsel für die weitere Entwicklung des Zivilrechts in Quebec von großer Bedeutung, da nun die französische Gesetzgebung keinen direkten Einfluss mehr auf das Recht in Quebec hatte, wohl aber die französische Rechtslehre.[58]

Die im Jahr 1841 durchgeführte „Wiedervereinigung" von Upper und Lower Canada[59] ließ die Zugeständnisse des *Quebec Act 1774* unangetastet. Sie respektierte somit das eigenständige Rechtsystem von Lower Canada, da das Parlament des Vereinten Kanadas bezüglich der Gesetzgebung im Zivilrecht nicht für die gesamte Provinz, sondern nur für den einen oder den anderen Bezirk tätig wurde.[60] So beschloss dieses Parlament 1857, dass drei Kommissare damit beauftragt werden sollten, das Privatrecht von Lower Canada zu kodifizieren. Diese Kodifikation sollte kein neu entwickeltes Gesetzeswerk darstellen, sondern vielmehr eine Sammlung des bis dahin in Lower Canada geltenden Zivilrechts sein.[61] Als Quellen standen somit die Coutumes de Paris, die bis 1759 ergangenen königlichen Erlasse, lokale Gesetze und Urteile, welche nach der Kapitulation ergangen waren, sowie die akademischen Schriften der französischen Rechtslehre zur Verfügung. Da dies im Wesentlichen die Quellen sind, die ebenfalls bei der Kodifizierung des französischen Code Napoleon herangezogen wurden, konnte dieser als Modell für den *Code Civil du Bas Canada* herhalten.[62] Ebenso fand die französische Rechtslehre viel Beachtung bei der Erstellung des Code. Ins-besondere *Pothier*, welcher schon einen starken Einfluss auf den Code Napoleon hatte, wird als „Polarstern" für den *Code Civil du Bas Canada* beschrieben.[63] Schließlich wurde der parallel in französisch und englisch erarbeitete Vorschlag für den *Code Civil du Bas Canada* 1865 durch das Parlament angenommen der dann am 1. August 1866 in Kraft trat.[64] Daneben trat der ebenfalls neu erarbeitete *Code de la*

---

56 *Eliadis*, a.a.O., S. 214 f; *Tremblay*, a.a.O., S. 30.

57 *Smith/ Kerby*, Le droit privé au Canada – Etudes comparatives, S. 127.

58 *Smith/ Kerby*, a.a.O., S. 129.

59 Im Jahr 1791 wurde die Provinz Quebec in die Provinzen Upper und Lower Canada aufgeteilt. Im anglo-kanadisch dominierten Upper Canada wurde englisches Privatrecht eingeführt. Siehe hierzu oben A. I. 1.

60 *Hogg*, Constitutional Law of Canada, 2.3 (b); *Tremblay*, Les Compétences législatives au Canada et les Pouvoirs provinciaux en Matière de Propriété et de Droits civils, S. 36.

61 *Eliadis*, The Legal System in Quebec, in: Gall, S. 216.

62 *Smith/ Kerby*, Le droit privé au Canada – Etudes comparatives, S. 131.

63 *Rinfret*, (1937) 15 Can. B. R., S. 331, 333.

64 Die mit den Arbeiten betraute Kommission war zweisprachig, so dass der Code von Anfang an in beiden Sprachen verfasst wurde. Dies hatte zur Folge, dass beide Versionen „Originale" darstellten.

*Procédure Civile* am 28. Juni 1867 in Kraft. Der *Code Civil du Bas Canada* galt bis 1994, als er durch den neu geschaffenen *Code Civil du Québec* abgelöst wurde.

Die im Jahr 1867 erfolgte Konföderation änderte die durch den *Quebec Act 1774* erzielten Garantien für das Privatrecht nicht.[65] Der *BNA Act 1867* schrieb in sec. 92 (13) die Kompetenz für den Bereich „*Property and Civil Rights*" den Provinzen zu, wodurch der Fortbestand des Civil Law Systems in Quebec gesichert wurde.[66]

Gerade der neue *Code Civil du Québec* (CCQ) kann als deutliches Zeichen der Betonung dieser zivilrechtlichen Eigenständigkeit und als erneute Sicherung des Quebecer Rechtssystems angesehen werden. Der CCQ gilt als bedeutende legislatorische Leistung.[67] Er wurde in fast 40-jähriger Vorarbeit durch mehrere Kommissionen, welche Rechtslehrer, Praktiker und Beamte einschlossen, unter der Gesamtleitung von Professor *Crépeau* erarbeitet. Der CCQ modernisierte den alten *Code Civil du Bas Canada*, übernahm aber auch zahlreiche Anleihen beim Common Law, dem französischen Code Civil, aber auch beim Internationalen Einheitsrecht, wie dem UN-Kaufrecht und dem Europäischen Vertragsrechtsübereinkommen.[68]

## 2. Das Common Law[69]

Englisches Recht wurde erstmals durch die Hudson Bay Company im Jahr 1670 in Kanada eingeführt.[70] Dieser Gesellschaft wurde die Souveränität über die „Rupert's Land" genannten Gebiete um die Hudson Bay und weiter westlich davon zugesprochen, wo sie dem Pelzhandel nachgehen sollte.

Die Rezeption des englischen Rechts in den später entstandenen britischen Kolonien erfolgte dagegen zunächst durch ihre ersten Siedler.[71] Diese nahmen aus ihren Herkunftsländern das ihnen bekannte Recht mit und wandten es auch in

---

65 *Eliadis*, The Legal System in Quebec, in: Gall, S. 217.

66 *Hogg*, Constitutional Law of Canada, 2.4.

67 *Zweigert/ Kötz*, Rechtsvergleichung, S. 117.

68 Siehe dazu im Einzelnen: *Crépeau*, La réforme du Code Civil du Québec, Revue Internationale de Droit Comparé, 1997, S. 269.

69 Mit Common Law ist hier das gesamte englische Recht gemeint, d.h. also das eigentliche Common Law, Law of Equity und statute law. Diese Arbeit eröffnet nicht den Raum, die Entstehung des englischen Rechts im Einzelnen zu erläutern, daher sei dazu auf einschlägige Werke verwiesen, wie z.B. *David/Grassmann*, Einführung in die großen Rechtssysteme der Gegenwart, S. 323 ff.

70 *Gall*, The Canadian Legal System, S. 53.

71 *Hogg*, a.a.O., 2.2 (a).

ihrer neuen Heimat an. Mit der offiziellen Gründung einer Kolonie übernahm diese dann das gesamte bis dahin in England bestehende Recht. Ausschlaggebend für den Stichtag der Rezeption war meistens das Zusammentreffen der ersten gesetzgebenden Versammlung der Kolonie.[72] Ab diesem Zeitpunkt war dann die gesetzgebende Versammlung für die zukünftige Rechtsetzung zuständig. Zwar behielt das britische Parlament weiterhin die Gesetzgebungsgewalt über die Kolonien; doch mussten nach dem Stichtag ergangene Gesetze ausdrücklich auch für die Kolonie erlassen worden sein.[73] In der Praxis entwickelte sich das Recht der jeweiligen Kolonie autonom weiter.[74] Dennoch konnte eine gewisse Einheitlichkeit bewahrt werden, da die kanadischen Gerichte sich immer noch durch Entscheidungen höherer englischer Gerichte gebunden sahen, solange das Judicial Committee of the Privy Council die höchste Berufungsinstanz für Kanada war.[75] Selbst der spätere Supreme Court of Canada sah sich verpflichtet, allen Entscheidungen des House of Lords und des Privy Council zu folgen. Auch nachdem der Supreme Court im Jahr 1949 die letzte Instanz für alle Rechtssachen in Kanada wurde, so dass die Entscheidungen der britischen Gerichte an sich nicht mehr bindend waren, besaßen diese dennoch große Überzeugungskraft, was bis zum heutigen Tage gilt.[76] Hinzu kommt, dass die gesetzgebenden Versammlungen der Kolonien regelmäßig neues britisches Gesetzesrecht teilweise wortgleich, teilweise in leicht abgeänderter Form übernahmen. Insoweit war der Einfluss des Mutterlandes immer noch sehr groß.

Die erste Kolonie, bei der die Rezeption englischen Rechts nach diesem Muster ablief, war Nova Scotia. Die englischen Siedler, welche nach der Abtretung dieses Gebiets durch Frankreich an England im Jahr 1713 nach Nova Scotia kamen, betrachteten sich als vom englischen Recht beherrscht; die Tatsache, dass dort bis dahin eine andere Rechtstradition bestand, bekümmerte sie nicht weiter.[77] So hatte auch der 1749 eingesetzte erste zivile Gouverneur den Befehl erhalten, das gesamte englische Recht einzuführen. Die erste gesetzgebende Versammlung der Kolonie wurde am 3. Oktober 1758 einberufen; d.h. das gesamte englische Recht, das zu diesem Stichtag in England bestanden hatte, wurde übernommen. Spätere englische Gesetze erlangten keine Geltung mehr, es sei denn, sie wurden ausdrücklich auch für die Kolonie erlassen. Ansonsten war nun die gesetzgebende Versammlung für die Rechtsetzung zuständig. In Upper Canada, das 1791 durch die Aufteilung der ehemals französischen Kolonie entstanden war, galt zwar

---

72 *Hogg*, a.a.O., 2.2 (a).

73 *Gall*, a.a.O.., S. 55. Dies galt auch für die spätere kanadische Konföderation bis zum Erlass des Statute of Westminster 1931, und bezüglich der Verfassungsgesetzgebung bis zum Erlass des Canada Act 1982.

74 *Smith/ Kerby*, Le droit privé au Canada – Etudes comparatives, S. 135.

75 *Gall*, a.a.O., S. 60; *Hogg*, Constitutional Law of Canada, 2.2 (a).

76 *Gall*, a.a.O., S. 60.

77 *Smith/ Kerby*, a.a.O., S. 136 f.

zunächst französisches Recht, doch führte die erstmalig 1792 einberufene gesetzgebende Versammlung umgehend englisches Recht ein.[78] Auch die spätere Wiedervereinigung mit Lower Canada hatte hierauf keinen Einfluss.

### 3. Abschließende Bemerkungen

Während die Rechtsbereiche Strafrecht und öffentliches Recht nach der Eroberung durch die Engländer von englischem Recht dominiert wurden, konnte im Privatrecht die Koexistenz von Civil Law und Common Law bewahrt werden. Dies lag vor allem daran, dass seit der Eroberung, beziehungsweise nach der Klarstellung durch den *Quebec Act 1774*, die legislatorischen Kompetenzen für beide Systeme getrennt blieben.[79] Ebenso haben hierzu die unterschiedlichen Sprachen beigetragen. Dagegen hat die gemeinsame Sprache der Common Law-Provinzen zum Erhalt einer relativ großen Einheitlichkeit geführt,[80] und dies trotz deren eigentlicher, Gesetzgebungsautonomie die sich nicht von derjenigen von Quebec unterscheidet. Dennoch haben sich beide Systeme gegenseitig beeinflusst. So hat das Civil Law beispielsweise einige Anleihen beim englischen Recht genommen. Hierfür waren sowohl die Autorität des Supreme Court of Canada, als auch bewusste und unbewusste Rezeption ausschlaggebend.[81]

## II. Europäische Union

### 1. Das Privatrecht in den Mitgliedstaaten

Eine Darstellung der Entwicklung des Privatrechts in den Mitgliedstaaten kann an dieser Stelle nicht vorgenommen werden.[82] Es soll lediglich auf die grundlegende Einteilung in kontinental-europäisches, kodifiziertes Recht und englisches Common Law hingewiesen werden, obgleich diese Unterscheidung angesichts der fortschreitenden Annäherung beider Rechtssysteme immer mehr an Bedeutung verliert.[83] Zudem blicken beide Systeme auf eine gemeinsame, gesamteuropäische Tradition zurück. So umspannten vom Ausgang des Mittelalters an bis zur franzö-

---

[78] *Smith/ Kerby*, a.a.O., S. 140.

[79] *Smith/ Kerby*, a.a.O., S. 18

[80] *Smith/ Kerby*, a.a.O., S. 20.

[81] *Smith/ Kerby*, a.a.O., S. 22. Siehe zum gegenseitigen Einfluss beider Systeme aufeinander die Kapitel zum Gesellschaftsrecht und Verbrauchervertragsrecht, sowie das abschließende Kapitel zum Harmonisierungsprozess.

[82] Siehe dazu etwa das Werk von *Coing*, Europäisches Privatrecht, Bd. 1 und 2.

[83] Siehe dazu allgemein etwa *Glenn*, La civilisation de la common law, Revue Internationale de Droit Comparé, 1999, S. 559 ; anderer Ansicht ist hier dagegen *Legrand*, welcher die fortbestehenden fundamentalen Unterschiede beider Systeme und der ihr zugrundeliegenden Mentalitäten betont, und daher auch Vereinheitlichungsbemühungen im Privatrecht ganz entschieden ablehnt, in: Against a European Civil Code, Modern Law Review 1997, S. 44.

sischen Revolution ein auf römischem und kanonischem Recht basierendes gemeinsames Common Law, sowie eine gemeineuropäische Rechtswissenschaft, alle Länder West- und Zentraleuropas.[84]

Aufgehoben wurde diese Einheitlichkeit durch die im Zuge der nationalstaatlichen Bestrebungen im 18. und 19. Jahrhundert einsetzende Kodifikationsbewegung.[85] Dennoch sind auch heutzutage noch auf der gemeinsamen Herkunft beruhende Gemeinsamkeiten festzustellen, welche als Ausgangspunkt für die Erarbeitung gemeinsamer Rechtsgrundsätze dienen.[86] Eine solche Rückbesinnung auf die gemeinsamen Wurzeln des kontinentaleuropäischen Rechts ist dabei zur Unterstützung des Prozesses der Harmonisierung des Privatrechts in der EU unerlässlich.[87] Dies gilt sowohl für den von der EU gesteuerten institutionellen Angleichungsprozess (siehe dazu sogleich weiter unten), als auch für entsprechende Entwicklungen in der Gesetzgebung der Mitgliedstaaten, welche auf „freiwilliger" Basis durch Rezeption stattfinden. Andererseits soll darauf hingewiesen werden, dass eine Diversität des Rechts nicht lediglich rechtssystembedingt ist. So leisten sowohl unterschiedliche gesellschafts-ökonomische Modelle mit längerfristiger Wirkung, als auch verschiedene eher kurzfristig wirkende politische Zielsetzungen einen erheblichen Beitrag zur Annahme verschiedener rechtlicher Lösungen. Dies gilt insbesondere für die hier zu untersuchenden Bereiche des Gesellschaftsrechts und des Verbrauchervertragsrechts.

### 2. Das Gemeinschaftsprivatrecht

Unter Gemeinschaftsprivatrecht sind die sowohl im EG-Primärrecht als auch in Maßnahmen des Gesetzgebers der EG in Form von Verordnungen und Richtlinien enthaltenen Privatrechtsregeln zu verstehen.[88] Solche Regelungen haben meist das Ziel, der Errichtung oder dem Funktionieren des Gemeinsamen Binnenmarktes und der Wahrnehmung der Grundfreiheiten zu dienen. Dabei stellen die Privatrechte der Mitgliedstaaten durch die von ihnen gewährleistete Privatautonomie grundsätzlich ein Mittel zur Wahrnehmung dieser Freiheiten dar. In dem Maße, in dem die Privatrechte der Mitgliedstaaten diesem Ziel jedoch Hindernisse ent-

---

84 *Zimmermann*, Das römisch-kanonische ius commune als Grundlage europäischer Rechtseinheit, JZ 1992, S. 8, 10.

85 *Zimmermann*, a.a.O.

86 So unter anderem: *Schulze*, Le Droit privé commun européen, Revue Internationale de Droit Comparé, 1995, S. 7, 11, 18 f. Zur Zeit sind einige entsprechende Projekte im Gange, welche angesichts des Aktionsplans der Europäischen Kommission zum Europäischen Vertragsrecht große Aktualität erlangt haben. Darauf soll noch in dem Kapitel zum europäischen Verbrauchervertragsrecht eingegangen werden.

87 In diesem Sinne *Ulmer*, Vom deutschen zum europäischen Privatrecht? JZ 1992, S. 1, 7.

88 *Müller-Graff*, Europäisches Gemeinschaftsrecht und Privatrecht, NJW 1992, S. 13.

gegensetzen, wird das Privatrecht selbst zum Integrationsgegenstand.[89] Dabei stößt der europäische Gesetzgeber bei dieser Aufgabe auf erhebliche Schwierigkeiten. Dies gilt zunächst im Hinblick auf die Erzielung von mehrheitsfähigen Kompromissen. Daneben verursacht die Integration des Gemeinschaftsprivatrechts in die nationalen Privatrechtsordnungen einen Verlust an Kohärenz. Unter anderem auch aus diesem Grunde wird seit vielen Jahren über die notwendige Reichweite solcher Maßnahmen diskutiert.

## III. Vergleich

Die Vereinigung mehrerer nordamerikanischer Kolonien der europäischen Mächte Frankreich und England, beide jeweils Vertreter der zwei in Europa vorliegenden großen Rechtstraditionen, zur kanadischen Union, hat im Bereich des Privatrechts die Grundlage für die heute bestehenden ähnlichen Ausgangsvoraussetzungen für eine Harmonisierung des Privatrechts in Kanada und in der EU geschaffen. Die Privatrechtsordnungen der kanadischen Common Law-Provinzen und diejenigen der kontinental-europäischen EU-Mitgliedstaaten beruhen jeweils auf gemeinsamen Wurzeln und haben sich seit ihrem Bestehen aufgrund politischer Einflüsse auseinanderentwickelt. Dies gilt in bezug auf Kanada selbstverständlich in einem weit geringeren Maße als in der EU, da der dortige Prozess erheblich jüngeren Datums ist. Demgegenüber ist in beiden Verbünden in Gestalt von Quebec und dem Vereinigten Königreich, jeweils ein Repräsentant eines anderen Rechtskreises vertreten, der bestrebt ist, sein Privatrechtssystem zu wahren.[90]

Damit ähneln sich in beiden Verbünden sowohl die Chancen als auch die Hindernisse für eine Harmonisierung der jeweiligen Privatrechtsordnungen.

---

[89] *Müller-Graff*, a.a.O.

[90] Dies gilt für Quebec in besonderem Maße. Aber auch innerhalb der Regierung und der Rechtslehre des Vereinigten Königreichs zeigt sich erheblicher Widerstand gegen eine weitgehende Vereinheitlichung im Privatrecht. So waren die Stellungnahmen aus diesem Mitgliedsstaat in Bezug auf das von der Kommission vorgelegte Konsultationspapier zum Vertragsrecht (Mitteilung der Kommission an den Rat und das Europäische Parlament zum Europäischen Vertragsrecht, ABl. EG [2001] C 255, S. 1, siehe dazu im 4. Kapitel unter Punkt B. IV. 2. b)) durchwegs ablehnend gegenüber den Vorschlägen der Kommission. Siehe ferner exemplarisch *Legrand*, Against a European Civil Code, Modern Law Review 1997, S. 44, der ein europäisches Zivilgesetzbuch kategorisch ablehnt. Dieser sieht in den entsprechenden Kodifizierungsbestrebungen eine Arroganz und Überheblichkeit der Civil-Law Vertreter gegenüber dem Common Law (vgl. S. 56).

# C. Das Gerichtssystem

## I. Kanada

### 1. Historischer Überblick

Die ersten Siedler, welche die französischen und die britischen Kolonien erstmalig bevölkerten, übertrugen ihr angestammtes Rechtssystem auf ihre neue Heimat. Dementsprechend dienten auch die Gerichtssysteme von Frankreich und England im 17. und 18. Jh. als Modell für die koloniale Gerichtsorganisation.

#### a) *Gerichtssysteme in England und Frankreich*

In Frankreich war die Gerichtsgewalt territorial aufgeteilt. Die Gerichte, „Parlement" oder „Conseil" genannt, sprachen Recht für die Region, für die sie zuständig waren. Grundsätzlich wurden sie als „souverain" oder „supérieur", d.h. als letztinstanzlich angesehen. Da aber alles Recht vom König ausging, war es immer möglich, als letztes Mittel gegen eine Gerichtsentscheidung vor dem Rat des Königs (Conseil du Roi) Berufung einzulegen.[91] Diesen regionalen Obergerichten waren erstinstanzliche Gerichte untergeordnet, für deren Bezeichnung es eine Vielzahl von verschiedenen Namen gab; eine in Paris übliche Bezeichnung für dieses Eingangsgericht war die „Prévôté".

In England war die Aufteilung der Gerichtsgewalt dagegen nicht territorial, sondern sachlich bestimmt, d.h. die Gerichte waren grundsätzlich für das gesamte Königreich zuständig, doch nur innerhalb eines bestimmten Rechtsgebietes.[92] So gab es den Court of King's Bench für schwere Strafsachen, den Court of Common Pleas für private Streitigkeiten über Grundeigentum und Grundbesitz, sowie den Court of Exchequer betreffend Geldangelegenheiten, d.h. Steuern und Geldforderungen. Die Entscheidungen dieser Gerichte wurden als „Common Law" angesehen.[93] Außerhalb dieser drei Kategorien liegende Rechtsfälle wurden vor nicht königlichen Gerichten, sog. Hundred oder County Courts, gehört.[94] Neben diesen allgemeinen Gerichten gab es auch noch direkt dem König unterstellte besondere Gerichte, wozu insbesondere der Court of Chancery zählt,[95] der das sog. „Equity Law" anwendete. Unterstützt wurde der Chancellor durch die „Masters of Chancery", an deren Spitze der „Master of the Rolls" stand. Später wurden auch Vice-Chancellors eingesetzt, um die zunehmende Zahl der Verfahren zu bewältigen.

---

[91] *Smith/ Kerby*, Le droit privé au Canada – Etudes comparatives, S. 145.

[92] *Smith/ Kerby*, a.a.O., S. 147.

[93] *Gall*, The Canadian Legal System, S. 52.

[94] *David/Grassmann*, Einführung in die großen Rechtssysteme der Gegenwart, S. 328.

[95] Daneben bestanden der Court of Admiralty, sowie kirchliche Gerichte, aus denen im Jahr 1857 der Court of Probate und der Divorce Court hervorgingen.

Eine Berufung gegen Entscheidungen dieses Gerichts war vor dem Chancellor möglich. Die Urteile der allgemeinen Gerichte konnten allerdings nicht in Berufung vor den Rat des Königs (King in Privy Council) gebracht werden. Die Anrufung dieses Gremiums war allein bei Urteilen von Kolonialgerichten möglich.[96] Im Zuge der Gerichtsreform von 1875 wurden die oberen Gerichte zum High Court vereinigt. Die bis dahin bestehenden Gerichte wurden zu „Divisions“ des neuen Gerichts, wobei im Jahr 1881 die drei Common Law-Gerichte (Queen's Bench, Common Pleas und Exchequer) zur Queen's Bench zusammengefasst wurden.

b) *Nouvelle France*

Rechtsprechendes Organ der Kolonie war zunächst der Gouverneur, später der „Gouverneur en Conseil“, wobei jeweils die Revision vor dem Rat des Königs (Roi en Conseil Privé) in Rechtsfragen möglich war.[97] Ab 1663 übernahm ein „Intendant“ die zivilen Aufgaben des Gouverneurs; u.a. saß dieser dem „Conseil souverain“ vor, der im Jahr 1703 zum „Conseil supérieur“ wurde. Dieser Berufungsinstanz wurden drei erstinstanzliche Gerichte untergeordnet: die „Prévôté“ in der Stadt Québec, sowie eine „Juridiction Royale“ jeweils in Montréal und Trois-Rivières. Damit glich die Organisation der Justiz in der Kolonie völlig der des Mutterlandes.

c) *Nova Scotia*

In der ersten britischen Kolonie in Kanada übernahmen zunächst der Gouverneur und sein Rat die Rechtsprechung. Ab 1752 wurde das Gerichtssystem jedoch ausgebaut: Es wurde ein Supreme Court errichtet, welcher die Aufgaben der drei englischen Common Law-Gerichte übernahm, sowie eine Berufungsinstanz, den „Court of Errors and Appeals“, der aus dem Gouverneur und seinem Rat bestand.[98] Neben dem Supreme Court bestanden in den Bezirken der Kolonie weitere erstinstanzliche Gerichte, die „Inferior Courts of Common Pleas“. Bei Rechtssachen mit einem höheren Streitwert war weiterhin eine Berufung vor dem Privy Council in London möglich. Daneben wurde nach englischem Vorbild ein „Court of Chancery“ gebildet.

d) *Quebec / Upper und Lower Canada*

Nach der Machtübernahme in Nouvelle France durch die Engländer wurde dem neuen Gouverneur aufgetragen, hinsichtlich der Gerichtsorganisation nach dem

---

96 *Smith/ Kerby*, Le droit privé au Canada – Etudes comparatives, S. 147.
97 *Smith/ Kerby*, a.a.O., S. 154.
98 *Smith/ Kerby*, a.a.O., S. 160.

Muster von Nova Scotia zu verfahren.[99] Demgemäß bildete er einen Court of King's Bench als oberstes Gericht und einen Court of Common Pleas; eine Berufung war gegen Urteile beider Gerichte beim „Governor in Council" möglich. Dennoch bedeutete der Wechsel zum englischen Gerichtssystem keine grundlegende Änderung des Justizsystems: Der Gouverneur übernahm die Rolle des früheren Intendant und dessen Conseil supérieur, der Court of Common Pleas ersetzte die Prévôté.[100] Die Fortgeltung des Civil Law-Systems in Quebec und im späteren Lower Canada führte dazu, dass das Equity Law keine große Bedeutung erlangte. Die Spaltung der Kolonie im Jahr 1791 zog eine Reorganisation des Justizsystems nach sich. Alle bestehenden Gerichte wurden aufgehoben, und jeweils in Montréal, Québec und York (Toronto) ein Court of King's Bench errichtet. Berufungsinstanz wurde der durch den „Governor in Council" gebildete Provincial Court of Appeals.[101] Zur Zeit des Zusammenschlusses zum Dominion of Canada im Jahr 1867 war damit das Justizsystem durchgängig nach seinem englischen Vorbild modelliert.[102]

## 2. Der Gerichtsaufbau in den Provinzen

Die kanadische Verfassung weist in sec. 92 (14) *Constitution Act 1867* den Provinzen die Kompetenz zu, Gesetze bezüglich der Errichtung, Organisation und Verwaltung von Gerichten in Straf- und Zivilsachen „in der Provinz" zu erlassen. Zugleich unterliegt ihnen die Gesetzgebung bezüglich des Zivilverfahrensrechts, wohingegen das Strafverfahrensrecht ebenso wie das materielle Strafrecht in den Kompetenzbereich des Bundesparlaments fallen, sec. 91 (27) *Constitution Act 1867*. Auch wenn die Bezeichnungen der Gerichte je nach Provinz voneinander abweichen, ist dennoch eine einheitliche Struktur und Organisation der jeweiligen Gerichtssysteme erkennbar.[103] In jeder Provinz findet sich als oberstes Gericht eine Berufungsinstanz, sei es als eigenständiger „Court of Appeal" oder als „Appeal Division" eines Supreme Court.[104] Als erste Instanz dient dann entweder ein eigenständiges Obergericht oder die „Trial Division" des Supreme Court.[105] Schließlich bestehen in allen Provinzen Eingangsgerichte für geringere Streitwerte

---

[99] *Smith/ Kerby*, a.a.O., S. 165.

[100] *Smith/ Kerby*, a.a.O., S. 167.

[101] *Smith/ Kerby*, a.a.O., S. 179.

[102] *Hogg*, Constitutional Law of Canada, 7.1 (a).

[103] *Hogg*, a.a.O., 7.1 (a).

[104] In Alberta und Nova Scotia ist es die Appeal Division des Supreme Court, in PEI und Newfoundland der Supreme Court *en banc*, in allen anderen Provinzen ist es der Court of Appeal / Cour d'Appel.

[105] Cour Supérieure / Superior Court in Quebec; High Court in Ontario; Court of Queen's Bench in Manitoba und Saskatchewan; Court of Queen's Bench Division in New Brunswick; Trial Division des Supreme Court in Nova Scotia und Alberta; Supreme Court in British Columbia, PEI und Newfoundland. In den Yukon und Northwest Territories ist es der Territorial Court.

bzw. Strafmaße, welche meist die Bezeichnung „Provincial Court“ oder „Cour Provinciale“ tragen.

Die Provinzgerichte haben eine generelle Rechtsprechungsgewalt, d.h. sie wenden Provinz-, Bundes- und auch Verfassungsrecht an.[106] Es besteht in Kanada daher neben den Provinzgerichten kein paralleles System von Bundesgerichten, die über Rechtssachen entscheiden, in denen Bundesrecht entscheidungserheblich ist, wie z.B. in den USA.[107] Dementsprechend gibt es auch keine Rechtsmaterie, welche ausschließlich der Rechtsprechungsgewalt eines Provinzgerichts unterläge. An der Spitze der Gerichtshierarchie und somit über jedem höchsten Provinzgericht steht hinsichtlich aller Rechtsmaterien der Supreme Court als Revisionsinstanz.[108] Damit gleicht die Position des Supreme Court eher der eines höchsten nationalen Gerichts, mit der Folge, dass die zehn Gerichtssysteme der Provinzen zu einem einheitlichen, unitarischen Gerichtssystem verschmelzen.

Dieser Effekt wird noch dadurch verstärkt, dass es dem Bund obliegt, die Richter der höheren Provinzgerichte zu ernennen, sec. 96 *Constitution Act 1867,* während die Provinzen nur die Richter der unteren Gerichte, also der Provincial Courts, bestimmen dürfen, sec. 92 (4) *Constitution Act 1867.* Über den Grund für eine solche Regelung, welche die Kompetenz, die Provinzgerichte zu errichten und zu organisieren, von dem Recht trennt, deren Richter zu ernennen, besteht keine Gewissheit. Es wird jedoch vermutet, dass dies an der allgemeinen Rechtsprechungsgewalt der Provinzgerichte liegt, im Zusammenhang mit dem Umstand, dass es bei der Gründung der Föderation keine Bundesgerichte gab.[109] Unter diesen Voraussetzungen schien eine Ernennung der - zu diesem Zeitpunkt - höchsten Richter des Landes durch die Bundesregierung wohl angemessen.[110] Um den Einfluss des Bundes aber wieder einzuschränken, bestimmen sec. 97 und 98 *Constitution Act 1867,* dass die durch den Bund zu ernennenden Richter dem Juristenstand der betreffenden Provinz angehören müssen.

### 3. Die Bundesgerichte

In sec. 101 *Constitution Act 1867* wird dem Bund die Kompetenz verliehen, eigene Gerichte zu errichten. Zum einen steht es ihm gemäß sec. 101 Nr. 1 zu, eine allgemeine Instanz („a general court of appeal for Canada“) einzurichten, zum

---

106 *Hogg,* a.a.O., 7.1 (a).

107 Zu diesem Grundsatz besteht in Gestalt des “Federal Court” eine Ausnahme; siehe dazu sogleich weiter unten.

108 *Hogg,* a.a.O., 7.1 (a).

109 Dennoch waren die jeweiligen höchsten Provinzgerichte bis zur Errichtung des Supreme Court nicht letztinstanzlich, da die Anrufung des Privy Council in London zu diesem Zeitpunkt immer noch möglich war.

110 Siehe hierzu *Hogg,* a.a.O., 7.1 (b).

anderen wird in sec. 101 (2) die Errichtung weiterer Bundesgerichte ermöglicht, sofern dies für die Durchsetzung von Bundesgesetzen erforderlich ist („any additional courts for the better administration of the laws of Canada“). In Ausübung dieser Ermächtigung wurden 1875 der Supreme Court of Canada und der Court of Exchequer errichtet, wobei letzterer 1971 durch den neuen Federal Court ersetzt wurde.

a) *Der Supreme Court of Canada*

Der Supreme Court ist Revisionsinstanz gegenüber Entscheidungen der jeweiligen höchsten Provinzgerichte sowie des Federal Court; gleichzeitig dient er auch als Verfassungsgericht. Seit 1949 ist er mit der Abschaffung des Anrufungsrechts an den Privy Council auch die höchste Instanz in Kanada.

(1) *Zusammensetzung*

Der Supreme Court ist mit neun Richtern besetzt, welche durch den Governor General auf Empfehlung des Premierministers ernannt werden. Von diesen neun Richtern müssen gemäß dem *Supreme Court Act* drei aus Quebec stammen, wohingegen das Gesetz hinsichtlich der Herkunft der anderen sechs keine Regelung enthält. Dennoch hat sich die Praxis etabliert, dass ebenfalls drei aus Ontario stammen sollen, sowie zwei aus den westlichen Provinzen[111] und einer aus den maritimen Provinzen,[112] wodurch die Zusammensetzung in etwa das Verhältnis der Bevölkerung der Provinzen zueinander widerspiegelt. Die wichtigsten Fälle werden zwar durch den Supreme Court in Plenarsitzung gehört, doch ansonsten entscheidet er in einer Zusammensetzung aus fünf Richtern, wobei die Richter aus derjenigen Provinz, aus welcher der Fall stammt, auf jeden Fall beteiligt sind, was vor allem für Quebec gilt.[113]

Vorsitzender des Supreme Court ist der ebenfalls durch den Premierminister bestimmte „Chief Justice“. Dieser entscheidet über die Zusammensetzung der Spruchkörper, wenn das Gericht nicht in Plenarsitzung entscheidet. Auch in der Person des Chief Justice wird die regionale Gleichberechtigung insoweit gewahrt, als für dieses Amt alternierend ein frankophoner und ein anglophoner Richter ausgewählt wird.

---

[111] British-Columbia, Alberta, Saskatchewan und Manitoba.

[112] Nova-Scotia, P.E.I, New-Brunswick und Newfoundland.

[113] *Hogg*, Constitutional Law of Canada, 8.3. Stammt der Fall daher aus Québec, sind damit auf jeden Fall die drei Richter aus dieser Provinz beteiligt, wenn der Fall nur durch fünf Richter entschieden wird.

(2) *Der Supreme Court als Revisionsinstanz*

Wie oben schon angesprochen, steht der Supreme Court als Revisionsinstanz an der Spitze der Gerichtshierarchie. Er überprüft die Urteile der Berufungsinstanzen der Provinzen und des Bundes (Federal Court of Appeal) unabhängig davon, ob Bundesrecht, Provinzrecht oder Verfassungsrecht entscheidungserheblich ist.[114] Er ist damit die höchste Instanz in der Auslegung des gesamten kanadischen Rechts unabhängig von dessen Quelle.

In der Theorie ergibt sich daraus eine Stellung des Supreme Court, die eine sehr starke integrierende Funktion erlauben würde. Zum einen entscheidet er über die Auslegung der Verfassung, insbesondere der Normen über die Kompetenzaufteilung, so dass er durch eine „bundesfreundliche" Sichtweise harmonisierend wirken kann. Weiterhin entscheidet er über die Verfassungsmäßigkeit der Provinzgesetze im Hinblick auf deren Vereinbarkeit mit den Grundrechten. Schließlich entscheidet er in seiner Eigenschaft als „Superrevisionsinstanz" zusätzlich über die einfache Gesetzesanwendung, sei es Provinz- oder Bundesrecht. Gerade diese Stellung sucht der Supreme Court zu nutzen, um so weit wie möglich die Einheit des Common Law in den Provinzen zu erhalten. Selbst bei der Auslegung von Provinzgesetzen drängt das Gericht auf eine einheitliche Interpretation, soweit die Gesetzestexte in etwa ähnlich sind.[115] Diese Stellung des Supreme Court korrespondiert mit der fehlenden letztendlichen Kontrolle der Provinzen über das von ihnen geschaffene Recht: Sie haben zwar für viele Bereiche die Gesetzgebungsgewalt, können aber die höchsten Provinzgerichte nicht kontrollieren, da zum einen der Bund die Richter ernennt, zum anderen die Bundesgerichte das letzte Wort haben.

Im Ergebnis scheint damit die Stellung des Supreme Court diesen zu einem idealen Integrations- und Harmonisierungsinstrument im Zivilrecht zu machen. In der Praxis relativiert sich dieses Ergebnis jedoch in vielerlei Hinsicht, wobei verschiedene Gründe hierzu ausschlaggebend sind. Als erstes wäre hier zunächst die insgesamt relativ geringe Anzahl von zwischen 70 bis 150 Entscheidungen pro Jahr anzuführen, wobei die Entscheidungen im Zivilrecht nur einen kleinen Bruchteil davon ausmachen.[116] Dies liegt zum einen daran, dass 1975 das An-

---

[114] *Hogg*, a.a.O, 8.5. (a).

[115] *Hogg*, a.a.O., 8.5. (a).

[116] Im Jahr 2000 wurden 640 Revisionsanträge gestellt, wovon 84 (13%) angenommen wurden. Hinzu kamen 17 Verfahren, bei denen ein Recht auf Revision bestand (meist in strafrechtlichen Fällen). Insgesamt erließ der Supreme Court in diesem Jahr 72 Urteile; 2001 waren es 96. Von diesen 96 Urteilen in 2001 stammen 31% aus dem Strafrecht, 20% ergingen zu den Grundrechten und dem Verfassungsrecht, 10% zum Wirtschaftsrecht, 9% zum Deliktsrecht, 6% zum Verfahrensrecht sowie 24% zu anderen Rechtsbereichen (u.a. Steuerrecht, Verwaltungsrecht, Ein-

rufungsrecht des Supreme Court in Zivilsachen abgeschafft wurde.[117] Ein Gang vor diese höchste Instanz ist nur dann möglich, wenn das Berufungsgericht dies zulässt, was nur in ganz seltenen und speziellen Fällen erfolgt, sowie nach Annahme durch den Supreme Court selbst. Dieses Recht wird allerdings nur dann ausgeübt, wenn die Rechtsfragen des Falles eine große, über den Fall hinausgehende Bedeutung haben.[118] Da die Entscheidungen des Supreme Court verstärkt als eine Rechtsquelle angesehen werden, soll es ihm auch möglich sein, die Fälle auszuwählen, anhand derer er seiner rechtschöpfenden Rolle gerecht werden kann. Eine Überbelastung mit „gewöhnlichen“ Fällen wäre hierbei nur hinderlich.[119]

Zum anderen nimmt seit 1982 mit der Einführung der *Canadian Charter of Rights and Freedoms* die Bedeutung des Supreme Court als Verfassungsgericht und mithin die Anzahl der Fälle in diesem Gebiet stetig zu,[120] was dem Gericht immer weniger Zeit lässt, auch Fälle mit Fragen zum einfachen Gesetzesrecht, d.h. vor allem Provinzrecht, anzunehmen.[121] Weiterhin spielt die oben schon angesprochene Besetzungspraxis der Spruchkammern eine gewisse Rolle. So wurden zum Beispiel seit 1949 alle Fälle, welche das Zivilrecht von Quebec zum Gegenstand hatten, in der Besetzung mit fünf Richtern und somit mit den drei Richtern aus Quebec entschieden. Unzweifelhaft stellt dies einen Vorteil dar, wenn mehrheitlich Richter über das Recht entscheiden, in deren Tradition sie aufgewachsen sind. Weiterhin verringert es die Widerstände aus Quebec gegen den Supreme Court als höchste Instanz für das eigene Civil Law.[122] Gleichzeitig verringert dies aber grundsätzlich die Integrationswirkung des Supreme Court und verhilft dazu, die Eigenständigkeit des Civil Law-Systems in Quebec zu wahren.[123]

Diese Umstände zeigen, dass die theoretisch starke Stellung des Supreme Court hinsichtlich ihrer tatsächlichen Auswirkungen nicht überschätzt werden darf. Wie sich die Tätigkeit des Supreme Court im Einzelnen auf das Recht der Provinzen auswirkt, wird später in den Kapiteln zum Gesellschaftsrecht und Verbrauchervertragsrecht zu untersuchen sein.

---

geborenenrecht). (Daten entnommen aus: *Supreme Court of Canada*, Statistics 1991 to 2001, Bulletin of Proceedings, Sonderauflage 2002).

[117] *Glenn*, La Cour Suprême du Canada et la tradition du Droit Civil, in (2001) 80 Can. Bar Rev. S. 151, 154 f.

[118] *Hogg*, a.a.O., 8.5. (b).

[119] *Glenn*, a.a.O., in (2001) 80 Can. Bar Rev. S. 151, 156.

[120] *Hogg*, The Law-Making Role of the Supreme Court of Canada: Rapporteur's Synthesis in (2001) 80 Can. Bar Rev. S. 171 f.

[121] Siehe *Daniels*, Should Provinces compete?, (1991) 36 McGill L.J., S. 130, 187, *Hogg*, Constitutional Law of Canada, 8.5. (a), Fn. 39 a.E.

[122] *Russell*, The Political Role of the Supreme Court of Canada in its First Century, (1975) 53 Can. Bar Rev. S. 576, 578.

[123] *Hogg*, Constitutional Law of Canada, 8.5. (a).

(3) *Der Supreme Court als Beratungsorgan*

Neben seiner Funktion als Revisionsinstanz dient der Supreme Court der Bundesregierung und den Provinzregierungen auch als Beratungsorgan in grundlegenden juristischen Fragen vorwiegend verfassungsrechtlicher Natur.[124] Diese Funktion, welche für ein Gericht allgemein ungewöhnlich ist, wurde in sec. 53 *Supreme Court Act* dem höchsten kanadischen Gericht zugewiesen. Ausgeübt wird dieses Anrufungsrecht durch den Governor in Council, mithin durch die Bundesregierung. Den Provinzregierungen wurde dagegen im *Supreme Court Act* kein entsprechendes Anrufungsrecht eingeräumt; dennoch können diese eine Stellungnahme des Supreme Court bezüglich ihrer Rechtsfragen erreichen, indem sie vor ihrem jeweiligen höchsten Provinzgericht ein entsprechendes Verfahren anstrengen, wodurch in der Folge dann ein Anrufungsrecht des Supreme Court besteht.

Die im Rahmen dieses Verfahrens ergehenden Entscheidungen haben eigentlich nur beratenden Charakter, d.h. sie erlangen nicht die Wirkungen eines Urteils, so dass selbst die Verfahrensbeteiligten nicht an die Entscheidung gebunden sind. In der Praxis nehmen die so ergangenen Entscheidungen dennoch den Stellenwert eines ordentlichen Urteils ein, d.h. sowohl die Parteien als auch die anderen Gerichte betrachten sich durch die Entscheidungen gebunden und folgen ihnen.[125] Dem Supreme Court wurde anhand dieses besonderen Verfahrens bereits die Gelegenheit gegeben, einige Entscheidungen von herausragender Bedeutung für das kanadische politische System zu treffen. Hierzu zählen vor allem die im Vorfeld der Verfassungsreform von 1982 ergangene Entscheidung zur Frage, ob und inwieweit die Provinzen bei Änderungen der Bundesverfassung zu beteiligen sind,[126] sowie die im Jahr 1998 ergangene Entscheidung zur Frage, ob und, wenn ja, unter welchen Voraussetzungen der Austritt der Provinz Quebec aus der kanadischen Föderation möglich ist.[127]

---

[124] Die sog. "Reference Jurisdiction", siehe *Hogg*, a.a.O., 8.6. (a).

[125] *Hogg*, a.a.O., 8.6. (d).

[126] *Re Resolution to Amend the Constitution*, (1981) 1 S.C.R. 753. Der *BNA Act 1867* schwieg hinsichtlich einer Beteiligung der Provinzen an Gesetzgebungsverfahren zur Änderung der Verfassung. In seiner Entscheidung hat der Supreme Court hergeleitet, dass es einem ungeschriebenen Verfassungsgrundsatz entspricht, dass die Provinzen zu beteiligen sind. Nun enthält der *Constitution Act 1982* einen entsprechenden Modus.

[127] *Re Secession of Québec*, (1998) 2 S.C.R. 217. Auch zur Frage des Austritts aus der Föderation enthielt die Verfassung keinerlei Anhaltspunkte. Hier „erfand" (so *Hogg*, in (2001) 80 Can. Bar Rev. S. 171, 175) der Supreme Court ein Verfahren, wonach einer Abspaltung ein in dieser Provinz erfolgreiches Referendum sowie Verhandlungen mit dem Bund vorausgehen müssen. Im Ergebnis hat der Supreme Court hierdurch die Optionen des Bundes im Falle eines positiven Referendums stark eingeschränkt.

(4) *Der Supreme Court und der kanadische Föderalismus*

Eine herausragende Rolle spielt der Supreme Court bei dem ständigen Prozess, das Verhältnis von Bund und Provinzen und somit das föderale System Kanadas zu definieren. Vor allem die in der Verfassung geregelte Aufteilung der Gesetzgebungskompetenzen provozierte von Anfang an einen hohen Interpretationsbedarf durch die höchsten Gerichte, der mit dem seit 1867 erfolgenden ständigen Wandel der ökonomischen und sozialen Anforderungen an die Gesetzgeber nicht nachließ. Hinzu kommt, dass nötige Verfassungsreformen kaum zu realisieren sind,[128] was auch den Druck auf das Gericht als eine der wichtigen gestaltenden Figuren des politischen Systems weiterhin erhöht. Diese Rolle des Gerichts wird im nächsten Abschnitt bei der Untersuchung der Aufteilung der Gesetzgebungskompetenzen noch deutlicher werden.

b) *Der Federal Court*

Der Federal Court wurde 1971 als Nachfolger des Exchequer Court auf Grundlage von sec. 101 Nr. 2 *Constitution Act 1867* errichtet; dabei wurde er in eine Trial Division und eine Appeal Division unterteilt. Der Federal Court ist kein ordentliches Gericht, d.h. er wird nur in Fragen tätig, die ihm ausdrücklich durch den *Federal Court Act* oder andere Gesetze zugewiesen werden. Sein Zuständigkeitsbereich umfasst im Wesentlichen das Urheberrecht, Markenrecht, Steuerrecht, Seerecht und das Staatsangehörigkeitsrecht. Indem der Federal Court nur in Fragen zum Bundesrecht entscheidet, stellt er eine gewichtige Ausnahme zu dem eigentlich unitarischen Gerichtssystem Kanadas dar. Er ist wie die obersten Provinzgerichte, dem Supreme Court unterstellt und kann als paralleler Gerichtszweig zu den Provinzgerichten angesehen werden. Gerade aus diesem Umstand entstehen einige Abgrenzungsfragen zwischen dem besonderen Zuständigkeitsbereich des Federal Court und dem allgemeinen Zuständigkeitsbereich der Provinzgerichte. Diese münden in die Streitfrage, inwieweit die Verfassungsermächtigung zur Errichtung des Federal Court es zulässt, diesem durch Gesetz einen Rechtsbereich in dessen Zuständigkeitsbereich zuzuweisen. Letztlich ist dies von der Auslegung des Terminus „Laws of Canada“ in dieser Norm abhängig. Zur Debatte stehen hier zwei Ansichten: Nach früherer herrschender Ansicht konnten die Rechtsbereiche dem Zuständigkeitsbereich des Federal Court zugewiesen werden, für welche der Bund die Gesetzgebungskompetenz innehat.[129] Der Supreme Court hat dagegen 1976 in einer Leitentscheidung[130] überraschend den

[128] Die bislang einzig nennenswerte Verfassungsreform im Jahr 1982 enthielt zum Bereich "Föderalismus" lediglich eine Änderung bezüglich der Kompetenz für die natürlichen Ressourcen. Spätere substantiellere, zum Teil schon sehr weit gediehene Vorhaben („Meech Lake“ und „Charlottetown“), scheiterten im Ratifikationsstadium.

[129] *Hogg*, Constitutional Law of Canada, 7.2. (b).

[130] *Quebec North Shore Paper Co. v. Canadian Pacific* (1977) 2 S.C.R. 1054.

Grundsatz entwickelt, dass dem Federal Court nur dann ein Rechtsbereich zugewiesen werden kann, wenn diesbezüglich bereits Bundesrecht existiert und anwendbar ist.[131] Sofern der Bund jedoch von seiner Gesetzgebungskompetenz keinen Gebrauch gemacht hat, so dass Provinzrecht Anwendung findet, genügt dies nicht, um die Zuständigkeit des Federal Court begründen zu können. Diese Entscheidung wird allerdings heftig kritisiert, weil das vom Supreme Court aufgestellte Kriterium, eine zunehmende Aufspaltung von Rechtsstreitigkeiten in zwei getrennte Verfahren zur Folge hat, eines vor dem Federal Court und ein anderes vor einem Provinzgericht.[132] Damit verbunden ist eine allgemeine Kritik an dem in Kanada aufkeimenden dualen Gerichtssystem, welches für unnötig oder sogar als hinderlich für ein effektives Gerichtssystem empfunden wird.[133]

## II. Europäische Union

Neben die Gerichtssysteme der Mitgliedstaaten tritt die Gerichtsbarkeit der Gemeinschaft, welche der Europäische Gerichtshof (EuGH) ausübt, Art. 220 EGV, dem ein Gericht 1. Instanz (EuG) beigeordnet ist, Art. 225 EGV. Dabei wird Rechtsschutz nur auf Grundlage eines im EGV enthaltenen abschließenden enumerativen Katalogs von Einzelzuständigkeiten gewährt. So kennt der EGV das Vertragsverletzungsverfahren, Art. 226, 227 EGV, die Nichtigkeitsklage, Art. 230 EGV, die Untätigkeitsklage, Art. 232 EGV, Schadenersatzklagen, Art. 235 i.V.m. Art. 288 EGV, sowie das Vorab-entscheidungsverfahren nach Art. 234 EGV. Abgesehen von der Schadenersatzklage wegen deliktischer Haftung der Gemeinschaft und der Untätigkeitsklage gegen Organe der Gemeinschaft, lässt allein das Verfahren der Nichtigkeitsklage Individualklagen von natürlichen oder juristischen Personen gegen Rechtsakte der Gemeinschaft zu. Dabei ist dieses Verfahren auf Entscheidungen eines europäischen Organs im Sinne von Art. 249 EGV beschränkt, deren Adressat der Kläger sein muss, Art. 230 Abs. 4 EGV. In Betracht kommt eine solche Klage wegen der Verletzung von Zuständigkeits- oder Formvorschriften, eines Ermessensmissbrauchs oder einer Verletzung des EGV. Dagegen kann das Vertragsverletzungsverfahren gegen einen Mitgliedstaat nur von einem anderen Mitgliedstaat oder der Kommission eingeleitet werden, Art. 226 und 227 EGV.

Das für Entscheidungen über privatrechtliche Vorschriften weitaus bedeutendste Verfahren ist das der Vorabentscheidung nach Art. 234 EGV. Indem die nationalen Gerichte den EuGH zu Fragen über die Auslegung und Gültigkeit von Gemeinschaftsrecht anrufen können, beziehungsweise in gewissen Fällen müssen, soll erreicht werden, dass die Befugnis des EuGH zur letztverbindlichen Ausle-

---

[131] Siehe oben., S. 1065 f.
[132] *Hogg*, a.a.O., 7.2. (b).
[133] *Hogg*, a.a.O., 7.2. (b) a.E.

gung und Ungültigkeitserklärung von Gemeinschaftsrecht gewahrt bleibt. Nur so kann eine gemeinschaftsweit einheitliche Anwendung und Geltung des Gemeinschaftsrechts gewährleistet werden. Von großer Bedeutung sind dabei sowohl Entscheidungen über die Auslegung von sekundärem Gemeinschaftsrecht als auch über die Vereinbarkeit von nationalem Recht mit dem Primärrecht.

## III. Vergleich

Von großer Bedeutung für die Entwicklung des Rechts und somit auch für einen möglichen Harmonisierungsprozess innerhalb einer Mehrrechtsordnung ist neben dem politischen Umfeld die Organisation der Judikative. Dies gilt in besonderem Maße für die kanadische Union, in welcher überwiegend das Common Law gilt, d.h. ein Rechtssystem, dessen Recht maßgeblich auf der Präzedenzwirkung von Gerichtsentscheidungen aufbaut. Dabei fällt besonders auf, dass das kanadische Gerichtssystem, anders als in den meisten Bundesstaaten, unitarisch gegliedert ist.[134] Die Provinzgerichte sind dabei dem Supreme Court unterstellt, welcher die höchste Instanz in allen Rechtsmaterien darstellt, unabhängig davon, ob es in der Sache um Bundes- oder Provinzrecht geht. Wie oben gesehen korrespondiert diese starke Stellung des Supreme Court aber nur teilweise mit einer ebenfalls starken integrierenden Funktion. Unabhängig von der geringen Zahl der Entscheidungen zum Privatrecht ist es dem Supreme Court in Bereichen, welche der Rechtsetzungskompetenz der Provinzen unterliegen, nur in Rechtsstreitigkeiten über das Common Law möglich, zu versuchen, eine Einheitlichkeit zu wahren. Dagegen ist eine landesweit einheitliche Auslegung des Rechts in Bereichen, die der Zuständigkeit des Bundes unterliegen, aufgrund der Stellung des Supreme Court als oberstes Gericht eher zu erreichen.

Ganz anders verhält es sich dagegen in der EU, wo dem EuGH prinzipiell nur die Auslegung des europäischen Rechts unterliegt. Über die nationalen Rechte der Mitgliedstaaten kann der EuGH nur urteilen, soweit es um die Vereinbarkeit mit dem Gemeinschaftsrecht geht. Dennoch wirkt der EuGH stark integrierend, da er zum einen vielfach selber Recht setzt,[135] zum anderen über die im EG-Vertrag geregelten Gesetzgebungskompetenzen der EG-Organe entscheidet, wobei er bisher eine eher extensive Auslegung verfolgt hat. Am bedeutendsten ist seine integrierende Rolle jedoch, was die Auslegung von sekundärem Gemeinschaftsrecht angeht. Hierdurch soll eine gemeinschaftseinheitliche Auslegung des Gemeinschaftsprivatrechts erzielt werden. Allerdings entsteht diese Möglichkeit

[134] Anders als zum Beispiel in den USA, wo die obersten Gerichte der Einzelstaaten grundsätzlich die höchste Instanz in Rechtssachen sind, bei denen es um die Anwendung von Einzelstaatsrecht geht.

[135] Siehe beispielsweise die Rechtsprechung im Bereich der Staatshaftung (Stichpunkt „Frankovich").

auch nur in dem Maße, in dem die nationalen Gerichte im Wege der Vorlage den EuGH anrufen. Anders als der Supreme Court, welcher sich seine Fälle „aussuchen“ kann, ist der EuGH auf solche Vorlagen angewiesen.

Im Ergebnis ergibt sich daher eine im Vergleich zum EuGH erheblich stärkere Stellung des Supreme Court, welche derjenigen eines obersten nationalen Gerichts und Verfassungsgerichts gleicht. Der EuGH hat dagegen die Stellung eines Sondergerichts, weil ihm nur die Prüfung von Gemeinschaftsrecht zusteht.

# D. Das Politische System

## I. Kanada

### 1. Die Aufteilung der Gesetzgebungskompetenzen zwischen dem Bund und den Provinzen

Die im *Constitution Act 1867* geregelte Aufteilung der Gesetzgebungskompetenzen zwischen dem Bund und den Provinzen spiegelt das Prinzip wider, das der Gründung der Föderation im Jahr 1867 zugrunde lag und das prägende Wesensmerkmal der kanadischen Union darstellt. Dieses besagt, dass nationale Einheit nur durch die Anerkennung der kanadischen Diversität erreicht werden konnte und weiterhin nur durch deren Beibehaltung Bestand haben wird.[136] Dementsprechend wurden die Provinzen von Anfang an im *Constitution Act 1867* gegenüber dem Bund mit weitestgehenden Gesetzgebungskompetenzen versehen. Dieser Effekt wurde ferner durch die verfassungsrechtlichen Entscheidungen des Privy Council und später des Supreme Court verstärkt. Beide Gerichte hatten sich bis in die 80er Jahre nahezu ausschließlich mit Fragen der Kompetenzverteilung zu befassen.[137] Dabei weiteten sie die Macht der Provinzen in einem Maße aus, welches der reine Wortlaut der Verfassung nicht erahnen ließ.[138]

a) *Systematik der Kompetenzaufteilung im* Constitution Act 1867

Die kanadische Verfassung greift zur Aufteilung auf zwei Kataloge von Rechtsbereichen zurück, sec. 91 und 92 *Constitution Act 1867,* welche jeweils den Kompetenzbereich des Bundes und der Provinzen definieren. Hinzu kommt jeweils eine Generalklausel, welche nicht aufgezählte Bereiche erfassen soll. Insgesamt geht die Verfassung damit zunächst von einer exklusiven Gesetzgebungskompetenz von Bund und Provinzen in den ihnen jeweils zugeteilten Rechtsbereichen aus.[139] Dennoch kann es vorkommen, dass ein Gesetzesvorhaben in gleichem Maße sowohl eine Rechtsmaterie betrifft, welche dem Bund zugewiesen wurde, als auch eine Rechtsmaterie, deren Regelung den Provinzen zusteht. In

---

[136] *Hurlburt,* Harmonization of Provincial Legislation in Canada: The Elusive Goal, in 12 (1986 – 1987) Can. Bus. L. J. S. 387, 388 f; *Ledermann,* Unity and Diversity in Canadian Federalism: Ideals and Methods of Moderation, in 53 (1975) Can. Bar Rev. S. 597.

[137] *Ledermann,* a.a.O. in 53 (1975) Can. Bar Rev. S. 597. *Rémillard,* Le Fédéralisme Canadien, S. 218. Der Privy Council entschied in 80 Jahren mehr als 120 Entscheidungen zum kanadischen Verfassungsrecht.

[138] *Hogg,* Constitutional Law of Canada, 5.3. (a) und (c). *Tremblay,* Les Compétences législatives au Canada et les Pouvoirs provinciaux en Matière de Propriété et de Droit civil, S. 59. Laut *Hogg* ist Kanada dadurch als weniger zentralisiert einzustufen als vergleichbare Bundesstaaten, wie z.B. die USA oder Australien, siehe 5.3. (b) und (c).

[139] *Hogg,* a.a.O., 15.9. (b).

diesem Fall besteht eine konkurrierende Gesetzgebungs-kompetenz, soweit sich das Gesetzesvorhaben nicht aufspalten lässt.[140] Sofern sich Bundes- und Provinzgesetze aufgrund dessen in gewissen Punkten widersprechen, besteht ein Vorrang des Bundesrechts.[141] Weiterhin sind sec. 91 und 92 *Constitution Act 1867* in ihrem Wortlaut sehr vage gefasst und bieten viele Überlappungen, so dass von Anfang an ein hoher Interpretationsbedarf bestand,[142] der sich aufgrund der seit 1867 stark geänderten wirtschaftlichen, politischen, sozialen und gesellschaftlichen Verhältnisse noch erheblich steigerte.[143] Aufgrund dessen spielten der Privy Council und der Supreme Court eine herausragende Rolle bei der Gestaltung der Kompetenzordnung der kanadischen Föderation, wie sie sich heute darstellt.

b) *Kompetenzen der Provinzen*

Die Gesetzgebungskompetenzen der Provinzen sind in den sec. 92, 92A, 93 und 95 *Constitution Act 1867* enthalten, wobei die wichtigste davon, sec. 92, einen Katalog von Rechtsbereichen aufstellt. Den einzelnen Punkten dieses Kataloges geht folgender Satz voran:

> *92. In each Province the Legislature may exclusively make Laws in relation to Matters coming within the Classes of Subject next hereinafter enumerated; that is to say, -*

(1) *„Property and Civil Rights in the Province", sec. 92 (13)*

Die Interpretation dieser Vorschrift zählt zu den umstrittensten Fragen des gesamten kanadischen Verfassungsrechts.[144] Sie begründet eine allgemeine Zuständigkeit der Provinzen für weite Teile des Zivil- und Zivilverfahrensrechts, die eine starke Einschränkung der legislativen Macht des Bundes bedeutet. Ebenso hat Quebec die Bewahrung seiner Civil Law Tradition dieser Norm zu verdanken.

Die höchsten Gerichte für Kanada, d.h. das Judicial Committee of the Privy Council und später der Supreme Court of Canada haben sec. 92 (13) gegenüber den Bundeskompetenzen hervorgehoben und somit insgesamt die Provinz-

[140] *Hogg,* a.a.O., 15.5. (c), 15.9. (d). Als Beispiel können hier Vorschriften angeführt werden, welche im Straßenverkehr bestimmte Verhaltenspflichten auferlegen. Solche können der Bund im Rahmen seiner Zuständigkeit für das Strafrecht, als auch die Provinzen im Rahmen ihrer allgemeinen Zuständigkeit für das Zivilrecht, erlassen.

[141] *Hogg,* Constitutional Law of Canada, 16.1.

[142] *Tremblay,* Les Compétences législatives au Canada, S. 59.

[143] *Ledermann,* The concurrent Operation of Federal and Provincial Laws in Canada, (1962-63), 9 McGill L.J. S. 185.

[144] *Hogg,* a.a.O., 21.1.

kompetenzen sehr weit interpretiert.[145] Einigen (v.a. anglophonen) Autoren ging dies viel zu weit. Sie führten an, im Ergebnis ergäbe sich dadurch eine Auffangkompetenz für die Provinzen, da sich fast alles unter *„Property and Civil Rights“* subsumieren lasse. Dies verstoße jedoch gegen den Geist der Konferenz von Quebec im Jahr 1864, auf der die Kompetenzordnung für die künftige Union beschlossen wurde, und welche vorsah, dem Bund eine Auffangkompetenz in Gestalt der *„Peace, Order and good Government“*-Klausel (siehe unten Abschnitt c)) zukommen zu lassen.[146] Ein Blick auf die historische Entwicklung dieses Terminus ergibt jedoch, dass der Begriff *„Property and Civil Rights“* auf den *Quebec Act 1774* zurückgeht. Dort erfasste er das gesamte bislang in Quebec geltende Recht, mit Ausnahme des englischen Strafrechts und des öffentlichen Rechts.[147] Damit bedeutete *„Property and Civil Rights“* zu der Zeit das gesamte Zivilrecht, d.h. das gesamte Recht, welches die Beziehungen zwischen Privatpersonen unter sich regelt, in Abgrenzung zu dem Recht, welches die Rechtsbeziehungen zwischen Privatpersonen und dem Staat betrifft.[148] Dieses Verständnis des Begriffs *„Property and Civil Rights“* änderte sich auch nicht im Jahr 1791 mit der Aufspaltung von Quebec in Upper und Lower Canada, und auch nicht 1841 mit der Errichtung der United Province of Canada.[149] Den Vätern der Union war dies im Jahr 1867 bewusst, weswegen anzunehmen ist, dass sie, wenn sie unter *„Property and Civil Rights“* etwas anderes hätten verstanden wissen wollen, auch eine andere Formulierung gewählt hätten.[150] Vielmehr deutet auch die Aufzählung von Rechtsbereichen in der Kompetenznorm des Bundes, sec. 91 *Constitution Act 1867,* daraufhin, dass es nicht genügte, dem Bund im Rahmen der *„Peace, Order and good Government“*-Klausel all die Rechtsbereiche zuzuweisen, die nicht den Provinzen zugewiesen worden waren, da sonst einige der Bereiche, wie *„Trade and Commerce“*, *„Bankruptcy and Insolvency“*, sowie *„Marriage and Divorce“* unter *„Property and Civil Rights“* einzuordnen gewesen wären; gerade aufgrund der weiten Bedeutung des Terminus *„Property and Civil Rights“* war es daher nötig, dem Bund ausdrücklich manche Bereiche zuzuweisen.[151]

Die weite Interpretation dieser Kompetenznorm durch den Privy Council fand mithin seine Rechtfertigung in der Rechtsgeschichte des Landes, sowie in der Systematik der Aufteilung der Gesetzgebungskompetenzen in der Verfassung.

---

145 *Tremblay,* a.a.O., S. 11 f.

146 *Dawson,* The Government of Canada, S. 32; siehe auch *Tremblay,* a.a.O., S. 12 m.w.N.

147 *Hogg,* Constitutional Law of Canada, 21. 2.; *.Ledermann,* in 53 (1975) Can. Bar Rev. 597, 601; *Tremblay,* Les Compétences législatives au Canada, S. 35.

148 *Citizens Insurance Co. v. Parsons* (1881) 7 App. Cas. 96, 110-111 (P.C.)

149 *Hogg,* Constitutional Law of Canada, 21. 2.; *Ledermann,* The concurrent Operation of Federal and Provincial Laws in Canada, in 53 (1975) Can. Bar Rev. S. 597, 601

150 *Ledermann,* a.a.O., 53 (1975) Can. Bar Rev. S. 597, 601.

151 *Hogg,* a.a.O., 17. 1. sowie 21. 2.; *Ledermann,* a.a.O., 53 (1975) Can. Bar Rev. S. 597, 601 ff.

Von den Grundlinien dieser Rechtsprechung ist auch der seit 1949 allein zuständige Supreme Court nicht abgewichen.[152] Im Ergebnis obliegt es damit den Provinzen, die als Zivilrecht eingestuften Rechtsmaterien zu regeln, einschließlich weiter Teile des Wirtschafts- und Arbeitsrechts,[153] des Wertpapierhandelsrechts[154] und des Versicherungsrechts.[155] Darüber hinaus entschied der Privy Council in einer Leitentscheidung, dass *„Property and Civil Rights"* grundsätzlich auch die Rechtsbereiche erfasst, welche als Sozialrecht einzustufen sind.[156] Dies gilt allerdings nicht mehr für die Arbeitslosenversicherung, die im Jahr 1940 durch eine Verfassungsänderung in sec. 92 Nr. 2 A nun in den Zuständigkeitsbereich des Bundes fällt.

(2) *„The Incorporation of Companies with Provincial Objects", sec. 92 (11)*

Diese Vorschrift erlaubt den Provinzen, ein eigenes Gesellschaftsrecht zu erlassen. Auf die genaue Bedeutung dieser Kompetenz wird im 3. Kapitel unter Punkt A. I. eingegangen.

(3) *„The Administration of Justice in the Province, (...)", sec. 92 (14)*

Hierdurch werden die Provinzen ermächtigt, Gerichte einzuführen, zu organisieren und zu unterhalten. Weiterhin unterliegt ihnen die Regelungsbefugnis für das Zivilverfahrensrecht.

---

152 *Hogg*, Subsidiarity and the Division of Powers in Canada, (1993) 3 N.J.C.L S. 341, 348.

153 Wobei hier einige Einschränkungen zu beachten sind. Hinsichtlich des Wirtschaftsrechts sind Regelungen ausgenommen, welche den interprovinziellen und internationalen Handel betreffen, da dies dem Kompetenzbereich des Bundes für „Trade and Commerce", sec. 91 (2) *Constitution Act 1867*, unterfällt (s.u.). Hinsichtlich des Arbeitsrechts gilt ausnahmsweise, dass der Bund ausschließlich die Rechtsbeziehungen zwischen Arbeitnehmern und Arbeitgebern regeln kann, soweit die Arbeitnehmer an Vorhaben oder in Bereichen tätig sind, für welche dem Bund die Regelungskompetenz zukommt. Ist der Arbeitnehmer beispielsweise in der Schifffahrt („Navigation and Shipping", sec. 91 (10) *Constitution Act 1867)* tätig, ist für das Arbeitsrecht der Bund zuständig. Als weitere Bereiche, für welche dem Bund die Regelungskompetenz zugewiesen ist, sind zu verzeichnen: Luftfahrt, interprovinzielle Transport- und Kommunikationsunternehmen, sowie der öffentliche Dienst des Bundes. (*Hogg*, Constitutional Law of Canada, 21. 8. (b); *Tremblay*, Les compétences législatives au Canada et les Pouvoirs provinciaux en Matière de Propriété et de Droits civils, S. 238 ff.)

154 *Hogg*, a.a.O., 21. 10.

155 *Hogg*, a.a.O., 21. 5; *Tremblay*, Les compétences législatives au Canada et les Pouvoirs provinciaux en Matière de Propriété et de Droits civils, S. 222 ff.

156 *A.-G. Canada v. A.-G. Ontario (Unemployment Insurance)* (1937) App. Cas. 355 (P.C.).

(4) *„Generally all matters of merely local or private Nature in the Province", sec. 92 (16)*

Diese Generalklausel stellt ein Gegenstück zu derjenigen in sec. 91 dar. Allerdings hat sec. 92 (16) aufgrund des bereits generalklauselartigen Charakters von sec. 92 (13) *„Property and Civil Rights"* nie eine große Bedeutung erlangt.[157]

(5) *Steuerrecht, sec. 92 (2), (9) und 92 A (4)*

Gemäß sec. 92 (2) und (9) steht den Provinzen das Recht zu, direkte Steuern und Lizenzgebühren in den Provinzen zu erheben. Dieses Recht konkurriert jedoch mit der Kompetenz des Bundes für die Erhebung jeglicher Art von direkten und indirekten Steuern, sec. 91 (39).[158] In Ausnahme zu dem Grundsatz, dass die Provinzen nur direkte Steuern erheben dürfen, steht es ihnen zu, gemäß dem 1982 eingeführten sec. 92 A, jegliche Art von Steuern, sowohl direkter als auch indirekter Natur, bezüglich der Produktion nicht erneuerbarer natürlicher Ressourcen und elektrischer Energie zu erheben, sec. 92 A (4).

(6) *Weitere in sec. 92 enthaltene Kompetenzen:*

Den Provinzen kommt die Befugnis zu, die provinzeigenen Ländereien zu verwalten (Nr. 5). Sie errichten und unterhalten Strafvollzugsanstalten (Nr. 6) und Krankenhäuser (Nr. 7). Schließlich obliegt es ihnen, Eheschließungen durchzuführen (Nr. 13), wohingegen das Ehe- und Scheidungsrecht in die Zuständigkeit des Bundes fällt, sec. 91 (26).

(7) *Nicht erneuerbare Ressourcen, Waldwirtschaft und Energie, sec. 92 A*

In einem so rohstoffreichen Land wie Kanada hat die Frage der Zuständigkeit in Hinsicht auf natürliche Ressourcen eine herausragende Bedeutung. Grundsätzlich kommt die diesbezügliche Gesetzgebungskompetenz den Provinzen zu, was 1982 mit Einfügung des neuen sec. 92 A in den *Constitution Act 1867* bestätigt wurde. Dennoch macht Absatz 3 dieser Vorschrift deutlich, dass der Bund im Rahmen seiner Kompetenzen, insbesondere für den interprovinziellen und internationalen Handel sowie für Vorhaben, die sich über eine Provinz hinaus erstrecken, sec. 92 (10) a) – wie z.B. Pipelines – über eine konkurrierende Gesetzgebungskompetenz verfügt, die gegebenenfalls derjenigen der Provinzen vorgeht.[159]

---

[157] *Hogg*, a.a.O., 17.1.

[158] Zu dem Konkurrenzverhältnis siehe weiter unten unter Punkt c) (7).

[159] Siehe *Hogg*, Constitutional Law of Canada, 29, sowie sehr eingehend, *Rémillard*, Le Fédéralisme Canadien, S. 309-437.

(8) *Bildung, sec. 93*

Den Provinzen steht die ausschließliche Kompetenz zu, Gesetze in bezug auf ihr Bildungssystem zu erlassen.

(9) *Landwirtschaft und Ausländerrecht, sec. 95*

Für diesen Bereich sieht die Verfassung ausnahmsweise eine konkurrierende Gesetzgebungsbefugnis von Bund und Provinzen vor. Sollten sich Bundes- und Provinzrecht in Teilen widersprechen, geht Bundesrecht vor.[160]

c) *Kompetenzen des Bundes*

Die Gesetzgebungskompetenzen des Bundes sind hauptsächlich in den sec. 91, 94, 96, 101, 132 *Constitution Act 1867*, geregelt, wobei sec. 91 das Gegenstück zu sec. 92 darstellt. In ihrem ersten Satz enthält sec. 91 die sog. „*Peace, Order and good Government*"-Klausel, welche wie folgt lautet:

> ***91.*** *It shall be lawful for the Queen, by and with the Advice and Consent of the Senate and House of Commons, to make Laws for the Peace, Order and good Government of Canada, in relation to all Matters not coming within the Classes of Subjects by this Act assigned exclusively to the Legislature of the Provinces; and for greater Certainty, but not so as to restrict the Generality of the foregoing Terms of this Section, it is hereby declared that (notwithstanding anything in this Act) the exclusive Legislative Authority of the Parliament of Canada extends to all Matters coming within the Classes of Subjects next hereinafter enumerated; that is to say,*

(1) *„Peace, Order and good Government" (POGG)-Klausel, sec. 91*

Die POGG-Klausel stellt neben der „*Trade and Commerce*"-Klausel (sec. 91 Nr. 2) gewissermaßen das Pendant zu der "*Property and Civil Rights*"-Klausel der Provinzen dar, so dass sich zu diesem Verhältnis eine umfangreiche Rechtsprechung entwickelt hat. Grundsätzlich dient die POGG-Klausel als Auffangkompetenz für all diejenigen Bereiche, welche nicht ausdrücklich den Provinzen zugewiesen worden sind. Aufgrund der weiten Interpretation von „*Property and Civil Rights*", welche dieser Norm den Charakter einer Generalklausel gibt, be-

[160] Bis zum heutigen Tage hat als einzige Provinz Quebec neben dem *Federal Immigration Act* ein eigenes Ausländerrecht und eine eigene Verwaltung mit eigenen Auslandsvertretungen in einigen Ländern eingerichtet. Dies führt zu dem Kuriosum, dass ein Ausländer, welcher in Quebec studieren oder arbeiten will, neben der entsprechenden Erlaubnis der zuständigen Bundesbehörde ebenfalls ein durch die Regierung von Quebec ausgestelltes „*Certificat d'Acceptation du Québec*" einholen muss.

steht jedoch eine Konkurrenzsituation zwischen diesen beiden Vorschriften, woraus erhebliche Abgrenzungsprobleme resultieren.

Zunächst ist es für das Verständnis der POGG-Klausel erforderlich, nochmals festzuhalten, dass diese Norm nicht die gesamte Breite der Bundeskompetenzen bezeichnet, und dass die in ihr aufgezählten Rechtsbereiche mithin nicht nur als Illustration dienen. Zwar würde für eine solche Auslegung der Wortlaut von sec. 91 sprechen („*for greater Certainty, but not so as to restrict the Generality of the foregoing Terms of this Section*"), so dass auch einige Autoren diese Ansicht vertreten.[161] Doch die Systematik der sec. 91 und 92 zeigt, dass die Aufzählung der Rechtsbereiche in sec. 91 nicht reine Beispiele für die Kompetenz des Bundes sind; vielmehr war diese Aufzählung erforderlich, da ansonsten viele dieser Materien unter „*Property and Civil Rights*" eingeordnet worden wären.[162] Für diese Sichtweise spricht auch die Praxis der Gerichte, welche bei der Überprüfung der Kompetenz eines Gesetzgebers für den Erlass eines bestimmten Gesetzes zunächst untersuchen, ob der Gegenstand des betreffenden Gesetzes unter einen der in sec. 91 oder 92 aufgezählten Rechtsbereiche subsumiert werden kann.[163] Erst wenn dies nicht möglich sein sollte, ist die POGG-Klausel in Betracht zu ziehen, wobei sich in der Folge die Frage der Abgrenzung zu „*Property and Civil Rights*" stellt.

Der Privy Council hat von Anfang an hohe Anforderungen an die Heranziehung der POGG-Klausel zur Begründung einer neuen Bundeskompetenz gestellt.[164] Der seit 1949 nunmehr allein zuständige Supreme Court ist diesem Konzept einer einschränkenden Auslegung der POGG-Klausel bislang konsequent gefolgt.[165] Die umfangreiche Rechtsprechung zu der Thematik hat zur Einteilung der unter

---

[161] Siehe u.a. *Laskin*, Canadian Constitutional Law, S. 401.

[162] *Hogg*, Constitutional Law of Canada, 17. 1. sowie 21. 2.; *Ledermann*, The concurrent Operation of Federal and Provincial Laws in Canada, in 53 (1975) Can. Bar Rev. S. 597, 601 ff. Siehe oben unter b) (1).

[163] *Hogg*, a.a.O., 17. 1

[164] Siehe die Ausführungen von *Lord Watson* im Fall *Attorney General for Ontario v. Attorney General fort he Dominion and the Distillers and Brewers Association of Ontario*, (1896) App. Cas. 348, 360-361 (P.C.):

> *"..the exercise of legislative power by the Parliament of Canada, in regard to all matters not enumerated in s. 91, ought to be strictly confined to such matters as are unquestionably of Canadian interest and importance, and ought not to trench upon provincial legislation with respect to any of the classes of subjects enumerated in s.92. To attach any other construction to the general power which, in supplement of its enumerated powers, is conferred upon the Parliament of Canada by s. 91, would, in their Lordships' opinion, not only be contrary to the intendment of the Act, but would practically destroy the autonomy of the provinces."*

[165] *Ledermann*, a.a.O., in 53 (1975) Can. Bar Rev. 597, 609.

POGG dem Bund zugesprochenen Kompetenzen in drei Funktionskategorien geführt, welche mittlerweile allgemein anerkannt sind.

(a) *Die Ergänzungsfunktion der POGG-Klausel*

In ihrer Eigenschaft als Ergänzungsnorm soll die POGG-Klausel nur solche Bereiche abdecken, welche offensichtlich eine Lücke in der Systematik der Kompetenzaufteilung darstellen. Eine solche systemwidrige Regelungslücke wurde beispielsweise in Bezug auf die Inkorporierung von Gesellschaften nach Bundesrecht anerkannt: Zwar ordnet sec. 92 (11) an, dass die Provinzen die Befugnis hätten, „*companies with provincial objects*" zu inkorporieren; hinsichtlich von „*companies with objects other than provincial*" schweigt die Verfassung jedoch.[166] Weiterhin wurde eine Kompetenz des Bundes für den Abschluss von Staatsverträgen anerkannt:[167] zwar enthält die Verfassung in sec. 132 eine diesbezügliche Regelung, doch werden von ihr nur Sachverhalte im Zusammenhang mit der Zugehörigkeit zum British Empire erfasst; für die Außenbeziehungen mit anderen Staaten war bei Gründung der Föderation immer noch das British Empire selbst zuständig. Zudem hielt der Supreme Court den Bund für die Regulierung der Erdölförderung innerhalb der kanadischen Hoheitsgewässer für zuständig, da sich diese außerhalb der Hoheit der Provinzen befinden.[168] Die angeführten Beispiele machen deutlich, dass von dieser Kategorie nur wenige, eher ungewöhnliche Fälle erfasst werden, die auch als redaktionelle Fehler charakterisiert werden könnten, bei denen es aber schon fast zwingend erscheint, dass sie in den Kompetenzbereich des Bundes fallen müssen.[169]

Nicht in diese Kategorie einzustufen sind dagegen seit 1867 neu entstandene und daher nicht in sec. 91 und 92 aufgeführte Rechtsmaterien, wie z.B. das Arbeitsrecht, das Umweltschutzrecht oder das Verbraucherschutzrecht. Hier handelt es sich nicht um Lücken des Verfassungstextes. Vielmehr müssen diese Rechtsmaterien unter die bereits existierenden aufgezählten Bereiche subsumiert werden, was gegebenenfalls erst nach einer Aufspaltung dieser neuen Rechtsmaterien möglich ist.[170]

---

166 *Citizens' Insurance Co. v. Parsons* (1981) 7 App. Cas. 96 (P.C.) Siehe hierzu eingehender die Ausführungen im 3. Kapitel unter Punkt A. I.

167 *Re Regulation and Control of Radio Communication in Canada* (1932) App. Cas. 304 (P.C.).

168 *Re Offshore Mineral Rights of British Columbia.* (1967) S.C.R. 792 sowie *Re Newfoundland. Continental Shelf* (1984) S.C.R. 86 (S.C.C.)

169 *Hogg*, Constitutional Law of Canada, 17. 2.

170 *Hogg*, a.a.O., 17. 2. Wie oben schon zum Arbeitsrecht gesehen, kann dies dazu führen, dass sowohl Provinzen als auch der Bund jeweils für Teilbereiche dieser „neuen" Materien zuständig sind.

(b) *Notstandsgesetzgebung*

Eine auf einer Notstandslage begründete Gesetzgebungskompetenz des Bundes für Bereiche, welche in den Kompetenzbereich der Provinzen fallen, wurde bisher in zwei Fällen durch die obersten Gerichte anerkannt. Zum einen handelte es sich um ein durch den Bund erlassenes Gesetz bezüglich wirtschaftlicher und polizeilicher Maßnahmen während des Ersten und Zweiten Weltkrieges, den *War Measures Act*; zum anderen um ein weitreichendes Anti-Inflationsprogramm während der Wirtschaftskrise im Jahr 1975.[171] Aufgrund der nur temporären Gültigkeit dieser Maßnahmen birgt aber auch diese Kategorie der POGG-Klausel weniger Konfliktpotential, so dass ihr nur geringe Bedeutung zukommt.

(c) *Angelegenheiten von nationaler Bedeutung („Matters of national concern")*

Wie die Überschrift schon deutlich macht, ist diese Kategorie der POGG am ehesten geeignet, schwierige Abgrenzungsfragen aufzuwerfen. In der bereits oben angesprochenen Entscheidung[172] des Jahres 1896 entwickelte der Privy Council erstmals diese Fallgruppe der POGG-Klausel für Angelegenheiten mit einer nationalen Dimension. In seiner 1946 ergangenen Entscheidung zum *Canada Temperance Act* gelang es ihm schließlich, die Kriterien einer solchen Angelegenheit näher zu definieren. Danach muss die Angelegenheit von ihrer Natur her eine Bedeutung erlangen, welche über die Provinz hinausgeht, und die das Land als Ganzes betrifft.[173] In der Folge wurde den Bereichen Luftfahrt,[174] Atomenergie,[175] Meeresverschmutzung,[176] sowie der Entwicklung einer Regionalplanung für die Umgebung der Bundeshauptstadt Ottawa[177] eine solche Bedeutung beigemessen.

---

[171] *Hogg*, Constitutional Law of Canada, 17. 4. (b) und (d).

[172] *Attorney General for Ontario v. Attorney General for the Dominion and the Distillers and Brewers Association of Ontario*, (1896) App. Cas. 348 (P.C.).

[173] Siehe die Ausführungen von *Viscount Simon* im Fall *Attorney General for Ontario and Others v. Canada Temperance Federation and Others*, (1946) App. Cas. 193, 205 (P.C.):

> *"In their Lordships' opinion, the true test must be found in the real subject matter of the legislation: if it is such, that it goes beyond local or provincial concern or interests and must from its inherent nature be the concern of the Dominion as a hole (as, for example in the Aeronautic case and the Radio case), then it will fall within the competence of the Dominion Parliament as a matter affecting the peace, order and good government of Canada, though it may in another aspect touch on matters specially reserved to the provincial legislatures."*

[174] *Johannesson v. West St. Paul* (1952) 1 S.C.R. 292 (S.C.).

[175] *Pronto Uranium Mines v. Ont. Labour Relations Bd.* (1956) O.R. 862 (Ontario H.C.).

[176] *R. v. Crown Zellerbach Canada Ltd.* (1988) 1 S.C.R. 401 (S.C.).

[177] *Munro v. National Capital Commission* (1966) S.C.R. 663 (S.C.); Hier war problematisch, dass sich Quebec und Ontario nicht auf einen Entwicklungsplan für die genau an der Grenze zwischen beiden Provinzen liegende Bundeshauptstadt Ottawa einigen konnten. Schließlich hat das Bundesparlament ein entsprechendes Gesetz erlassen, das der Supreme Court aufgrund der nationalen Dimension dieses Belanges für rechtmäßig erachtete.

Anhand dieser Entscheidungen konnten der Definition von nationaler Dimension konkretere Kriterien hinzugefügt werden. Wie es *Ledermann* formulierte, muss eine Angelegenheit zunächst so beschaffen sein, dass sie notwendigerweise einer Regelung auf Bundesebene bedarf, und zweitens muss sie von ihrer Natur her eine Einheit darstellen, welche in ihrer Reichweite begrenzt ist.[178]

Eine landesweit vereinheitlichte Regelung durch den Bund ist dann notwendig, wenn die Angelegenheit so beschaffen ist, dass eine effektive Regelung durch alle oder mehrere Provinzen scheitern würde, sofern nur eine der betroffenen Provinzen sich dem entzieht, indem sie unzureichende Regelungen erlässt. [179] Entsprechend diesem sog. *„provincial inability test"* ist eine Regelung des Bereichs Luftfahrt durch den Bund erforderlich; denn sollte nur eine Provinz diesen Bereich unbefriedigend bzw. abweichend von den anderen Provinzen regeln, hätte dies negative Auswirkungen auf die Luftfahrt des ganzen Landes zur Folge. Ebenso gilt dies für den Bereich der Meeresverschmutzung: Es genügt, dass nur eine Provinz ihren Gewässerschutz unbefriedigend regelt, damit auch die Gewässer der anderen Provinzen sowie die Hoheitsgewässer Kanadas in Mitleidenschaft gezogen würden. Da diese Formel geeignet wäre, sehr viele Rechtsbereiche der Gesetzgebungsbefugnis des Bundes zuzuordnen, muss hinzukommen, dass die zu regelnde Angelegenheit eine klar definierte und begrenzte Reichweite aufweist, so dass die Auswirkungen auf die Gesetzgebungskompetenzen der Provinzen begrenzt sind.[180] Deswegen darf der Bund die Bereiche Luftfahrt und Meeresverschmutzung regeln, nicht aber allgemein die gesamte Personenbeförderung oder das Transportwesen sowie den Umweltschutz. Hier gilt es dann wieder, die unterschiedlichen Aspekte dieser Rechtsbereiche den in sec. 91 und 92 *Constitution Act 1867* aufgezählten Rechtsbereichen zuzuordnen.

Trotz dieser Konkretisierung der *„national concern"*-Kategorie durch die Urteile des Privy Council und des Supreme Court bleiben diese Fälle sehr umstritten, denn auch die sich daraus ableitende ausführlichere Definition ist durchaus vage und nicht geeignet, zwingende Ergebnisse zu erzielen.[181] Insbesondere nach dem

---

178 *Ledermann,* The concurrent Operation of Federal and Provincial Laws in Canada, in 53 (1975) Can. Bar Rev. S. 597, 606 und 610.

179 *Hogg,* Constitutional Law of Canada, 17. 3. (b); *Ledermann,*a.a.O., in 53 (1975) Can. Bar Rev. S. 597, 610.

180 *Bonin/Zuidjwik/Jordan,* Federalism. Economic Union and Subsidiarity: Canadian and European Perspectives. An Introduction to the Issue, (1993) 3 Nat. Journal Const. Law S. 301, 304 f; *Hogg,* Constitutional Law of Canada, 17. 3. (c). Siehe die Ausführungen von Richter *Le Dain* im Urteil *R. v. Crown Zellerbach Canada Ltd.* (1988) 1 S.C.R. 401, 432. (S.C.):

> *"For a matter to qualify as a matter of national concern (...) it must have a singleness, distinctiveness and indivisibility that clearly distinguishes it from matters of provincial concern and a scale of impact on provincial jurisdiction that is reconcilable with the fundamental distribution of legislative power under the constitution."*

181 *Bonin/Zuidjwik/Jordan,* a.a.O., (1993) 3 Nat. Journal Const. Law S. 301, 305.

Urteil im Fall *Crown Zellerbach*[182] in der Frage der Meeresverschmutzung wurde die Rolle des Supreme Court von manchen Autoren heftigst kritisiert.[183] War er lange Zeit ein Garant für die Wahrung des Gleichgewichtes zwischen Bund und Provinzen, so öffnete diese Entscheidung das Tor für weitere zentralisierende Maßnahmen seitens der Bundesregierung.[184] Dem kann jedoch entgegengehalten werden, dass die „*national concern*"-Kategorie bislang vom Supreme Court nur selten zur Rechtfertigung von Bundesgesetzen herangezogen worden ist. Vielmehr war das Gericht bemüht, in seinem Urteil zu verdeutlichen, dass diese Kategorie gerade nicht dazu herangezogen werden darf, die von der Verfassung aufgestellten föderalen Prinzipien für die Aufteilung der Gesetzgebungskompetenzen zu umgehen.[185]

Insgesamt wird durch diese Rechtsprechung deutlich, dass die POGG-Klausel ein Mittel darstellt, neuen gesellschaftlichen und ökonomischen Anforderungen globaler Natur im Rahmen einer Bundesgesetzgebung gerecht zu werden, weil nur eine Lösung auf Bundesebene eine effiziente Lösung verspricht. Dennoch sind durch die hohen Hürden einer Kompetenzzuweisung an den Bund nur graduelle Anpassungen an die von der Verfassung vorgegebene Kompetenzaufteilung möglich. Damit haben es sowohl Privy Council als auch Supreme Court verstanden, die für einen Bundesstaat wie Kanada essentielle Balance zwischen den Bundes- und den Provinzkompetenzen zu wahren.[186]

(2) *Die „Trade and Commerce"-Klausel, sec. 91 (2)*

Auch hinsichtlich dieser Kompetenznorm ist das Verhältnis zu "*Property and Civil Rights*", sec. 92 (13), von herausragender Bedeutung, da von der historischen Auslegung von „*Property and Civil Rights*" ausgehend, sämtliches Recht, das von „*Trade and Commerce*" erfasst werden könnte, auch unter „*Property and Civil Rights*" fallen würde. Es war daher die Aufgabe der Gerichte, diese Klausel auszugestalten, wobei der Privy Council sehr früh eine viel restriktivere Interpre-

[182] *R. v. Crown Zellerbach Canada Ltd.* (1988) 1 S.C.R. 401 (S.C.C.). Die Entscheidung erging mit einer Mehrheit von 4 zu 3. Die Richter des Supreme Court waren sich zwar alle einig in der oben dargestellten Definition einer Angelegenheit von nationaler Dimension; bezüglich deren Anwendung, d.h. in der Frage, ob der zugrundeliegende Sachverhalt eine solche Angelegenheit darstellt, waren sie jedoch geteilter Meinung.

[183] Siehe z.B. *Brun/Tremblay*, Droit Constitutionnel, S. 493:

> *„En se gardant le loisir de se prêter à un tel jeu politique, la Cour suprême déborde radicalement de son rôle judiciaire de gardienne du fédéralisme au Canada".*

[184] *Bonin/Zuidjwik/Jordan*, Federalism. Economic Union and Subsidiarity: Canadian and European Perspectives. An Introduction to the Issue, (1993) 3 Nat. Journal Const. Law S. 301, 306.

[185] *Bonin/Zuidjwik/Jordan*, a.a.O.,(1993) 3 Nat. Journal Const. Law S. 301, 305.

[186] *Ledermann*, a.a.O., in 53 (1975) Can. Bar Rev. S. 597, 607 f.

tation vorschrieb, als es der Wortlaut der Klausel vermuten ließe.[187] Dies stieß auf den Widerstand einiger Autoren, welche den Standpunkt vertraten, die „*Trade and Commerce*"-Klausel sollte ursprünglich das gesamte Handels- und Wirtschaftsrecht des Landes umfassen. Hiergegen lässt sich jedoch anführen, dass eine solche Auslegung der Systematik von sec. 91 *Constitution Act 1867* widerspricht, denn die Aufzählung von Rechtsbereichen wie Patentrecht, sec. 91 (22), Insolvenzrecht (Nr. 21), Urheberrecht (Nr. 23) und Bankrecht (Nr. 15) als Bundeskompetenzen verdeutlicht, dass „Trade and Commerce" tatsächlich nicht eine solch umfassende Reichweite haben sollte, weil ansonsten die Aufzählung der zitierten Bereiche unnötig gewesen wäre.[188] Nach der Abschaffung des Anrufungsrechts des Privy Council dehnte der Supreme Court jedoch den Umfang dieser Kompetenznorm leicht aus.[189]

Seit der Leitentscheidung des Privy Council im Fall *Citizens' Insurance Co. v. Parsons* (1881)[190] steht fest, dass jegliche inner-provinzielle Wirtschaftstätigkeit unter „*Property and Civil Rights*" fällt und damit der Regulierungskompetenz der Provinzen unterliegt. Dagegen beschränkt sich die Gesetzgebungsbefugnis des Bundes auf die Regulierung des inter-provinziellen und des internationalen Handels, sowie auf den Erlass von „allgemeinen Handelsvorschriften, welche das gesamte Land betreffen".[191]

(a) *Inter-provinzieller und internationaler Handel*

Zunächst steht fest, dass es dem Bund obliegt, den Import von Waren nach Kanada zu regeln.[192] Hinsichtlich des Exports von einer Provinz in eine andere oder in das Ausland hat der Privy Council wiederum eine sehr restriktive Ansicht an den

---

[187] Insoweit nahm die Entwicklung der vom Wortlaut her weiten „Trade and Commerce"-Klausel einen völlig entgegengesetzten Lauf im Vergleich zu der von ihrem Wortlaut eher eingeschränkten US-amerikanischen „Commerce Clause", die dem US-Kongress einen ganz erheblichen Gesetzgebungsspielraum für den Bereich Wirtschaftsrecht verleiht. Ein Grund hierfür liegt darin, dass es auf Seiten der US-Staaten kein Pendant zu „*property and civil rights*" der kanadischen Provinzen gibt; vielmehr werden die Kompetenzen der US-Staaten allein als Generalklausel formuliert, welche weniger geeignet ist, die spezifisch formulierte Kompetenz des Bundes zu begrenzen. Daneben ist wohl eine zentralistischeres Konzept von Föderalismus in den USA ausschlaggebend (siehe *Hogg*, Constitutional Law of Canada, 20.1.; *Tremblay*, Les compétences législatives au Canada et les Pouvoirs provinciaux en Matière de Propriété et de Droits civils, S. 139 ff.)

[188] *Tremblay*, Les compétences législatives au Canada et les Pouvoirs provinciaux en Matière de Propriété et de Droits civils, S. 137.

[189] *Hogg*, Constitutional Law of Canada, 20.2. (a).

[190] (1881) 7 App. Cas. 96 (P.C.)

[191] *Hogg*, Subsidiarity and the Division of Powers in Canada, (1993) 3 Nat. Journal Const. Law S. 341, 350.

[192] *Hogg*, Constitutional Law of Canada, 20.2. (a).

Tag gelegt, indem er Bundesgesetze für verfassungswidrig erklärte, welche zwar vordergründig den Export betrafen, dadurch aber auch immanent Transaktionen erfassen mussten, welche rein inner-provinzieller Natur waren. Dieser Rechtsprechung folgte auch der Supreme Court; als Beispiel sei hier die Entscheidung über den *Canada Agricultural Products Standards Act* angeführt.[193] Dieses Gesetz sah vor, dass für den Export bestimmte landwirtschaftliche Produkte in verschiedene Güteklassen einzuordnen waren und unter dieser Bezeichnung in den Handel gelangen sollten. Für Produkte, die in der Hersteller-Provinz verkauft wurden, war die Einführung dieser Güteklassenbezeichnung nicht verpflichtend, konnte allerdings freiwillig erfolgen, wobei in diesem Fall den Kriterien des Gesetzes entsprochen werden musste. In dem fraglichen Fall hat eine Supermarktkette für ihre aus der Provinz stammenden Produkte die Güteklassebezeichnungen verwendet, jedoch ohne dass die Produkte den jeweils erforderlichen Kriterien entsprächen. Der Supreme Court hielt die Vorschrift des Gesetzes, die bei (freiwilliger!) Verwendung der Güteklassenbezeichnungen auch die Einhaltung der Kriterien fordert, für verfassungswidrig, weil sie den Handel in den Provinzen regulierte. Diese Entscheidung wurde in der Folge teilweise heftig kritisiert. Das Beispiel demonstriert jedoch, wie eingeschränkt die unter der „Trade *and Commerce*"-Klausel dem Bund zugesprochenen Befugnisse tatsächlich sind. Es bleibt dem Bund verwehrt, inner provinzielle Vorgänge zu regulieren, selbst wenn dies nur ein notwendiger Nebeneffekt des auf den inter-provinziellen und internationalen Handel ausgerichteten Gesetzesvorhabens ist.[194]

(b) *„Allgemeine Regelungen, die das ganze Land betreffen"*

Nach der Entscheidung im Fall *Citizens' Insurance Co. v. Parsons,*[195] in der erstmals diese zweite Kategorie der unter *„Trade and Commerce"* fallenden Kompetenz angesprochen wurde, war lange Zeit offen, welche Art von Regelungen tatsächlich hiervon erfasst werden sollten. Dies lag daran, dass der Privy Council– mit einer Ausnahme –[196] stets Bundesgesetze, die sich auf diese Kategorie von *„Trade and Commerce"* stützten, für verfassungswidrig hielt.[197] Dies galt, bis der Supreme Court in einer bedeutsamen Entscheidung[198] das in einem Bundesgesetz geregelte Wettbewerbsrecht[199] (damals *„Combines Investigation Act";* jetzt

---

[193] *Dominion Stores v. The Queen* (1980) 1 S.C.R. 844 (S.C.C.).

[194] *Trebilcock,* The Supreme Court and Strengthening the Conditions for Effective Competition in the Canadian Economy, (2001) 80 Can. Bar Rev. S. 542, 565 und 567.

[195] (1881) 7 App. Cas. 96 (P.C.).

[196] *A.-G. Ontario v. A.-G. Canada* (Canada Standard Trade Mark) (1937) App. Cas. 405 (P.C.).

[197] *Hogg,* a.a.O., (1993) 3 Nat. Journal Const. Law S. 341, 351.

[198] *General Motors v. City National Leasing* (1989) 1 S.C.R. 641 (S.C.)

[199] Bis dahin wurde die Kompetenz des Bundes für das Wettbewerbsrecht damit begründet, dass diese Materie als Strafrecht einzustufen sei, wofür der Bund zuständig ist (sec. 91 (27) *Constitution Act 1867*). Eine solche Vorgehensweise war aber nach den umfassenden Reformen des

*„Competition Act“*) als Ausübung der Kompetenz des Bundes für *„Trade and Commerce“* für verfassungsmäßig erklärte. Das Gericht begründete diesen Schritt damit, dass das Wettbewerbsrecht nicht durch Bundesgesetzgebung, die sich nur auf inter provinzielle Vorgänge erstrecken dürfe, erfolgreich geregelt werden könne. Aus diesem Grunde sei es notwendig, dass das Bundesgesetz auch inner-provinzielle Vorgänge erfasse.[200]

Damit steht fest, dass diese „allgemeine“ Kategorie von *„Trade and Commerce“* Regelungen gestattet, die auch inner-provinzielle Vorgänge zum Gegenstand haben.[201] Der Supreme Court hat in seiner Entscheidung die Voraussetzungen für eine entsprechende Regulierung durch den Bund dargelegt. Demnach muss es sich um ein generelles Regelwerk handeln, dessen Durchsetzung einer Bundesbehörde unterliegt und dessen Regelungsgegenstand die Wirtschaft an sich und nicht eine bestimmte Branche betrifft.[202] Weiterhin muss das Vorhaben dergestalt sein, dass es den Provinzen einzeln oder in Kooperation von Verfassungs-wegen nicht möglich wäre, es so zu erlassen. Außerdem muss es so beschaffen sein, dass das Abweichen nur einer Provinz von den in Kooperation erlassenen Vorschriften den Erfolg des Vorhabens in den übrigen Provinzen zunichte machen würde.[203] Bezüglich des in Frage stehenden *Competition Act* hielt der Supreme Court alle fünf Punkte für gegeben: Aufgrund des freien Verkehrs der Produktionsfaktoren von einer Provinz in die andere vermag nur ein nationales Vorgehen das Wettbewerbsrecht effektiv zu regeln.[204] Es fällt auf, dass insbesondere die letzten beiden Voraussetzungen mit dem „provincial inability test“ koinzidieren, der im Fall *Crown Zellerbach* zur Ermittlung eines Belanges nationaler Dimension entwickelt wurde.[205]

Damit klären diese beiden Entscheidungen zwar noch nicht umfassend dic verfassungsmäßige Reichweite der Bundeskompetenzen in wirtschaftsrechtlichen Fragen; sie verdeutlichen aber, zusammen mit zwei anderen Entscheidungen zum internationalen Zivilprozessrecht,[206] dass der Supreme Court geneigt ist, die Kompetenzen des Bundes im Sinne einer erhöhten Zulässigkeit integrativer Maß-

---

Wettbewerbsrechts in den Jahren 1975 und 1986, welche weitgehend zu einer „Entkriminalisierung“ führten, nicht mehr möglich.

200 *General Motors v. City National Leasing* (1989) 1 S.C.R. 641, 681 (S.C.C.).

201 *Hogg*, Constitutional Law of Canada, 20.3.

202 *General Motors v. City National Leasing* (1989) 1 S.C.R. 641, 661 (S.C.C.).

203 *General Motors v. City National Leasing* (1989) 1 S.C.R. 641, 662 (S.C.C.).

204 *General Motors v. City National Leasing* (1989) 1 S.C.R. 641, 679 (S.C.C.).

205 *Trebilcock*, The Supreme Court and Strengthening the Conditions for Effective Competition in the Canadian Economy, in (2001) 80 Can. Bar Rev. S. 542, 570.

206 *Morguard Investments Ltd. v. De Savoye* (1990) 3 S.C.R. 1077 = 76 D.L.R. 256 (S.C.C.) und *Hunt v. T&N PLC* (1993) 4 S.C.R. 289 = 109 D.L.R. 16 (S.C.C.). Siehe zu diesen Entscheidungen auch im 3. Kapitel unter Punkt A. II. 1.

nahmen in bezug auf die ökonomische Union zu überdenken.[207] In der Entscheidung *Morguard* entschied der Supreme Court, dass Urteile von Gerichten einer Provinz in anderen Provinzen anzuerkennen sind, wenn der Fall eine hinreichende Verbindung zum Forum aufweist. In der Entscheidung *Hunt* hielt er ein protektionistisches Gesetz Quebecs für verfassungswidrig, welches untersagte, Geschäftsunterlagen von Unternehmen, die in Verfahren außerhalb der Provinz benötigt werden, aus Quebec zu entfernen. In beiden Fällen stützte der Supreme Court seine Ergebnisse auf den Umstand, dass dies nötig sei, um die von der Verfassung intendierte ökonomische Union zu sichern.[208] In einem obiter dictum sah der Supreme Court sogar eine Kompetenz des Bundes für den Erlass von Regelungen bezüglich der gegenseitigen Anerkennung und Vollstreckbarkeit von Gerichtsurteilen für gegeben.[209] Manchen Autoren zufolge eröffnen diese Entscheidungen dem Bund sogar die Möglichkeit, in einem gewissen Umfang harmonisierende Gesetzgebung in den Bereichen Verbraucherschutz, Umweltschutz, Finanzdienstleistungen[210] oder auch Kapitalmarktrecht[211] zu erlassen.

(3) *Transport und Kommunikation*

Gemäß sec. 92 (10) *Constitution Act 1867* erfolgt die Aufteilung der Gesetzgebungskompetenzen für den Bereich Transport und Kommunikation auf territorialer Basis, d.h. die Provinzen sind insoweit zuständig, als die Vorhaben sich nur auf das Territorium der Provinz erstrecken. Dagegen ist der Bund zuständig, wenn das Vorhaben über das Territorium einer Provinz hinausgeht, wie z.B. im Falle von Schiffsverbindungen oder Zuglinien zwischen zwei oder mehr Provinzen.[212] Ist ein Unternehmen sowohl inner-provinziell als auch inter-provinziell tätig, wie z.B. üblicherweise Telefongesellschaften oder nationale Speditionen, unterfallen

---

207 *Trebilcock*, a.a.O., (2001) 80 Can. Bar Rev. S. 542, 571; *Pepa*, Extraterritoriality and the Supreme Court's Assertion of the Economic Constitution, (2000) 34 Can. Bus. L.J. S. 231, 252.

208 Siehe die Ausführungen von Richter *LaForest* in *Hunt v. T&N PLC* (1993) 109 D.L.R. 16, 44-45 (S.C.C.):

> *„It is inconceivable that in devising a scheme of union comprising a common market stretching from sea to sea, the Fathers of Confederation would have contemplated a situation where citizens would be effectively deprived of access to the ordinary courts in their jurisdiction in respect of transactions flowing from the existence of that common market. The resultant higher transactional costs for interprovincial transactions constitute an infringement on the unity and efficiency of the Canadian market-place (....) as well as an unfairness to the citizens."*

209 *Hunt v. T&N PLC* (1993) 109 D.L.R. 16, 42 (S.C.C.).

210 *Howse*, Securing the Canadian Economic Union: Legal and Constitutional Options for the Federal Government, S. 12.

211 *Monahan*, Constitutional Law, S. 263.

212 *Hogg*, Constitutional Law of Canada, 22.1.

sie der Regelungskompetenz des Bundes.[213] Dabei kommt es nicht darauf an, ob der nationale Geschäftsanteil den rein provinziellen überwiegt. Bezüglich des Rundfunkwesens unterliegt die Kompetenz dagegen völlig dem Bund, selbst wenn eine Rundfunkanstalt nur innerhalb einer Provinz sendet.[214]

(4) *Strafrecht und Strafprozessrecht, sec. 91 (27)*

Die Kompetenz für den Erlass von strafrechtlichen Vorschriften sowie für das Strafverfahrensrecht obliegt dem Bund, so dass es beispielsweise einen *Criminal Code* für ganz Kanada gibt. Die Errichtung und Organisation von Strafgerichten, Staatsanwaltschaften und Polizei liegt dagegen in der Befugnis der Provinzen. Dies stellt gewissermaßen eine Ausnahme zu dem Prinzip dar, dass der Bund grundsätzlich die Bereiche, die in seine Gesetzgebungskompetenz fallen, auch durch eigene Behörden verwaltet.[215] Es erwies sich zunächst als schwierig, zu definieren, welches Recht als Strafrecht zu verstehen sei, und wie weit die strafrechtliche Kompetenz des Bundes reichen sollte. In einer Entscheidung des Privy Council[216] wurde die Kompetenz zunächst so beschrieben, dass sie alle Gesetze mit einer Strafandrohung erfassen solle. Da dies dem Bund allerdings erlaubt hätte, auch Bereiche weitgehend zu regulieren, welche den Provinzen zustehen, wurde in einer weiteren Entscheidung die Definition eingeengt, indem nur solche Vorschriften erfasst werden sollten, welche die öffentliche Sicherheit, Ordnung, Gesundheit und Sitten zu schützen suchen.[217]

(5) *Bankrecht, sec. 91 (15)*

Dem Bund steht es nicht nur zu, die Inkorporierung von Banken, sondern auch deren gesamte übliche Geschäftstätigkeit zu regeln („*Banking*").[218] Damit steht dem Bund eine einschneidende Gesetzgebungsbefugnis in dem Bereich von „*Property and Civil Rights*" zu, welche er bislang aber nur spärlich ausgenutzt hat,[219] mit der Folge, dass ein Großteil der Geschäftstätigkeit von Banken Provinzrecht unterfällt. Dazu zählt auch die Tätigkeit von anderen Finanz-dienstleistern, wie Versicherungen, Wertpapierhändlern oder Sparkassen.

---

[213] Siehe z.B. *Toronto v. Bell Telephone Co.* (1905) App. Cas. 52 (P.C.).
[214] *Radio Reference* (1932) App. Cas. 304 (P.C.)
[215] *Hogg*, a.a.O., 18.1.
[216] *Proprietary Articles Trade Assn. v. A.-G. Canada* (1931) App. Cas. 310 (P.C.)
[217] *Margarine Reference* (1949) S.C.R. 1, 50. (S.C.C.).
[218] *Tennant v. Union Bank of Canada* (1894) App. Cas. 31 (P.C.).
[219] *Hogg*, Constitutional Law of Canada, 24.2. (a).

(6) *Eheschließung und Scheidung, sec. 91 (26)*

Der größte Teil des Familien- und Erbrechts, wie etwa Ehegüterrecht, Erbrecht, Unterhalt, Adoption und Namensrecht, ist unter „*Property and Civil Rights*" den Provinzen zugeordnet, mit Ausnahme des Eheschließungs- und Scheidungsrechts, wofür der Bund zuständig ist. Damit stellt dies gewissermaßen eine Besonderheit in der Systematik der Kompetenzaufteilung dar, die dem Bund hauptsächlich Bereiche zuweist, welche mit der ökonomischen Union oder mit Außenbeziehungen des Landes zusammenhängen. Bei der Föderation hielt man es jedoch für unerlässlich, dass sowohl Eheschließungen als auch Scheidungen landesweit anerkannt werden, weshalb eine Regelung durch den Bund notwendig war.[220] Daraus ergeben sich aber wiederum einige Kompetenzkonflikte. Zum einen ist umstritten, wie weit die Kompetenz der Provinzen für die Durchführung der Eheschließung, sec. 92 (12), reicht, vor allem ob davon auch Regelungen erfasst werden, welche einen Einfluss auf die Gültigkeit der Eheschließung haben können. Dies wurde vom Privy Council grundsätzlich bejaht, allerdings müssen sich die Regelungen auf den Akt der Eheschließung selbst beziehen.[221] Bedeutender sind aber die Fragen im Zusammenhang mit der Ehescheidung, nachdem der Bund im Jahr 1968 ein Scheidungsgesetz (*Divorce Act*) erlassen hat, welches auch Scheidungsfolgen, wie den nachehelichen Unterhalt, den Kindesunterhalt und das Sorgerecht regelt. Der Supreme Court entschied jedoch, dass dies im Rahmen der Kompetenz des Bundes für das Scheidungsrecht liege.[222]

(7) *Steuerrecht, sec. 91 (3)*

Gemäß sec. 91 (3) verfügt der Bund über weitreichende steuerrechtliche Kompetenzen. Er kann sowohl direkte als auch indirekte Steuern jeglicher Art erheben. Diese Befugnis konkurriert jedoch mit dem nach sec. 92 (2) und (9) den Provinzen zustehenden Recht, direkte Steuern sowie Lizenzgebühren innerhalb der Provinz erheben zu dürfen. Damit bestand eine Überlappung der Zuständigkeiten vor allem hinsichtlich der lukrativen Einkommensteuer und Mehrwertsteuer, was im Ergebnis dazu führt, dass in Kanada sowohl Bundes- als auch provinzielle Einkommen- und Mehrwertsteuern erhoben werden.[223] Die meisten Provinzen haben jedoch mit dem Bund Abkommen geschlossen, welche vorsehen, dass der Bund die Einkommensteuer alleine erhebt und den Anteil der Provinzen an diese weiterleitet.[224] Weiterhin besteht ein System von Ausgleichzahlungen des Bundes

---

220 *Hogg*, a.a.O., 26.1.

221 *Re Questions concerning Marriage* (1912) App. Cas. 880 (P.C.).

222 *Zacks v. Zacks* (1973) S.C.R. 891 (S.C.C.).

223 *Hogg*, Constitutional Law of Canada, 30.1. (e).

224 *Hogg*, a.a.O., 6.4. Allein Quebec nimmt an diesem Verfahren nicht teil und erhebt seine Einkommensteuer umfassend selbst. Ontario und Alberta führen dagegen nur die Unternehmens-

an diejenigen Provinzen, welche im Landesdurchschnitt über eine geringere per capita Steuererhebungskapazität verfügen.[225]

(8) *Sonstige dem Bund zustehende Kompetenzen*

Der Bund ist weiterhin zuständig für die Arbeitslosenversicherung (Nr. 2 A), die Verteidigung (Nr. 7), die Schifffahrt (Nr. 10), die Landeswährung (Nr. 14 und 15), das Insolvenzrecht (Nr. 21), das Patentrecht (Nr. 22) und das Urheberrecht (Nr. 23).

## 2. Die Staatsorganisation

Kanada ist trotz völliger Unabhängigkeit von Großbritannien eine Monarchie mit der englischen Königin als Staatschefin. Diese wird auf Bundesebene durch den Governor General und in den Provinzen durch die dort eingesetzten Lieutenant Governors vertreten. Die Gouverneure werden auf Vorschlag des kanadischen Prime Minister durch die Königin ernannt. Aber auch wenn der *Constitution Act 1867* sie an die Spitze der Exekutivgewalt setzt, beschränken sich deren Funktionen auf rein repräsentative Tätigkeiten. Die tatsächliche Exekutivgewalt liegt bei den Regierungen des Bundes und der Provinzen.

Das Bundesparlament setzt sich zusammen aus zwei Kammern, dem Oberhaus (Senate) und dem Unterhaus (House of Commons). Der Senat besteht aus 104 Senatoren, die durch den Governor General auf Vorschlag des Prime Minister ernannt werden und bis zum Alter von 75 Jahren dem Senat angehören. Der Senat sollte der Regionalität Kanadas Rechnung tragen, indem sich die Herkunft der Senatoren nach einem bestimmten Schlüssel richten soll, der nur annährend proportional zur Einwohnerzahl ist.[226] Dennoch ist der Senat aufgrund der Benennung seiner Mitglieder durch die Bundesregierung nie, wie eigentlich anfangs beabsichtigt, zur Interessenvertretung der Provinzen geworden.[227] Deshalb gibt es Überlegungen, den Senat zu reformieren und ihn nach dem Muster des Deutschen

besteuerung selbst durch; die Einziehung der Einkommensteuer überlassen sie dagegen dem Bund.

225 Da die Ausgleichszahlungen vom Bund und nicht von den „reicheren" an die „ärmeren" Provinzen geleistet werden, impliziert es damit nicht, dass die „Reicheren" ärmer werden. So kann beispielsweise Alberta, welches einen hohen Anteil seines Steueraufkommens aus der Besteuerung der Förderung von Erdöl und Erdgas bezieht, von seinem Rohstoffreichtum profitieren und eine sehr niedrige eigene Einkommensteuer und keine eigene Mehrwertsteuer erheben. (*Hogg*, Constitutional Law of Canada, 6.6.).

226 So sollen jeweils 24 Senatoren aus Quebec, Ontario, den Maritimen Provinzen und den westlichen Provinzen stammen; dazu kommen 6 aus Newfoundland und jeweils einer aus den Territorien.

227 *Hogg*, a.a.O., 9.4. (c).

Bundesrates als Vertretung der Provinzregierungen oder auch nach dem Vorbild des US-Senats zu gestalten.[228] In der Theorie hat der Senat genau dieselben Rechte wie das Unterhaus (mit Ausnahme des Budgetrechts); dennoch besteht Einigkeit darüber, dass der Senat gegenüber dem Unterhaus eine untergeordnete Rolle spielen muss, da seine Mitglieder nicht vom Volk gewählt worden sind.[229] Das Unterhaus besteht aus 282 Abgeordneten, welche direkt in Mehrheitswahl in den Wahlkreisen gewählt werden. Anders als im Senat erfolgt die Aufteilung der Wahlkreise entsprechend der Einwohner-zahl.[230] Das Unterhaus wird auf fünf Jahre gewählt; allerdings kann der Prime Minister es schon zu einem früheren Zeitpunkt auflösen und Neuwahlen ansetzen.

Die Exekutive besteht aus dem Prime Minister und seinem Kabinett, wobei der Prime Minister und die Minister durch den Governor General ernannt werden. Zum Regierungschef wird regelmäßig der Vorsitzende jener Partei ernannt, die bei der Unterhauswahl am stärksten hervorgegangen ist. Die Ernennung der Minister erfolgt daraufhin auf Vorschlag des neuen Prime Minister. Insgesamt hat dieser eine außerordentlich starke Stellung im politischen System Kanadas inne.[231]

Die Staatsorganisation der Provinzen folgt größtenteils dem Muster des Bundes, wobei allerdings die Parlamente („Legislative Assembly" bzw. „Assemblée Nationale" in Quebec) nur aus einer Kammer bestehen.

## 3. Der kanadische Föderalismus

### a) *Allgemein*

Die Aufteilung der Gesetzgebungskompetenzen und die Staatsorganisation, wie sie sich aus dem *Constitution Act 1867* ergeben, spiegeln nur ein unvollständiges Bild des kanadischen Föderalismus und insbesondere der ökonomischen Union wieder. Die eher rigide, nach Sachbereichen geordnete Kompetenzaufteilung, sowie seit 1867 neu auftretende Anforderungen an die Gesetzgeber, machten eine Adaptierung des politischen Systems notwendig. Da jedoch Verfassungsänderungen aufgrund des notwendigen Einvernehmens unter den Provinzen kaum zu realisieren sind, und die Judikative nur graduelle Anpassungen des bestehenden Systems zu erreichen vermag, hatte dies zur Folge, dass Bund und Provinzen

[228] *Hogg*, a.a.O., 4.8. (c).
[229] *Hogg*, a.a.O., 9.4. (c).
[230] Dementsprechend stammen 95 Abgeordnete aus Ontario, 75 aus Quebec, 11 aus Nova Scotia, 10 aus New Brunswick, 14 aus Manitoba, 28 aus British Columbia, 4 aus Prince Edward Island, 21 aus Alberta, 14 aus Saskatchewan, 7 aus Newfoundland, einer aus Yukon Territory und zwei aus den North West Territories.
[231] *Hogg*, a.a.O., 9.3.(c).

in manchen Bereichen (wie vor allem soziale Sicherung, Finanzausgleich und ökonomische Union), auf eine Art und Weise zusammen-arbeiten mussten, die von der Verfassung nicht vorgesehen war.[232] Aus diesem Grund wird der kanadische Föderalismus auch als „Cooperative Federalism“ oder auch „Federalism by negotiation“ charakterisiert.[233]

Den Rahmen für diese Kooperation bieten regelmäßig stattfindende Konferenzen zwischen den Regierungschefs und den Fachministern der Provinzen und des Bundes.[234] Die erste Konferenz dieser Art fand schon 1887 statt;[235] mittlerweile bestehen etwa 150 intergouvernementale Organisationen, Konferenzen oder Gremien, im Rahmen derer jährlich etwa 700 Konferenzen auf allen Verwaltungsebenen einberufen werden. Die bedeutendste dieser Zusammenkünfte bleibt jedoch die Konferenz zwischen dem kanadischen Prime Minister und den Premiers der Provinzen.[236] Es wurde zur Standardpraxis, wichtige politische Aufgaben, die Bund wie Provinzen betreffen, im Rahmen dieses extensiven Systems von Regierungskonferenzen gemeinsam zu lösen. Deshalb ist aus ihnen eine hohe Zahl an bilateralen Abkommen hervorgegangen. Nach den zentralisierenden Tendenzen der 60er – 80er Jahre stehen bei diesen Verhandlungen in letztere Zeit einerseits die Stärkung der Provinzen und anderseits die Bestrebungen nach einer wettbewerbsverstärkenden Wirtschafts-verfassung im Vordergrund. Dabei steht hier vor allem das *„Agreement on Internal Trade“* (AIT) im Mittelpunkt, das 1994 zwischen den Provinzen, der Bundesregierung und den zwei Territorien geschlossen wurde.[237] Weitere wichtige Errungenschaften dieser Konferenzen sind das Ausgleichszahlungssystem, ein Kohäsionsfonds, sowie einige optionale Gemeinschaftsprogramme, wovon die Krankenversicherung, Hochschulen und Steuern die wichtigsten betroffenen Bereiche sind.

### b) *Die ökonomische Union und das Agreement on Internal Trade*

Die Aufteilung der Gesetzgebungskompetenzen spiegelt die Absicht der Gründungsväter der kanadischen Union wieder, eine integrierte ökonomische Union zu errichten. So wurde in der Verfassung eine Großzahl von Befugnissen in Wirtschaftsfragen, die von Bedeutung für das Erreichen einer solchen Union sind, dem

---

232 *Hogg*, a.a.O., 5.8.

233 *Ledermann*, Continuing Canadian Constitutional Dilemmas, Kapitel 17.

234 *Beaudoin*, La Constitution du Canada S. 18 ff und 215.

235 *Sautter*, Kanadische Geschichte 1992, S. 155 f.

236 *Hogg*, a.a.O., 5.8.

237 Siehe hierzu u.a. *Trebilcock*, The Supreme Court and Strengthening the Conditions for Effective Competition in the Canadian Economy, (2001) 80 Can. Bar Rev. S. 542, 571, 586, sowie *Doern/MacDonald*, Free Trade Federalism: Negotiating the Canadian Agreement on Internal Trade, 1999.

Bund zugewiesen.[238] Wie bereits festgestellt, hat jedoch die restriktive Auslegung der Kompetenzen des Bundes durch den Privy Council einhergehend mit einem unverminderten Streben der Provinzen, im Wettbewerb zueinander stehende ökonomische Einheiten darzustellen, dieses Ziel in mancherlei Hinsicht vereitelt. Erst in neuester Zeit wird die ursprüngliche Leitidee der Gründungsväter einer integrierten ökonomischen Union in der Interpretation der Verfassung wieder stärker berücksichtigt. Die neuere Rechtsprechung des Supreme Court stellt diese ökonomische Union wieder in den Vordergrund und ist dadurch geeignet, mehr integrative Vorhaben des Bundes zu stützen und gleichzeitig desintegrative Maßnahmen der Provinzen zu unterbinden.[239] Gleichzeitig erhöhen Bund und Provinzen ihre Bemühungen, eine stärkere Integration der kanadischen ökonomischen Union zu erzielen, wovon u.a. das AIT zeugt.

(1) *Die kanadische ökonomische Union*

Der *Constitution Act 1867* definiert nicht ausdrücklich das Konzept der kanadischen ökonomischen Union. Die Konzentration von wichtigen Kompetenzen in Wirtschaftsfragen beim Bund, ein relativ stark harmonisiertes Steuersystem, eine einzige Währung, eine einzige Staatsbürgerschaft mit damit verbundenen Mobilitätsrechten,[240] sowie sec. 121 *Constitution Act 1867*, welcher den freien Verkehr von Waren innerhalb des Landes festschreibt, erlauben insgesamt jedoch die Aussage, dass die kanadische ökonomische Union über ein hohes Integrationsniveau verfügt.[241]

Dennoch verbleibt den Provinzen ein nicht zu vernachlässigender Spielraum für protektionistische Aktionen, seien es Subventionen oder auch indirekte Zölle und Ein- und Ausfuhrbeschränkungen, die nicht durch sec. 121 *Constitution Act 1867* verhindert werden,[242] und die im Sinne der Rechtsprechung des EuGH jedenfalls als unzulässige Maßnahmen gleicher Wirkung wie mengenmäßige und tarifäre

[238] *Bernier*, Le concept d'union économique dans la constitution canadienne: de l'intégration commerciale à l'intégration des facteurs de production, (1979) 20 Cahiers de Droit S. 177, 179. *DeMestral/Winter*, Mobility Rights in the European Union and Canada, (2001) 46 McGill L.J. S. 979, 984 f; *Ziegel*, Harmonization of Provincial Laws, with Particular Reference to the Commercial, Consumer and Corporate Law, in Cuming (Hrsg.), Harmonization of Business Law in Canada, S. 1 f.

[239] *Trebilcock*, The Supreme Court and Strengthening the Conditions for Effective Competition in the Canadian Economy, (2001) 80 Can. Bar Rev. S. 542, 554; *Wise*, Uniformity, Diversity and Provincial Extraterritoriality: Hunt v. T&N plc, (1995) 40 McGill L.J. S. 759, 771.

[240] Diese Mobilitätsrechte wurden 1982 in sec. 6 der *Canadian Charter of Rights and Freedoms* garantiert. Siehe hierzu im Einzelnen: *DeMestral/Winter*, Mobility Rights in the European Union and Canada, (2001) 46 McGill L.J. S. 979.

[241] *Trebilcock*, a.a.O., (2001) 80 Can. Bar Rev. S. 542, 550.

[242] *Hogg*, Constitutional Law of Canada, 43.2. (b); *DeMestral/Winter*, a.a.O., (2001) 46 McGill L.J. S. 979, 985.

Einfuhrbeschränkungen einzuordnen wären.[243] Die hierdurch generierten Kosten für die Volkswirtschaft werden auf ca. 1% des jährlichen kanadischen Bruttosozialprodukts geschätzt, wobei der Hauptanteil auf eine bevorzugte Vergabe von Aufträgen durch die öffentliche Hand an die heimische Wirtschaft zurückzuführen ist.[244] Dies zeigt, dass die negative Integration, d.h. die Beseitigung bzw. Verhinderung von interprovinziellen Handelshemmnissen in der kanadischen Wirtschaft einigen Einschränkungen unterliegt, die auf die relative Schwäche der Kompetenz des Bundes für *„Trade and Commerce"* gegenüber den wirtschaftlichen Kompetenzen der Provinzen unter *„Property and Civil Rights"* zurückzuführen ist. Wie bereits ausgeführt, spricht allerdings vieles dafür, dass der Bund infolge der extensiveren Auslegung der *„Trade and Commerce Clause"* durch den Supreme Court nun die Gelegenheit haben wird, Maßnahmen für eine stärkere negative und positive Integration der ökonomischen Union zu ergreifen.

Weitreichendere Einschränkungen sind hinsichtlich der Niederlassungsfreiheit und des freien Dienstleistungsverkehrs zu beobachten, die einer Prüfung am Maßstab des Europarechts nicht standhalten würden.[245] Dies liegt vor allem daran, dass die Niederlassungsfreiheit der kanadischen Bürger hauptsächlich auf ihrer Staatsangehörigkeit beruht und nicht auf ökonomisch motivierte Rechte, welche auf den Schutz der grenzüberschreitenden Ausübung einer Tätigkeit abstellen.[246] Zwar verbietet nun sec. 6 (3) (a) *Charter of Rights and Freedoms* direkt diskriminierende Regelungen, allerdings gilt dies nur mit Einschränkungen. So gewährt sec. 6 (4) den Provinzen die Möglichkeit, in Branchen, in denen die Arbeitslosigkeitsrate über dem nationalen Durchschnitt liegt, Maßnahmen zu ergreifen, die ausdrücklich Bürger der eigenen Provinz bevorzugen. Außerdem verhindert sec. 6 nicht Regelungen, die indirekt diskriminierend wirken, indem sie z.B. Diplome oder Berufsausbildungen nicht anerkennen. Allein der freie Kapitalverkehr ist aufgrund der umfangreichen Kompetenzen des Bundes in diesem Bereich weitgehender gewährleistet als in der EU.[247]

Insgesamt bleibt festzustellen, dass die kanadische wirtschaftliche Union Schwächen in dem Bereich der Grundfreiheiten, d.h. der negativen Integration aufweist. Diese werden jedoch durch eine auf die zahlreichen Kompetenzen des Bundes

[243] *Bernier*, a.a.O., (1979) 20 Cahiers de Droit S. 177, 188 und 193 f.

[244] *Trebilcock*, a.a.O., (2001) 80 Can. Bar Rev. S. 542, 552.

[245] *Bernier*, Le concept d'union économique dans la constitution canadienne: de l'intégration commerciale à l'intégration des facteurs de production (1979) 20 Cahiers de Droit S. 177, 188 und 193 f.; *DeMestral*, La subsidiarité est-elle une menace au grand marché intérieur? 3 N.J.C.L., S. 391, 396.

[246] *DeMestral/Winter*, Mobility Rights in the European Union and Canada, (2001) 46 McGill L.J. S. 979, 984 ff.

[247] *Bernier*, a.a.O., (1979) 20 Cahiers de Droit S. 177, 226.

zurückzuführende starke positive Integration in anderen Bereichen wieder aufgewogen.[248]

(2) *Das Agreement on Internal Trade (AIT)*

Das am 1. Juli 1995 in Kraft getretene AIT[249] wurde als ein bilaterales Abkommen zwischen den zehn Provinzen, zwei Territorien und dem Bund geschlossen.[250] Das Abkommen hat das in Art. 100 AIT definierte Ziel, bestehende Barrieren für den freien Verkehr von Waren, Personen, Dienstleistungen und Kapital in Kanada zu reduzieren, bzw. abzuschaffen, und einen freien, effizienten und stabilen Binnenmarkt zu errichten. Das Vorhaben geht zurück auf eine Reihe von Versuchen, im Rahmen von Verfassungsreformprojekten auch die ökonomische Union zu stärken. In diesem Zusammenhang schlug der Bund zunächst vor, seine Kompetenzen in der Hinsicht zu erweitern, als er jegliche Maßnahmen treffen könne, die das Funktionieren der ökonomischen Union verbessern würden. Diese Vorhaben sowie abgemilderte Kompromissvorschläge scheiterten jedoch allesamt am Widerstand der Provinzen. Damit stellt das AIT in gewisser Weise eine alternative Institution zum existierenden verfassungsrechtlichen Rahmen dar.[251]

Das AIT ist ein sehr komplexes und umfangreiches Abkommen. Es enthält Regelungen, die sowohl eine negative Integration, also die Abschaffung von Handels- und Mobilitätsbarrieren, als auch positiv integrative Maßnahmen ermöglichen, d.h. die Harmonisierung von Rechtsvorschriften, um den freien Verkehr und die Effizienz des Marktes zu steigern. Entsprechende Regelungen enthält das AIT im Hinblick auf die Vergabe von Aufträgen der öffentlichen Hand, grenzüberschreitende Investitionen, Mobilität von Berufstätigen, Produktstandards und Verbraucherschutzrecht, landwirtschaftliche Produkte, Lebensmittel, natürliche Ressourcen, Energie, Kommunikation, Transport und schließlich Umweltschutz.[252] Unter anderem fordert Art. 606 AIT eine Harmonisierung der Regelungen bezüglich der Handelsregistereintragung von Gesellschaften wie auch der Bilanzierung. Weiterhin verlangen Art. 707 und 708 die gegenseitige Anerkennung von Berufsabschlüssen sowie ein Verbot jeglicher Diskriminierung aufgrund der Herkunft. Bemerkenswert sind weiterhin die in Art. 404 enthaltenen Voraussetzungen für den Erlass von Ausnahmeregelungen. Zum einen muss die Maßnahme ein legiti-

---

[248] *DeMestral,* La subsidiarité est-elle une menace au grand marché intérieur? 3 N.J.C.L., S. 391, 398.

[249] Eine konsolidierte Fassung des Übereinkommens ist über die Website des Internal Trade Secretariat (www.intrasec.mb.ca) abrufbar.

[250] Das 1999 gebildete Territorium Nunavut, welches den dort lebenden Inuiten eine größere Selbstverwaltungsautonomie ermöglichen sollte, ist dem AIT nicht beigetreten.

[251] *Trebilcock,* The Supreme Court and Strengthening the Conditions for Effective Competition in the Canadian Economy, (2001) 80 Can. Bar Rev. S. 542, 572 ff.

[252] *Trebilcock,* a.a.O., (2001) 80 Can. Bar Rev. S. 542, 575.

mes Ziel verfolgen, als welches Art. 200 AIT den Schutz der Gesundheit, der öffentlichen Ordnung und der Umwelt anerkennt. Weiterhin muss die Maßnahme erforderlich sein, es darf kein milderes Mittel existieren, um denselben Zweck zu erfüllen, und die Maßnahme darf keine versteckte Handelsbeschränkung darstellen. Auf die im AIT enthaltenen Regelungen bezüglich der Harmonisierung von verbrauchervertragsrechtlichen Vorschriften wird gesondert eingegangen.

Sowohl hinsichtlich seiner Struktur als auch der vorgesehenen Streitschlichtungsmechanismen weist das AIT auffällige Ähnlichkeiten zu den WTO und NAFTA-Abkommen auf.[253] Das wichtigste Gremium stellt das Committe on Internal Trade (CIT) dar, welches die zuständigen Minister der unterzeichnenden Regierungen umfasst. Dieses Gremium soll die Implementierung des Abkommens vereinfachen, sowie notwendige Entscheidungen zur Durchführung treffen. Dabei muss dieses Gremium seine Beschlüsse einstimmig treffen. Weiterhin ist das CIT am komplexen Streitschlichtungsmechanismus beteiligt, indem es frühzeitig auf einen Vergleich zwischen den Parteien[254] hinwirken soll. Ist dies nicht von Erfolg, entscheidet ein Schiedsgericht über das Verfahren; das CIT wacht anschließend über die Durchsetzung der Entscheidung und kann erforderlichenfalls Kompensationsmaßnahmen anordnen. Seit dem Inkrafttreten des Abkommens im Jahr 1995 bis zum Jahr 2000 ist ein solches Verfahren in 84 Fällen eingeleitet worden, wobei nur zwei von den bislang 76 beendeten Verfahren einer Schiedsgerichtsentscheidung bedurften; die durchschnittliche Verfahrensdauer betrug etwas mehr als vier Monate. Von diesen 76 Verfahren betrafen 62 Staatsaufträge und 14 die Freizügigkeit von Arbeitskräften.[255] Diese Daten bestätigen zum einen die Ergebnisse der Studien, welche der protektionistischen Vergabe von Staatsaufträgen den größten Anteil an den volkswirtschaftlichen Verlusten durch mangelnde Integration zuschreibt. Weiterhin bestätigen sie die Einschätzung, dass insbesondere bezüglich der Freizügigkeit von Personen erhebliche Einschränkungen bestehen.

Das AIT stellt ehrgeizige Ziele auf und bedeutet einen wichtigen Schritt auf dem Weg zu einer stärkeren Integration der kanadischen wirtschaftlichen Union. Dennoch wurde dem AIT seitens der Wirtschaft und der Wissenschaft teilweise schwere Kritik entgegengebracht, welche das Abkommen für eher bedeutungslos einstuft. Diese Einschätzung beruht auf mehreren Schwächen des Abkommens. So sind das Abkommen selbst, wie auch die Entscheidungen des Schiedsgerichts nicht gerichtlich durchsetzbar, so dass ein Schiedsverfahren für Privatpersonen

---

[253] Siehe hierzu im Einzelnen: *Clendenning/Clendenning*, A Comparative Study of the Structure, General Rules, Dispute Settlement Mechanisms and Sectoral Provisions of the Agreement on Internal Trade (AIT) with those of the NAFTA and WTO Agreements (1999).

[254] Wobei unter bestimmten Umständen auch eine Privatperson oder ein Unternehmen Partei in einem Verfahren gegen eine Provinz oder den Bund sein kann.

[255] Die Daten entstammen der Statistik des International Trade Secretariat, „Number and Status of Complaints since Coming into Force“ (siehe unter www.intrasec.mb.ca/eng/tablesum.htm).

oder Unternehmen ein kostspieliges und dazu nutzloses Unterfangen darstellen kann. Weiterhin könnte das Einstimmigkeitsprinzip des CIT Fortschritten bezüglich weiterer Harmonisierungsmaßnahmen entgegenstehen.[256] Andererseits gibt es empirische Studien, die belegen, dass das AIT seit Inkrafttreten im Juli 1995 bis Ende 1997 für eine Zunahme des interprovinziellen Handels um 4,9 bis 7,4% direkt verantwortlich ist.[257] Erst die weitere Entwicklung wird daher zeigen können, ob das AIT seine ehrgeizigen Ziele - vor allem in bezug auf die verstärkte positive Integration - gänzlich zu erreichen vermag; dennoch stellt es bereits jetzt einen bedeutenden Bestandteil der kanadischen ökonomischen Union dar.

c) *Die optionalen Programme von Bund und Provinzen*

Diese sog. „shared cost programmes" stellen einen weiteren wichtigen Baustein des kanadischen Föderalismus dar, der nicht der Verfassung entstammt. Diese Programme zeichnen sich dadurch aus, dass ihr Gegenstand - meist aus den Bereichen soziale Sicherung und Bildung - überwiegend in den Kompetenzbereich der Provinzen fällt, der Bund jedoch einen landesweit vereinheitlichten Standard auf diesen Gebieten anstrebt. Der Bund erarbeitet daher ein entsprechendes Programm und bietet anschließend den Provinzen an, die Hälfte der Kosten zu tragen, wenn die Provinz das Programm gemäß den Richtlinien des Bundes implementiert. Den Provinzen fällt es selbstverständlich schwer, dieser Subvention des Bundes zu widerstehen, weshalb seit 1945 über einhundert dieser Programme entstanden sind. Allerdings diktiert der Bund damit den Provinzen die Gesetzgebung in Bereichen, die eigentlich allein ihrer Zuständigkeit unterfallen. Weiterhin bindet die Teilnahme an diesen Programmen erhebliche provinzielle Mittel in Höhe von etwa ein Drittel des Budgets, da die Provinzen ebenfalls die Hälfte der Kosten zu tragen haben.[258] Die seitens der Provinzen diesbezüglich aufkeimende Kritik nahm der Bund auf. Zum einen änderte er die Programme in der Hinsicht, dass der Bund nun nicht mehr die Hälfte der tatsächlichen Kosten trägt, sondern eine Pauschale leistet, was die Aufsicht der Provinzen unnötig macht und diesen daher mehr Autonomie einräumt. Zum anderen enthalten die Programme nun sog. „opting out" Regelungen, wonach im Fall der Nicht-Teilnahme einer Provinz die vom Bund erhobenen Steuersätze in dieser Provinz erniedrigt werden, so dass die nicht teilnehmende Provinz die Programme der anderen Provinzen nicht finanzieren muss. Allerdings enthalten diese „opting out" Regelungen die Bedingung,

---

[256] *Trebilcock*, The Supreme Court and Strengthening the Conditions for Effective Competition in the Canadian Economy, (2001) 80 Can. Bar Rev. S. 542, 585.

[257] *Grady/Macmillan*, Why is Interprovincial Trade down and International Trade up? Canadian Business Economics (November 1998) S. 26.

[258] *Hogg*, Constitutional Law of Canada, 6.7.

dass die Provinz ein ähnliches Programm erlässt. Im Ergebnis erhöht sich dadurch lediglich die administrative Autonomie der Provinzen.[259]

### 4. Zusammenfassung

Diese Untersuchung des föderalen Systems Kanadas offenbart die Probleme einer relativ alten Verfassungsordnung, den Anforderungen der aktuellen Zeit - insbesondere in wirtschaftlicher und sozialer Hinsicht - gerecht zu werden. Dies wird durch die starke Dualität zwischen Provinzen und Zentralgewalt verstärkt, weswegen den erforderlichen Reformen dieses Verfassungsgefüges bislang kein Erfolg beschieden war. Die stattdessen gefragten Gerichte sowie die Bemühungen der Regierungen auf bilateraler Ebene erlauben dagegen naturgemäß nur bescheidene Fortschritte. Dennoch sind aus dieser Richtung - insbesondere in den neunziger Jahren - wichtige Impulse gekommen, welche erstaunliche Parallelen zu den entsprechenden Lösungen in der EU aufweisen.

## II. Die Europäische Union

Die EU stellt selbst nur eine Dachorganisation der drei Gemeinschaften dar und dient als Organisationsform zur Zusammenarbeit in den Bereichen Gemeinsame Außen- und Sicherheitspolitik sowie Innen- und Justizpolitik. Eine Übertragung von Hoheitsbefugnissen hat jedoch nur auf die Gemeinschaften stattgefunden, weswegen in diesem Abschnitt nur auf die Kompetenzen der EG als die für diese Untersuchung Maßgebliche der drei Gemeinschaften eingegangen werden soll. Aufgrund der Übertragung von Hoheitsgewalt an die EG sowie deren Fähigkeit, Rechtsakte auch gegen den Widerstand einzelner Mitgliedstaaten mit unmittelbarer Wirkung (Verordnung) zu erlassen, wird die EG allgemein als eine supranationale Organisation angesehen.[260]

### 1. Die Aufteilung der Gesetzgebungskompetenzen zwischen den Mitgliedstaaten und der EG

#### a) *Systematik der Kompetenzaufteilung*

Die EG ist zwar eine supranationale Organisation, jedoch (noch) nicht ein (Bundes-) Staat, da ihr dazu die erforderliche Kompetenz zur Änderung ihrer eigenen Kompetenzordnung fehlt. Jegliche Änderung dieses Vertrages bedarf der Ratifika-

[259] *Hogg*, a.a.O., 5.8.

[260] So u.a. das Bundesverfassungsgericht in seinem „Maastricht"-Urteil vom 12. Oktober 1993, BVerfG NJW 1993, S. 3047.

tion durch die Mitgliedstaaten.[261] Somit steht der EG nur insoweit eine Kompetenz zu, als sie ihr durch die Mitgliedstaaten übertragen worden ist. Dieser Grundsatz wird auch durch das in Art. 5 EGV festgehaltene Prinzip der begrenzten Einzelermächtigung festgeschrieben. Allerdings erfolgt die Kompetenzzuweisung nicht etwa durch eine katalogartige Aufstellung von Sachbereichen; sie ist vielmehr in den meisten Fällen funktional zu bestimmen. Ein Handeln der Gemeinschaft wird meist dann ermöglicht, wenn zur Erreichung eines bestimmten im EGV vorgegebenen Ziels eine Maßnahme der EG erforderlich ist. Eine zentrale Stellung nehmen dabei die Ziele der Errichtung eines Gemeinsamen Marktes bzw. eines Binnenmarktes und einer Wirtschafts- und Währungsunion ein, siehe Art. 2 EGV. Dies führt dazu, dass in diesen Bereichen die Gesetzgebungskompetenzen der Gemeinschaft und der Mitgliedstaaten konkurrieren. In seltenen Fällen steht der Gemeinschaft jedoch auch eine ausschließliche Kompetenz zu, wie etwa hinsichtlich der Festlegung des Gemeinsamen Zolltarifs, Art. 26 EGV.

b) *Kompetenzen der Mitgliedstaaten*

Daraus folgt für die Mitgliedstaaten, dass sie in den Bereichen, in denen der EG eine konkurrierende Gesetzgebungskompetenz zukommt, grundsätzlich solange und soweit gesetzgeberisch tätig werden können, wie die Gemeinschaft noch nicht ihr Recht ausgeübt hat. In den Bereichen, in denen keine Kompetenzübertragung stattgefunden hat, verbleibt es bei der Zuständigkeit der Mitgliedstaaten. Allerdings ist dabei zu beachten, dass nationales Recht nicht dem Gemeinschaftsprimär- und Sekundärrecht zuwiderlaufen darf. Dies gilt insbesondere in bezug auf die Gewährleistung der Grundfreiheiten; so ist entgegenstehendes nationales Recht im Anwendungsbereich der Grundfreiheiten, d.h. bei grenzüberschreitenden Sachverhalten innerhalb der EU, unwirksam.

c) *Kompetenzen der EG*

Die Gesetzgebungskompetenzen der EG werden dieser durch Bestimmungen des EGV zugewiesen. Sie lassen sich systematisch in ausschließliche, konkurrierende und parallele Kompetenzen einteilen, wobei konkurrierende Kompetenzen den Regelfall darstellen.[262] Allen Kompetenznormen vorgeschaltet sind die in Art. 5 EGV[263] statuierten drei Grundprinzipien der begrenzten Einzelermäch-

---

[261] Auch der Vertrag über eine Verfassung für die EU hält an diesem Prinzip fest, siehe Art. IV – 7 EUVerf.

[262] Vgl. *Franzen*, Privatrechtsangleichung durch die Europäische Gemeinschaft, S. 33.

[263] Diese Vorschrift wurde als Art. 3 b (a.F.) durch den Vertrag von Maastricht in den EG-Vertrag eingefügt. Sie sollte dazu dienen, die Bedenken einiger Mitgliedstaaten gegen die durch die funktionale Kompetenzaufteilung sich ausweitende Zuständigkeiten der EG, durch eine vertragliche Fixierung der Kompetenzzuweisungen und der Kompetenzausübungsgrenzen auszuräumen. Die Prinzipien der begrenzten Einzelermächtigung und der Verhältnismäßigkeit waren

tigung, Subsidiarität und Verhältnismäßigkeit, die im System der Aufteilung der Kompetenzen zwischen der EG und den Mitgliedstaaten Schranken der Kompetenzbegründung und -ausübung aufstellen.

(1) *Die Grundsätze des Art. 5 EGV*

(a) *Das Prinzip der begrenzten Einzelermächtigung*

Nach diesem in Art. 5 Abs. 1 EGV enthaltenen Prinzip besteht eine Kompetenz der EG nur im Rahmen der Verfolgung der im Vertrag festgesetzten Ziele und nur insoweit, als ihr dazu eine Kompetenz ausdrücklich durch eine Ermächtigungsnorm zugewiesen worden ist. Diese scheinbar eindeutige und strikte Kompetenzbegrenzungsregel verweist damit auf den Inhalt der einzelnen Ermächtigungsnormen, weswegen zur Bestimmung der Reichweite der EG-Kompetenzen die wiederum schwierigere und nicht eindeutige Ergebnisse fördernde Auslegung dieser jeweiligen Normen entscheidend ist. Eine Ausnahme zum Grundsatz der Einzelermächtigung wurde vom EuGH unter dem Gesichtspunkt der Praktikabilität und Effektivität des Gemeinschaftsrechts („Effet utile") entwickelt. So besagt die „Implied-Powers-Lehre", dass der EG die Kompetenzen zukommen, welche zur Erfüllung der ihr zustehenden Befugnisse erforderlich sind, was im Ergebnis auf eine Kompetenz kraft Sachzusammenhang hinausläuft. Eine weitere Ausnahme enthält der EG-Vertrag in Gestalt der Generalermächtigung des Art. 308, auf welche weiter unten eingegangen wird.

(b) *Das Subsidiaritätsprinzip*

Durch dieses in Art. 5 Abs. 2 EGV festgehaltene Prinzip soll unter anderem das in Art. 1 Abs. 2 EUV enthaltene Gebot möglichst bürgernaher Entscheidungen gewahrt, sowie ein möglichst hohes Maß an Regelungszuständigkeit der Mitgliedstaaten gesichert werden. Es kann nur dann keine Anwendung finden, wenn die Gemeinschaft ausschließlich zur Regelung eines Sachverhalts befugt ist.[264] Steht ihr jedoch eine konkurrierende oder parallele Kompetenz zu, so beinhaltet das Subsidiaritätsprinzip eine Kompetenzausübungsregel, die für ein Tätigwerden der Gemeinschaft zwei kumulative Voraussetzungen vorgibt. In negativer Hinsicht ist erforderlich, dass die mit der konkreten Gesetzgebungs-maßnahme verfolgten Ziele auf der Ebene der Mitgliedstaaten nicht ausreichend erreicht werden kön-

---

jedoch bereits vor deren Aufnahme in den EGV für das Gemeinschaftsrecht anerkannt, und auch das Subsidiaritätsprinzip war bereits in einigen wenigen Vertragsbestimmungen enthalten, wie etwa die zum Umweltschutz, Art. 130 r Abs. 4 EWGV (a.F.).

[264] Dieser Grundsatz ergibt sich bereits aus dem Wortlaut von Art. 5 Abs. 2 EGV und ist allgemein anerkannt; siehe u.a. *Demaret*, A Short Walk in the Realm of Subsidiarity, in: Buxbaum/Hertig/Hirsch/Hopt (Hrsg.) European Economic and Business Law, S. 13, 17.

nen. Als positive Voraussetzung müssen diese Ziele wegen ihres Umfangs und ihrer Wirkung auf Gemeinschaftsebene besser verwirklicht werden können.

Als Konkretisierung des Subsidiaritätsprinzips wurde durch den Vertrag von Amsterdam ein entsprechendes Protokoll verabschiedet, welches Leitlinien zur Ausfüllung dieses Prinzips aufstellt. Unter anderem enthält das Protokoll die Weisung, dass die Begründung, mit der die Rechtsakte der Gemeinschaft nach Art. 253 EGV zu versehen sind, auch Ausführungen zur Einhaltung des Subsidiaritätsprinzips enthalten muss. In dieser Begründungspflicht wird die wichtigste greifbare Anforderung des Subsidiaritätsprinzips zu sehen sein.[265] Zwar ist die Einhaltung dieses Prinzips auch durch den EuGH justiziabel. Da es sich hier um einen unbestimmten Rechtsbegriff handelt, wird man jedoch nur eine begrenzte Prüfungskompetenz, welche beispielsweise die Einhaltung der Begründungspflicht umfasst, annehmen können. Dies umso mehr als die Entscheidungen für ein Tätigwerden der Gemeinschaft politischer Natur sind, weshalb den Gemeinschaftsorganen ein weiter Ermessens- und Beurteilungsspielraum zuzugestehen ist.[266]

(c) *Der Verhältnismäßigkeitsgrundsatz*

Schlussendlich formuliert Art. 5 EGV in Abs. 3 ebenfalls den Grundsatz der Verhältnismäßigkeit von europäischen Gesetzgebungsmaßnahmen. Danach müssen solche Maßnahmen geeignet sein, das verfolgte Ziel zu erreichen. Die Maßnahme muss weiterhin erforderlich sein, d.h. es darf kein milderes Mittel geben, anhand dessen das angestrebte Ziel ebenfalls zu erreichen wäre. Schließlich muss die Maßnahme angemessen sein, d.h. dass die durch sie verursachten Beeinträchtigungen nicht außer Verhältnis zum erwarteten Erfolg der Maßnahme stehen dürfen.

(2) *Die einzelnen Kompetenzarten*

Eine ausschließliche Kompetenzzuweisung an die EG ist erfolgt in bezug auf die Festlegung des Gemeinsamen Zolltarifs, Art. 26 EGV, hinsichtlich der Handelspolitik, soweit sie den Warenhandel mit Drittstaaten betrifft, Art. 133 EGV, sowie in der Währungspolitik bezüglich der am Euro teilnehmenden Mitgliedstaaten.

Von konkurrierenden Rechtsetzungskompetenzen wird dann gesprochen, wenn die EG zwar grundsätzlich befugt ist, in dem betreffenden Bereich regulierend tätig zu werden, die Mitgliedstaaten jedoch handeln dürfen, solange und soweit

---

[265] Vgl. *Demaret*, A Short Walk in the Realm of Subsidiarity, in: Buxbaum/Hertig/Hirsch/Hopt (Hrsg.) European Economic and Business Law, S. 13, 30.

[266] Siehe ausführlicher hierzu: *Demaret*, a.a.O., S. 13, 27 ff.

die EG von ihrer Kompetenz noch keinen Gebrauch gemacht hat. Diese Art von Kompetenz findet sich unter anderem in den Ermächtigungsnormen zum Erlass von Rechtsvorschriften, welche der Realisierung der Grundfreiheiten dienen, wie etwa in Art. 40 oder Art. 44 EGV. Des Weiteren sind hier die in den Art. 61 ff. EGV vorgesehenen Maßnahmen einzuordnen, welche dem schrittweisen Aufbau eines Raums der Freiheit, der Sicherheit und des Rechts dienen sollen. Dazu zählen Maßnahmen zur justitiellen Zusammenarbeit in Zivilsachen, Art. 65 EGV, sowie zur Asyl- und Einwanderungspolitik, Art. 63 EGV. Weiterhin anzuführen ist hier die Ermächtigung zum Erlass von Maßnahmen im Bereich der Verkehrspolitik, Art. 71 EGV. Die wichtigsten Ermächtigungsnormen in diesem Bereich stellen jedoch die Art. 94 und 95 EGV dar, welche weiter unten noch gesondert behandelt werden.

Parallele Gesetzgebungskompetenzen der EG liegen in den Bereichen vor, in denen sowohl die EG als auch die Mitgliedstaaten gesetzgeberisch tätig werden können. Hier wirkt die EG „unterstützend" neben den nationalen Gesetzgebern. Dazu zählen die Bereiche Forschung, Art. 163 EGV, wirtschaftliche und soziale Zusammenarbeit, Art. 158 EGV, sowie Wettbewerbsrecht, Art. 81 ff. EGV. Sofern sich mitgliedstaatliche und gemeinschaftsrechtliche Regelungen in diesen Bereichen widersprechen, besteht ein Anwendungsvorrang des Gemeinschaftsrechts.

(3) *Die Befugnisnormen der Art. 94 und 95 EGV*

Die Kompetenznorm des Art. 95 EGV wurde als Art. 100a EGV (a.F.) durch die einheitliche europäische Akte (EEA) in den Vertrag eingefügt. Sie stellt die zentrale Kompetenznorm für Maßnahmen der Rechtsangleichung dar. Danach kommt der EG eine Kompetenz zur Angleichung von Rechtsvorschriften zu, welche der Errichtung oder dem Funktionieren des Binnenmarktes dienen und hierzu erforderlich sind.

(a) *Der Begriff des Binnenmarktes*

Zur Bestimmung der Kompetenzen, die der EG nach dieser Vorschrift zustehen, ist der Begriff des Binnenmarktes von maßgeblicher Bedeutung. Dabei wird angenommen, dass der Begriff des Binnenmarktes über den Begriff des Gemeinsamen Marktes insoweit hinausgeht, als er ein höheres Integrationsniveau voraussetzt.[267] Daraus ergibt sich, dass Art. 95 EGV als lex specialis zu Art. 94 anzusehen ist,[268] was den Anwendungsbereich des Art. 94 sehr begrenzt. Dies gilt

---

[267] Siehe eingehend *Franzen*, Privatrechtsvereinheitlichung durch die Europäische Gemeinschaft, S. 94 ff.

[268] Siehe u.a. *Tietje*, in Grabitz/Hilf, Das Recht der Europäischen Union, Art. 95 EGV Rn. 56.

umso mehr, als Art. 94 EGV nicht den Erlass von Verordnungen ermöglicht und Einstimmigkeit im Rat voraussetzt.

Von der Definition der Begriffe Binnenmarkt und Gemeinsamer Markt hängt auch die Reichweite der Kompetenzen der EU zum Erlass von Rechtsangleichungsmaßnahmen ab. In Art. 14 EGV wird der Binnenmarkt als ein Raum ohne Binnengrenzen definiert, in dem die vier Grundfreiheiten gewährleistet sind. Daraus erwächst der EU zunächst die Kompetenz, diejenigen Vorschriften der Mitgliedstaaten zu harmonisieren, welche der Ausübung der Grundfreiheiten entgegenstehen, die jedoch gerechtfertigt sind, da sie in geeigneter, erforderlicher und verhältnismäßiger Weise zwingende Belange des Allgemeininteresses schützen. Neben dieser sogenannten negativen Integration soll die EU nach allgemeiner Auffassung auch gewisse positiv integrative Maßnahmen ergreifen, welche die Wahrnehmung der Grundfreiheiten fördern. Fraglich ist, ob, und wenn ja, inwieweit die Reichweite der Kompetenz zur positiven Integration begrenzt ist. In Bezug auf den Binnenmarkt wäre das Endziel einer positiven Integration der vollkommene Binnenmarkt, d.h. das Erreichen eines Raumes, in dem Entscheidungen über Transaktionen oder Standorte nur nach rein wirtschaftlichen Kriterien getroffen werden, und bei denen Rechtsunterschiede keine Bedeutung erlangen.[269] Für eine solche Sichtweise spricht, dass nach allgemeiner Auffassung und nach der Rechtsprechung des EuGH ein Teil des Binnenmarktziels auch darin besteht, unverfälschte Wettbewerbsbedingungen für die Teilnehmer dieses Marktes zu gewährleisten.[270]

Andererseits hat der EuGH in seiner Entscheidung zur Tabakwerberichtlinie klargestellt,[271] dass die bloße Feststellung von Rechtsunterschieden zwischen den Mitgliedstaaten und die abstrakte Gefahr von Beeinträchtigungen der Grundfreiheiten nicht ausreichend sind, um ein Bedürfnis für eine Maßnahme zur Verwirklichung des Binnenmarktes zu begründen. Vielmehr müssen wirkliche oder zumindest wahrscheinliche Hindernisse für das reibungslose Funktionieren des Binnenmarktes vorliegen, auf deren Beseitigung die betreffende Regelung abzielt.[272] Dies bedeutet, dass eine positive Integration nur insoweit gerechtfertigt

---

[269] *Kieninger*, Wettbewerb der Rechtsordnungen und Binnenmarktziel, S. 339; *von Bogdandy*, in Grabitz/Hilf, Das Recht der Europäischen Union, Art. 2 EGV Rn. 37 u. 40, Art. 14 EGV Rn. 10.

[270] EuGH Entscheidung vom 11. Juni 1991, (Titandioxid), Slg. 1991-I, 2867, Tz. 14; *von Bogdandy*, in Grabitz/Hilf, Das Recht der Europäischen Union, Art. 2 EGV Rn. 41. Auch die Kommission stützt sich in den Erwägungsgründen der meisten verbraucherschützenden Richtlinien auf den Aspekt der Wettbewerbsverzerrung durch unterschiedliche Regelungen in diesen Bereichen. (Siehe alleine die Richtlinie 1999/44/EG zum Verbrauchsgüterkauf, [1999] ABl. L 171/12, Erwägungsgrund Nr. 3.

[271] EuGH-Entscheidung vom 5. Oktober 2000, JZ 2001, S. 32.

[272] EuGH JZ 2001, S. 32 Rn. 84 ff.

ist, als sie die Abschaffung von tatsächlichen Hindernissen für das Funktionieren des Binnenmarktes zum Gegenstand hat. Dies stellt insoweit eine Einschränkung obiger Definition dar, als Rechtsunterschiede bei Entscheidungen über Transaktionen sehr wohl weiterhin von Bedeutung sein dürfen, solange sie nicht Hindernisse für solche Transaktionen darstellen.

Einer absoluten Definition des Binnenmarktes stehen weiterhin Grundsätze gegenüber, wie etwa der des Föderalismus, welcher unter anderem auch in Gestalt des Subsidiaritätsgrundsatzes in den EGV Eingang gefunden hat. Damit einher geht die Frage, inwieweit Beeinträchtigungen, die durch unterschiedliche Rechtsvorschriften bestehen, in Kauf genommen werden, um das Prinzip des Föderalismus zu wahren. Dabei muss Beachtung finden, dass die EU derzeit noch kein Bundesstaat ist, sondern dass dies vielmehr das Endziel einer fortschreitenden Integration darstellt. Weiterhin ist in diesem Zusammenhang anzumerken, dass die meisten Mitgliedstaaten selbst mehr oder weniger ausgeprägt föderalistisch strukturiert sind, wobei bei einigen durchaus anzunehmen ist, dass dort bestehende Unterschiede zwischen den Rechtsvorschriften geeignet sind, Entscheidungen über Transaktionen oder Standorte zu beeinflussen.[273] Auch vor diesem Hintergrund stellt sich die Frage, inwieweit EU-Maßnahmen, welche diese föderalen Ordnungen teilweise aushebeln, zuzulassen sind. Daraus muss sich ergeben, dass die Definition des Binnenmarktes, und damit unmittelbar verbunden das Maß an positiver Integration, schon per se, d.h. schon vor Anwendung der Erforderlichkeitsschranke, einzuschränken ist. Inwieweit dies der Fall sein soll, muss hier offen bleiben. Der spätere Vergleich mit der Situation in Kanada, einem Bundesstaat mit funktionierendem Binnenmarkt, kann hierfür jedoch Anhaltspunkte geben.

(b) *Beschränkungen*

Nach dieser Eingrenzung des „Begriffs" Binnenmarkt ist die in Art. 95 Abs. 2 EGV enthaltene sachliche Beschränkung des Anwendungsbereichs dieser Befugnisnorm zu beachten. Danach sind Maßnahmen ausgenommen, wel-

---

[273] Siehe nur als Beispiel die unterschiedliche Anzahl gesetzlicher Feiertage in den deutschen Bundesländern (z.B. Hamburg 9, Bayern teilweise 13). Diese Unterschiede sind durchaus geeignet, neben vielen anderen wohl erheblicheren Kriterien, bei Standortentscheidungen einzufließen. Dieses Beispiel zeigt, dass die Definition von Binnenmarkt als ein Raum, in dem Entscheidungen über Transaktionen oder Standorte nicht durch unterschiedliche Rechtsvorschriften beeinflusst werden, nicht so absolut stehen bleiben kann. Dass dieses Beispiel nicht völlig abwegig ist, zeigt eine Entscheidung des EuGH, welcher die Information über die in der irischen Verfassung verbotene, oft aber in England praktizierte Abtreibung im Lichte der Dienstleistungsfreiheit betrachtet hat (EuGH-Entscheidung vom 4. Oktober 1991, Rs. C-159/90 (Society for the Protection of Unborn Children Ireland Ltd. ./. Grogan), Slg. 1991 I-4685.

che Bestimmungen über Steuern, die Freizügigkeit und die Rechte und Interessen der Arbeitnehmer betreffen. Damit ist der Anwendungsbereich des Art. 95 EGV positiv im Wesentlichen auf die Warenverkehrsfreiheit bezogen.[274] Als weitere Tatbestandsvoraussetzung der Art. 94 und 95 EGV ist das Erforderlichkeitskriterium zu beachten, welches in Art. 3 Abs. 1 h) ausdrücklich für Maßnahmen zur Errichtung des Gemeinsamen Marktes angeführt ist und nach allgemeiner Ansicht, zumindest über Art. 14 EGV, auch für Maßnahmen nach Art. 95 EGV gilt.[275]

Weiterhin begrenzen die in Art. 5 EGV festgehaltenen Prinzipien der Verhältnismäßigkeit und der Subsidiarität das Maß der möglichen positiven Integration. Anders als das Kriterium der Erforderlichkeit stellen diese Grundsätze keine kompetenzbegründenden Voraussetzungen auf, sondern wirken als Schranken und begrenzen die Kompetenzausübung. Diese Begrenzungen wirken jedoch nicht generell, d.h. letztlich muss jedes einzelne Vorhaben konkret an diesen Anforderungen gemessen werden. Es ist daher zu ermitteln, welche Maßnahmen zur Errichtung des Binnenmarktes dienen, ob sie hierzu erforderlich sind, und ob sie den Anforderungen des Art. 5 EGV standhalten. Nach allgemeiner Auffassung steht dem europäischen Gesetzgeber eine weite Einschätzungsprärogative bei der Frage zu, ob eine Angleichungsmaßnahme der Errichtung oder dem Funktionieren des Gemeinsamen Marktes oder des Binnenmarktes dient.[276] Dabei sind dessen äußere Grenzen justiziabel.[277] Insbesondere im Kapitel zum Verbrauchervertragsrecht soll spezifischer auf Art. 95 EGV und dessen Bedeutung für die Angleichung im Privatrecht eingegangen werden.

(4) *Die Vertragslückenschließungskompetenz des Art. 308 EGV*

Diese Befugnisnorm ermächtigt den europäischen Gesetzgeber, Maßnahmen zu erlassen, welche im Rahmen des Gemeinsamen Marktes die Verfolgung eines Vertragsziels zum Gegenstand haben, obwohl eine entsprechende Befugnis nicht vorgesehen ist. Damit dient die Vorschrift der Vertragslückenschließung und ist allen anderen Kompetenznormen gegenüber subsidiär. Dennoch hat dies die EG nicht daran gehindert, grundlegende Maßnahmen, wie etwa die Einführung einer Europäischen Aktiengesellschaft, auf diese Norm zu stützen.[278] Dies stößt vor allem deswegen auf Bedenken, weil Art. 308 EGV nur eine Anhörung des Parla-

---

[274] *Tietje*, in Grabitz/Hilf, Das Recht der Europäischen Union. Kommentar. Art. 95 EGV Rn. 14; *Pechstein*, Europäisches Zivilgesetzbuch und Rechtssetzungsbefugnisse der EG, in Martiny/Witzleb, S. 19, 27.

[275] *Tietje*, in Grabitz/Hilf, Das Recht der Europäischen Union. Kommentar. EGV Vor Art 94 - 97 Rn. 54.

[276] *Kieninger*, Wettbewerb der Rechtsordnungen und Binnenmarktziel, S. 336.

[277] Siehe die Entscheidung des EuGH über die Tabakwerberichtlinie.

[278] Sieh dazu weiter unten im 3. Kapitel unter Punkt B. I. 2. a) (3) (c).

ments voraussetzt. Unter anderem auch aus diesem Grunde hat das deutsche Bundesverfassungsgericht zu einem restriktiven Gebrauch dieser Ermächtigungsnorm gemahnt.[279]

d) *Ergebnis*

Es ergibt sich das Bild einer Kompetenzordnung, die aufgrund der überwiegend funktionalen Zuweisung von Zuständigkeiten an die EG keine eindeutigen Einteilungen und Abgrenzungen ermöglicht. Der Versuch, die Kompetenzaufteilungs- und Ausübungsgrenzen durch Einführung von Art. 5 EGV zu konkretisieren, führt kaum zu greifbareren Ergebnissen, weshalb der tatsächliche Wert des Art. 5 EGV nicht erheblich über seinen Charakter als politisches Bekenntnis hinausgeht. Diese Feststellungen decken sich ebenfalls mit der allgemeinen Zielsetzung des EG-Vertrages und des Vertrages über die Europäische Union, die nicht als statische Rechtsordnungen konzipiert sind, sondern vor dem Hintergrund einer fortschreitenden Integration verstanden werden müssen. Eine solche erfordert jedoch eine dynamische Interpretation der Ermächtigungsgrundlagen der Gemeinschaft, die dem jeweiligen Stadium der Verwirklichung des Binnenmarktes entspricht.[280]

## 2. Rechtsetzungsinstrumente

a) *Die Richtlinie*

Europäische Richtlinien stellen gemäß Art. 249 EGV verbindliche Zielvorgaben an die mitgliedstaatlichen Gesetzgeber dar, den Inhalt der Richtlinien in ihrem nationalen Recht umzusetzen. Dabei bleibt den nationalen Gesetzgebern die Wahl der Form und der Mittel der Umsetzung überlassen; zudem kommt ihnen auch ein gewisser Umsetzungsspielraum zu, wenn auch die Richtlinien immer detaillierter werden. Damit ist die Richtlinie das Rechtsinstrument zur Erzielung einer Angleichung der mitgliedstaatlichen Rechtsordnungen. Richtlinien sind damit nicht unmittelbar anwendbares Recht. Ausnahmen hierzu hat der EuGH jedoch in Fällen der nicht fristgerechten Umsetzung in einigen bedeutenden Entscheidungen festgelegt.[281] Die in bestimmten Fällen eingreifende unmittelbare Wirkung von Richtlinien hat jedoch eher Sanktionscharakter für säumige nationale Gesetzgeber, weswegen sie nur im Verhältnis der Bürger zum Staat eintreten kann, jedoch keine horizontale Wirkung, d.h. zwischen den Bürgern, entfaltet.

---

[279] BVerfG NJW 1993, S. 3047 („Maastricht").

[280] *Schön*, Mindestharmonisierung im Gesellschaftsrecht, in: Everling/ Roth, S. 61.

[281] Siehe unter anderem die Entscheidung des EuGH vom 12. Juli 1990 („Forster"), Slg. 90 I, S. 3343; unmittelbar im Zusammenhang mit der Frage der unmittelbaren Wirkung von nicht umgesetzten Richtlinien sind die Entscheidungen des EuGH zur Staatshaftung bei nicht fristgerechter Umsetzung zu sehen; siehe die Entscheidungen „Francovich" vom 19. November 1991, EuGH NJW 1992, S. 165, sowie „Dillenkofer" vom 10. Juli 1997, EuGH 1997, S. 2585.

### b) *Die Verordnung*

Die Verordnung hat nach Art. 249 EGV allgemeine Geltung, sie ist in allen ihren Teilen verbindlich und gilt unmittelbar in jedem Mitgliedstaat. In Verbindung mit dem Vorrang des Gemeinschaftsrechts führt dies dazu, dass eine Verordnung wie ein höherrangiges Gesetz entgegenstehende nationale Bestimmungen verdrängt und selbst unmittelbar zur Anwendung kommt. Aufgrund dieser Wirkung erzielt der europäische Gesetzgeber durch eine Verordnung, anders als durch eine Richtlinie, eine gemeinschaftsweit völlig einheitliche Rechtslage.

## 3. Der „Europäische Föderalismus"

Versucht man den „Europäischen Föderalismus" zu charakterisieren, so sticht zunächst die traditionelle wirtschaftliche Integration mit der Errichtung des Binnenmarktes durch die Gewährleistung der vier Grundfreiheiten, d.h. den freien Waren-, Personen-, Dienstleistungs- und Kapitalverkehr, hervor. Neben die hierdurch erzielte negative Integration treten Fördermaßnahmen zur Wahrnehmung dieser Grundfreiheiten durch unterstützende Maßnahmen wie etwa einer europäischen Verkehrspolitik, sowie der Abbau von Wettbewerbsverzerrungen, wie etwa durch das Wettbewerbsrecht, oder auch einheitliche europäische Standards. Ein besonders wichtiger integrativer Schritt in diesem Bereich war sicherlich auch die Einführung des Euro in zwölf Mitgliedstaaten der Union. Wie der Katalog des Art. 3 EGV verdeutlicht, schreitet die Integration jedoch zunehmend auch in nicht-ökonomischen Bereichen voran, wie in der Sozialpolitik, im Umweltschutz, in der Forschung oder auch im Bereich der Justitiellen Zusammenarbeit. Weiterhin ist absehbar, dass die Integration im Bereich Außen- und Sicherheitspolitik verstärk werden wird. Diesen Entwicklungen entsprechend war der EGV von vornherein auf eine fortschreitende Integration ausgelegt.

Ebenso deutlich wird in den letztgenannten Bereichen jedoch auch die Herausbildung eines „Europas der zwei Geschwindigkeiten". Dies gilt für die Währungsunion, an der Schweden, Dänemark und das Vereinigte Königreich trotz Erfüllung der Teilnahmekriterien zunächst nicht teilnehmen, wie auch für die Sozialpolitik, an der das Vereinigte Königreich nicht beteiligt ist.[282] Weiterhin nehmen Irland und das Vereinigte Königreich nicht am Schengener-Abkommen teil, welches durch den Vertrag von Amsterdam in den institutionellen Rahmen der EU überfuhrt wurde. Ebenso nehmen Irland, das Vereinigte Königreich und Dänemark nur eingeschränkt an der in den EGV überführten Justitiellen Zusammenarbeit teil. Für die 2004 beigetretenen zehn neuen Mitgliedstaaten gilt, dass bei einigen von ihnen für eine längere Übergangszeit Einschränkungen der Grundfreiheiten in

[282] Siehe das Protokoll über die Sozialpolitik in der Fassung des Beschlusses vom 1. Januar 1995, ABl. L 1, S. 1.

bezug auf die Freizügigkeit und Niederlassungsfreiheit bestehen bleiben. Weiterhin werden diese Staaten auf längere Sicht nicht an der Währungsunion teilnehmen, wobei dies jedoch an der Nichterfüllung der Teilnahmekriterien liegt. Während damit die Einführung von zwei Integrationsgeschwindigkeiten gerade im letzteren Fall notwendig ist, erscheint es jedoch bedenklich, wenn gerade einige der „älteren“ Mitgliedstaaten sich wichtigen Integrationsschritten entziehen.

In bezug auf den institutionellen Rahmen wurde eine fortschreitende Demokratisierung der EU vor allem durch die schrittweise Verstärkung der Rolle des Europäischen Parlaments erreicht.[283] Gleichwohl sind die mitgliedstaatlichen Regierungen weiterhin die bedeutendsten Akteure sowohl im Gesetzgebungsverfahren als auch bei grundlegenden Entscheidungen über die Union, weshalb der Ministerrat bzw. der Europäische Rat die maßgeblichen Gesetzgebungs- bzw. Entscheidungsorgane sind. Dieser starke Einfluss der mitgliedstaatlichen Regierungen in Gestalt des Rates birgt gewisse Vorteile. So ist darin ein Grund für die in relativ geringem Maße auftretenden Kompetenzstreitigkeiten zwischen der EU und den Mitgliedstaaten in Bezug auf Gesetzgebungsvorhaben zu sehen, da die Nationalstaaten entscheidend mitwirken. Nachteilig wirkt sich jedoch aus, dass zur Erzielung von konsensfähigen Vorhaben sogenannte „package deals“ oder auch Kompromisslösungen getroffen werden, die oftmals der Sache nicht oder nicht optimal gerecht werden.

Ein weiterer Vorteil des „Europäischen Föderalismus“ ist darin zu sehen, dass der Vollzug des Gemeinschaftsrechts (meist) den mitgliedstaatlichen Administrationen obliegt. Dadurch werden die Bildung eines separaten europäischen Verwaltungsaufbaus in den Mitgliedstaaten und somit erhöhte Kosten, sowie Zuständigkeitsabgrenzungsprobleme und Überlappungen vermieden. Andererseits kann darin auch ein Grund für ein mögliches Vollzugsdefizit von Gemeinschaftsrecht liegen. Daher ist kaum abwägbar, ob der Nutzen eines eigenständigen europäischen Vollzugs dessen Kosten überwiegen würde. Doch wird die aktuelle Lösung dem Prinzip der Subsidiarität am ehesten gerecht.

## III. Vergleich

Grundsätzlich ist ein Vergleich beider Systeme aufgrund der meist funktionalen Kompetenzaufteilung in der EU und der nach Sachbereichen geordneten Aufteilung in Kanada schwierig, da die Reichweite der EU-Kompetenzen nicht genau definierbar ist. Dennoch lassen sich erhebliche Unterschiede wie auch Gemeinsamkeiten feststellen. So ist Kanada ein Bundesstaat, weshalb Bereiche wie Au-

[283] Wenn auch die nicht zu der Bevölkerungsstärke der jeweiligen Mitgliedstaaten proportionale Sitzverteilung im Parlament und Stimmengewichtung im Rat ein erhebliches Demokratiedefizit darstellt.

ßenpolitik, Verteidigung und Währung auf Bundesebene angesiedelt und dadurch voll integriert sind, während die EU erst am Beginn einer Integration in diesen Bereichen steht. Anders ist dies jedoch in Bereichen wie Wirtschaftsrecht, Privatrecht und Verwaltungsrecht, wo die kanadischen Provinzen weiterhin eine starke Stellung innehaben, welche es dem Bund verwehrt, in größerem Umfang eine Vereinheitlichung zu bewirken. Dagegen kann die EU in diesen Bereichen angleichend oder vereinheitlichend eingreifen, wenn dies dem Binnenmarkt dient. Erst infolge wichtiger Entscheidungen des Supreme Court wie *Morguard*, *Hunt*, *Crown Zellerbach* und *General Motors* wird dem Bund nach und nach die Möglichkeit eingeräumt, im Rahmen der POGG und der „*Trade and Commerce Clause*" für die Erreichung eines Binnenmarktes so vitale Bereiche wie Wettbewerbsrecht oder bundesweite Umweltschutzstandards zu regulieren. Ebenso wurde erst infolge der Entscheidung *Morguard* das Prinzip der gegenseitigen Anerkennung von Urteilen eingeführt, wobei in einem obiter dictum angedeutet wurde, dass der Bund in diesem Bereich ermächtigt sei, ein entsprechendes Regelwerk zu erlassen. Dennoch sind an einem Tätigwerden des Bundesgesetzgebers auf Grundlage der POGG sowie „*Trade and Commerce Clause*" hohe Anforderungen gestellt, was dessen Spielraum stark eingrenzt.

In diesem Zusammenhang ist auch die Ähnlichkeit der Debatte um den Begriff des „National Concern" im Rahmen der POGG-Klausel mit dem Subsidiaritätsprinzip äußerst bemerkenswert. Beide Prinzipien sollen dazu dienen, allgemeine Kriterien für eine adäquate Aufteilung der Gesetzgebungskompetenzen in Mehrrechtsordnungen aufzustellen.[284] Dabei treten dieselben Schwierigkeiten bei der Erarbeitung einer griffigen Definition auf, und auch die Ähnlichkeit in der Diskussion um die Bedeutung dieser Institute ist auffällig. Anders als der EuGH, hat sich der Supreme Court mehrmals an die schwierige Aufgabe einer Konkretisierung dieses Instituts gewagt, ohne jedoch letztlich den Streitstand zu klären. Das parallele Auftreten dieses Problems in der EU und in Kanada zeugt von der Schwierigkeit, das richtige Verhältnis zu finden zwischen der nötigen Flexibilität der Kompetenzordnung einer Mehrrechtsordnung und deren erforderliche Rigidität im Interesse der Rechtsklarheit und der Effektivität einer solchen Abgrenzungsregel zugunsten der Gliedstaaten. Im Hinblick auf die kanadischen Erfahrungen mit diesem Institut bedeutet dies für die EU, dass das Subsidiaritätsprinzip kaum geeignet sein wird, eine Formel zur „richtigen" Kompetenzaufteilung im Sinne einer wirksamen Begrenzung zugunsten der Mitgliedstaaten darzustellen; dabei ist auch nicht zu erwarten, dass eine Befassung des EuGH mit dieser Frage für Klarheit sorgen wird. Letztlich ist damit die Frage der Zuordnung einer Kompetenz an die Zentralgewalt oder an die Gliedstaaten politischer Natur.

---

[284] Dies gilt jedoch mit der Einschränkung, dass das Subsidiaritätsprinzip in der EU allgemein anwendbar ist, während „National Concern" nur für die POGG-Klausel gilt, welche bei Lücken der Verfassung heranzuziehen ist.

Weiterhin macht der Vergleich auch die Bedeutung der Rechtsprechung des höchsten Gerichts einer Mehrrechtsordnung deutlich. Dabei fällt auf, dass der Supreme Court und davor der Privy Council lange Zeit als „Hüter“ der Interessen der Provinzen in bezug auf die Kompetenzaufteilung aufgetreten sind, wobei in letzter Zeit der Supreme Court mehr und mehr von der Notwendigkeit einer die ökonomische Integration fördernden Rechtsprechung überzeugt ist. So verhielt es sich mit dem EuGH von Anfang an. Erstmalig mit der Entscheidung zur Tabakrichtlinie hat der EuGH jedoch ein Zeichen für eine etwas restriktivere Tendenz in der Auslegung des EGV gesetzt, welche bislang auf einem sehr extensiven Niveau erfolgte.

Insgesamt kann festgestellt werden, dass der Grad an negativer Integration, d.h. die Abschaffung von Hemmnissen zur Wahrnehmung der Grundfreiheiten, in Kanada hoch ist, allerdings nicht so hoch wie in der EU. Es bestehen einige Hindernisse bei der Ausübung der vier Grundfreiheiten, die einer Prüfung am Maßstab des EGV nicht standhalten würden. Dieser Mangel an negativer Integration wird dagegen durch eine starke positive Integration in den Bereichen aufgewogen, die dem Zuständigkeitsbereich des Bundes unterfallen. Einer darüber hinausgehenden positiven Integration sind jedoch durch die Verfassung enge Schranken gesetzt, was in der EU gerade nicht der Fall ist. Letztlich verbleibt daher den kanadischen Provinzen – abgesehen von den Bereichen Außenpolitik, Verteidigung und Währung – ein größerer Spielraum und damit auch mehr Verantwortung als den Mitgliedstaaten der EU.

Das *Agreement on Internal Trade* stellt einen Versuch dar, sowohl die negative als auch die positive Integration außerhalb der von der Verfassung vorgegebenen begrenzten Möglichkeiten zu erhöhen. Dabei erinnert das Übereinkommen stark an die Anfänge des europäischen Integrationsprozesses. Sowohl die Betonung der vier Grundfreiheiten als auch die Voraussetzungen für eine zulässige Beschränkung, die vorgesehene Harmonisierung von Rechtsvorschriften, sowie das Einstimmigkeitsprinzip ähneln dem EWG-Vertrag. Dennoch weist das AIT erhebliche Schwächen auf, und seine Bedeutung für weitere integrative Schritte wird sich noch erweisen müssen.

Im Hinblick auf den institutionellen Rahmen, ist in Kanada ein gewisser Dualismus bzw. eine Konkurrenzsituation zwischen dem Bund und den Provinzen feststellbar. Dies liegt zu einem hohen Grade auch daran, dass die Provinzregierungen an der Bundespolitik nicht beteiligt sind. So kennt die kanadische Verfassung kein Pendant zum Rat in der EU, da der Senat nicht die Funktion einer Länderkammer einnimmt. Dies erschwert Harmonisierungsmaßnahmen, da es keinen institutionellen Rahmen zur Einbindung der Provinzen gibt. Eine entsprechende Abhilfe sucht hier daher wiederum das *Agreement on Internal Trade* zu erreichen. Ganz anders stellt sich dagegen die Situation in der EU dar, wo auch die Gestaltung der Institutionen auf eine Integration ausgerichtet ist.

Der Blick nach Kanada zeigt weiterhin, dass eine katalogartige Kompetenzaufteilung nach Sachbereichen - wie sie zum Teil für die EU gefordert wird - kein Ende der Kompetenzabgrenzungsprobleme bedeuten würde. Das Gegenteil wäre wohl sogar der Fall. Jedenfalls würde eine entsprechende Regelung der Kompetenzordnung eine über den erreichten Stand hinausgehende Integration nicht mehr ermöglichen. Andererseits steht fest, dass eine „fortschreitende Integration" ad infinitum nicht möglich ist, da an deren Ende der Zentralstaat stünde, welcher aber gerade nicht erreicht werden soll. Daher bedarf es für die EU einer Festlegung auf ein zu erreichendes Integrationsniveau. Dabei ist zu berücksichtigen, dass je weitgehender die Vereinheitlichungsbestrebungen sind, desto stärker die desintegrative Gegenbewegung sein wird. Dies zeigt die kanadische Geschichte.

## E. Zusammenfassung: Kanada als geeignetes Vergleichsobjekt

### I. Der institutionelle und geschichtliche Rahmen

Wie der eben vorgenommene Vergleich zum politischen System zeigt, sind in beiden Verbünden ähnliche Rahmenbedingungen und daraus resultierend auch ähnliche Problembereiche anzutreffen. Beide Verbünde stellen Mehrrechtsordnungen dar, in welchen den Gliedstaaten maßgebliche Kompetenzen zustehen. Die Motivation für ihren Zusammenschluss beruhte hauptsächlich auf ökonomischen Gesichtspunkten, wobei sie zeitlich in deutlich unterschiedliche Epochen fallen, was auch die unterschiedliche Gestaltung der Kompetenz-aufteilung erklärt. Nun stehen beide Verbünde jedoch vor denselben Herausforderungen. Dabei zeigt sich, dass die EU den flexibleren Rahmen bietet, diesen gerecht zu werden. Dagegen vermag es die kanadische Verfassungs-ordnung, die Eigenständigkeit der Provinzen in besonders wirksamer Weise zu sichern.

Ungeachtet der festgestellten institutionellen und geschichtlichen Gemeinsamkeiten muss für die gesamte Untersuchung ein herausragender Unterschied beider Verbünde beachtet werden, welcher in ihrer sehr unterschiedlichen Größe zu sehen ist. Dieser erhebliche Größenunterschied wirkt sich in vielerlei Hinsicht aus. So verfügen etwa die sehr kleinen unter den kanadischen Provinzen über nur beschränkte Ressourcen in bezug auf die Eigenentwicklungskapazität von Gesetzgebungsmaßnahmen, weswegen eine gewisse Annäherung an die Gesetzgebung großer Provinzen und des Bundes zwangsläufig einsetzt. Dementsprechend besteht auch eine finanzielle Abhängigkeit einiger Provinzen vom Bund, was die Durchsetzung von integrativen Maßnahmen seitens des Bundes erleichtert. Aber auch hier wird wiederum deutlich, dass sich in Kanada - auf kleinerer Skala - dieselben Interessenlagen wie in der EU widerspiegeln, wie etwa der Dualismus große / kleine Mitgliedstaaten, sowie die Abhängigkeit von Fördermaßnahmen der EU. Trotz dieser Einschränkung hat der vorgenommene Vergleich der institutionellen Rahmenbedingungen aufgezeigt, dass Kanada in bezug auf die Problembereiche, die in Mehrrechtsordnungen für das Privatrecht entstehen, ein sehr gut geeignetes Vergleichsobjekt zur EU darstellt.

### II. Das Rechtssystem

In bezug auf das für den Vergleich besonders relevante Rechtssystem kann festgestellt werden, dass die geschichtliche Entwicklung sowie das unitarische Gerichtssystem in Kanada dazu beigetragen haben, dass in vielen Bereichen eine weitgehende Einheitlichkeit des Rechts besteht. Dies gilt zunächst für die Bereiche, in denen landesweit eine Rezeption des englischen Rechts stattgefunden hat, wie z.B. das öffentliche Recht;[285] außerdem für die Bereiche, in denen die alleinige Rechtssetzungskompetenz dem Bund zukommt, wie z.B. im Strafrecht.

Davon abweichend gestaltet sich die Situation im Privatrecht. Zwar können zumindest die anglophonen Provinzen auf eine gemeinsame Grundlage - nämlich das Common Law – zurückblicken. Doch haben hier die exklusiven Gesetzgebungskompetenzen der Provinzen, sowie der trotz seiner starken Stellung schwache Einfluss des Supreme Court eine gewisse Diversität generiert, die gerade in denjenigen Bereichen sehr stark ausgeprägt ist, in denen eine dynamische und häufige Rechtsetzungstätigkeit erforderlich ist. In der Provinz Quebec bestand dagegen von Anfang an in Gestalt des übernommenen französischen Rechts eine eigenständige Privatrechtsordnung, die trotz erheblicher Beeinflussung durch das Recht der Common Law–Provinzen seine Eigen-ständigkeit bewahren konnte. Damit liegen in Kanada ähnliche Ausgangsvoraussetzungen für eine Harmonisierung im Bereich des Privatrechts vor wie in der EU. Auch hier stößt eine Harmonisierung auf die Schwierigkeit, zwei grundlegende Systeme des Privatrechts berücksichtigen zu müssen. Selbst aber unter den kontinentaleuropäischen Mitgliedstaaten, deren Recht auf gemeinsamen Wurzeln fußt, ist insbesondere im Zuge der nationalen Kodifikationen des 18. und 19. Jahrhunderts eine Diversität entstanden, die eine Harmonisierung vor große Hürden stellt.

In beiden Verbünden stellen sich zu diesem Prozess dieselben Fragen, nämlich nach der Notwendigkeit, der Art und der Reichweite von Angleichungsmaßnahmen. Die Folgende Untersuchung in den Bereichen Gesellschaftsrecht und Verbrauchervertragsrecht wird dies weiter verdeutlichen.

---

[285] Wobei dies eher für das allgemeine Verwaltungsrecht gilt. In vielen Bereichen des besonderen Verwaltungsrechts, die auf einer Rechtsetzung neueren Datums beruhen, sind durchaus erhebliche Unterschiede in den Provinzen feststellbar.

# 3. Kapitel Das Gesellschaftsrecht

## A. Das Gesellschaftsrecht in Kanada

### I. Kompetenzverteilung zwischen dem Bund und den Provinzen

Die kanadische Verfassung, der *Constitution Act 1867*, verleiht den Provinzen in sec. 92 (11) die Befugnis, Gesetze bezüglich der Inkorporierung von Gesellschaften mit einem Bezug zu den jeweiligen Provinzen („*the incorporation of companies with provincial objects*“) zu erlassen. Die Vorschrift, welche die Kompetenzen des Bundes aufzählt (sec. 91 *Constitution Act 1867*) enthält dagegen keine entsprechende ausdrückliche Ermächtigung des Bundes. Allerdings legten schon die Entscheidung des Privy Council im Fall *Citizens' Insurance Co. v. Parsons* (1881)[286] wie auch mehrere nachfolgende Entscheidungen[287] fest, dass dem Bundesgesetzgeber aufgrund der am Anfang von sec. 91 *Constitution Act 1867* enthaltenen Generalklausel (die sogenannte „POGG“-Klausel)[288] einhergehend mit der ausdrücklich eingeschränkten Kompetenzzuweisung an die Provinzen, nur „*companies with provincial objects*“ inkorporieren zu dürfen, die Befugnis zukommt, die Inkorporierung von Gesellschaften „*for objects other than provincial*“ zu regeln.[289] Aus diesem Grunde verfügen in Kanada sowohl der Bund als auch die Provinzen (bzw. Territorien) über ein eigenes Gesellschafts-recht.

Aufgrund dieser funktionalen Begrenzungen der einschlägigen Verfassungsnormen empfiehlt sich, eine Unterscheidung zwischen der Gesetzgebungsbefugnis bezüglich der Inkorporierung von Gesellschaften und der Befugnis, die Aktivitäten der Gesellschaften zu regeln.[290] Daher wird zunächst geprüft, wie die Zuständigkeit zwischen Bund und Provinzen für Inkorporierungen aufgeteilt ist. In ei-

---

[286] (1881) 7 App. Cas. 96.(P.C.).

[287] Unter anderem in *John Deere Plow Co. v. Wharton,* (1915) App.Cas. 330 = (1914) D.L.R. 353 (P.C.).

[288] Siehe zu dieser Ermächtigungsnorm die Ausführungen im 2. Kapitel unter Punkt D. I. 1. c) (1).

[289] *Beaudoin,* La Constitution du Canada, S. 302 f; *Hogg,* Constitutional Law of Canada, 23.1. (a); *Martel/Martel,* La compagnie au Québec, 3.3.; *Scott,* in: Doing Business in Canada I, § 2, S. 51; *Welling,* Corporate Law in Canada, S. 9 f.; *Ziegel/Daniels/McIntosh/Johnston,* Cases and Materials on Partnerships and Canadian Business Corporations, Bd. 1, S. 108; Diese Argumentationsweise wird durch *Ziegel*, Constitutional Aspects of Canadian Companies, in: Ziegel (Hrsg.) Studies in Canadian Company Law, S. 153 f. schlüssig kritisiert; allerdings gesteht auch er ein, dass eine Bundeskompetenz im Gesellschaftsrecht nun feststeht.

[290] *Welling,* Corporate Law in Canada, S. 1.

nem weiteren Schritt muss dann ermittelt werden, wie weit die daraus resultierenden jeweiligen Regelungsbefugnisse reichen.

### 1. Kompetenzen der Provinzen

Die genaue Reichweite und die Abgrenzung zwischen Bundes- und Provinzkompetenzen hängen entscheidend von der Interpretation der Worte „with provincial objects" in sec. 92 (11) *Constitution Act 1867* ab. Die Verwendung des Begriffs „objects" geht vermutlich auf das im englischen Gesellschaftsrechtsgesetz von 1862 enthaltene Erfordernis zurück, die „objects", d.h. die Zwecke der zu gründenden Gesellschaft in den Gründungsdokumenten festzuhalten.[291] Dennoch stellt sich die Frage, was im Sinne des *Constitution Act 1867* „provincial objects" darstellen. In Rechtsprechung und Literatur wurden hierzu verschiedene Theorien entwickelt.

#### a) *Territorialer Ansatz*

In den frühen Jahren der Konföderation wurde die Abgrenzungsfrage entsprechend der territorialen Erstreckung der Aktivitäten der Gesellschaften gelöst. Der Supreme Court verstand unter Gesellschaften *„with provincial objects"* solche Unternehmen, deren Aktivitäten sich lediglich auf das Gebiet der Inkorporierungsprovinz erstrecken sollten.[292] Diese Ansicht stützte sich auf die Tatsache, dass sich die Gesetzgebungskompetenzen der Provinzen lediglich auf das Territorium der Provinzen beschränken und ihnen folglich auch nicht die Kompetenz zukommen könne, juristische Personen zu erschaffen, welche auch außerhalb der Inkorporierungsprovinz Rechtsfähigkeit besitzen.[293]

Diese Theorie wurde allerdings sehr bald vom Privy Council in der Revision[294] dieser Supreme Court Entscheidung relativiert. Zwar verstand der Privy Council die Worte *„with provincial objects"* ebenfalls als territoriale Begrenzung, doch bedeute diese lediglich, dass eine Provinz die nach ihren Vorschriften gegründeten Gesellschaften mit Rechten und Befugnissen ausstatten und sie zu deren Ausübung nur innerhalb der Provinz ermächtigen könne, nicht aber in anderen Provinzen.[295] Allerdings könne eine Provinz ihren Gesellschaften die Fähigkeit verleihen, Rechte in anderen Provinzen anzunehmen und dement-sprechend auch auszuüben.[296] Ob die Gesellschaft dann tatsächlich in der anderen Provinz operie-

---

291 *Welling*, Corporate Law in Canada, S. 4 f.

292 *Beaudoin*, La Constitution, S. 303; *Martel/Martel*, La compagnie au Québec, 3.3.

293 *Hogg*, Constitutional Law of Canada, 23.1. (b).

294 *Bonanza Creek Gold Mining Co. v. The King* (1916) 1 App.Cas. 566 (P.C.).

295 *Hogg*, a.a.O.,, 23.1. (b).

296 *Beaudoin*, a.a.O.,, S. 304; *Hogg*, Constitutional Law of Canada, 23.1. (b); *Ziegel/ Daniels/ McIntosh/ Johnston*, Cases and Materials on Partnerships and Canadian Business Corporations,

ren dürfe, hänge dann davon ab, ob diese neue Rechtsordnung die Gesellschaft anerkenne und ihr erlaube, in ihrer Provinz tätig zu werden. Zu diesem Zweck haben seitdem alle Provinzen Gesetze bezüglich fremder Gesell-schaften, sogenannte „*Extra-Provincial Licensing Statutes*", erlassen. Diese fremdenrechtlichen Regelungen werden weiter unten im Abschnitt zum internationalen Gesellschaftsrecht näher untersucht.

b) *Funktionaler Ansatz*

Es ist fraglich, ob neben dieser territorialen Auslegung der Ermächtigungsnorm in sec. 92 (11) *Constitution Act 1867* auch funktionale Gesichtspunkte bei der Abgrenzungsfrage einfließen sollen, in der Hinsicht, dass eine Provinz nur Gesellschaften inkorporieren kann, deren Geschäftstätigkeiten sich im Rahmen des Kompetenzbereichs der Provinzen bewegen. Dies würde bedeuten, dass die Kompetenz, Gesellschaften zu inkorporieren, auch von den tatsächlichen Zielen der Gesellschaft abhängen soll.[297] Hätte beispielsweise eine Gesellschaft zum Zweck, eine Eisenbahnlinie zu bauen und zu betreiben, welche eine kanadische Stadt mit dem U.S.- Eisenbahnnetz verbindet, müsste eine Gründung nach dem Recht der betroffenen Provinz ausscheiden: Zwar befindet sich die Strecke ausschließlich auf Provinzterritorium, doch unterliegen solche Vorhaben aufgrund der Verbindung mit dem Ausland (oder einer anderen Provinz) nach sec. 92 (10) (a) *Constitution Act, 1867* dem Kompetenzbereich des Bundes.

Während in der Literatur manche Autoren neben der territorialen Begrenzung zusätzlich eine funktionale Beschränkung annehmen,[298] bzw. nicht ausschließen wollen,[299] legte die bereits oben angeführte Entscheidung des Privy Council im Fall *Bonanza Creek*[300] fest, dass den Provinzen die Befugnis zukomme, Gesellschaften mit denselben Attributen wie eine natürliche Person zu inkorporieren, d.h. ohne Beschränkungen hinsichtlich der Art ihrer Betätigungen.[301] Daraus folgt, dass auch eine nach Provinzrecht gegründete Gesellschaft allen Arten von Betätigungen nachgehen kann, unabhängig davon, ob das betreffende Sachgebiet in die Regulierungskompetenz des Bundes oder der Provinzen fällt.[302] Zwar muss die Gesellschaft, wie auch jede natürliche Person, diese Sachvorschriften beach-

Bd. 1 S. 108. Mittlerweile enthalten die Gesellschaftsrechtsvorschriften aller Provinzen einen entsprechenden Passus, siehe z.B. sec. 16 OBCA.

[297] *Martel/Martel*, La compagnie au Québec, 3.3 f.

[298] *Ziegel*, Constitutional Aspects of Canadian Companies, in: Ziegel (Hrsg.) Studies in Canadian Company Law Bd. 1, S. 187 ff sowie *Ouellette*, Le partage des compétences en matière de constitution des sociétés, (1980-81) 15 Rev. Jur. Thémis S. 113, 118.

[299] *Laskin*, Canadian Constitutional Law, S. 569; *Wegenast*, Law of Canadian Companies, S. 28.

[300] *Bonanza Creek Gold Mining Co. v. The King* (1916) 1 App.Cas. 566 (P.C.).

[301] *Bonanza Creek Gold Mining Co. v. The King* (1916) 1 App.Cas. 566, 584 (P.C.).

[302] *Ziegel*, a.a.O., S. 189 f.

ten, doch hat die Inkorporierung nach Provinzrecht keinerlei funktionale Einschränkungen des Betätigungsfeldes und der Befugnisse zur Folge.[303] Diese Ansicht wurde in einer Entscheidung des Supreme Court bezüglich des oben skizzierten Falles bestätigt: Das Gericht entschied, dass die Inkorporierung der Eisenbahngesellschaft nach Provinzrecht gültig sei.[304]

c) *Ergebnis*

Die Abgrenzung zwischen Bundes- und Provinzkompetenz bezüglich der Inkorporierung von Gesellschaften gestaltet sich demnach folgendermaßen: Bei der Auslegung der Ermächtigungsnorm ist allein auf die territoriale Erstreckung der Aktivitäten der Gesellschaft zu achten. Auf die bezweckte Tätigkeit der Gesellschaften kommt es dagegen nicht an, weshalb es auch in den meisten Gesellschaftsrechtsgesetzen der Provinzen nicht notwendig ist, diese bei der Gründung der neuen Gesellschaft anzugeben.[305]

## 2. Kompetenzen des Bundes

a) *Allgemeine Inkorporierungsbefugnis*

Entsprechend der Systematik der Verfassung erstreckt sich die Gesetzgebungsermächtigung des Bundes als Auffangkompetenz auf den Bereich, welcher der Zuständigkeit der Provinzen entzogen ist. In Anwendung des territorialen Ansatzes ergibt sich daraus eine Kompetenz des Bundes für die Inkorporierung von Gesellschaften, deren Geschäftstätigkeiten über die Grenzen einer Provinz hinausgehen.[306] Demnach dürfte eine Gesellschaft, deren Geschäftstätigkeit ausdrücklich nur auf eine Provinz begrenzt ist, nicht nach Bundesrecht gegründet werden. Für eine Gründung nach Bundesrecht reicht es allerdings schon aus, wenn in der Gründungsurkunde (Articles of Incorporation) geregelt ist, dass die Gesellschaft in mehr als einer Provinz tätig werden darf; auf die tatsächlich ausgeübte Geschäftstätigkeit kommt es hierbei nicht an.[307] Ansonsten wäre die Gründung einer Bundesgesellschaft, solange sie ihre Geschäftstätigkeit noch nicht auf mehr als eine Provinz ausdehnen konnte, schwebend unwirksam, was der Rechts-

---

303 *Hogg*, Constitutional Law of Canada, 23.1. (c); *Welling*, Corporate Law in Canada, S. 6; *Ziegel/Daniels/McIntosh/Johnston*, Cases and Materials on Partnerships and Canadian Business Corporations, Bd. 1, S. 108.

304 *Kootenay and Elk Ry. Co. v. C.P.R.* (1974) S.C.R. 955 (S.C.C.).

305 *Welling*, Corporate Law in Canada, S. 5.

306 *Hogg*, a.a.O., 23.1. (d); *Welling*, a.a.O., S. 9 f.

307 *Colonial Building and Invest. Assn. V. A.-G. Quebec (1883) 9 App. Cas. 157; Martel/Martel*, La compagnie au Québec, 3.19.

sicherheit und Praktikabilität nicht zuträglich wäre.[308] Selbst eine solche Klausel in den Articles ist nun für Gesellschaften, welche nach dem neuen, im Jahr 1975 in Kraft getretenen *Canadian Business Corporation Act* (CBCA) gegründet wurden, unnötig, da dort in sec. 15 den Gesellschaften automatisch die Befugnis zukommt, innerhalb ganz Kanadas tätig zu werden.[309] Daraus folgt, dass eine Gesellschaft nur dann nicht nach Bundesrecht gegründet werden darf, wenn die Satzung ausdrücklich die Geschäftstätigkeit auf eine Provinz beschränkt.

b) *Sonderkompetenzen*

Neben dieser allgemeinen Auffangkompetenz des Bundes kommt diesem in einigen Bereichen auch eine ausschließliche Gesetzgebungsbefugnis zu. Insbesondere zu nennen ist hier sec. 91 (15) *Constitution Act 186,* welcher dem Bund die Regelungsbefugnis für das Bankrecht und die Inkorporierung von Banken zuweist. Weniger wichtig erscheinen die Kompetenzen des Bundes, Eisenbahn- und Schifffahrtsgesellschaften zu inkorporieren, welche über eine Provinz hinaus tätig werden, sec. 91 (13) und 92 (10) *Constitution Act 1867.* Die besondere Aufführung dieser Gesellschaften geht darauf zurück, dass bei Inkrafttreten des *Constitution Act* gerade der Ausbau der Infrastruktur der Gründungsprovinzen und darunter insbesondere die Errichtung einer transkontinentalen Eisenbahn eines der Hauptmotive für den Zusammenschluss zum Dominion of Canada war und die wichtigste Herausforderung der Zeit an Politik und Wirtschaft darstellte.

## 3. Reichweite der Regelungsbefugnisse

Die Verfassungsnorm des sec. 92 (11) *Constitution Act 1867*, welche die Kompetenzaufteilung im Bereich Gesellschaftsrecht betrifft, spricht ausdrücklich nur von „*incorporation*", d.h. die Inkorporierung oder Kreation einer Gesellschaft. Es stellt sich nun die Frage, inwieweit darunter auch die Befugnis inbegriffen ist, die Aktivitäten der Gesellschaften, sowie deren innere Verfassung und ihr Außenverhältnis zu regeln.[310] Die Klärung dieser Frage ist von großer Bedeutung, da sich die Zuständigkeit für alle nicht der „Inkorporierung" unterfallenden Belange nach den anderen Verfassungsnormen und insbesondere nach der generellen zivilrechtlichen Provinzermächtigungsnorm des sec. 92 Nr. 13 „*Property and Civil Rights*" richten würde.[311] Interpretiert man „*incorporation*" restriktiv, könnte eine Zweiteilung der Gesetzgebungsbefugnis bezüglich des Regelungsbereichs, der unter „Gesellschaftsrecht" verstanden wird, die Folge sein.

[308] *Ziegel,* Constitutional Aspects of Canadian Companies, in: Ziegel (Hrsg.) Studies in Canadian Company Law Bd. 1, S. 156.
[309] *Welling,* Corporate Law in Canada, S. 10.
[310] *Beaudoin,* La Constitution du Canada, S. 304; *Hogg,* Constitutional Law of Canada, 23.2.; *Ziegel,* a.a.O., S. 156 ff.
[311] *Hogg,* a.a.O., 23.2.; *Welling,* Corporate Law in Canada, S. 11.

Weiterhin ist aber zu beachten, dass die Gesetzgeber selbst mittels Regelungen, welche nicht spezifisch gesellschaftsrechtlicher Natur sind, einen erheblichen Einfluss auf die Betätigungen von Gesellschaften ausüben können. Dies ist dann unproblematisch, wenn der Urheber solcher Regelungen und die inkorporierende Rechtsordnung übereinstimmen, wie es in den meisten Staaten der Fall ist. Diesen Staaten steht es frei, die Regulierung gewisser Belange ihrer Wirtschaftsordnung im Rahmen des Gesellschaftsrechts oder aber in anderen Bereichen des Rechts zu verwirklichen. Ist aber die Regelungsbefugnis auf zwei Ebenen verteilt, so bedarf es einer klaren Abgrenzung, da sonst eine Aushöhlung der beabsichtigten Kompetenzaufteilung innerhalb der Mehrrechtsordnung möglich wäre. Beispielsweise könnten die Provinzen durch eine extensive Gesetzgebung innerhalb der ihrer Kompetenz unterfallenden Bereiche, insbesondere des allgemeinen Zivilrechts, die Kompetenz des Bundes im Bereich des Gesellschaftsrechts auf die rein formale Kreation einer Gesellschaft begrenzen, was sicherlich nicht im Sinne des *Constitution Act 1867* ist.[312] Es ist daher zu ermitteln, wie weitreichend die jeweiligen Rechtsordnungen Regelungen für die nach ihrem Recht gegründeten Gesellschaften gestalten können, und inwieweit es den anderen Rechtsordnungen verwehrt ist, auf diese fremden Gesellschaften einzuwirken.[313]

a) *Kompetenz zum Erlass gesellschaftsrechtlicher Regelungen*

In Literatur und Rechtsprechung herrscht Einigkeit darüber, dass unter der Befugnis, Gesellschaften zu inkorporieren, auch die Ermächtigung zu verstehen ist, alle Regelungen zu erlassen, welche gesellschaftsrechtlichen Charakter haben, beispielsweise die Rechte der Gesellschaften, deren Organisation, die Geschäftsführung und die Kapitalaufbringung.[314] Dies ist bereits in der Entscheidung des Privy Council im Fall *John Deere Plow Co. v. Wharton*[315] angeklungen, in nachfolgenden Entscheidungen bestätigt und in der Entscheidung des Supreme Court im Fall *Multiple Access v. McCutcheon*[316] nochmals bekräftigt worden.

---

[312] *Beaudoin*, La Constitution du Canada, S. 304.

[313] *Scott*, in: Doing Business in Canada, Bd. 1, § 2, S. 52.

[314] *Hogg*, a.a.O.,, 23.2.; *Ziegel*, a.a.O., S. 158.

[315] (1915) App. Cas. 330 (P.C.) = (1914) 18 D.L.R. 353 (P.C.).

[316] (1982) 2 S.C.R. 161 (S.C.C.) = (1982) 138 D.L.R. 1, 13 (S.C.C.):

*„The power of Parliament in relation to the incorporation of companies with other than provincial objects has not been narrowly defined. The authorities are clear that it goes well beyond mere incorporation. It extends to such matters as the maintenance of the company, the protection of creditors of the company and the safeguarding of the interests of the shareholders. It is all part of the internal ordering as distinguished from the commercial activities."*

b) *Einwirkungsschranken auf fremde Gesellschaften*

Zwar steht fest, dass die Verfassung sowohl dem Bund als auch den Provinzen eine Ermächtigung zum Erlass eigener umfassender Gesellschaftsrechte zuweist. Die geschäftlichen Betätigungen der Gesellschaften unterfallen jedoch - wie bei natürlichen Personen - den gültigen Gesetzen, für die je nach Regelungsmaterie der Bund oder die Provinzen zuständig sind. Fraglich ist, ob dieses Prinzip gewisser Einschränkungen bedarf.

Eine solche hat der Privy Council in den Fällen *John Deere Plow Co. v. Wharton*[317] und *Great West Saddlery Co. v. The King*[318] unter der Bezeichnung „*status and essential powers immunity*" entwickelt. Nach dieser Theorie sind Gesetze, welche Provinzen innerhalb ihres Zuständigkeitsbereichs erlassen haben, dann nicht auf bundesrechtliche Gesellschaften anwendbar, wenn sie diesen Gesellschaften deren Status oder grundlegende Rechte entziehen.[319] Im ersteren Fall ging es um die Verfassungsmäßigkeit der fremdenrechtlichen „extra-provincial-licensing"-Gesetze einer Provinz. Diese untersagten jeder nicht in der Provinz errichteten Gesellschaft, dort tätig zu werden, bevor sie nicht eine Lizenz durch die Provinzbehörden erhielten. Da die betreffenden Normen sich nicht speziell an Bundesgesellschaften richteten, unterfielen sie der generellen zivilrechtlichen Gesetzgebungskompetenz der Provinz. Deren Gesetzgeber steht es auch grundsätzlich frei, für fremde Gesellschaften eine Lizenzpflicht einzuführen, dafür Gebühren zu erheben und die Nichteinhaltung dieser Vorschriften mit Bußgeldern zu bewehren.[320] Dennoch erklärte der Privy Council die fraglichen Normen für verfassungswidrig, da sie den Gesellschaften die ihnen durch den Bund wirksam erteilten Rechte für das Gebiet der Provinz vollständig entzögen, obwohl die Gesellschaft befähigt sei, in ganz Kanada geschäftlich tätig zu werden. Hierdurch greife der Provinzgesetzgeber nämlich in den „status" und die „essential powers" der Gesellschaft ein. Die zweite Entscheidung im Fall *Great West Saddlery* hatte ein Provinzgesetz zum Gegenstand, welches fremden Gesellschaften untersagte, ohne Lizenz Grundeigentum in der Provinz zu erwerben. Im Gegenzug zur obigen Problematik sah der Privy Council hierin keinen Eingriff in den Rechtsbereich der Bundesgesellschaft.

In den folgenden Jahren hatte der Privy Council in einer Reihe von Fällen die Gelegenheit, seine Differenzierungslinie zwischen dem verfassungswidrigen Eingriff in ein grundlegendes Recht der Gesellschaft und der rechtmäßigen Regu-

---

[317] (1915) App. Cas. 330 (P.C.) = (1914) 18 D.L.R. 353 (P.C.).

[318] (1921) 2 App. Cas. 91 (P.C.).

[319] *Hogg*, Constitutional Law of Canada 23.3. (a); *Welling*, Corporate Law in Canada, S. 14 f; *Ziegel/Daniels/McIntosh/Johnston*, Cases and Materials on Partnerships and Canadian Business Corporations, Bd. 1, S. 109.

[320] *Hogg*, a.a.O., 23.3. (a).

lierung geschäftlicher Tätigkeit zu konkretisieren. So wurde ein Gesetz der Provinz Manitoba für verfassungswidrig erklärt, das jeglichen Gesellschaften untersagte, Wertpapiere ohne entsprechende Genehmigung einer Provinzbehörde auszugeben.[321] Diese Entscheidung wurde damit begründet, dass die Fähigkeit, Kapital zu beschaffen, für die Existenz einer Gesellschaft so wesentlich sei, dass die Anwendung der fraglichen Norm zu einem Eingriff in die grundlegenden Rechte einer Gesellschaft führen würde.[322] Die Provinz Alberta hat im Zuge dieser Entscheidung ein ähnliches Gesetz erlassen, wobei das Lizenzierungserfordernis nicht direkt den Gesellschaften auferlegt wurde, sondern den Börsenmaklern, welche die Verbreitung der Wertpapiere übernahmen; zugleich wurde den Gesellschaften untersagt, sich nicht lizenzierter Mittelsmänner zu bedienen.[323] Diese Regelung wurde vom Privy Council nicht beanstandet, da die Kapitalbeschaffung hierdurch nicht vereitelt würde, denn es könne jeder Gesellschaft zugemutet werden, sich eines lizenzierten Börsenmaklers zu bedienen. Ebenso fand ein Gesetz aus Ontario den Segen des Privy Council, das insider-trading betraf und auch auf Bundesgesellschaften Anwendung finden sollte.[324] Daneben wurde vom Supreme Court ein Gesetz aus British-Columbia, welches für Kraftfahrzeuge eine Pflichtversicherung bei einer öffentlich-rechtlichen Gesellschaft der Provinz einführte und somit jegliche private Konkurrenz ausschloss, nicht beanstandet.[325]

Dass in all diesen Fällen kein Verstoß gegen die „status and essential powers immunity" von Bundesgesellschaften festgestellt wurde, liegt auch in der Logik des Kompetenzgefüges der kanadischen Verfassung: Den Provinzen steht es frei, sowohl das Zivilrecht („*Property and Civil Rights*") als auch anderes in ihren Kompetenzbereich fallendes Recht nach Belieben zu gestalten. Alle Personen natürliche wie juristische - sind daran gebunden, wenn sie sich im Anwendungsbereich dieser Gesetze befinden.[326] Dies gilt auch dann, wenn die Provinz ein eigenes Monopol schafft (wie im Fall der Kraftfahrzeug-Pflichtversicherung), fremden Landerwerb kontrollieren oder aber auch einen ganzen Industriezweig verstaatlichen will. Dabei ist kein Grund dafür ersichtlich, Bundesgesellschaften besser zu stellen und von der Anwendung dieser Vorschriften auszunehmen, solange nicht ihr Bestand und ihre Rechtsfähigkeit in der Provinz bedroht ist.[327] Dies hat insbesondere deswegen zu gelten, weil es Gesellschaftsgründern grund-

---

[321] *Attorney- General Manitoba v. Attorney-General Canada* (Manitoba securities), (1929) App. Cas. 260 (P.C.) = (1929) D.L.R. 369 (P.C.).

[322] *Hogg*, Constitutional Law of Canada, 23.3. (a).

[323] *Lymburn v. Mayland*, (1932) App. Cas. 318 = (1932) 2 D.L.R. 67 (P.C.).

[324] *Multiple Acess v. McCutcheon*, (1982) 2 S.C.R. 161 = (1982) 138 D.L.R. 1, 13 (S.C.C.).

[325] *Canadian Indemnity Co. v. A.-G. B.C.* (1977) 2 S.C.R. 504 = 73 D.L.R. 111 (S.C.C.).

[326] *Welling*, Corporate Law in Canada, S. 19.; *Ziegel*, Constitutional Aspects of Canadian Companies, in: Ziegel (Hrsg.) Studies in Canadian Company Law, S. 175.

[327] *Ziegel/Daniels/McIntosh/Johnston*, Cases and Materials on Partnerships and Canadian Business Corporations, Bd. 1, S. 109.

sätzlich frei steht, ihre Gesellschaft nach Bundesrecht zu errichten und somit die Möglichkeit hätten, die Provinzregulierungen zu unterlaufen, wenn Bundesgesellschaften davon ausgenommen wären.[328]

Zwar ergingen bislang nur Gerichtsentscheidungen in Konstellationen, in denen ein Provinzgesetz möglicherweise einen unrechtmäßigen Eingriff in den Rechtsbereich von Bundesgesellschaften darstellen könnte. Dennoch ist anzunehmen, dass die hierzu entwickelte Theorie der "status and essential powers immunity" genauso auch auf die Fälle Anwendung findet, in denen eine Provinzgesellschaft sich einem entsprechenden Bundesgesetz ausgesetzt sieht.[329] Von diesen beiden Fallgestaltungen ist aber das Verhältnis einer Provinz-gesellschaft zu den Gesetzen einer anderen Provinz streng zu unterscheiden. Wie oben gesehen, kommt einer Provinz nur die Kompetenz zu, eigene Gesellschaften mit Rechten in der Provinz auszustatten; ob und wie diese auch in anderen Provinzen ausgeübt werden dürfen, hängt dann von den Vorschriften dieser fremden Provinz ab. Diese Frage ist also fremdenrechtlicher und nicht kompetentieller Natur.

## 4. Ergebnis

Von den oben genannten Ausnahmen einer ausschließlichen Bundeskompetenz abgesehen, lassen sich so gut wie keine Unterschiede in der Reichweite von Bundes- und Provinzkompetenzen hinsichtlich der Gestaltung ihrer jeweiligen Gesellschaftsrechte feststellen.[330] Eine einzige Abweichung kann darin erblickt werden, dass eine nach Bundesrecht gegründete Gesellschaft von Haus aus im gesamten Bundesgebiet rechtsfähig ist; eine Provinzgesellschaft dagegen erst eine Lizenz der fremden Provinz erwirken muss, in der sie tätig werden will. Die Geschäftstätigkeiten der Gesellschaften richten sich dagegen nach den am Ort der Tätigkeit geltenden Gesetzen - seien es Bundes- oder Provinzgesetze - je nach betroffenem Sachbereich.

Zusammenfassend kann man daher festhalten, dass sich den Gründern einer Gesellschaft praktisch ein Wahlrecht bietet, ob sie die Inkorporierung nach Bundesrecht oder nach dem Recht einer der zehn Provinzen vornehmen wollen.[331] Selbst wenn die Gründer vorhaben sollten, die Geschäftstätigkeit tatsächlich nur innerhalb einer Provinz auszuüben, steht ihnen das Bundesgesellschaftsrecht offen. Andererseits kann eine Gesellschaft, die nach dem Recht einer Provinz gegründet

---

[328] *Hogg*, a.a.O., 23.3. (a).

[329] *Hogg*, Constitutional Law of Canada, 23.3. (c).

[330] *Hogg*, a.a.O., 23.1. (e); *Ziegel/Daniels/McIntosh/Johnston*, Cases and Materials on Partnerships and Canadian Business Corporations, Bd. 1, S. 108.

[331] *Hadden/ Forbes/ Simmonds*, Canadian Business Organizations Law, S. 29; *Ziegel/ Daniels/ McIntosh/ Johnston*, Cases and Materials on Partnerships and Canadian Business Corporations, Bd. 1, S. 247.

wurde, nach Maßgabe der jeweiligen *„extra-provincial-licensing statutes"* auch in anderen Provinzen tätig werden. Im Ergebnis besteht daher eine Konkurrenzsituation zwischen den 11 Gesellschaftsrechtsordnungen in Kanada.[332] Damit bietet sich auch allen Gesetzgebern die Möglichkeit, mit ihren jeweiligen Gesellschaftsrechten alle potentiellen Gesellschaftsgründer anzusprechen, um dadurch für Inkorporierungen im Rahmen ihrer Rechtsordnung zu werben. Wie sich diese Situation auswirkt, wird nun im Bereich des Kollisionsrechts, des Fremdenrechts und des materiellen Gesellschaftsrechts noch zu untersuchen sein.

## II. Internationales Gesellschaftsrecht

### 1. Einführung: Internationales Privatrecht in Kanada

Die Rezeption englischen beziehungsweise französischen Zivilrechts in den Provinzen erstreckte sich ebenfalls auf das internationale Privat- und Prozessrecht.[333] Da der Hauptanteil der Kollisionsregeln der anglophonen Provinzen weiterhin aus dem Common Law stammt, also auf Entscheidungen englischer und kanadischer Gerichte beruht, konnte unter diesen Provinzen ein gewisser Grad an Uniformität bewahrt werden.[334] Hierzu trägt außerdem die Stellung des Supreme Court bei, welcher bestrebt ist, die Einheitlichkeit des Common Law und somit auch der Kollisionsregeln der Provinzen zu wahren.[335]

In Quebec ist das internationale Privatrecht dagegen als zehntes Buch des am 1. Januar 1994 in Kraft getretenen neuen *Code Civil du Québec* kodifiziert worden. In den 93 Artikeln des zehnten Buches wurde das Kollisionsrecht, die internationale Zuständigkeit der Gerichte in Quebec, sowie die Anerkennung und Vollstreckung von ausländischen Urteilen geregelt. Bei der Kodifizierung waren das Europäische Vertragsrechtsübereinkommen (EVÜ), einige Haager Übereinkommen, sowie das IPR der Schweiz von großem Einfluss. Weiterhin hat sich der Gesetzgeber vom deutschen und österreichischen IPR leiten lassen.[336] In einigen Punkten hat sich das Kollisionsrecht in Quebec allerdings auch an das Common Law angelehnt, wie z.B. in der Heranziehung des „domicile" als Anknüpfungspunkt. Außerdem gilt auch in Quebec, dass anwendbares ausländisches Recht

---

[332] *Beaudoin*, La Constitution du Canada, S. 304; *Scott*, Doing Business in Canada Bd. 1, § 2, S 51.

[333] Zu den Problemen, welche aus dem „Import" von internationalem Privatrecht aus unitarischen Rechtsordnungen - wie England - in Bundesstaaten wie Kanada resultieren, siehe *Blom*, Canadian International Law: An English System transplanted into a Federal State, Netherlands' International Law Review 1992, S. 155.

[334] *Castel*, Canadian Conflicts of Law, S. 3.

[335] *Castel*, a.a.O., S. 7. Zur Stellung des Supreme Court als höchste Instanz für Bundes- wie auch Provinzrecht, siehe im 2. Kapitel unter Punkt C. I. 3. a).

[336] *Glenn*, Codification of Private International Law in Quebec, (60) 1996 RabelsZ, S. 232.

vom Richter nicht von Amts wegen geprüft wird; vielmehr müssen die Parteien sich auf dessen Geltung berufen und über den Inhalt dieses Rechts Beweis führen.[337]

Die Gesetzgebungskompetenz für den Erlass von Kollisionsvorschriften, sowie die Anwendbarkeit der Kollisionsregeln einer Provinz oder des Bundes, richten sich nach der Befugnis, das entsprechende Sachrecht zu regeln.[338] Da der Großteil des kanadischen Privatrechts aufgrund von sec. 92 (13) *Constitution Act, 1867* („*Property and Civil Rights*") Provinzrecht darstellt, verhält es sich entsprechend mit dem Kollisionsrecht. Das Kollisionsrecht des Bundes findet dagegen hauptsächlich in den Bereichen Eheschließungs- und Scheidungsrecht, Insolvenzrecht, Urheberrecht und Bankrecht Anwendung.

An dieser Stelle soll noch kurz auf die bereits im Rahmen der Kompetenzaufteilung angesprochenen Entscheidungen des Supreme Court zum internationalen Prozessrecht, *Morguard Investment Ltd. v. De Savoye*[339] sowie *Hunt v. T&N plc.*,[340] eingegangen werden.[341] In *Morguard* ging es einerseits um die Zuständigkeit der Gerichte einer Provinz in Fällen, in denen der Beklagte nicht seinen Wohnsitz in dieser Provinz hat, und andererseits um die Annerkennung und Vollstreckung von Urteilen in solchen Verfahren in anderen Provinzen. Der Supreme Court hat in seiner Entscheidung eine beachtenswerte Kehrtwende von den bisherigen Prinzipien der Anerkennung von fremden Urteilen eingeleitet.[342] Demnach muss sich die internationale Zuständigkeit nach den Prinzipien von „Ordnung und Fairness" richten. Dies ist dann gegeben, wenn der Fall eine „reelle und substantielle Verbindung" zum Forum aufweist.[343] Ist eine solche Verbindung gegeben, so ist das Urteil auch in anderen Provinzen anzuerkennen. Der Supreme Court führt aus, dass die kanadische Verfassung einen Bundesstaat sowie eine ökonomische Union geschaffen habe, der ein System gegenseitiger Anerkennung von Urteilen „inhärent" sei.[344] Weiterhin könne man die Beziehungen zwischen

---

[337] *Glenn*, a.a.O., (60) 1996 RabelsZ, S. 232, 237.

[338] *Castel*, a.a.O., S. 2.

[339] (1990) 3 S.C.R. 1077 = 76 D.L.R. (4th) 256 (S.C.C.).

[340] (1993) 4 S.C.R. 289 = 109 D.L.R. (4th) 16 (S.C.C.).

[341] Eingehend zu den prozessrechtlichen und verfassungsrechtlichen Implikationen beider Entscheidungen, siehe: *Glenn*, Foreign Judgments, the Common Law and the Constitution, (1992) 37 McGill L.J. S. 537; *Finkle/Coakeley*, Morguard Investment Limited: Reforming Federalism from the Top, (1991) 14 Dalhousie L.J., S. 340; *Pepa*, Extraterritoriality and the Supreme Court's Assertion of the Economic Constitution, (2000) 34 Can. Bus. L.J., S. 231; *Wisner*, Uniformity, Diversity and Provincial Extraterritoriality: *Hunt v. T&N plc* (1995), 40 McGill L.J., S. 759.

[342] *Glenn*, Conflicting Laws in a Common Market? The NAFTA Experiment, 76 (2001) Chicago Kent Law Review, 1789, S. 1801.

[343] *Morguard Investment Ltd. v. De Savoye* (1990) 3 S.C.R. 1077, 1108 f. (S.C.C.).

[344] *Morguard Investment Ltd. v. De Savoye* (1990) 3 S.C.R. 1077, 1093 (S.C.C.).

den Provinzen in der heutigen Zeit nicht mit den Beziehungen zwischen Staaten vergleichen, wie sie im 19. Jahrhundert Bestand hatten, weshalb man auch nicht mehr die damaligen Grundsätze in der heutigen Zeit anwenden könne. Auch der Gesetzgeber in Quebec schloss sich 1994 dieser neuen Entwicklung an und schuf das bisher im Zivilrecht von Quebec aus dem französischen Recht übernommene Prinzip der „révision au fond" ab. War es bislang die Regel, dass Gerichte in Quebec einen bereits im Ausland entschiedenen Fall umfänglich rechtlich überprüften - weshalb nur sehr wenige Urteile als solche anerkannt und vollstreckt wurden - so gilt nun im neuen CCQ weitgehend, dass fremde Urteile anerkannt werden.[345]

In seiner späteren Entscheidung im Fall *Hunt v. T&N plc* hat der Supreme Court die Gelegenheit genutzt, seine in *Morguard* aufgestellten Grundsätze zu bekräftigen. Streitgegenstand war ein Gesetz aus Quebec, welches es untersagte, Geschäftsunterlagen von Unternehmen, die in Verfahren außerhalb der Provinz benötigt werden, aus Quebec zu entfernen. Der Supreme Court hielt das Gesetz für verfassungswidrig und stützte auch hier seine Ergebnisse auf das „comity" Prinzip, das eine bestimmte „Fairness" zwischen den Provinzen untereinander fordere, da dies unumgänglich sei, um die von der Verfassung intendierte ökonomische Union zu sichern.[346] Des Weiteren gab der Supreme Court der in *Morguard* aufgestellten Voraussetzung einer „reellen und substantiellen" Verbindung für die Zuständigkeit der Provinzgerichte den Rang eines Verfassungsprinzips.

Beide Entscheidungen betreffen die Fragestellung in wie weit Regelungen, die eigentlich auf internationale Sachverhalte abgestimmt sind, auf die Mitgliedstaaten eines Bundesstaats oder Staatenbundes mit einer engeren Verbindung zwischen den Mitgliedern entsprechend angewandt werden können. So haben die meisten kanadischen Provinzen beispielsweise das englische internationale Privatrecht übernommen, welches aber nicht ihrer Zugehörigkeit zur kanadischen Union Rechnung trägt. So war es möglich, dass unter Umständen Gerichtsentscheidungen aus einer Provinz nicht in anderen Provinzen anerkannt und vollstreckt werden konnten, oder dass Provinzen protektionistische Regelungen erlassen konnten, die im Ergebnis ein Verfahren gegen ein Unternehmen dieser Provinz in einer anderen Provinz vereitelten. Die beiden Entscheidungen des Supreme Court griffen auf die Bundesstaatsprinzipien zurück und passten das Recht an die Erfordernisse eines Binnenmarktes an. Sie bedeuteten eine bahnbrechende Entwicklung des kanadischen internationalen Privatrechts, die in dieser Weise wohl nie durch Verhandlungen der Provinz-Regierungen zustande gekom-

---

[345] Siehe hierzu: *Glenn*, Codification of Private International Law in Quebec, (60) 1996 RabelsZ, S. 232, 262.

[346] *Hunt v. T&N PLC* (1993) 109 D.L.R. 16, S. 44-45 (S.C.C.).

men wäre.[347] Damit wird die Bedeutung des Supreme Court deutlich, vor allem weil beide Entscheidungen darüber hinaus auch einen hohen verfassungsrechtlichen Stellenwert haben.[348]

## 2. Gesellschaftskollisionsrecht[349]

Die Rechtsordnung, nach der gesellschaftsrechtliche Beziehungen zu beurteilen sind, wird durch das Gesellschaftsstatut bestimmt. Es erfasst alle Vorgänge vom Beginn bis zum Ende des Bestehens einer Gesellschaft.[350] Die Frage, an welches Element des Sachverhalts angeknüpft werden soll, um das Gesellschaftsstatut zu ermitteln, bildet dabei den großen Grundsatzstreit des Internationalen Gesellschaftsrechts. Zur Diskussion stehen hier die Sitztheorie, die an den Ort des tatsächlichen Verwaltungssitzes der Gesellschaft anknüpft, sowie die Gründungstheorie, nach welcher der Ort der Gründung maßgeblich sein soll.[351]

Wie in den meisten Rechtsordnungen des Common Law, herrscht auch in den kanadischen Provinzen die sogenannte Gründungstheorie, wonach zur Bestimmung des Gesellschaftsstatuts an das „domicile" der Gesellschaft, d.h. den Ort der Gründung, angeknüpft wird.[352] Damit richten sich die Gründung, der Bestand, die Rechtsfähigkeit, die Vertretung und die inneren Verhältnisse der Gesellschaften nach dem am Ort der Gründung anwendbaren Recht.[353] Dies gilt ebenfalls für die Provinz Quebec. Trotz des starken Einflusses des französischen Zivilrechts auf die allgemeine Rechtsentwicklung hat sich die Provinz was das Gesellschaftsrecht betrifft, schon sehr früh an den anglo-amerikanischen Gesellschaftsordnungen orientiert.[354] In Art. 3083 Abs. 2[355] enthält der neue *Code Civil du Québec* eine entsprechende Vorschrift, nach der sich der Status und die Rechtsfähigkeit nach

---

[347] *Finkle/Coakeley,* Morguard Investment Limited: Reforming Federalism from the Top, (1991) 14 Dalhousie L.J. S. 340, 353.

[348] Zu den weitergehenden, kompetenzrechtlichen Implikationen dieser beiden Entscheidungen, siehe im 2. Kapitel unter Punkt D. I. 1. c) (2) (b).

[349] Siehe hierzu ebenfalls *Blümcke,* Das Internationale Gesellschaftsrecht von Kanada.

[350] *Großfeld,* in Staudinger, IntGesR, Rn. 17.

[351] Zu den beiden Theorien, siehe unter Punkt B. II. in diesem Kapitel, sowie u.a. *Hausmann,* in Reithmann-Martiny, Rn. 1538 ff; *Kindler,* in MünchKomm, IntGesR, Rn. 258 ff; *Großfeld,* in Staudinger, IntGesR, Rn. 20 ff.

[352] *Castel,* Canadian Conflicts of Law, S. 534; *McLeod,* The Conflict of Laws, S. 454 ff; *Ziegel/Daniels/McIntosh/Johnston,* Cases and Materials on Partnerships and Canadian Business Corporations, Bd. 1, S. 247.

[353] *Castel,* a.a.O., S. 534.

[354] Siehe in diesem Kapitel unter Punkt A. III. 1.

[355] Art. 3083 Abs. 2 CCQ lautet:

*« L'état et la capacité d'une personne morale sont régis par la loi de l'État en vertu de laquelle elle est constituée, sous réserve, quant à son activité, de la loi du lieu où elle s'exerce.»*

dem Gründungsrecht richten. Dagegen bekräftigt die Norm, dass auf die Geschäftstätigkeit dieser Gesellschaft das am Ort dieser Tätigkeit geltende Recht Anwendung findet.[356]

### 3. Das fremdenrechtliche Institut des „Extra-Provincial Licensing“

Der Umstand, dass in Kanada der Gründungstheorie gefolgt wird, darf allerdings noch nicht zu der Ansicht verleiten, hier läge ein besonders liberales Kollisionsrecht vor. Um sich ein wahres Bild über die Liberalität des internationalen Gesellschaftsrechts derjenigen Staaten bilden zu können, die der Gründungstheorie folgen, müssen mögliche Beschränkungen dieser Theorie durch fremdenrechtliche Vorschriften beachtet werden.[357] Außerdem hängt die Bedeutung der Frage nach der Anwendbarkeit eines bestimmten, möglicherweise besonders gründerfreundlichen, fremden Gesellschaftsrechts auf eine im Inland operierende Gesellschaft davon ab, inwieweit das ausländische Gesellschaftsrecht durch inländisches öffentliches Recht - wie z.B. das Kapitalmarktrecht - überlagert wird.[358] Ist dies in hohem Maße der Fall, fällt es dieser Rechtsordnung leichter, die Anwendbarkeit möglicherweise „exotischer“ Gesellschaftsrechte zuzulassen, da die berechtigten Schutzinteressen von Inländern durch das weiterhin gültige inländische Verwaltungsrecht durchgesetzt werden. Der Rechtfertigungsgrund für die Anwendung der Sitztheorie entfällt hier.

In bezug auf Kanada ist in diesem Fall besonders auf das Fremdenrecht einzugehen. Alle Provinzen haben ähnliche Regelungen bezüglich fremder Gesellschaften erlassen. Diese werden teilweise in die Gesellschaftsrechtsgesetze integriert (z.B. sec. 321 ff *British Columbia Corporation Act*, sec. 266 ff. *Alberta Business Corporation Act*). In anderen Provinzen sind die Regelungen in eigenständigen Extra-Provincial Licensing Statutes enthalten (z.B der *Ontario Extra Provincial Corporation Act,* OEPCA). Diese Vorschriften richten sich ausdrücklich an Gesellschaften, die nicht in der Provinz inkorporiert worden sind, und verpflichten manche von ihnen, eine Lizenz von der zuständigen Behörde zu erwirken, bevor sie in der betreffenden Provinz geschäftlich tätig werden dürfen. Dabei ist zu unterscheiden zwischen Gesellschaften, die nach Bundesrecht, nach Provinzrecht oder nach einer außerkanadischen Rechtsordnung gegründet wurden. Da die Provinzgesetze weitgehend ähnliche Vorschriften enthalten,[359] wird hier zunächst der Kern dieser Regelungen dargestellt. Im Anschluss daran wird auf die Besonderheiten mancher Provinzen eingegangen.

---

356 *Glenn,* Codification of Private International Law in Quebec, (60) 1996 RabelsZ, S. 232, 238.

357 *Großfeld,* in Staudinger, IntGesR, Rn. 149.

358 *Großfeld,* in Staudinger, IntGesR, Rn. 150.

359 *Ross,* The Extra-Provincial Licensing Statutes: Their Scope, Validity and Consequences, 4 (1979-80) Can. Bus. L.J., S. 183, 184.

Für außer-kanadische Gesellschaften gilt grundsätzlich, dass diese bei der zuständigen Provinzbehörde eine Lizenz beantragen müssen, wenn sie sich in dieser Provinz geschäftlich betätigen wollen. Ein Tätigwerden ohne entsprechende Lizenz bedeutet eine bußgeldbewehrte Ordnungswidrigkeit. Zwar hat das Fehlen einer Lizenz nicht die Unwirksamkeit der geschlossenen Verträge zur Folge; die Gesellschaft kann diese allerdings nicht durchsetzen, da es nicht-lizenzierten Gesellschaften versagt ist, Verfahren im Zusammenhang mit der unerlaubt ausgeübten Geschäftstätigkeit in dieser Provinz anzustrengen[360] (siehe z.B. OEPCA, sec. 21 (1) und BCCA sec. 337 (1)). Dagegen können sie jederzeit verklagt werden. Dasselbe gilt auch für kanadische Gesellschaften, die außerhalb ihrer Inkorporierungsprovinz tätig werden wollen. Nach Bundesgesellschaftsrecht gegründete Gesellschaften bedürfen indessen keiner Lizenz. Schließlich wurde ihnen bei der Gründung die Fähigkeit verliehen, in ganz Kanada tätig zu werden. Dennoch enthalten manche „extra-provincial licensing statutes" Vorschriften, die den Bundesgesellschaften die Verpflichtung auferlegen, sich bei der zuständigen Provinzbehörde registrieren zu lassen und bestimmte Informationen über die Gesellschaft mitzuteilen[361].

Die Erteilung einer Lizenz liegt meist im Ermessen der zuständigen Provinzbehörde; dennoch sind Ablehnungen selten.[362] Dies trifft allerdings nicht auf Fälle zu, in denen die fremde Gesellschaft einen ähnlichen Namen besitzt wie bereits in der Provinz tätige Gesellschaften. Ist die Ähnlichkeit dergestalt, dass sie zu Verwechslungen führen, wird häufig die Lizenz verweigert.[363] Meistens behilft man sich jedoch in solchen Fällen damit, dass die Gesellschaft in dieser Provinz unter einem leicht abgeänderten Namen auftritt, um Verwechslungen zu vermeiden. Bundesgesellschaften haben allerdings das Recht, in ganz Kanada mit ihrem Namen aufzutreten,[364] mit der Ausnahme, dass sie - wenn sie in Quebec tätig sind - wie auch jede fremde Gesellschaft (zusätzlich) eine französischsprachige Variante ihres Namens führen müssen, Art. 13, 18 *Loi sur la publicité légale des entreprises individuelles, des sociétés et des personnes morales.*

Eine Lizenz ist dann erforderlich, wenn eine fremde Gesellschaft in der Provinz geschäftlich tätig werden will („carrying on business"). Die Definition, wann ein solches Tätigwerden vorliegt, variiert zwar leicht; allgemein gilt aber, dass eine Gesellschaft dann in der Provinz tätig wird, wenn sie in der Provinz wirbt oder in

---

360 *Ross,* a.a.O., S. 204 f.

361 *Ziegel,* Cases Notes and Materials on Partnerships and Canadian Business Corporations, Bd. 1, (1989) S. 235

362 *Ziegel/Daniels/McIntosh/Johnston,* Cases and Materials on Partnerships and Canadian Business Corporations, Bd. 1, S. 251.

363 *Ross,* The Extra-Provincial Licensing Statutes: Their Scope, Validity and Consequences, 4 (1979-80) Can. Bus. L.J. S. 183, 191.

364 *Ross,* a.a.O., S. 191.

der Provinz durch einen Agenten vertreten wird oder dort ein Büro, ein Lager oder ein Geschäft unterhält.[365] Weiterhin sind die fremden Gesellschaften einschließlich der Bundesgesellschaften verpflichtet, entweder gemäß den „extra-provincial licensing statutes" oder gemäß einem besonderen Gesetz jährlich bestimmte Informationen über die Gesellschaft an die zuständige Behörde mitzuteilen (siehe z.B. den *Ontario Corporations Information Act*).

In Quebec und Ontario weichen die Regelungen über fremde Gesellschaften nach Gesetzesreformen nun von dem hier vorgestellten allgemeinen Muster ab. In Quebec wurde zum 1. Januar 1994 die bis dahin geltende *Loi sur les compagnies étrangères* außer Kraft gesetzt und durch die *Loi sur la publicité légale des entreprises individuelles, des sociétés et des personnes morales* ersetzt. Nach diesem neuen Gesetz müssen fremde Gesellschaften keine Lizenz mehr erwirken, wenn sie in Quebec tätig werden wollen; allerdings müssen sie sich registrieren lassen[366] und Informationen über die Gesellschaft mitteilen.[367] Auch Ontario hat sein *Extra-Provincial Licensing Act* geändert; nun müssen Gesellschaften aus anderen Provinzen ebenfalls keine Lizenz mehr erwirken, um in Ontario tätig werden zu dürfen. Dieses Erfordernis bleibt allein gegenüber außer-kanadischen Gesellschaften bestehen. Dagegen müssen weiterhin alle fremden Gesellschaften entsprechend dem *Ontario Corporations Information Act* regelmäßig Informationen über die Gesellschaft mitteilen.

### 4. Fortsetzung der Gesellschaft unter einem anderen Recht

Im Zuge der Modernisierung des kanadischen Gesellschaftsrechts nach der Einführung des CBCA haben auch Regelungen, welche die Fortsetzung einer Gesellschaft unter einem anderen Recht unter Wahrung der Rechtspersönlichkeit ermöglichen („reincorporation" oder auch „continuance"), in die Gesetze Eingang gefunden, siehe z.B. sec. 187, 188 CBCA, sec. 36-38 BCCA und sec. 179 OBCA.[368] Alle Provinzen mit Ausnahme von Quebec haben entsprechende Vorschriften

---

[365] *Castel*, Canadian Conflicts of Law, S. 536 f.

[366] Mit der Registrierung ist ebenfalls eine Gebühr in Höhe von 210 CAN$ zu leisten. Hierdurch sollen wahrscheinlich Gesellschaftsgründer verleitet werden, ihre Gesellschaft nach dem Recht von Quebec und nicht nach Bundesrecht oder dem Recht einer anderen Provinz zu errichten (bei geplanter Geschäftstätigkeit in Quebec), da einheimische Gesellschaften diese Gebühr nicht leisten müssen. Siehe *Martel/Martel*, La compagnie au Québec, 10.8.

[367] *Martel/Martel*, La compagnie au Québec, 3.14 f.

[368] *Ziegel/Daniels/McIntosh/Johnston*, Cases and Materials on Partnerships and Canadian Business Corporations, Bd. 1, S. 252.

erlassen. Hier ist für einen Hin- oder Wegzug die Auflösung und Neugründung der Gesellschaft notwendig.[369]

Die Gründe für einen solchen Wechsel sind sehr unterschiedlich. Sie können auf der Verlagerung der Geschäftstätigkeit, Steuervorteilen oder der höheren Attraktivität eines anderen Gesellschaftsrechts beruhen. Auch kann hier das politische Klima von Bedeutung sein: So mag die Wahl einer separatistischen Regierung in Quebec im Jahr 1976 der Grund für den beobachteten Rückgang von Inkorporierungen nach dem Gesellschaftsrecht von Quebec und für den gleichzeitigen Anstieg der aus Quebec stammenden Inkorporierungen nach Bundesrecht gewesen sein.[370] Dass eine solche politische Entwicklung auch einen Trend zum Wechsel der Gesellschaftsrechtsordnung verursachen kann, liegt auf der Hand. Weiterhin kann ein solcher Wechsel auch fusionsbedingt sein.

Bevor eine Gesellschaft nach einem anderen Recht fortgeführt werden kann, müssen einige Voraussetzungen erfüllt sein. Zunächst muss eine 2/3 Mehrheit der Anteilseigner einem solchen Schritt zustimmen,[371] wobei ablehnende Aktionäre einen Anspruch auf Übernahme ihrer Anteile durch die Gesellschaft zum Marktpreis haben, siehe z.B. sec. 188 Abs. 3,190 CBCA. Ferner bedarf es der Genehmigung der zuständigen Behörde des Wegzugstaates, wobei die Gesellschaft darlegen muss, dass der Wegzug sich nicht auf anhängige Verfahren und Ansprüche von Gläubigern auswirkt, sec. 188 Abs. 10 CBCA. Zuletzt ist die Genehmigung des Zuzugstaates einzuholen. Dieser stellt der Gesellschaft die „Articles of Continuance“ aus, welche dieselbe Funktion wie die „Articles of Incorporation“ einnehmen und die erforderlich gewordenen Änderungen vornehmen, die das neue Recht verlangt (z.B. die Anzahl der Direktoren, der Sitz der Gesellschaft). Damit wird bewirkt, dass die Gesellschaft dieselbe Stellung erhält, als wäre sie von Anfang an nach dem Recht der neuen Rechtsordnung inkorporiert worden.[372]

---

[369] *Daniels,* Should Provinces Compete? The Case for a Competitive Corporate Law Market (1991) 36 McGill L.J., S. 130, 178, Fn. 111.

[370] *Daniels,* a.a.O., 36 McGill L.J. S. 130, 167 f.

[371] Dabei haben in diesem Fall auch Eigner von Aktien ohne Stimmrecht ausnahmsweise ein solches, vgl. sec. 188 Abs. 4 CBCA.

[372] *Martel/Martel,* La compagnie au Québec, 6.3.

## III. Materielles Gesellschaftsrecht

### 1. Historischer Überblick über die Entwicklung des Gesellschaftsrechts in Kanada bis 1970

Die Entwicklung des kanadischen Gesellschaftsrechts wurde stark beeinflusst durch englisches und US-amerikanisches Recht,[373] was trotz der ansonsten im Zivilrecht vorherrschenden Anlehnung an französisches Recht ausnahmsweise ebenfalls für das Gesellschaftsrecht in Quebec gilt.[374] Das erste allgemeine gesellschaftsrechtliche Gesetz erging im Jahr 1850 in Lower und Upper Canada und wird als Grundlage für das moderne Gesellschaftsrecht in Kanada angesehen.[375] Es betraf die Inkorporierung von Bergbau-, Schiffbau- und Produktionsgesellschaften mittels einer Registrierung. Damit folgte das kanadische Gesetz dem ersten englischen Gesellschaftsrechtsgesetz von 1844, dem *Joint Stock Companies Act,* und einem Gesetz von New York aus dem Jahr 1848, welche beide Gesellschaftsgründungen ebenfalls durch Registrierung vorsahen. Allerdings ging das kanadische Gesetz über das englische hinaus, indem es den Grundsatz der beschränkten Haftung der Anteilseigner festschrieb, womit es dem amerikanischen Vorbild folgte.[376] Dadurch sollte die Bereitschaft für Investitionen gesteigert und ebenfalls die Wettbewerbsfähigkeit mit amerikanischen Unternehmen, die bereits diesen Grundsatz kannten, gesichert werden.[377]

In England fand das Prinzip der beschränkten Haftung dagegen erst im Jahr 1855 in Gestalt des *Limited Liability Act* Eingang in das Gesellschaftsrecht.[378] Das im Jahr 1862 neugefasste Gesellschaftsrechtsgesetz wurde in *Companies Act* umbenannt und behielt das Registrierungssystem bei, d.h. die Gründung einer Kapitalgesellschaft erfolgte auf Grundlage eines Vertrages zwischen den Gründern (Memorandum of Association), der zusammen mit einer Satzung (Articles of Association) bei einer Registerbehörde eingereicht werden musste.[379] Erfüllten diese Dokumente die Voraussetzungen des Gesetzes, hatte die Registerbehörde (Regist-

---

373 *Ziegel/Daniels/McIntosh/Johnston,* Cases and Materials on Partnerships and Canadian Business Corporations, Bd. 1, S. 99.

374 *Caron,* De l'action réciproque du droit civil et du common law dans le droit des compagnies de la Province de Québec, in: Ziegel (Hrsg.) Studies in Canadian Company Law Bd. 1, S. 102; *Martel/Martel,* La compagnie au Québec, 2.2.

375 *Hadden/Forbes/Simmonds,* Canadian Business Organizations Law, S. 27.

376 *Labrie/Palmer,* The Pre-Confederation History of Corporations in Canada, S. 57.

377 *Hadden/Forbes/Simmonds,* a.a.O., S. 25 f.

378 Zwar existierten bereits früher englische Gesellschaften mit eigener Rechtspersönlichkeit und beschränkter Haftung, allerdings war zu deren Gründung ein Akt der Krone (Royal Charter) erforderlich, der nach dem Finanzskandal um die South Sea Company im Jahr 1720 und dem darauf folgenden *Bubble Act* nur noch selten gewährt wurden.

379 *Neumann,* Letters Patent and Memorandum of Association Companies, in: Ziegel (Hrsg.) Studies in Canadian Company Law Bd. 1, S. 61, 64 f.

rar of Companies) kein Ermessen und die Gesellschaft musste eingetragen werden.[380]

Kanada wich dagegen von dem zunächst ebenfalls eingeführten Registrierungsprinzip wieder ab. Ein im Jahr 1860 ergangenes Gesetz bezüglich der Inkorporierung von Handelsgesellschaften und die im Jahr 1864 reformierte Version des Gesetzes von 1850 führten das sogenannte „Letters Patent" System ein, d.h. die Gründung einer Gesellschaft erfolgte auf Antrag der Gründer durch einen Hoheitsakt der Krone.[381] Mit diesem System war ein ausgeprägteres Prüfungsrecht der zuständigen Behörden verbunden, in deren Ermessen es nun lag, die Inkorporierung abzulehnen. Damit sollte die Provinz vor betrügerischen Gesellschaften geschützt und sichergestellt werden, dass alle Voraussetzungen des Gesetzes erfüllt sind.[382] Dieses System wurde im ersten allgemeinen Gesellschaftsrechtsgesetz des Bundes nach der Konföderation im Jahr 1869 aufrechterhalten und hatte bis 1975 Bestand. Weiterhin diente es den neuen Provinzen als Modell, und so folgten Quebec (1868), Ontario (1874), New Brunswick (1885), Prinz Edward Island (1888) sowie Manitoba (1875) dem „Letters Patent" System.

Die Provinzen British Columbia, Alberta, Saskatchewan, Newfoundland und Nova Scotia schlossen sich dieser Entwicklung jedoch nicht an und gestalteten ihr Gesellschaftsrecht nach dem Vorbild des englischen *Companies Act* von 1862 und führten das Registrierungsprinzip ein.[383] Diese bis in die 70er Jahre bestehende Rechtsspaltung bezüglich der Gründungsformen zog nicht nur Unterschiede rein formaler Art nach sich. Da sie das Konzept von juristischen Personen an sich betrafen, hatten sie auch bedeutende Unterschiede des materiellen Rechts zur Folge,[384] auf die noch gesondert eingegangen werden soll.

Trotz seiner Civil Law Tradition folgte Quebec ebenfalls dem Beispiel des Bundes und führte bereits im Jahr der Konföderation die *„Loi des Compagnies de Québec"* (LCQ) ein, das dem Modell des bereits in Lower Canada geltenden Gesetzes von 1864 nachgebildet war und somit unter anderem auch dem „Letters

[380] *Neumann*, a.a.O.., S. 66 f.

[381] *Hadden/Forbes/Simmonds*, Canadian Business Organizations Law, S. 25 f.; *Neumann*, a.a.O., S. 66 f.; *Ziegel/Daniels/McIntosh/Johnston*, Cases and Materials on Partnerships and Canadian Business Corporations, Bd. 1, S. 101.

[382] *Hadden/Forbes/Simmonds*, a.a.O.., S. 28.

[383] *Ziegel/Daniels/McIntosh/Johnston*, a.a.O., S. 101.

[384] *Ziegel/Daniels/McIntosh/Johnston*, Cases and Materials on Partnerships and Canadian Business Corporations, Bd. 1, S. 101. *Ziegel*, Harmonization of Provincial Laws, with Particular Reference to the Commercial, Consumer and Corporate Law, in: Cuming (Hrsg.) Harmonization of Business Law in Canada, S. 33.

Patent"-System folgte.[385] Für den Gesetzgeber der Provinz erschien es selbstverständlich, die bereits ab 1760 erfolgte Substituierung der französischen Handelsinstitutionen durch entsprechendes englisches Recht und Handelsbräuche zu erhalten.[386] Hinzu kommt, dass in Frankreich selbst erst im selben Jahr ein allgemeines Gesetz bezüglich Handelsgesellschaften erlassen wurde,[387] weshalb die Entscheidung des Gesetzgebers in Quebec, der kanadischen Entwicklung zu folgen, nahe lag. Auch wenn Quebec sich – wie die anderen kanadischen Gesetzgeber - damit hinsichtlich des Rechts der Aktiengesellschaften am amerikanischen und englischen Recht orientierte, folgt das Recht der Personengesellschaften der Civil Law Tradition, indem der *Code Civil du Québec* Regelungen bezüglich Gesellschaften bürgerlichen Rechts (société civile), offener Handelsgesellschaften (société en nom collectif) und Kommanditgesellschaften[388] (société en commandite) enthält.

Dennoch übt das Civil Law auch auf das Aktiengesellschaftsrecht einen nicht zu vernachlässigenden Einfluss aus. Dies betrifft vor allem Bereiche, die keine explizite Regelung in den Gesetzen erfahren haben, und bei denen auf die allgemeinen Prinzipien und Konzepte von Gesellschaften zurückgegriffen werden muss. So folgen die Lösungen im Hinblick auf Fragen betreffend die Treuepflichten von Managern, die Zulässigkeit von In-Sich-Geschäften mit der Gesellschaft und die Haftung für deliktische Handlungen des Unternehmens tendenziell den zivilistischen und nicht den anglo-amerikanischen Lösungsansätzen.[389] Insgesamt aber haben die Gesetzgeber Quebecs sich regelmäßig weitgehend an die Gesellschaftsrechtsgesetzgebung der anderen Provinzen und des Bundes angelehnt.[390]

---

385 *Caron*, De l'action réciproque du droit civil et du common law dans le droit des compagnies de la Province de Québec, in: Ziegel (Hrsg.) Studies in Canadian Company Law Bd. 1, S. 103; *Martel/Martel*, La compagnie au Québec, 2.7.

386 *Caron*,a.a.O., S. 105.

387 Loi du 24 Juillet 1867, Sur les sociétés.

388 Die Verfügbarkeit dieser Gesellschaftsform im früheren Lower Canada (nun Quebec) führte zu Initiativen von Händlern in Upper Canada (nun Ontario), ebenfalls Limited Partnerships einzuführen, um den angeblich entstandenen Wettbewerbsnachteil auszugleichen. Somit erhielt Upper Canada bereits 1849 einen entsprechenden *Limited Partnership Act*, womit diese zivilistische Gesellschaftsform in Kanada ganze 50 Jahre früher als im Mutterland England eingeführt wurde (*Hadden/Forbes/Simmonds*, Canadian Business Organizations Law, S. 23; *Welling*, Coprorate Law in Canada, S. 41).

389 Siehe ausführlich hierzu *Caron*, a.a.O., S. 105, 114-135. Allgemein werden die Beziehungen der Manager zu ihrer Gesellschaft in Quebec eher gemäß ihrer Funktion als Vertreter der Gesellschaft und weniger als Treuhänder, wie im anglo-amerikanischen Recht, beurteilt. Dementsprechend ergeben sich daraus generell ein weniger weitreichender Pflichtenkreis und eine geringere Verantwortung der Manager im Gesellschaftsrecht Quebecs.

390 *Caron*, a.a.O., S. 105, 146.

## 2. „Letters Patent" und „Registrierungs"-Gesellschaften

Obwohl die Gesellschaftsrechte der Provinzen und des Bundes in den siebziger und achtziger Jahren ihre systematischen Unterschiede beseitigt bzw. verringert und ein Registrierungssystem für Gründungen eingeführt haben, ist es dennoch sinnvoll, die vor dieser Entwicklung bestehende Rechtsspaltung kurz darzustellen, um die Bedeutung des Harmonisierungsprozesses besser würdigen zu können.

Eine Gesellschaftsgründung nach dem „Letters Patent" System vollzog sich, indem die Gründer einen Antrag bei einer zuständigen Behörde auf die Ausstellung eines hoheitlichen Gründungsakts, dem „Letters Patent", stellten. Mit Ausstellung dieser Urkunde war die Gesellschaft gegründet und erhielt den Status einer juristischen Person mit Rechten und Fähigkeiten wie eine natürliche Person.[391] Eine nach dem Registrierungssystem gegründete Gesellschaft unterlag dagegen der „ultra vires"- Lehre, da sie nur der Tätigkeit nachgehen kann, welche dem Gesellschaftszweck entspricht, der in dem der Registerbehörde einzureichenden Memorandum of Association angegebenen ist.[392] Aufgrund-dessen hatte es sich in der Praxis etabliert, Klauseln zu verwenden, die nahezu jegliche vorstellbare Art von Tätigkeiten abdecken.[393] Ein weiterer Unterschied besteht hinsichtlich der Wirkung von Satzungsregelungen, die im Registrierungssystem in den Articles of Association enthalten sind. Bei „Letters Patent"-Gesellschaften sind entsprechen Regelungen dagegen in By-Laws enthalten, die, anders als die Artiles, nicht bei der Gründung eingereicht werden und somit nicht die Publizitätswirkung der Articles of Association erreichen, deren Inhalt Dritte gegen sich gelten lassen müssen.[394] Zwar ist es im Gegenzug möglich, üblicherweise in By-Laws enthaltene Regelungen in die „Letters Patent" zu integrieren, um die gewünschte Publizität zu erzielen; allerdings hat dies den Nachteil, dass künftige Änderungen nur im Rahmen einer ergänzenden Ausstellung von „Letters Patent" bewerkstelligt werden können,[395] die mit Kosten verbunden sind.

Hinzu kommen einige fundamentale Unterschiede in bezug auf das Verhältnis der Direktoren zu den Aktionären der Gesellschaft. Diese gehen auf konzeptionelle Unterschiede zurück, die darauf beruhen, dass den Registrierungsgesellschaften ein Vertrag zwischen den Gründern zugrunde liegt, der die Verfassung der Gesellschaft und somit auch das Verhältnis zwischen Direktoren und Anteilseignern

---

[391] *Ziegel/Daniels/McIntosh/Johnston,* Cases and Materials on Partnerships and Canadian Business Corporations, Bd. 1, S. 263.

[392] *Neumann,* Letters Patent and Memorandum of Association Companies, in: Ziegel (Hrsg.) Studies in Canadian Company Law Bd. 1, S. 61, 78.

[393] *Neumann,* a.a.O., S. 61, 78 f.

[394] *Neumann,*a.a.O., S. 91. *Ziegel/Daniels/McIntosh/Johnston,* Cases and Materials on Partnerships and Canadian Business Corporations, Bd. 1, S. 263.

[395] *Neumann,* a.a.O., S. 70.

bestimmt.[396] Unter anderem obliegt es den Anteilseignern, in den Articles die Anzahl, die Amtsdauer, das Berufungsverfahren und die Befugnisse der Direktoren zu regeln. Die Direktoren leiten demnach ihre Befugnisse von einer Vereinbarung mit den Anteilseignern ab.[397] Nach dem „Letters Patent"-Prinzip gegründete Gesellschaften wurden dagegen entsprechend dem Gesetz durch einen Hoheitsakt ins Leben gerufen, und die Direktoren leiten ihre Leitungsbefugnis nicht von der Verfassung der Gesellschaft, sondern direkt von dem Gesetz ab.[398] Damit haben Direktoren solcher Gesellschaften eine stärkere, unabhängigere Stellung gegenüber den Aktionären.

Insgesamt kann daher festgehalten werden, dass die „Letters Patent"-Gesellschaft ihren Geschäftspartnern mehr Rechtssicherheit bieten konnte, weil diese nicht von internen Beschränkungen der Befugnisse der Manager betroffen sind, sofern sie nicht positive Kenntnis hiervon hatten. Hinzu kommt, dass die ultra vires-Lehre keine Bedeutung erlangt, was ebenfalls den Geschäftspartnern zugute kommt. Die Registrierungsgesellschaft bietet hingegen den Anteilseignern eine größere Flexibilität hinsichtlich der Gestaltung der Gesellschaft, und sie behalten gegenüber dem Management eine stärkere Stellung.[399] Daher eignet sich dieser Gesellschaftstyp besonders für Gesellschaften mit einer geringeren Aktionärsstreuung.

Die Ausführungen belegen, dass die frühere Rechtsspaltung im kanadischen Gesellschaftsrecht nicht unwesentlich war. Dabei überwogen die Unterschiede, die auf die zwei verschiedenen Inkorporierungssysteme zurückzuführen sind, diejenigen, welche auf den unterschiedlichen rechtlichen Traditionen im Zivilrecht der anglophonen Provinzen einerseits und in Quebec anderseits beruhen.

### 3. Entwicklung des modernen kanadischen Gesellschaftsrechts

Angesichts der bestehenden parallelen gesellschaftsrechtlichen Kompetenzen des Bundes und der Provinzen wäre eine zentrale Rechtsvereinheitlichung nur nach einer Verfassungsänderung möglich, die aber auf absehbare Zeit keinerlei Aussicht auf Erfolg hätte. Daher kann eine Harmonisierung - wenn überhaupt - nur durch sogenannte dezentrale oder freiwillige Angleichung erfolgen, sei es durch ausdrückliche Kooperation oder einfach nur durch gegenseitigen Einfluss der Regelgeber.

---

[396] *Ziegel/Daniels/McIntosh/Johnston*, a.a.O., S. 264.

[397] *Neumann*, a.a.O., S. 80.

[398] *Ziegel/Daniels/McIntosh/Johnston*, a.a.O., S. 264.

[399] *Neumann*, Letters Patent and Memorandum of Association Companies, in: Ziegel (Hrsg.) Studies in Canadian Company Law Bd. 1, S. 61, 96 f.

So veranlasste die fehlende Rechtseinheit im kanadischen Gesellschaftsrecht bereits sehr früh Rufe nach Harmonisierung, weshalb im Jahr 1910 die Regierungen von Bund und Provinzen Verhandlungen über ein einheitliches Gesellschaftsrechtsgesetz aufnahmen.[400] Daneben befasste sich auch die kanadische Juristenvereinigung (Canadian Bar Association) mit dem Thema; wenig später folgte ihr ebenfalls die Uniform Law Conference of Canada. Dennoch war diesen Initiativen kein Erfolg beschieden.[401] Anschließend folgte im Jahr 1935 die Resolution einer Regierungskonferenz von Bund und Provinzen, wonach eine Kommission für ein einheitliches Gesellschaftsrecht einzurichten sei.[402] Nach einer langen – kriegsbedingten - Unterbrechung ihrer Tätigkeit schlug diese Kommission im Jahr 1960 zwei Gesetzesmodelle vor: Eines für Letters Patent und eines für Registrierungs-Gesellschaften. Da diese Vorschläge damit eher die bestehende Rechtsspaltung festschrieben, als dass sie harmonisierend gewirkt hätten, waren sie ebenfalls zum Scheitern verurteilt.[403]

Die Entwicklung, die zum heute bestehenden hohen Harmonisierungsniveau des kanadischen Gesellschaftsrechts geführt hat, setzte 1970 ein, als Ontario ein neues, modernes Gesellschaftsrechtsgesetz (*Ontario Business Corporation Act*, OBCA) erließ. Dieses Gesetzeswerk implementierte weitgehend die 1967 veröffentlichten Empfehlungen des sog. *Lawrence Committee*, [404] die sich selbst am Beispiel der Gesellschaftsrechte von Delaware, New York und Kalifornien inspirierten, sowie an dem von der American Bar Association ausgearbeiteten *Model Business Corporation Act*.[405] Der Einfluss englischen Gesellschaftsrechts war dagegen relativ gering. Eines der wesentlichen Merkmale des neuen Gesetzes bestand darin, dass wieder das Registrierungsverfahren bei Gründungen eingeführt wurde. Daneben enthielt das Gesetz einige zeitgemäße Neuerungen, wie die Möglichkeit der Ein-Mann-Gründung, die Beschränkung der Auswirkungen der ultra vires-Lehre auf Dritte, eine Festlegung der Pflichten von Direktoren und Managern, Regelungen bezüglich der Vorgesellschaft, Vorschriften zum insider-trading, sowie allgemein einen verbesserten Schutz von Minderheitsaktionären.[406]

Schon im darauffolgenden Jahr übermittelte eine vom Bund eingesetzte Arbeitsgruppe ihre Ergebnisse in Gestalt eines kommentierten Gesetzesvorschlags für

[400] *Ziegel*, Harmonization of Provincial Laws, with Particular Reference to the Commercial, Consumer and Corporate Law, in: Cuming (Hrsg.) Harmonization of Business Law in Canada, S. 33 f.

[401] *Ziegel*, a.a.O., S. 34.

[402] Dominion-Provincial Committee on Uniform Company Law.

[403] *Ziegel*, a.a.O., S. 34.

[404] Offizielle Bezeichnung: *Interim Report of the Select Committee on Company Law.*

[405] *Ziegel/Daniels/McIntosh/Johnston*, Cases and Materials on Partnerships and Canadian Business Corporations, Bd. 1, S. 101.

[406] *Ziegel/Daniels/McIntosh/Johnston*, a.a.O., S. 101 f.

einen neuen *Canadian Business Corporation Act* (CBCA).[407] Dabei spiegelte dieser Vorschlag die bereits in Ontario angenommenen Änderungen und Konzepte weitgehend wieder.[408] Einzig der Schutz von Minderheitsaktionären wurde weitgehender, teilweise nach englischem Vorbild, geregelt wozu u.a. die Einführung eines sog. „oppression remedy" zählt.[409] Dieser Gesetzesvorschlag wurde im folgenden Gesetzesgebungsverfahren nur unwesentlich abgeändert, so dass im Jahr 1975 der neue CBCA in kraft treten konnte. Damit sind sich CBCA und der in Delaware geltende *General Corporation Law of the State of Delaware* (DGCL) sowie weitere bedeutende amerikanische Gesellschaftsrechtsgesetze relativ ähnlich.[410] Dennoch gibt es bedeutende Unterschiede, welche hauptsächlich darauf beruhen, dass entsprechend den jeweils zugrundeliegenden Philosophien, der DGCL einem management-freundlichen Konzept - einhergehend mit maximaler

---

[407] *Proposals for a New Business Corporation Law for Canada.*

[408] Dabei stellt eine nun ebenfalls im CBCA enthaltene Regelung bezüglich der Vorgesellschaft gewissermaßen ein Problem dar, da hier streitig ist, ob dies im Rahmen der Kompetenz des Bundes für die Inkorporierung von Gesellschaften liegt. Manche Autoren argumentieren, dass solche Regelungen nicht (kapital-) gesellschaftsrechtlicher Natur sein können, da eine solche Gesellschaft ja gerade noch nicht besteht, weshalb der Bereich eher unter „Property and Civil Rights" falle, und somit in die Kompetenz der Provinzen (siehe *Martel/Martel,* La compagnie au Québec, 3.18.; *Welling,* Corporate Law in Canada, S. 295). Vom Supreme Court bereits entschieden wurde dagegen eine ähnliche Abgrenzungsfrage bezüglich der Kompetenz des Bundes für die im CBCA eingefügten Regelungen zum insider-trading. Hier hat das Gericht die Bundesregelung für verfassungsmäßig erklärt (*Multiple Acess Ltd. v. McCutcheon* (1982) S.C.R. 161).

[409] *Ziegel/Daniels/McIntosh/Johnston,* S. 102, 104. Das im CBCA in sec. 241 nach englischem Vorbild (s. 210 *English Companies Act*) eingeführte sog. „oppression remedy", sieht vor, dass einem Aktionär ein Klagerecht zusteht, wenn das Management ihn in „unfairer Weise" oder unterdrückend behandelt hat. Im Rahmen dieser Klage kommt dem Richter dann ein sehr weitgehendes Entscheidungsermessen zu, wie diesem Verhalten des Managements begegnet werden soll. Da dieses Verfahren im englischen Gesellschaftsrecht relativ wirkungslos blieb, hat der kanadische Gesetzgeber versucht, dessen Mängel, durch eine detailliertere Regelung zu beseitigen. In der Theorie stellt damit dieses Verfahren ein sehr weitreichendes Instrument des Aktionärsschutzes dar. Allerdings bleibt umstritten, ob es seiner Rolle gerecht werden kann, da es zum einen weiterhin schwierig zu beurteilen ist, was ein entsprechendes Verhalten des Management darstellen soll, und zum anderen erscheint problematisch, dass ein Richter weitgehend in den Geschäftsablauf einer Gesellschaft eingreifen dürfen soll (*Welling,* Corporate Law in Canada, S. 526 ff). Daher schlägt *Welling* vor, dass dieses Verfahren nur für kleinere Gesellschaften mit einem begrenzten Aktionärskreis Sinn macht, da es nur in diesen Konstellationen möglich erscheint, dass Aktionäre so stark in ihren Interessen beeinträchtigt werden können, dass ein solch weitgehendes Ermessen der Richter adäquat wäre (*Welling,* Corporate Law in Canada, S. 533). In großen Publikumsgesellschaften wird der Anteilseigner seine Unzufriedenheit mit dem Management regelmäßig mit dem Verkauf seiner Anteile quittieren.

[410] *Ottenbreit/ Walker,* Learning from the Delaware Experience: Comparison of the Canada Business Corporation Act and the Delaware General Corporation Law, 29 (1998) Can. Bus. L.J., S. 364, 366.

Gestaltungsflexibilität - folgt, während der CBCA eher Mindeststandards vorschreibt und auch mehr Schutzinstrumente zugunsten der Anteilseigner enthält.[411]

Der Bundesgesetzgeber hat zwar bereits in sec. 4 CBCA als eines der Zwecke des Vorhabens angegeben, eine größere Uniformität unter den Gesellschaftsrechten in Kanada erzielen zu wollen. Dennoch war überraschend, wie schnell das neue Gesetz zum Prototyp für eine Großzahl von neuen Provinzgesetzen wurde.[412] Zwischen 1976 und 1986 reformierten alle Provinzen ihr Gesellschaftsrecht, wobei sich sämtliche Vorhaben in unterschiedlichem Umfang am CBCA inspirierten. In Alberta, Saskatchewan und Manitoba wurde das Bundesgesetz mehr oder weniger wortwörtlich und in New Brunswick inhaltlich übernommen. Auch Ontario reformierte im Jahr 1982 erneut den *Ontario Business Corporation Act* (OBCA) von 1970, um - mit unwesentlichen Ausnahmen - mit dem Bundesgesetz gleichzuziehen.[413] Weiterhin war der CBCA von großem Einfluss auf die in Quebec, Newfoundland und Nova Scotia vorgenommenen Reformen, welche die meisten der im Bundesgesetz enthaltenen Lösungen übernahmen. Auch das Gesellschaftsrecht von British Columbia enthält einige dieser Lösungen; allerdings stammen diese aus einer Reform von 1973, zu welcher der damals noch im Vorschlagsstadium befindliche CBCA vermutlich als Inspirationsquelle diente.[414] Einzig Prince Edward Island (PEI) verschloss sich diesem Trend und übernahm nur wenige der Neuerungen des Bundesgesetzes, wozu hauptsächlich die Einführung der Möglichkeit einer Ein-Mann-Gründung zählt. Dagegen fällt auf, dass insbesondere die Aktionärsschutzvorkehrungen des CBCA, wie z.B. der Pflichtenkatalog der Direktoren und Manager, sowie Regelungen, welche die Entlassung von Direktoren vereinfachen wie auch das sog. „oppression remedy“[415] allesamt nicht übernommen worden sind.[416] Dieser Umstand nährt laut *Daniels* den Verdacht, dass die sehr kleine Provinz PEI damit versucht, ihren Anteil an Inkorporierungen durch ein weniger striktes Gesellschaftsrecht als das des Bundes

---

[411] *Ottenbreit/ Walker*, a.a.O., 29 (1998) Can. Bus. L.J., S. 364, 369.

[412] *Daniels*, Should Provinces Compete? The Case for a Competitive Corporate Law Market (1991) 36 McGill L.J., S. 130, 151; *Hurlburt*, Harmonization of Provincial Legislation in Canada: The Elusive Goal, (1986-87) 12 Can. Bus. L.J., S. 387, 399; *Ziegel*, Harmonization of Provincial Laws, with Particular Reference to the Commercial, Consumer and Corporate Law, in Cuming (Hrsg) Harmonization of Business Law in Canada, S. 34.

[413] *Ziegel/Daniels/McIntosh/Johnston*, Cases and Materials on Partnerships and Canadian Business Corporations, Bd. 1, S. 102.

[414] *Ziegel/Daniels/McIntosh/Johnston*, a.a.O., S. 102.

[415] Dieses Instrument wurde ebenfalls in Quebec und Nova Scotia nicht übernommen.

[416] *Daniels*, Should Provinces Compete? The Case for a Competitive Corporate Law Market (1991) 36 McGill L.J., S. 130, 154.

und der anderen Provinzen zu steigern.[417] Ob dies zutrifft und von Erfolg ist, wird weiter unten noch zu untersuchen sein.

Trotz dieser einen Ausnahme und einigen geringen Abweichungen hat der starke Einfluss des neuen Bundesgesellschaftsrechts es vermocht, einen relativ hohen Grad an Harmonisierung in den an sich konkurrierenden kanadischen Gesellschaftsrechten zu erzielen. Um diese Entwicklung adäquat beurteilen zu können, ist es jedoch unerlässlich, auch einen Überblick über das – besonders im angloamerikanischen Recht – eng mit dem Gesellschaftsrecht verbundenen Kapitalmarktrecht zu erlangen.

### 4. Das Kapitalmarktrecht

Das Kapitalmarktrecht dient dazu, am Markt tätige Investoren hauptsächlich dadurch zu schützen, indem diesen der Zugang zu allen erforderlichen Informationen über die Unternehmen, in die sie investieren, gewährleistet wird. Da der Gesetzgeber auf verschiedenste Instrumente zurückgreifen kann, um dies zu bewerkstelligen, ist es schwer, den als „Kapitalmarktrecht" bezeichneten Rechtsbereich genau zu definieren. Gerade in den anglo-amerikanischen Rechtsordnungen, in denen sich das (privatrechtliche) Gesellschaftsrecht im Vergleich zum kontinental-europäischen - und insbesondere zum deutschen - Gesellschaftsrecht durch eine relativ hohe Gestaltungsfreiheit auszeichnet, kommt dem (öffentlichrechtlichen) Kapitalmarktrecht eine höhere Bedeutung zu, um die schutzwürdigen Interessen der Anteilseigner zu wahren und dadurch das Management zu kontrollieren. Aus diesem Grunde fällt hier auch die Abgrenzung zwischen beiden Rechtsbereichen schwer. In bezug auf die kanadische Rechtsordnung trifft die Einteilung in Gesellschaftsrecht als internes Organisationsrecht der Gesellschaften einerseits und in Kapitalmarktrecht als Schutzinstrument für Investoren andererseits jedenfalls nicht uneingeschränkt zu. Vielmehr sind in einigen Bereichen Überlappungen zu verzeichnen.[418]

#### a) *Zuständigkeit der Provinzen*

Regelungen über den Zugang und den Handel an den kanadischen Wertpapiermärkten werden dem Bereich „*Property and Civil Rights*" zugeordnet, weshalb die Kompetenz für deren Erlass den Provinzen zukommt, abgesehen von wenigen

---

[417] *Daniels*, a.a.O., (1991) 36 McGill L.J., S. 130, 155. Dieser Verdacht liegt insbesondere deswegen nahe, weil PEI mit seinen 135.000 Einwohnern durch eine erhebliche Steigerung der Inkorporierungen auch einen signifikanten Anstieg ihrer Staatseinnahmen aufgrund von Inkorporierungsgebühren erzielen könnte.

[418] *Ziegel/Daniels/McIntosh/Johnston*, Cases and Materials on Partnerships and Canadian Business Corporations, Bd. 1, S. 103, Fn. 1.

strafrechtlichen Regelungen im *Criminal Code* des Bundes.[419] Diese Kompetenzzuweisung zugunsten der Provinzen steht in Konkurrenz mit einigen dem Bund zustehenden Zuständigkeitsbereichen. Die Bundesregierung hat daher in den 70er Jahren eine Studie in Auftrag gegeben, welche die Möglichkeit einer umfassenden Regelung des Kapitalmarktrechts durch den Bund untersuchen sollte.[420] Diese hat ergeben, dass es dem Bund im Rahmen seiner Kompetenz für das Gesellschaftsrecht zwar zusteht, neben den organisationsrechtlichen Vorschriften auch die Ausgabe von Wertpapieren durch Bundesgesellschaften und zu einem gewissen Grad auch deren Handel zu regulieren. Ebenso würde es die Kompetenz für das Strafrecht erlauben, Strafnormen bezüglich betrügerischen Verhaltens am Markt zu erlassen. Allerdings könnte der Bund damit wohl kein umfassendes Kapitalmarktrecht kodifizieren.[421] Ob die „*Trade and Commerce*"-Klausel ein solches Vorhaben legitimieren würde, ist dagegen fraglich. Zweifellos würde es interprovinzielle Transaktionen erfassen; ob jedoch auch Transaktionen miteinbezogen werden könnten, welche rein innerprovinziell sind, ist zweifelhaft. Hierfür könnte als Argument angeführt werden, der Wertpapierhandel diene einem Kapitalmarkt, welcher interprovinzielle und sogar internationale Ausmaße annimmt.[422] Bislang hat der Bund jedoch ein entsprechendes Vorhaben nicht auf die Tagesordnung gebracht,[423] und es erscheint unwahrscheinlich, dass sich hieran in naher Zukunft etwas ändert.[424] Der Bund hat sich darauf beschränkt, im Rahmen seiner Kompetenz für ein Bundesgesellschaftsrecht Vorschriften über insider-trading und Übernahmen in den CBCA aufzunehmen, welche für die nach diesem Gesetz gegründeten Gesellschaften Anwendung finden. Im Ergebnis führt dies für Bundesgesellschaften zu zwei parallelen Regelungsebenen, da diese ebenfalls für sie einschlägige Vorschriften der Kapitalmarktgesetze der Provinzen zu beachten haben.

Die Provinzen haben zwar alle umfassende Kapitalmarktgesetze erlassen und entsprechende Aufsichtsbehörden eingerichtet, doch wird das kanadische Kapitalmarktrecht aufgrund der vorherrschenden Bedeutung von Toronto als Börsen- und Finanzzentrum des Landes maßgeblich durch den *Ontario Securities Act* und die *Ontario Securities Commission* (OSC) dominiert. Im Ergebnis nehmen daher

---

[419] *Anisman*, The Regulation of the Securities Market and the Harmonization of Provincial Laws, in: Cuming (Hrsg.) Harmonization of Business Law in Canada, S. 77; *Hogg*, Constitutional Law of Canada, 21.10. (a).

[420] *Consumer and Corporate Affairs Canada*, Proposals for a Securities Market Law for Canada (1979).

[421] *Hogg*, a.a.O., 21.10. (a).

[422] *Hogg*, a.a.O., 21.10. (b).

[423] *Anisman*, a.a.O., S. 77.

[424] *Ziegel/Daniels/McIntosh/Johnston*, Cases and Materials on Partnerships and Canadian Business Corporations, Bd. 1, S. 104.

das Gesetz von Ontario und die OSC die Stellung der fehlenden nationalen Institutionen ein.[425]

b) *Das Kapitalmarktrecht in den Provinzen*

Das Kapitalmarktrecht weist trotz der weitgehend ausschließlichen Kompetenz der Provinzen einen gewissen Grad an Harmonisierung auf, wofür mehrere Ursachen ausschlaggebend sind. Zum einen erkannten die Provinzen schon früh, dass eine Koordinierung der Regelungen und der sie ausführenden Aufsichts-behörden notwendig ist, um Gesetzesumgehungen sowie unnötig hohe Transaktionskosten der Marktteilnehmer zu reduzieren - vor allem vor dem Hintergrund, dass es sich faktisch um einen nationalen Markt handelt.[426] In diesem Zusammenhang war ebenfalls die drohende gesetzgeberische Tätigkeit des Bundes für die besonders seit Mitte der sechziger Jahre verstärkte Kooperation der Provinzen ursächlich.[427] Daneben ist schließlich die dominierende Stellung des Kapitalmarktrechts Ontarios anzuführen, das einen starken Einfluss auf die Gesetzgebung in den anderen Provinzen ausübt.

In diesem Sinne haben bereits in den dreißiger Jahren alle Provinzen das in Ontario im Jahr 1928 eingeführte Gesetz ohne wesentliche Änderungen übernommen. In der Folgezeit führten jedoch Anpassungen und Änderungen der jeweiligen Provinzgesetze zu einem Verlust an Einheitlichkeit. Schließlich war es wiederum eine grundlegende Modernisierung des Gesetzes in Ontario im Jahr 1966,[428] die in den folgenden Jahren ohne wesentliche Abweichungen in Alberta, British Columbia, Manitoba und Saskatchewan - also allen westlichen Provinzen - sowie in Teilen von Quebec übernommen wurde.[429] Aber auch diese wiedergewonnene teilweise Rechtseinheit konnte den notwendigen Änderungen und späteren Reformen nicht standhalten, weshalb der Gesetzgeber und Aufsichtsbehörden der Provinzen dazu übergegangen sind, sich auf eine mehr Erfolg versprechende Kompatibilität als eine Uniformität ihrer Gesetzgebung und Verwaltung zu konzentrieren.[430] Dennoch bestehen trotz dieser Bemühungen teilweise bedeutende Abweichungen zwischen den jeweiligen Provinzgesetzen und Vorschriften der Aufsichtsbehörden, weshalb in der Literatur weiterhin ein Tätigwerden des Bundes gefordert wird.[431]

[425] *Ziegel/Daniels/McIntosh/Johnston*, a.a.O., S. 106.
[426] *Anisman*, a.a.O., S. 77.
[427] *Anisman*, a.a.O., S. 77.
[428] Diese Reformen gingen zurück auf den im Jahr 1965 veröffentlichten *Report of the Attorney-General's Committee on Securities Legislation in Ontario*, auch *Kimber Report* genannt.
[429] *Anisman*, a.a.O., S. 78.
[430] *Anisman*, a.a.O., S. 80.
[431] *Anisman*, a.a.O., S. 127 ff; *Hogg*, Constitutional Law of Canada, 21.10. (b).

c) *Auswirkungen*

Die Anwendbarkeit der Kapitalmarktrechte der Provinzen richtet sich nach dem Wohnsitz der Anteilseigner und nicht nach dem Inkorporierungssitz der ausgebenden Gesellschaften.[432] Sobald also eine Aktiengesellschaft eine bestimmte Zahl von Anteilseignern aus einer Provinz hat, finden auf sie die kapitalmarktrechtlichen Vorschriften dieser Provinz Anwendung.[433] Damit sehen sich die meisten Aktiengesellschaften, deren Anteile öffentlich gehandelt werden, dem Recht mehreren Provinzen ausgesetzt, darunter i.d.R. auch dem Recht Ontarios. Aber auch bei Gesellschaften mit einem kleinen Kreis von Anteilseignern kann deswegen das Recht von zwei oder mehr Provinzen anwendbar sein. Im Zusammenhang mit der Tatsache, dass diese Provinzgesetze teilweise unterschiedliche Regelungen bezüglich Sachbereichen wie Informations- und Offenlegungspflichten, insider-trading und Übernahmen enthalten, schränkt dies die Vorteile einer freien Wahl der Gesellschaftsrechtsordnung wieder ein.[434] Dies gilt umso mehr, als es viele Überlappungen zwischen dem Gesellschaftsrecht und dem Kapitalmarktrecht gibt.[435] Damit kann die Inkorporierung in einer bestimmten Provinz mit einem attraktiven Gesellschaftsrecht ihren Reiz verlieren, wenn die Vorzüge dieses Rechts durch das in einigen Bereichen überlappende Kapitalmarktrecht einer anderen Provinz wieder zunichte gemacht werden.[436] Aus diesem Grunde ziehen es z.B. einige gesellschaftsrechtlich tätige Praktiker vor, von vornherein nach dem Recht von Ontario und nicht nach Bundesrecht zu inkorporieren. Dadurch wird vermieden, dass zusätzlich zu den kapitalmarkt-rechtlichen Regelungen Ontarios - welche ohnehin Anwendung finden - auch noch die im CBCA enthaltenen parallelen Vorschriften zu beachten sind.[437] Dies betrifft vor allem Vorschriften bezüglich insider-trading und Übernahmen, da diese Bereiche sowohl im CBCA als auch in den Kapitalmarktgesetzen der Provinzen geregelt werden.[438] Hinzu kommt, dass die Aufsichtsbehörden der Provinzen - darunter

---

[432] *Daniels,* Should Provinces Compete? The Case for a Competitive Corporate Law Market (1991) 36 McGill L.J., S. 130, 182.

[433] *Daniels/ MacIntosh,* Towards a Distinctive Canadian Corporate Law Regime, [1991] 29 Osgoode Hall Law Journal, S. 863, 898.

[434] *Daniels,* a.a.O., (1991) 36 McGill L.J., S. 130, 182.

[435] *Daniels,* a.a.O., (1991) 36 McGill L.J., S. 130, 182; *Ottenbreit/ Walker,* Learning from the Delaware Experience: Comparison of the Canada Business Corporation Act and the Delaware General Corporation Law, 29 (1998) Can. Bus. L.J., S. 364, 366.

[436] *Daniels,* a.a.O., Market (1991) 36 McGill L.J., S. 130, 183.

[437] *Ottenbreit/ Walker,* a.a.O., 29 (1998) Can. Bus. L.J., S. 364, 372.

[438] Diese Konfliktsituation wurde jedoch durch die im Jahr 2001 erfolgten Reformen des CBCA entschärft. Während die Regelungen des CBCA bezüglich Insider-trading eine Annäherung an die Regelungen der Provinzen erfuhren, wurden die Regelungen bezüglich Übernahmen sowie going-private und squeeze-out-Transaktionen gänzlich zugunsten der Provinzgesetze aufgehoben. Siehe hierzu u.a. *Cumming/ MacIntosh,* The rationales underlying reincorporation and implications for Canadian corporations, Int. Rev. of Law and Economics 22 (2002) S. 277, 314.

insbesondere die OSC in Ontario - [439] über weitreichende Befugnisse und freies Ermessen verfügen, den Unternehmen oder Anteilseignern Verpflichtungen oder Restriktionen aufzuerlegen, die von öffentlichem Interesse sind.[440] Hierdurch intervenieren diese jedoch in Bereichen, die eigentlich dem Gesellschaftsrecht zuzuordnen sind.[441]

Im Ergebnis relativiert damit das Kapitalmarktrecht die im Gesellschaftsrecht vorhandene Konkurrenzsituation zwischen den Provinzen und dem Bund. Wie sich dies auf das Gesellschaftsrecht und insbesondere einem etwaigen „Wettbewerb der Rechtsordnungen" auswirkt, wird im 5. Kapitel zu untersuchen sein.

## IV. Zusammenfassung

Es ist zunächst festzuhalten, dass das Gesellschaftsrecht in Kanada eine Regelung sowohl auf Bundes- als auch auf Provinzebene erfahren hat. Aufgrund der kollisionsrechtlich geltenden Gründungstheorie steht den Gesellschaftsgründern damit praktisch ein Wahlrecht zwischen den Gesellschaftsrechtsordnungen der Provinzen (bzw. Territorien) und des Bundes zu. Gleiches gilt weiterhin für Reinkorporierungen, mit Ausnahme der Provinz Quebec, die einen Wegzug nur durch Auflösung zulässt. Aufgrund der Zuständigkeit der Provinzen für das Kapitalmarktrecht kann jedoch die Attraktivität eines solchen Wahlrechts geschmälert sein.

Die lange Zeit im kanadischen Gesellschaftsrecht bestehende Rechtspaltung zwischen „Letters Patent" und Registrierungsgesellschaften, die neben Unterschieden formaler Art auch grundsätzliche Abweichungen in der Rechtslage zur Folge hatte, konnte seit den 70er aufgehoben werden, so dass fortan nur noch geringere Abweichungen zwischen den Gesellschaftsrechten der Provinzen und des Bundes bestehen. Dieser Prozess war zurückzuführen auf die Einführung des

[439] Die der OSC zustehenden Befugnisse und Ermessensspielräume sind weiter als die der US-amerikanischen SEC, siehe *Ziegel/Daniels/McIntosh/Johnston,* Cases and Materials on Partnerships and Canadian Business Corporations, Bd. 1, S. 106. *Demott,* in Oppressed But Not Betrayed: A Comparative Assessment of Canadian Remedies for Minority Shareholders and other Corporate Constituents, (1993), 56 Law & Contemp. Probs., S. 181, stellt auf Seite 211 fest, dass einige von der OSC erlassenen Vorschriften in dieser Reichweite von der SEC nicht erlassen werden dürften.

[440] Im Fall *Re Canadian Tire Corp.* (1987), 35 B.L.R. 56, 105 f (OSC), hat die OSC Mehrheitsaktionären Treuepflichten auferlegt in dem Sinne, als diese Transaktionen nicht tätigen dürften, welche das Vertrauen in die Integrität des Kapitalmarktes und dessen Kontrollinstanzen beeinflussen würde, da hierdurch die Bereitschaft, in diesen Markt zu investieren leiden, würde. Deswegen lag es im öffentlichen Interesse, zu intervenieren und solche Transaktionen zu verhindern.

[441] *Ziegel/Daniels/McIntosh/Johnston,* s.o., S. 103 und 106; *Daniels/ MacIntosh,* Towards a Distinctive Canadian Corporate Law Regime, [1991] 29 Osgoode Hall Law Journal, S. 863, 896.

neuen Gesellschaftsrechtsgesetzbuches des Bundes, dem CBCA, dessen wesentliche Merkmale sich nun auch in fast allen Gesellschaftsrechten der Provinzen wiederfinden, wobei auch hier weiterhin Unterschiede im Detail fortbestehen.

Die Einführung des neuen CBCA hat damit einen bemerkenswerten Reformprozess aller kanadischen Gesellschaftsrechtsordnungen zur Folge gehabt, aus welchem schließlich ein hohes Maß an Harmonisierung resultierte,[442] ohne dass dieser Prozess in irgendeiner Art und Weise institutionell gesteuert gewesen wäre. Vielmehr sind langjährige Bemühungen von entsprechenden Institutionen, wie z.B. durch die Commission on Uniform Company Law erfolglos geblieben. Es ist in diesem Zusammenhang sogar anzunehmen, dass die nun tatsächlich erzielte Angleichung der kanadischen Gesellschaftsrechte weit über das Maß hinaus geht, welches aus einer entsprechenden eventuellen intergouvernementale, Zusammenarbeit hervorgegangen wäre. Über die Ursachen dieser Entwicklung und deren Bedingungen sowie sich daraus ergebende Schlussfolgerungen wird im 5. Kapitel noch diskutiert werden.

---

[442] *Daniels*, Should Provinces compete? The Case for a Competitive Corporate Law Market (1991) 36 McGill L.J., S. 130, 151 ff.

## B. Das Gesellschaftsrecht in der Europäischen Union

In diesem Abschnitt soll nun auf die Entwicklung des Gesellschaftsrechts in der Europäischen Union eingegangen werden. Solche Darstellungen wurden bereits häufig unternommen.[443] An dieser Stelle sollen daher nur die wesentlichen Merkmale des Gesellschaftsrechts in der EU angeführt werden, die im späteren Vergleich der kanadischen Rechtsordnung gegenübergestellt werden. Ein Hauptaugenmerk liegt deswegen auf der Kompetenzordnung der EU im Gesellschaftsrecht, dem Gesellschaftskollisionsrecht, dem Angleichungsprozess der europäischen Gesellschaftsrechte - sei er zentral gesteuert oder durch Rezeption erfolgt - sowie auf den Gesellschaften europäischen Rechts, also vor allem auf der neuen Societas Europaea und deren Verhältnis zu den nationalen Gesellschaftsrechten.

### I. Kompetenzverteilung

Wie schon im zweiten Kapitel angesprochen, stellt die EU (noch) keinen Bundesstaat dar, der einen in der Verfassung verankerten und in sich geschlossenen ausführlichen Katalog über die Verteilung von Gesetzgebungskompetenzen aufweisen könnte. Selbst wenn die europäischen Verträge zukünftig in einer Verfassung aufgehen sollten, so ist jedenfalls in absehbarer Zeit noch nicht vorgesehen, auch die Aufteilung der Gesetzgebungskompetenzen zwischen der EU und deren Mitgliedstaaten anders als bisher zu regeln. Solange also ein Katalog von Gesetzgebungskompetenzen - nicht eingeführt wird, verbleibt es zur Bestimmung der Zuständigkeit der EU für eine konkrete Gesetzgebungsmaßnahme im Gesellschaftsrecht, bei der Heranziehung der bisherigen Kompetenzregelungen.

#### 1. Zuständigkeit der Mitgliedstaaten

Der Logik der Entstehung und der aktuellen Rechtsnatur der EU folgend, liegt die primäre Kompetenz für den Erlass von gesellschaftsrechtlichen Regelungen bei den Mitgliedstaaten. So verfügen alle Mitgliedstaaten über eine eigene Gesellschaftsrechtsordnung und sind auch für die Gesetzgebung in diesem Bereich zuständig. Allerdings unterliegt diese Kompetenz der Einschränkung, dass die EU mittels Richtlinien auf die nationalen Gesellschaftsrechte einwirken kann, und ferner, dass die nationalen gesellschaftsrechtlichen Regelungen nicht den Grundfreiheiten entgegenstehen dürfen.

---

[443] Siehe hierzu mit jeweils unterschiedlichen Ansätzen: *Buxbaum/Hopt*, Legal Harmonization and the Business Enterprise; *Habersack*, Europäisches Gesellschaftsrecht; *Kieninger*, Wettbewerb der Rechtsordnungen und Binnenmarktziel – Studien zur Privatrechtskoordinierung in der Europäischen Union auf dem Gebiet des Gesellschafts- und Vertragsrechts; *Lutter*, Europäisches Unternehmensrecht; *Magnier*, Rapprochement des Droits dans l'Union Européenne et viabilité d'un droit commun des sociétés.

## 2. Kompetenzen der EU im Gesellschaftsrecht

### a) *Sachliche Zuständigkeit*

#### (1) *Überblick*

Die Zuständigkeit der EG für den Erlass von gesellschaftsrechtlichen Regelungen leitet sich hauptsächlich aus Art. 44 Abs. 2 g) EGV ab.[444] Daneben können auch noch die Art. 94 und 95 EGV sowie in gewissem Umfang auch Art. 308 EGV herangezogen werden.[445] Allerdings ist es schwierig, den Umfang der aus diesen Normen resultierenden Zuständigkeiten genau zu definieren, da diese nur eine Aufzählung von „vagen Rechtsbegriffen“[446] enthalten. Sämtliche einschlägigen Kompetenznormen haben die Verwirklichung der Niederlassungsfreiheit von Gesellschaften zum Ziel. Der europäische Gesetzgeber wäre daher gefordert, ein Konzept in bezug auf die notwendigen europäischen gesellschaftsrechtlichen Maßnahmen zur Verwirklichung der Niederlassungsfreiheit bzw. des Binnenmarktes zu entwickeln. Eine entsprechende Vision war jedoch allenfalls in den 60er Jahren vorhanden; in den folgenden Jahrzehnten war eine solche dagegen nicht mehr erkennbar.[447] Im Zuge des Durchbruchs bei der Europäischen Aktiengesellschaft (Societas Europaea - SE) im Jahr 2001 und mit der im selben Jahr erfolgten Einberufung einer „Hochrangigen Expertengruppe auf dem Gebiet des Gesellschaftsrechts“ durch die Europäische Kommission ist jedoch wieder eine Aufbruchstimmung zu beobachten. Die besagte Expertengruppe legte im November 2002 ihren Bericht[448] nach einem Konsultationsverfahren[449] vor; u.a. wird darin der Europäischen Kommission empfohlen, einen entsprechenden Aktionsplan für das Gesellschaftsrecht aufzustellen. Auf den Bericht der Expertengruppe und den darauf aufbauenden Aktionsplan der Kommission, den diese am 21. Mai 2003 vorgestellt hat, wird an andere Stelle noch genauer einzugehen sein.

---

444 Mit Ausnahme der Richtlinie 2001/86/EG des Rates vom 8. Oktober 2001 zur Ergänzung des Statuts der Europäischen Aktiengesellschaft hinsichtlich der Beteiligung der Arbeitnehmer, ABl. EG Nr. L 294/22, welche auf Grundlage des Art. 308 EGV erging, beruhen alle bisherigen Richtlinien im Bereich des Gesellschaftsrechts auf Art. 44 Abs. 2 g) EGV.

445 *Schön*, Mindestharmonisierung im Gesellschaftsrecht, in: Everling/ Roth, S. 57.

446 *Wouters*, European Company Law: *Quo Vadis?*, Common Market L.R. 2000, S. 257, 268.

447 *Wouters*, a.a.O., Common Market L.R. 2000, S. 257, 268.

448 Report of the High Level Group of Company Law Experts on a Modern Regulatory Framework for Company Law in Europe, 4. 11. 2002.

449 Im Mai 2002 wurde von der Hochrangigen Expertengruppe ein Konsultationspapier vorgelegt, in welchem alle am Gesellschaftsrecht Interessierten sowie alle vom Gesellschaftsrecht Betroffenen aufgefordert wurden, zu den Themenkreisen des Papiers Stellung zu nehmen.

(2) *Die Bedeutung des Art. 5 EGV im Gesellschaftsrecht*

(a) *Prinzip der begrenzten Ermächtigung, Art. 5 Abs. 1 EGV*

Das „Prinzip der begrenzten Ermächtigung" soll eine strikte Grenze der Kompetenzen der EG ziehen, indem jeder Rechtsakt der Gemeinschaft sich auf eine konkrete Befugnisnorm stützen muss.[450] Wie oben jedoch bereits festgestellt, bleibt die gesellschaftsrechtliche Ermächtigungsgrundlage des Art. 44 Abs. 2 g) EGV sehr vage und bedarf daher der Auslegung. Zunächst ist zu ermitteln, welche Regelungen erforderlich sind, um die Niederlassungsfreiheit von Gesellschaften zu erreichen. Damit verliert Art. 5 Abs. 1 EGV aber zugleich seine Bedeutung als Zuständigkeitsbegrenzungsregel, da die Reichweite der Kompetenzen der EU im Gesellschaftsrecht von der Auslegung von Art. 44 Abs. 2 g) EGV abhängt. Diese wiederum kann - je nach vertretener Auffassung über die erforderlichen Maßnahmen des europäischen Gesetzgebers im Gesellschaftsrecht - sehr unterschiedlich ausfallen. Mithin begrenzt Art. 5 Abs. 1 EGV nicht den Beurteilungsspielraum der Gemeinschaftsorgane über die zu beachtenden Erforderlichkeitsschranken im Rahmen von Art. 44 Abs. 2 g) oder auch Art. 95 EGV.[451]

(b) *Das Subsidiaritätsprinzip, Art. 5 Abs. 2 EGV*

Entsprechend dem Subsidiaritätsprinzip „wird die Gemeinschaft nur dann tätig, sofern und soweit die Ziele der in Betracht gezogenen Maßnahmen auf Ebene der Mitgliedstaaten nicht ausreichend und daher wegen ihres Umfangs oder ihrer Wirkung besser auf Gemeinschaftsebene erreicht werden können". Da dieses Prinzip allerdings notwendigerweise nicht gelten kann, wenn die fragliche Maßnahme in einen Bereich fällt, welcher der ausschließlichen Kompetenz der Gemeinschaft unterliegt, bedarf es zunächst der Klärung, wie es sich hier mit gesellschaftsrechtlichen Maßnahmen verhält. Die Kommission vertritt den Standpunkt, ihr komme eine ausschließliche Kompetenz für Rechtsangleichungsmaßnahmen zur Errichtung des Binnenmarktes zu.[452] Dies würde bedeuten, dass bei der Prüfung der Rechtmäßigkeit gesellschaftsrechtlicher Gesetzgebungs-Maßnahmen das Subsidiaritätsprinzip nicht heranzuziehen wäre. Diese Ansicht stößt allerdings auf Kritik, denn aus der Aufgabe der europäischen Organe, den Binnenmarkt zu errichten, kann noch nicht geschlossen werden, dass daraus eine ausschließliche Kompetenz der EG für sämtliche einschlägigen Bereiche resul-tiert. Vielmehr muss sich die Entscheidung der Frage danach richten, ob im jeweiligen Rechtsge-

---

[450] *Habersack*, Europäisches Gesellschaftsrecht, Rn. 18. Siehe zu Art. 5 im 2. Kapitel unter D.II.1.c) (1).

[451] *Schön*, Mindestharmonisierung im Gesellschaftsrecht, in: Everling/ Roth, S. 62.

[452] Siehe den Bericht der Kommission an den Europäischen Rat über die Anpassung der geltenden Rechtsvorschriften an das Subsidiaritätsprinzip, KOM (93) 545.

biet eine – mehr oder weniger weitgehende – Regelungszuständigkeit bei den Mitgliedstaaten verbleiben, oder ob ein Handeln der nationalen Gesetzgeber ausgeschlossen sein soll.[453] Daraus ergibt sich aber, dass jedenfalls für den Bereich des Gesellschaftsrechts eine ausschließliche Kompetenz der EG nicht angenommen werden kann, so dass deren Maßnahmen in diesem Bereich an Art. 5 Abs. 2 EGV zu messen sind.[454] Es fragt sich also nun, wie sich dieses Prinzip auf das Gesellschaftsrecht auswirkt.

Das Subsidiaritätsprinzip kommt bei der Kompetenzverteilung im Gesellschaftsrecht selbst nicht zum Tragen; vielmehr setzt es dem europäischen Gesetzgeber Ausübungsschranken innerhalb der ihm bereits zugewiesenen Kompetenzen. Dieser muss also, wenn er einen Regelungsbedarf für ein bestimmtes Projekt erkannt hat, prüfen, ob das Vorhaben nicht auch auf der Ebene der Mitgliedstaaten durch diese verwirklicht werden könnte. Daraus ergibt sich zunächst, dass bei Vorhaben, welche die Schaffung von genuin europäischen Gesellschaftsformen zum Gegenstand haben, die Zuständigkeit der Gemeinschaft gegeben ist, da eine entsprechende Rechtsetzung durch die Mitgliedstaaten ausscheidet. Aber auch Maßnahmen mit dem Ziel, die nationalen Gesellschaftsrechte anzugleichen, können die einzelnen Mitgliedstaaten nicht alleine verwirklichen.[455] Dies wird dadurch belegt, dass es den Mitgliedstaaten seit über vierzig Jahren nicht gelungen ist, ein einziges der in Art. 293 EGV vorgesehen Übereinkommen zur Anerkennung, zur Sitzverlegung und zur internationalen Fusion von Kapitalgesellschaften zu verwirklichen.

Damit lässt sich im Ergebnis feststellen, dass das Subsidiaritätsprinzip nach Art. 5 Abs. 2 EGV keine echte Schranke für gemeinschaftsrechtliche Regelungsvorhaben bietet, die vom europäischen Gesetzgeber bereits für erforderlich im Sinne der gesellschaftsrechtlichen Ermächtigungsnormen des EG-Vertrages gehalten werden.[456]

(c) *Der Grundsatz der Verhältnismäßigkeit, Art. 5 Abs. 3 EGV*

Schlussendlich formuliert Art. 5 EGV in Abs. 2 und 3 ebenfalls den Grundsatz der Verhältnismäßigkeit von europäischen Gesetzgebungsmaßnahmen. Jedenfalls im Bereich des Gesellschaftsrechts geht der Gehalt des Verhältnismäßigkeitsgrundsatzes nach Art. 5 Abs. 3 EGV nicht über die bereits in den einschlägigen Er-

---

[453] *Schön*, Mindestharmonisierung im Gesellschaftsrecht, in: Everling/ Roth, S. 62.
[454] *Wouters*, European Company Law: *Quo Vadis?*, Common Market L. R. 2000, S. 257, 268.
[455] *Schön*, a.a.O., S. 63.
[456] *Hommelhoff*, Gesellschafts- und Unternehmensrecht in der Europäischen Union: Stand und Perspektiven 1997, S. 83, 89; *Schön*, a.a.O., S. 63; *Reher*, a.a.O., S. 37. *Habersack*, Europäisches Gesellschaftsrecht, Rn. 22.

mächtigungsnormen der Art. 44 Abs. 2 g), 94, 95 und 308 EGV enthaltenen Erforderlichkeitsschranken hinaus.[457]

(3) *Die Kompetenznormen für gesellschaftsrechtliche Maßnahmen im Einzelnen*

(a) *Art. 44 Abs. 2 g) EGV*

Wie eingangs schon aufgeführt, stellt Art. 44 Abs. 2 g) die zentrale Ermächtigungsvorschrift zum Gesellschaftsrecht auf europäischer Ebene dar.[458] Dennoch ist nach wie vor die genaue Zielsetzung dieser Norm und damit verbunden ihre Reichweite nicht abschließend geklärt.[459] Diese Norm ermächtigt den Rat und die Kommission zur Verwirklichung der Niederlassungsfreiheit von Gesellschaften,

> „*...soweit erforderlich, die Schutzbestimmungen* (zu) *koordinieren, die in den Mitgliedstaaten den Gesellschaften im Sinne des Artikels 48 Absatz 2 im Interesse der Gesellschafter sowie Dritter vorgeschrieben sind, um diese Bestimmungen gleichwertig zu gestalten;...*".

Folgt man dem Wortlaut dieser Vorschrift, so stellt man fest, dass sie eine nur begrenzte Ermächtigungsgrundlage darstellt. Sie beschränkt sich sachlich auf gesellschaftsrechtliche Schutzbestimmungen, wobei ihre Reichweite dadurch bestimmt wird, dass solche Schutzbestimmungen nur angeglichen werden sollen, soweit deren Verschiedenheit ein Niederlassungshindernis darstellt. Damit erfasst Art. 44 Abs. 2 g) weder das gesamte Gesellschaftsrecht, noch bezweckt die Vorschrift eine Vereinheitlichung in diesem Rechtsbereich.[460]

Dennoch hat Art. 44 Abs. 2 g) durch die Kommission eine Auslegung erfahren, welche diese Norm zu einer Ermächtigungsgrundlage für eine umfassende Rechtsangleichung des Gesellschaftsrechts bestimmt.[461] Sie hat bislang alle ergangenen gesellschaftsrechtlichen Richtlinien auf diese Norm gestützt, wobei deren Regelungsgegenstand, wie z.B. die Richtlinie zur Ein-Personen-GmbH, sich nicht nur auf „Schutzbestimmungen" beschränkten, sondern auch neue Rechtsformen und Gestaltungsinstrumente in die nationalen Gesellschaftsrechte einführten.[462] Auch in der Literatur gibt es gewichtige Stimmen, welche die sachliche

---

[457] *Schön*, a.a.O.., S. 63.

[458] *Lutter*, Europäisches Unternehmensrecht, S. 8.

[459] *Randelzhofer/ Forsthoff* in Grabitz/Hilf, Das Recht der Europäischen Union, Art. 44 EGV Rn. 11.

[460] *Randelzhofer/ Forsthoff*, a.a.O., Art. 44 EGV Rn. 11 ff.; *Ebke*, Unternehmensrecht und Binnenmarkt – E pluribus unum? RabelsZ 62 (1998), S. 195, 220. *Lutter*, a.a.O., S. 9.

[461] *Ebke*, a.a.O., S. 221; *Lutter*, a.a.O., S. 10.

[462] *Schön*, a.a.O., S. 59.

Reichweite des Art. 44 Abs. 2 g) auf das gesamte nationale Gesellschaftsrecht beziehen wollen.[463] Dabei mag man daran zweifeln, ob dies nicht trotz des Beurteilungsspielraums, welcher dem Europäischen Gesetzgeber zuzugestehen ist,[464] eine überdehnte Auslegung der Begriffe „Schutzbestimmungen" und „Dritte" darstellt. Zumindest was den Begriff des „Dritten" betrifft, hat der EuGH in seinem „Daihatsu"-Urteil festgestellt, dass dieser sich nicht auf die Gläubiger der Gesellschaft beschränke.[465] In bezug auf die übrige Auslegung von Art. 44 Abs. 2 g) EGV hat der EuGH dagegen nicht dezidiert Stellung bezogen, jedoch angemerkt, dieser beschränke jedenfalls nicht den in Abs. 1 enthaltenen weitgehenden Auftrag zur Verwirklichung der Niederlassungs-freiheit. Darüber hinaus sei Art. 44 Abs. 2 auch im Zusammenhang mit Art. 3 Abs. 1 h) EGV zu sehen, welcher der Gemeinschaft aufträgt, die Angleichung der nationalen Rechtsvorschriften zu verfolgen, soweit dies für das Funktionieren des Gemeinsamen Marktes erforderlich ist.[466]

Ferner wird die inhaltliche Reichweite der Zuständigkeit der EG dadurch begrenzt, dass die konkreten Vorhaben sich an der Schranke der „Erforderlichkeit" der jeweiligen Ermächtigungsnorm messen lassen müssen.[467] Im Kontext des Art. 44 Abs. 2 g) bedeutet dies, dass die Vorhaben zur Verwirklichung der Niederlassungsfreiheit erforderlich sein müssen. Allerdings kommt auch hier den europäischen Organen ein erheblicher Beurteilungsspielraum zu. Einige der bislang ergangenen Angleichungsrichtlinien stehen bestenfalls nur noch mittelbar mit der Niederlassungsfreiheit im Zusammenhang.[468] So versteht die EG Art. 44 Abs. 2 g) EGV nicht nur als Ermächtigungsgrundlage zur Realisierung der Niederlassungsfreiheit für Unternehmen, sondern auch als Mittel zur allgemeinen Förderung der Marktintegration.[469] Die Erforderlichkeitsschranke ist zwar grundsätzlich justiziabel, allerdings hat der EuGH bislang in keiner seiner Entscheidungen die Rechtmäßigkeit einer europäischen Rechtsetzungsmaßnahme am Maßstab der Erforderlichkeit scheitern lassen.[470] Damit scheint lediglich festzustehen, dass die Auslegung des Art. 44 Abs. 2 g) zusammen mit der Anwendung der „Erfor-

---

[463] So u.a. *Schön*, Mindestharmonisierung im Gesellschaftsrecht., in: Everling/ Roth, S. 59, *Habersack*, Europäisches Gesellschaftsrecht, Rn. 20, m.w.N.
[464] *Randelzhofer/ Forsthoff* in Grabitz/Hilf, Das Recht der Europäischen Union, Art. 44 EGV Rn. 13.
[465] EuGHE 1997, I-6858, 6864 f. = JZ 1998, S. 193 mit Anm. *Schön*.
[466] EuGHE, a.a.O.
[467] *Randelzhofer/ Forsthoff*, a.a.O., Art. 44 EGV Rn 13.
[468] *Wouters*, European Company Law: *Quo Vadis?*, Common Market L.R. 2000, S. 257, 270.
[469] *Reher*, Das Gesellschaftsrecht in gemeinsamen Märkten, S. 28.
[470] *Schön*, a.a.O., S. 61.

derlichkeitsschranke“ nicht zu einem Ergebnis führen darf, welches keinen Raum mehr für einzelstaatliche Gestaltungen lässt.[471]

(b) *Art. 94 und 95 EGV*

Art. 94 EGV erfordert einen einstimmigen Beschluss des Rates und ermächtigt nur zum Erlass von Richtlinien, weshalb diese Vorschrift im Vergleich zum weitergehenden Art. 95 keine große Bedeutung im europäischen Gesellschaftsrecht erlangt hat.

Die Vorschrift des Art. 95 EGV ist eine Ermächtigungsgrundlage für Maßnahmen zur Rechtsangleichung, welche die Errichtung und das Funktionieren des Binnenmarktes zum Gegenstand haben. Aufgrund des hieraus resultierenden sehr weiten Anwendungsbereichs wird die Norm auch als allgemeine Ermächtigungsgrundlage für Rechtsangleichung bezeichnet, wobei auf dem Gebiet des Gesellschaftsrechts Art. 44 Abs. 2 g) spezieller ist.[472] Da Art. 95 EGV dem europäischen Gesetzgeber - anders als Art. 44 - neben der Richtlinie auch die Verordnung als Rechtsetzungsmittel zur Verfügung stellt,[473] wird er von der Kommission als Grundlage für die Einführung genuin europäischen Gesellschaftsrechts herangezogen.[474] Damit hätte eigentlich auch die Verordnung über das Statut der Europäischen Aktiengesellschaft[475] (Societas Europaea - SE) auf Art. 95 EGV gestützt werden müssen und nicht – wie geschehen – auf die nur subsidiäre Abrundungskompetenz des Art. 308 EGV. Auswirkungen hat dies auf die Mitwirkungsrechte des Europäischen Parlaments: Während bei einer Maßnahme nach Art. 308 lediglich eine Anhörung des Parlaments zu erfolgen hat, verweist Art. 95 auf das Verfahren der Mitentscheidung nach Art. 251 EGV, was im Ergebnis dazu führt, dass eine Maßnahme nicht gegen den erklärten Willen des Parlaments erlassen werden kann. Im Falle der SE-Verordnung hatte die Kommission das Vorhaben zwi-

---

471 *Ebke,* Unternehmensrecht und Binnenmarkt – E pluribus unum? RabelsZ 62 (1998), S. 195, 221

472 Siehe allgemein zu Art. 94 und 95 EGV im Zweiten Kapitel unter Punkt D. II. 1. c).

473 Dies gilt allerdings erst seit 1986, als die Einheitliche Europäische Akte in Art. 95 EG (damals noch Art. 100 a EGV) auch die Verordnung als Rechtssetzungsmittel einführte.

474 Folgende drei Vorhaben (hier in Gestalt der Gegenvorschläge des Rates) hatte die Kommission auf die Ermächtigungsgrundlage des Art. 95 gestützt: Geänderter Vorschlag für eine Verordnung (EWG) des Rates über das Statut des Europäischen Vereins, [1993] ABl. C 236/1; Geänderter Vorschlag für eine Verordnung (EWG) des Rates über das Statut der Europäischen Genossenschaft, [1993] ABl. C 236/17; Geänderter Vorschlag für eine Verordnung (EWG) des Rates über das Statut der Europäischen Gegenseitigkeitsgesellschaft, [1993] ABl. C 236/40.

475 Verordnung (EG) Nr. 2157/2001 des Rates vom 8. Oktober 2001 über das Statut der Europäischen Gesellschaft (SE), [2001] ABl. L 294/1. Diese Verordnung wird hinsichtlich der Beteiligung der Arbeitnehmer durch eine Richtlinie ergänzt: Richtlinie (EG) Nr. 86/2001 des Rates vom 8. Oktober 2001 zur Ergänzung des Status der Europäischen Gesellschaft hinsichtlich der Beteiligung der Arbeitnehmer, [2001] ABl. L 294/22.

schenzeitlich auch auf Art. 95 gestützt,[476] doch wollte sie den Kompromiss, der auf dem Gipfel von Nizza im Dezember 2000 der SE zum Durchbruch verhalf, nicht durch ein langwieriges Mitentscheidungs-verfahren gefährden und stützte demnach das Vorhaben kurzerhand auf Art. 308 EGV.[477] Das Europäische Parlament sah dies freilich anders und ging davon aus, dass es sich bei dem Vorhaben um eine Maßnahme zur Angleichung der Rechts- und Verwaltungsvorschriften nach Art. 95 EGV handele, weshalb es nach Art. 251 EGV zu einer Mitentscheidung berufen sei. [478] Zwar erwog das Parlament eine Klage vor dem EuGH, doch hat es letztlich davon Abstand genommen,[479] um den schnellen Start der SE nicht zu gefährden. Zugleich hat es den Rat allerdings ausdrücklich gewarnt, es würde jeden weiteren derartigen Fall vor dem EuGH anfechten. Besonders brisant erscheint es daher, dass der Rat auch bezüglich der Verordnung über das Statut einer Europäischen Genossenschaft (Societas Cooperativa Europaea - SCE)[480] nicht mehr Art. 95, sondern Art. 308 EGV als Rechtsgrundlage herangezogen hat.[481]

Grundsätzlich mutet es seltsam an, wenn bei solch grundlegenden Vorhaben der Rechtsvereinheitlichung[482] eine Anhörung des (einzigen) direkt demokratisch legitimierten Gesetzgebungsorgans der EU ausreichen soll, während bei weit weniger einschneidenden Angleichungsmaßnahmen nach Art. 44 Abs. 2 g) oder auch bei Vorhaben nach Art. 95 das Mitentscheidungsverfahren nach Art. 251 vorgeschrieben wird.[483] Dabei ist der Wechsel der Ermächtigungsgrundlage sowohl bei der SE-Verordnung als auch bei dem SCE-Verordnungsvorschlag von Art. 95 zu Art. 308 noch unter dem weiteren Gesichtspunkt zu würdigen, dass im Zuge des Vertrages von Maastricht die Mitwirkungsrechte des Parlaments ver-

---

476 So stand der Dritte geänderte Vorschlag einer VO über das Statut der Europäischen Aktiengesellschaft vom 16. Mai 1991 [1991] ABl. C 176/1 auf der Grundlage des Art. 95 EG (100 a EGV a.F.).

477 *Hommelhoff*, Einige Bemerkungen zur Organisationsverfassung der Europäischen Aktiengesellschaft, AG 2001, S. 279. Bezüglich der SE-Richtlinie gilt ähnliches: Sie erging ebenfalls auf Grundlage des Art. 308 EGV, obwohl frühere Entwürfe sich auf Art. 44 Abs. 2 g) stützten.

478 Europäisches Parlament, Pressebericht vom 4. September 2001.

479 Und zwar trotz einer entgegenlautenden Empfehlung durch den Ausschuss für Recht und Binnenmarkt, welcher das EP aufgefordert hatte, eine Klage vor dem Gerichtshof gegen den Rat zu erheben.

480 Siehe zur SCE: *Luttermann*, Die Europäische Genossenschaft. Zum Verordnungsvorschlag der EG-Kommission vom 6. 3. 1992 in der geänderten Fassung vom 6. 7. 1993, ZVglRWiss, 1994, S. 1.

481 Dies gilt auch für die ergänzende SCE-Richtlinie bezüglich der Arbeitnehmerbeteiligung; frühere Entwürfe stützten sich auf Art. 44 Abs. 2 g); nun wird ebenfalls Art. 308 herangezogen.

482 *Hopt*, ZIP 1998, S. 96, 99 hat die SE als „Flaggschiff des europäischen Gesellschaftsrechts" bezeichnet.

483 *Ebke*, Unternehmensrecht und Binnenmarkt – E pluribus unum? RabelsZ 62 (1998) S. 195, 222.

stärkt werden sollten, u.a. auch indem das früher bei Art. 95 vorgesehene Verfahren der Zusammenarbeit (Art. 252)[484] durch das weiterreichende Verfahren der Mitentscheidung ersetzt wurde. Damit führt die bei diesen Vorhaben gewählte Verfahrensweise zu einer Umgehung der eigentlich bezweckten Ausweitung der Befugnisse des Europäischen Parlaments.[485]

Aber auch in anderer Hinsicht ist es bedenklich, wenn gesellschaftsrechtliche Vorhaben wie die SE oder die SCE auf die Generalermächtigung des Art. 308 und nicht auf die spezielleren Art. 95 oder 44 Abs. 2 g) gestützt werden.[486] Dabei hat der EuGH bereits 1992 die auf Art. 308 (235 EGV a.F.) gestützte Studentenaufenthaltsrichtlinie für nichtig erklärt, weil hierfür die speziellere Rechtsgrundlage des Art. 8 Abs. 2 EGV a.F. einschlägig war.[487] In dieselbe Richtung geht auch eine Entscheidung des Deutschen Bundesverfassungsgerichts, welches eine restriktive Auslegung des Art. 308 EGV gefordert hat.[488]

(c) *Art. 308 EGV*

Es wurde bereits oben auf das Verhältnis von Art. 308 EGV zu den spezielleren gesellschaftsrechtlichen Ermächtigungsgrundlagen des EG-Vertrages eingegangen, sowie auf den Umstand hingewiesen, dass diese eigentlich begrenzte Ermächtigungsnorm zur Einführung von rein europäischen Gesellschaftsformen - wie zuletzt der SE - herangezogen wurde. Damit bleibt hier lediglich anzuführen, dass dieser Rückgriff auf Art. 308 bei der Einführung der Europäischen Wirtschaftlichen Interessenvereinigung (EWIV)[489] im Jahr 1985 durchaus seine Berechtigung hatte, weil damals der ansonsten speziellere Art. 95 (100 a EGV a.F.) noch nicht den Erlass von Verordnungen vorsah. Die Einschätzung der Literatur, dass nun aber nach Einführung dieser Möglichkeit in Art. 95 durch die Einheitli-

---

484 Anders als beim Mitentscheidungsverfahren, kann das EP beim Verfahren der Zusammenarbeit nach Art. 252 EG ein Vorhaben des Rates und der Kommission letztlich nicht verhindern.

485 Im Abschlussbericht der Gruppe V „Ergänzende Zuständigkeiten" des Europäischen Konvents vom 4. November 2002 (CONV 375/1/02, REV 1, WG V 14) wurde auf Seite 17 die Empfehlung ausgesprochen, Art. 308 zwar in einem künftigen „Grundlagenvertrag von Verfassungsrang" beizubehalten, jedoch eine substantielle Beteiligung des Parlaments vorzuschreiben.

486 Was die jeweiligen Richtlinien über die Arbeitnehmerbeteiligung betrifft, wäre wohl der durch den Vertrag von Amsterdam eingeführte Art. 137 Abs. 3 Spglstr. 3 EGV als die speziellere Ermächtigungsgrundlage anzusehen.

487 Entscheidung des EuGH vom 7. Juli 1992, Slg. 1992, I-4193.

488 BVerfGE, 89, 155, 210. Siehe allgemein zur Problematik der Auslegung des Art. 308 EGV im Zweiten Kapitel unter Punkt D. II. 1. c).

489 Verordnung (EWG) Nr. 2137/85 des Rates vom 25. Juli 1985 über die Schaffung einer Europäischen wirtschaftlichen Interessenvereinigung (EWIV), [1985] ABl. L 199/1.

che Europäische Akte 1986 dem Art. 308 keine bedeutende Rolle mehr im Gesellschaftsrecht zukomme,[490] wurde durch die aktuellen Vorgänge jedoch enttäuscht.

(4) *Zusammenfassung*

Wie schon eingangs angedeutet, bieten sowohl die einzelnen herangezogenen des EGV als auch die allgemeinen Kompetenzregeln des Art. 5 EGV - anders als es der Wortlaut dieser Normen vermuten ließe - letztlich keine konkrete und abschließende Definition der Aufteilung der Gesetzgebungskompetenzen im Bereich des Gesellschaftsrechts. Vielmehr erfolgt die eigentliche Kompetenzverteilung zwischen der Gemeinschaft und den Mitgliedstaaten bei der Auslegung der einzelnen Ermächtigungsnormen, ohne dass dies durch die in Art. 5 EGV festgelegten Prinzipien eine wirksame Beschränkung erführe.[491] Dabei entscheiden in erster Linie die Gesetzgebungsorgane der Gemeinschaft selbst über die Auslegung, ohne dass dies einer wirklich einschneidenden kompetenz-rechtlichen Kontrolle des EuGH unterläge. Es dürfte lediglich in der Hinsicht Einigkeit bestehen, dass die Auslegung der gesellschaftsrechtlichen Ermächtigungsnormen des EGV nicht zu einem Ergebnis gelangen darf, welches keinen Raum mehr für einzelstaatliche Gestaltungen lässt. Diese Feststellungen decken sich ebenfalls mit der allgemeinen Zielsetzung des EG-Vertrages und des Vertrages über die Europäische Union, die nicht als statische Rechtsordnungen konzipiert sind, sondern vor dem Hintergrund einer fortschreitenden Integration verstanden werden müssen. Eine solche erfordert jedoch eine dynamische Interpretation der Ermächtigungsgrundlagen der Gemeinschaft, welche dem jeweiligen Stadium der Verwirklichung des Binnenmarktes entspricht.[492]

b) *Zielsetzung des Europäischen Gesetzgebers*

Wie gesehen, bestimmt sich die Zuständigkeit der EG im Gesellschaftsrecht maßgeblich danach, welche Vorhaben vor allem nach Einschätzung der Kommission für die Verwirklichung der Niederlassungsfreiheit und des Binnenmarktes erforderlich sind. Es bietet sich daher an, nach der von der Kommission verfolgten Zielsetzung für die Angleichung im Gesellschaftsrecht zu fragen. Betrachtet man jedoch die in der Literatur bislang vertretenen Einschätzungen, so besteht einhellig Einigkeit darüber, dass ein solches Konzept lange Zeit nicht zu existieren schien.[493] Zu Beginn der Rechtsangleichungstätigkeiten der Gemeinschaft in den

[490] Siehe unter anderem *Schön*, Mindestharmonisierung im Gesellschaftsrecht, in: Everling/ Roth, S. 60.
[491] So auch *Reher*, Das Gesellschaftsrecht in gemeinsamen Märkten, S. 37 f.
[492] *Schön*, a.a.O., S. 61.
[493] Siehe unter anderem: *Ebke*, Unternehmensrecht und Binnenmarkt – E pluribus unum? RabelsZ 62 (1998) S. 195, auf Seite 228:

60-er Jahren sah die Kommission in Art. 44 Abs. 2 g) EGV eine umfassende Ermächtigungsgrundlage, welche alle Regelungen bezüglich Struktur, Kapitalaufbringung und -erhaltung, Bilanzierung, Ausgabe von Wertpapieren, Fusionen und Konzernbildung betraf. Begründet wurde dies damit, dass Art. 44 Abs. 2 g) drei Ziele verfolge: Die Verwirklichung der Niederlassungsfreiheit, die Vermeidung eines „Delaware-Effekts"[494] sowie die Herstellung von Rechtssicherheit bei innergemeinschaftlichen Transaktionen.[495] Als wäre dies nicht bereits weitreichend genug, kam in den 70-er Jahren die Zielsetzung hinzu, Rechtsvereinheitlichung oder Harmonisierung im Gesellschaftsrecht solle europäische Unternehmen wettbewerbsfähiger machen, indem ihnen Institutionen und Regelungen zur Verfügung gestellt werden, welche die grenzüberschreitende Zusammenarbeit vereinfachen sollten. Dieser Strategie entsprangen die ehrgeizigen Vorhaben über die SE und die EWIV, sowie die Vorschläge zu einer Strukturrichtlinie und einer Konzernrichtlinie.[496] Das teilweise Scheitern dieser Vorhaben nahm der Kommission ihren Élan, und seither ist lange Zeit kein übergreifendes Konzept zur Harmonisierung im Gesellschaftsrecht mehr erkennbar gewesen.[497]

Dies könnte sich im Zuge des Durchbruchs bei der SE und dem Vorhaben über die Europäische Genossenschaft, welche dem Modell der SE folgt, wieder etwas ändern. Auch die Einsetzung der „Hochrangigen Expertengruppe auf dem Gebiet

---

*„Wer nach den Zielen fragt, welche die seit über 25 Jahren mehr oder weniger intensiv betriebene Angleichung des Gesellschafts- und Unternehmensrechts in der Gemeinschaft verfolgt, erlebte bisher schon eine herbe Enttäuschung. Die Erwägungsgründe zu den einzelnen Richtlinien und Entwürfen sind meist viel zu allgemein gehalten, als dass man ihnen etwas Verlässliches über den Bezug zu den Zielen des EG-Vertrages entnehmen könnte."*

Sowie *Wouters*, European Company Law: *Quo Vadis?*, Common Market L.R. 2000, 257, auf S. 268:

*"...one would expect that, in the forty years or more that the Treaty has been in effect, the European Commission might have formed a coherent view of what EU action was necessary in the field of company law. However, this is not, or no longer, the case. The initiatives taken and opinions adopted by the Commission over the years seem to be ruled by the needs of the day."*

494 Dies scheint im Übrigen die Hauptmotivation für die Aufnahme des Art. 44 Abs. 2 g) in den EGV gewesen zu sein. So bestand u.a. die französische Delegation als Bedingung für die Gewährung von Niederlassungsfreiheit für Gesellschaften auf einer Harmonisierung der Gesellschaftsrechte, weil sie befürchtete, dass sich die Unternehmen auf die damals modernen und deregulierten Rechtsformen des niederländischen Gesellschaftsrechts stürzen würden, und in den anderen Mitgliedsstaaten mittels Zweigniederlassungen agieren würden, wodurch lokale Kreditgeber schutzlos gewesen wären. (*Wouters*, European Company Law: *Quo Vadis?*, Common Market L.R. 2000, S. 257, 271).

495 *Wouters*, a.a.O., Common Market L. R. 2000, S. 257, 269.

496 Vorentwurf einer Neunten gesellschaftsrechtlichen Richtlinie, 1974, abgedruckt bei *Lutter*, Europäisches Unternehmensrecht, S. 187 ff.

497 *Wouters*, spricht ausdrücklich von "muddling through", European Company Law: *Quo Vadis?*, Common Market L.R. 2000, S. 257, 271.

des Gesellschaftsrechts“ sowie deren Abschlussbericht deuten darauf hin, dass in naher Zukunft eine Erneuerung der gesellschaftsrechtlichen Zielsetzungen durch die Kommission zu erwarten ist. Unter anderem empfahl die Expertengruppe der Kommission, einige der bislang ergangenen Richtlinien zu modernisieren und zu vereinfachen (so vor allem die Zweite Kapitalrichtlinie).[498] Sie meldete dagegen Zweifel am Bedarf und vor allem an der Realisierbarkeit der Verordnungsvorhaben über den Europäischen Verein und der Europäischen Gegenseitigkeitsgesellschaft, da in diesen Rechtsbereichen so gut wie keine Harmonisierung stattgefunden hat, und die zugrundeliegenden nationalen Rechte grundlegend divergieren.[499] Gleiches gilt für eine Europäische Stiftung. Bezüglich dieser drei Arten von Vereinigungen hält die Gruppe die Ausarbeitung von europäischen Modellgesetzen für sinnvoller. Auch hinsichtlich des Vorhabens einer Europäischen Privatgesellschaft (EPC) für kleinere und mittlere Unternehmen, welche eine rein europäische Gesellschaftsform ohne Verweisung auf nationale Gesellschaftsrechte werden soll, hegt die Expertengruppe Zweifel an der Realisierbarkeit. Der in diesem Bereich bestehende Bedarf wird nach Ansicht der Gruppe auch durch die Umsetzung der Zehnten Richtlinie gedeckt, die eine grenzüberschreitende Fusion ermöglichen soll.[500] Die Expertengruppe hat weiterhin aufgezeigt, wie moderne Kommunikationsmedien im Gesellschaftsrecht zur Anwendung gelangen können, vor allem in bezug auf die Veröffentlichung von Unternehmensmitteilungen und -informationen.[501] Die Expertengruppe hat der Kommission davon abgeraten, einen europäischen Corporate Governance Code anzustreben. Vielmehr sollte sie die entsprechenden Bemühungen der Mitgliedstaaten um nationale Regelungen koordinieren.[502] Dagegen empfahl die Gruppe dringend, die geplanten Zehnten und Vierzehnten Richtlinien über grenzüberschreitende Fusionen und Sitzverlegungen wieder vorzubringen und anzunehmen.[503] Ein Hauptaugenmerk der Expertengruppe lag aber sicherlich auf der Modernisierung und Flexibilisierung des Aquis. Auf die Empfehlungen der Expertengruppe, wie auch auf den von der Kommission daraufhin aufgestellten Aktionsplan soll unter Punkt III. 4. in diesem Kapitel näher eingegangen werden.

---

498 Report of the High Level Group of Company Law Experts on a Modern Regulatory Framework for Company Law in Europe, 4. 11. 2002, S. 79 ff.

499 Report, a.a.O., S. 121 f.

500 Report, a.a.O., S. 118 f.

501 Report, a.a.O., S. 36 ff.

502 Report, a.a.O., S. 72 ff.

503 Report, a.a.O., S. 101 ff.

## II. Das materielle Gesellschaftsrecht

### 1. Entwicklung des Gesellschaftsrechts der Mitgliedstaaten

#### a) *Zwei verschiedene Grundmodelle des Gesellschaftsrechts*

Das Gesellschaftsrecht stellt im Prinzip ein durch den Staat angebotenes rechtliches Instrumentarium dar, um unternehmerische Tätigkeiten zu ermöglichen und zu organisieren. Dieses Recht ist damit stark an den Gegebenheiten und den Bedürfnissen der unternehmerischen Praxis orientiert. Damit wären die Ausgangspositionen für diese Rechte in allen Mitgliedstaaten der EU ob ihrer marktwirtschaftlich orientierten Wirtschaftsverfassungen an sich dieselben, wenn hier nicht unterschiedliche marktwirtschaftliche Ausprägungen bestünden, die wiederum auf das Gesellschaftsrecht zurückstrahlen. Die Verschiedenheit der Grundprinzipien der Gesellschaftsrechte der Mitgliedstaaten ist demnach auf zwei unterschiedliche Modelle zurückzuführen, die durch das deutsche und das anglo-amerikanische Gesellschaftsrecht verkörpert werden.[504]

Dieser Umstand resultiert aus zwei unterschiedlichen Modellen der Marktwirtschaft, die teilweise entgegengesetzte Prinzipien aufweisen.[505] Auf der einen Seite findet sich das liberale amerikanische Modell, basierend auf individuellem Erfolg und finanziellem Profit; auf der anderen Seite die soziale Marktwirtschaft, die kollektiven Erfolg, Konsens und Nachhaltigkeit in den Vordergrund stellt. Im amerikanischen Modell setzt sich das Recht nicht a priori durch; vielmehr dient das Recht der Wirtschaft („enabling"-Charakter des Rechts). So steht die privatrechtliche Vereinbarung zwischen den Teilnehmern am Wirtschaftsverkehr im Vordergrund. Die Rolle des Staates beschränkt sich darauf, auf den guten Ablauf dieser vertraglichen Beziehungen zu achten. Im Nachkriegsdeutschland hat sich dagegen ein Alternativmodell zum anglo-amerikanischen Liberalismus herausgebildet, die durch Ludwig Erhard geprägte soziale Marktwirtschaft, in der das Recht nicht nur als Instrument der Wirtschaft, sondern auch als Ordnungselement dient. Das Recht stellt dabei Rahmen-bedingungen auf, durch welche erreicht werden soll, dass die Wirtschaft sich nicht von ihrer gesamtgesellschaftlichen Aufgabe loslöst und zu einer höheren sozialen Gerechtigkeit beiträgt.

Diese unterschiedlichen Konzeptionen wirken sich zwangsläufig auch auf das Gesellschaftsrecht aus. Die Gesellschaft der anglo-amerikanischen Rechtsordnungen hat alleine zum Ziel, den Interessen ihrer Anteilseigner zu dienen, indem sie eine Steigerung des Wertes dieser Anteile erzielt. Die Interessen anderer Gruppen

---

[504] *Magnier*, Rapprochement des Droits dans l'Union Européenne et viabilité d'un droit commun des sociétés, S. 131.

[505] *Magnier*, a.a.O., S. 133.

- wie vor allem der Arbeitnehmer und der Gläubiger, aber auch der Verbraucher oder der Allgemeinheit - werden nicht mit einbezogen.[506] Die Gesellschaft definiert sich damit als Organisation der Produktionsfaktoren, deren Hauptziel die Maximierung des kurzfristigen Profits der Anteilseigner darstellt.[507] Um dies zu erreichen, werden der Leitung der Gesellschaft größtmögliche unternehmerische Freiheiten gewährt. Dem entgegengesetzte gesetzliche Einschränkungen treten gegenüber einem Kontrollsystem in den Hintergrund, welches auf den Kräften des Marktes beruht. Das heißt, die Kontrolle des Managements erfolgt durch die Anteilseigner in der Gestalt, dass diese jederzeit ihre Anteile veräußern können. Eine Unzufriedenheit mit der Unternehmens-leitung wird daher eine Wertminderung der Anteile der Gesellschaft an den Kapitalmärkten zur Folge haben, was wiederum entweder das Management zu einem Kurswechsel bewegen oder zu dessen Ersetzung führen wird. Dementsprechend nehmen die im Kapitalmarktrecht verorteten Regelungen über Informationspflichten des Managements einen sehr hohen Stellenwert ein, während gesellschaftsrechtliche Regelungen zurückhaltend sind und der Parteiautonomie weitgehenden Vorrang gewähren. Diese hohe Gestaltungsfreiheit findet unter anderem seine Ausprägung darin, dass in den USA die Finanzierung mit Eigenkapital viel flexibler ist, da der im deutschen Recht zentrale Grundsatz der Mindestkapitalaufbringung und Kapitalerhaltung so nicht bekannt ist.[508] Weiterhin unterliegt der Rückkauf eigener Aktien nicht den engen Grenzen wie in Deutschland (und mittlerweile auch in der EU). Das Bezugsrecht der Aktionäre ist nicht zwingend vorgesehen.[509] Die hieraus resultierenden Freiheiten für das Management werden allerdings durch die Gerichte kontrolliert, die eine umfangreiche Rechtsprechung zur Haftung von Unternehmensorganen entwickelt haben.[510]

Die soziale Verantwortung die den Gesellschaften neben ihrer ökonomischen Funktion im deutschen Recht zugedacht ist, schlägt sich in einer umfangreichen Gesetzgebung nieder, die gerade den Aktiengesellschaften enge Regeln vorgibt. Das Gesetz ist gekennzeichnet durch eine formale Strenge und schreibt den Gesellschaften ihre Struktur und die Befugnisse ihrer Organe vor. Ihren stärksten Ausdruck findet diese soziale Funktion jedoch in der Mitbestimmung der Arbeitnehmer durch die Bildung von Betriebsräten und die Vertretung im Aufsichtsrat von Kapitalgesellschaften.[511] Zudem ist die Kontrolle des Managements instru-

---

[506] *Merkt*, Das Europäische Gesellschaftsrecht und die Idee des "Wettbewerbs der Gesetzgeber", RabelsZ 59 (1995), S. 545, 554 f.

[507] *Magnier*, Rapprochement des Droits dans l'Union Européenne et viabilité d'un droit commun des sociétés, S. 146.

[508] *Hopt*, Gestaltungsfreiheit im Gesellschaftsrecht in Europa, S. 137.

[509] *Hopt*, a.a.O., S. 137.

[510] *Magnier*, a.a.O., S. 147.

[511] *Merkt*, Das Europäische Gesellschaftsrecht und die Idee des "Wettbewerbs der Gesetzgeber", RabelsZ 59 (1995), S. 545, 566.

mentalisiert in Gestalt des unabhängigen Organs des Aufsichtsrats, was zur dualistischen Struktur der deutschen Aktiengesellschaften führt, im Gegensatz zur monistischen Struktur in den anglo-amerikanischen Gesellschaftsrechten.

Diese Strukturen spiegeln ebenfalls die unterschiedliche Herangehensweise an den Problemkreis der Kontrolle der Unternehmensführung wider. Das deutsche Recht ist bestrebt, durch eine vorgeschriebene Struktur und Kompetenzverteilung unternehmerische Entscheidungen kontrollierend zu beeinflussen. Das anglo-amerikanische Modell setzt dagegen auf den Markt und dessen suggestiven Kräfte auf das Management. Gleiches gilt ebenfalls für die Fragen um die Bildung von Konzernen und den Schutz von Minderheitsaktionären. Während das deutsche Recht hierzu ein ausführliches Regelwerk vorsieht, welches schutzwürdige Interessen von Minderheitsaktionären von Gesellschaften innerhalb eines Konzerns durchzusetzen sucht, kennt das anglo-amerikanische Gesellschafts-rechtsmodell solche Regelungen nicht. Es verfolgt vielmehr den Ansatz eines Schutzes von Anteilseignern durch die Auferlegung einer größtmöglichen Transparenz und Information der Unternehmen, welche am Kapitalmarkt agieren, und damit auch bei der Bildung von Unternehmensverbünden über den Kapitalmarkt. Gegenüber bestehenden Unternehmensgruppen finden sich nur im englischen Gesellschaftsrecht einige wenige Regelungen, ansonsten werden die aus dem Verbund resultierenden Fragen durch Anwendung des allgemeinen Gesellschaftsrechts - insbesondere der Treuepflichten - gelöst.

Die hier kurz dargestellten Charakteristiken beider Modelle dürfen jedoch nicht verabsolutiert werden, da auch sie dem Wandel unterfallen und den wirtschaftlichen Entwicklungen angepasst werden. So hat in Deutschland die Bedeutung der Aktienmärkte als Kapitalquelle für Gesellschaften innerhalb der letzten zehn Jahre erheblich zugenommen, was zu einem Bedürfnis nach einem ausgeprägteren Kapitalmarktrecht und zu einer Steigerung der Beliebtheit der Rechtsform der Aktiengesellschaft geführt hat. Zugleich hat die steigende Diversifizierung des Kreises der Anteilseigner - einhergehend mit einer abnehmenden Bedeutung der Banken als Aktionäre, die ihre Beteiligungen abbauen - die Stellung der Unternehmensführung verstärkt, was wiederum die Frage nach der Kontrolle neu aufwirft. Ein hierzu verfolgter Lösungsansatz ist die Einführung eines Corporate Governance Code. Dieser enthält Prinzipien und Verhaltensregeln für die Unternehmensführung, deren Annahme freiwillig ist, wobei jedoch die Ablehnung eines oder mehrerer dieser Prinzipien durch ein Unternehmen einer Begründung bedarf, auf die der Markt dann gegebenenfalls reagieren kann. Weiterhin ist in den Gesellschaftsrechten Kontinentaleuropas ein Trend auszumachen, unter bestimmten Voraussetzungen eine flexiblere Form der Aktiengesellschaft zur Verfügung zu stellen als die bislang stark reglementierten Rechtsformen. Als Beleg kann hier die Einführung der „société par actions simplifiée" (SAS) in Frankreich[512] oder der „kleinen AG" in Deutschland angeführt werden.

In den anglo-amerikanischen Gesellschaftsrechten haben dagegen Bemühungen stattgefunden, die Kontrollfunktion des Board of Directors stärker zu instrumentalisieren. Daneben haben die Unternehmensskandale der Jahre 2001 und 2002 deutlich gemacht, dass eine Unternehmenskontrolle durch den Markt es nicht vermag, Fehlleistungen des Managements zu verhindern, sondern nur hierauf zu reagieren. Der hieraus resultierende Schaden für die Gesellschaft, deren Gläubiger, Anteilseigner und Arbeitnehmer ist dann jedoch nicht mehr abwendbar.

Das zentrale Anliegen beider Modelle liegt demnach darin, ein System zu schaffen, welches unternehmerische Gestaltungsfreiheit und eine wirksame Unternehmenskontrolle zum Schutze der Beteiligten vereinbart. Wie gesehen, sind die hierzu ursprünglich verfolgten Lösungsansätze entsprechend der Gewichtung der Interessen in beiden Modellen grundsätzlich verschieden gewesen. Die neueren Entwicklungen zeigen jedoch, dass beide Modelle sich marktbestimmt gegenseitig beeinflussen und sich auch aufeinander zu bewegen.[513]

b) *Auswirkungen beider Modelle*

Die beiden soeben skizzierten Modelle haben die Entwicklung der Gesellschaftsrechte der anderen EU Mitgliedsländer erheblich beeinflusst. So hat die im Jahr 1892 in Deutschland eingeführte Gesellschaft mit beschränkter Haftung die kontinentaleuropäischen Staaten inspiriert, welche im selben Zuge auch die im deutschen Recht verankerten Rechtssetzungstechniken - wie Formalismus, und Regelungsstrenge und auch strukturelle Gesichtspunkte - in ihre jeweiligen Gesellschaftsrecht übernommen haben.[514] Dieser Entwicklung haben sich Großbritannien und die skandinavischen Staaten dagegen nicht angeschlossen. Weiterhin hat die dualistische Struktur der deutschen Aktiengesellschaften Eingang gefunden in das portugiesische, das französische und das italienische Gesellschaftsrechte, welche nun Wahlrechte enthalten. Die Niederlande haben sich ebenfalls von der

---

[512] Siehe *Guyon*, Zur Gestaltungsfreiheit im französischen Gesellschaftsrecht, in: Lutter/Wiedemann (Hrdg.), S. 302, welcher von einem „fundamentalen Bewusstseinswandel im Gesellschaftsrecht" spricht. Zur SAS: *Peter*, Société par actions simplifiée (S.A.S.). Die Vereinfachte Aktiengesellschaft in Frankreich, eine Rechtsform für die Kooperation von Unternehmen (1999).

[513] Siehe hierzu eingehend *Hopt*, Gemeinsame Grundsätze der Corporate Governance in Europa? – Überlegungen zum Einfluss der Wertpapiermärkte auf Unternehmen und ihre Regulierung und zum Zusammenwachsen von common law und civil law im Gesellschafts- und Kapitalmarktrecht, ZGR 2000, S. 779.

[514] *Magnier*, Rapprochement des Droits dans l'Union Européenne et viabilité d'un droit commun des sociétés, S. 217.

deutschen Mitbestimmung der Arbeitnehmer inspirieren lassen und 1971 ein eigenes Mitbestimmungsmodell eingeführt. Auch in anderen europäischen Staaten war die Einführung einer wie auch immer gearteten unternehmerischen Mitbestimmung in der Diskussion, doch wurde sie in keinem anderen europäischen Gesellschaftsrecht eingeführt. Ebenso verhält es sich mit dem deutschen Konzernrecht. Das anglo-amerikanische Recht hat dagegen vor allem im Hinblick auf dessen kapitalmarktrechtliche Gesetzgebung in neuerer Zeit in den europäischen Ländern Nachahmung gefunden. Dies gilt vor allem für die Informationspflichten der Unternehmen und die Einführung von Kommissionen zur Überwachung des Wertpapierhandels nach dem Vorbild der amerikanischen SEC.

Eine sehr umfangreiche Rezeption von „Bausteinen" der deutschen und angloamerikanischen Gesellschaftsrechte hat in den anderen EU-Staaten jedoch auch durch die gesellschaftsrechtlichen Richtlinien stattgefunden, die sich zunächst stark an das deutsche Gesellschaftsrecht anlehnten und in neuerer Zeit vermehrt Züge des englischen Gesellschaftsrechts aufweisen. Wie auch später bei der Darstellung dieser Angleichungsrichtlinien noch zu sehen sein wird, stellt der abwechselnde „Import" von Lösungen aus diesen beiden Modellen in eine fremde Gesellschaftsrechtsordnung jedoch hohe Anforderungen an die nationalen Gesellschaftsrechte und führt zu einem Verlust an Kohärenz.

## 2. Rechtsangleichung durch die EG

Im Folgenden wird ein Rückblick über die verabschiedeten Richtlinien und die gescheiterten Vorhaben als auch einen Ausblick auf die im Gange befindlichen Projekte gegeben. Auf Vorhaben mit Bezügen zum internationalen Gesellschaftsrecht und Kapitalmarktrecht soll dagegen weiter unten in den jeweiligen Kapiteln bezüglich Rechtsbereiche eingegangen werden. Eine eingehende Darstellung der Vorhaben ist angesichts des Rahmens dieser Arbeit dagegen nicht möglich. Hierzu sei auf spezifische Werke verwiesen.[515] Vielmehr soll es hier um eine Darstellung der wesentlichen Merkmale der Vorhaben und Probleme bei der Kompromissfindung gehen, um dadurch eine Beurteilung des Angleichungs-prozesses zu ermöglichen.

---

[515] Siehe hierzu z.B. die Werke von *Habersack*, Europäisches Gesellschaftsrecht; *Lutter*, Europäisches Unternehmensrecht, welche jeweils die Texte der Richtlinien enthalten und diese näher erläutern, sowie umfassender *Schwarz*, Europäisches Gesellschaftsrecht.

a) *Rückblick über die erzielte Harmonisierung*

(1) *Publizitätsrichtlinie (Erste Richtlinie)*[516]

Die erste Rechtsetzungsmaßnahme der EWG im Gesellschaftsrecht - und gleichzeitig erste Angleichungsmaßnahme im Zivilrecht überhaupt - hatte gleich mehrere vorwiegend organisationsrechtliche Fragen zum Regelungsgegenstand. Sie betraf Regelungen über den Umfang und die Form handelsrechtlicher Publizität, die Vertretungsmacht der Geschäftsleitung und die Nichtigkeitsgründe von Gesellschaften. Insgesamt hatte die Richtlinie damit die EG-weite Vereinheitlichung des Drittschutzes im Rechtsverkehr mit Kapitalgesellschaften zum Regelungsziel.[517]

Was die Fragestellungen um die Publizität angeht, war es nicht schwierig, eine Einigung zwischen den damals sechs Mitgliedstaaten zu erzielen. Diese hatten bereits gesetzliche Regelungen eingeführt bzw. es waren dort entsprechende Vorhaben im Gange, welche dem Ziel der Richtlinie entsprachen, nämlich den Zugang Dritter zu wichtigen Unternehmensinformationen zu gewährleisten.[518] Weitaus schwieriger gestaltete sich dagegen die Lage bezüglich der Vertretungsmacht von Unternehmensorganen. Hier standen sich der aus dem deutschen Recht stammende Grundsatz der unbegrenzten Vertretungsmacht und diejenigen Modelle gegenüber, welche nicht diese deutliche Trennung zwischen Geschäftsführungsbefugnis einerseits und Vertretungsmacht andererseits verfolgten, so dass die Vertretungsmacht durch den satzungsmäßigen Zweck und sonstigen Beschlüsse der zuständigen Organe eingeschränkt wurde. In der Praxis bestehen dagegen keine großen Unterschiede zwischen beiden Modellen, da jeweils Ausnahmeregelungen deren Prinzipien abschwächen, was insbesondere seit der Abschaffung der ultra-vires-Lehre im englischen Gesellschaftsrecht gilt. Dennoch vermochte es der europäische Gesetzgeber nicht, sich für eines der beiden Modelle zu entscheiden. Zwar wird in der Richtlinie der deutsche Grundsatz der unbeschränkten Vertretungsmacht als Prinzip zugrundegelegt; gleichzeitig räumt sie jedoch den Mitgliedstaaten die Option ein, Regelungen einzuführen, an welche die Gesellschaft nicht gebunden ist, wenn das Geschäft dem Gesellschaftszweck nicht entspricht und der Dritte hiervon Kenntnis hatte oder gehabt haben musste. Damit erreicht

---

[516] Erste Richtlinie 68/151/EWG des Rates vom 9. März 1968 zur Koordinierung der Schutzbestimmun-gen, die in den Mitgliedstaaten für die Gesellschaften im Sinne des Artikels 58 Absatz 2 des Vertrages im Interesse der Gesellschafter sowie Dritter vorgeschrieben sind, um diese Bestimmungen gleichwertig zu gestalten, [1968] ABl. L 65/8. Siehe hierzu u.a. *Lutter*, Die erste Angleichungs-Richtlinie zu Art. 54 Abs. 3 lit. g) EWGV und ihre Bedeutung für das geltende Deutsche Unternehmensrecht, EuR 1969, S. 1.

[517] *Schwarz*, Europäisches Gesellschaftsrecht, S. 196.

[518] *Magnier*, Rapprochement des Droits dans l'Union Européenne et viabilité d'un droit commun des sociétés, S. 94 f.

die Richtlinie nicht die eigentlich bezweckte Harmonisierung der divergierenden nationalen Regelungen. Dieses Beispiel verdeutlicht die Schwächen des vom europäischen Gesetzgeber bei vielen Gelegenheiten angewendeten „Optionsmodells“, welches das Ergebnis eines politischen Kompromisses darstellt und nicht der kohärenten Vision eines harmonisierten Gesellschaftsrechts entspricht.[519]

Schließlich hatte die Erste Richtlinie die Normierung der Nichtigkeitsgründe für Gesellschaften und das Erfordernis ihrer gerichtlichen Feststellung zum Gegenstand. Die Richtlinie hat die bereits in den Mitgliedstaaten existierenden Kontrollmechanismen aufgenommen, ohne eine bestimmte Lösung vorzuziehen, und lässt somit den Mitgliedstaaten die Auswahl eines dieser Modelle offen. Darüber hinaus enthält die Richtlinie einen Katalog von Nichtigkeitsgründen, bei deren Vorliegen ein gerichtliches Verfahren eingeleitet werden kann, dessen Ausgestaltung jedoch den Mitgliedstaaten obliegt. Eine umfassende Modernisierung hat die Erste Richtlinie im Jahr 2003 erfahren, um sie den Anforderungen der modernen Kommunikationsmedien anzupassen und den Weg für ein elektronisches Handelsregister zu ebnen.[520]

(2) *Kapitalrichtlinie (Zweite Richtlinie)*[521]

Die Zweite Richtlinie enthält Vorschriften über den Gründungsvorgang und schreibt die Aufbringung eines bestimmten Grundkapitals sowie Regelungen zu dessen Erhaltung vor, womit sie hauptsächlich den Schutz der Aktionäre und der Gesellschaftsgläubiger bezweckt.[522] Ein solch strenger Grundsatz der Aufbringung und Erhaltung eines Mindestkapitals als Mittel des Gläubiger-schutzes war so nur in den meisten kontinentaleuropäischen Gesellschaftsrechten vorgesehen, wobei seine strengste Ausprägung aus dem deutschen Kapitalgesellschaftsrecht stammt. In den Gesellschaftsrechtsordnungen Englands, Irlands und der Nieder-

---

[519] *Magnier*, Rapprochement des Droits dans l'Union Européenne et viabilité d'un droit commun des sociétés, S. 90. Der Wirtschafts- und Sozialausschuss kam in seiner Stellungnahme zu dem Entwurf der Ersten Richtlinie zu dem Ergebnis, dass die „Bemühungen zur Erzielung eines Kompromisses zwischen verschiedenen nationalen Regelungen dazu führen, dass die Richtlinie nicht vollends der mit einer Harmonisierung verfolgten Vereinfachung entspricht“. [1964] ABl. 3251 vom 27. 11. 1964.

[520] Richtlinie 2003/58/EG des Europäischen Rates und des Parlaments vom 15. Juli 2003 zur Änderung der RL 68/151/EWG, [2003] ABl. L 221/13.

[521] Zweite Richtlinie 77/91/EWG des Rates vom 13. Dezember 1976 zur Koordinierung der Schutzbestimmungen, die in den Mitgliedstaaten den Gesellschaften im Sinne des Artikels 58 Absatz 2 des Vertrages im Interesse der Gesellschafter sowie Dritter für die Gründung der Aktiengesellschaft sowie für die Erhaltung und Änderung ihres Kapitals vorgeschrieben sind, um diese Bestimmungen gleichwertig zu gestalten, [1977] ABl. L 26/1. Abgeändert durch die Richtlinie 92/101/EWG des Rates vom 23. November 1992, [1992] ABl. L 374/64. Zur Richtlinie siehe *Drinkuth*, Die Kapitalrichtlinie – Mindest- oder Höchstnorm? 1998.

[522] *Schwarz*, Europäisches Gesellschaftsrecht, S. 363.

lande sah man darin dagegen kein wirkliches Schutzinstrument, da dieser Betrag nur eine bilanztechnische, nicht aber eine wirtschaftliche Größe darstellt, weshalb die entsprechenden Regelungen dort bislang flexibler waren. Zudem enthält die Richtlinie die Grundsätze des Verbots des Ankaufs eigener Aktien durch die Gesellschaft sowie des Verbots des Bezugsrechtsausschlusses bei Kapitalerhöhungen ohne entsprechenden Beschluss der Hauptversammlung. Die Richtlinie lässt dabei jedoch zahlreiche Ausnahmen zu bzw. enthält nicht die materiellen Voraussetzungen für den Beschluss über den Bezugsrechtsausschluss, was im Ergebnis doch wieder zu einer unterschiedlichen Handhabung in den verschiedenen Gesellschaftsrechten führt.[523]

Insgesamt stellt die Zweite Richtlinie ein sehr komplexes Regelwerk dar, weshalb gegenwärtig von der Kommission erwogen wird, die Richtlinie zu überarbeiten. Diese Überlegungen gehen zurück auf die Vorschläge der SLIM-Initiative,[524] welche in ihrem Bericht Deregulierungsmöglichkeiten aufgezeigt hat.

(3) *Fusionsrichtlinie (Dritte Richtlinie)*[525]

Die Dritte Richtlinie hatte die Harmonisierung der Regelungen über Verschmelzungen innerhalb eines Mitgliedstaates zum Gegenstand. Ursprünglich sollte diese Richtlinie den ersten Teil einer umfassenderen Regelung der Materie darstellen, welche in einem zweiten Schritt ein auf die Richtlinie bezugnehmendes Übereinkommen über grenzüberschreitende Fusionen vorsah. Die Kommission sah Mitte der 60er Jahre einen dringenden Bedarf für eine Förderung solcher grenzüberschreitenden Fusionen, um die Wettbewerbsfähigkeit der europäischen Unternehmen zu steigern. Aufgrund der sehr unterschiedlichen Konzepte in den Mitgliedstaaten bezüglich dieser Fragestellung sah sich die Kommission jedoch gezwungen, zunächst auf eine Harmonisierung der nationalen Rechte hinzuwirken, bevor die grenzüberschreitenden Verschmelzungen geregelt werden konnten. Dieses Übereinkommen kam in der Folge jedoch nicht zustande und wurde zugunsten eines Vorschlags für eine Zehnte gesellschaftsrechtliche Richtlinie bezüglich grenzüberschreitender Fusionen aufgegeben. Die Dritte Richtlinie trat dagegen nach einem achtjährigen Beratungsprozess 1978 in Kraft.

---

[523] *Magnier*, Rapprochement des Droits dans l'Union Européenne et viabilité d'un droit commun des sociétés, S. 92 f.

[524] SLIM bedeutet: simpler legislation for the internal market. Siehe zu den Vorschlägen der Arbeitsgruppe: *Stühner*, SLIM – eine Schlankheitskur für das EU-Gesellschaftsrecht. Die Vorschläge der SLIM-Kommission zur Modifizierung der Zweiten Gesellschaftsrechtlichen Richtlinie, 2003.

[525] Dritte Richtlinie 78/855/EWG des Rates vom 9. Oktober 1978 gemäß Artikel 54 Absatz 3 Buchstabe g) des Vertrages betreffend die Verschmelzung von Aktiengesellschaften, [1977] ABl. L 295/36.

Das Vorhaben einer Harmonisierung der in Europa bis dahin geltenden Regelungen bezüglich Fusionen war ein schwieriges Unterfangen aufgrund der erheblichen Unterschiede dieser Regelungen. Manche Mitgliedstaaten kannten kein eigenständiges Fusionsrecht, sondern behandelten diesen Vorgang wie eine Auflösung ohne Liquidation der Zielgesellschaft kombiniert mit einer Kapitalerhöhung der aufnehmenden Gesellschaft.[526] Andere dagegen unterzogen die Fusion einer gesetzlichen Regelung, welche daraus einen einheitlichen, eigenständigen Vorgang machte.[527] In den Niederlanden war dieser Vorgang wiederum bis 1971 gar nicht vorgesehen, während dies in England zwar der Fall war, er sich jedoch ob einer umständlichen Prozedur bei den Unternehmen keiner Beliebtheit erfreute und dort somit bedeutungslos war. Diese unterschiedlichen Grundkonzepte brachten eine Fülle von divergierenden Lösungen hervor in bezug auf den Schutz von Gläubigern der Ziel- oder auch der aufnehmenden Gesellschaft bezüglich Publizitätspflichten, Kontrolle der Transaktion, den Mehrheitserfordernis und Ankaufsrecht der Anteile der Minderheitsaktionäre. Der europäische Gesetzgeber erließ eine dem deutschen Modell folgende detaillierte und präzise Regelung des Fusionsvorgangs. Hinsichtlich einiger Fragen von erheblicher Bedeutung enthält sie jedoch Optionen oder verweist auf das nationale Recht. So schreibt die Richtlinie lediglich vor, dass „ein angemessenes Schutzsystem für Dritte" geschaffen werden soll, lässt jedoch dessen Ausgestaltung offen. Die in der Richtlinie enthaltenen Optionen führen weiterhin dazu, dass keine einheitlichen Regelungen hinsichtlich der Kontrolle des Vorgangs und des Mehrheitserfordernisses in der Hauptversammlung bestehen. Insgesamt stellt sich damit die Frage, ob es sinnvoll ist, manche Mitgliedsländer zur Einführung eines bislang unbekannten Fusionskonzeptes zu zwingen, wenn die Lösungen anschließend doch wieder unterschiedlich gestaltet werden können.

(4) *Spaltungsrichtlinie (Sechste Richtlinie)*[528]

Die Spaltungsrichtlinie stellt das Pendant zur Fusionsrichtlinie dar, indem sie ein entsprechendes Verfahren und die damit einhergehenden Schutzfunktionen auch für Spaltungsvorgänge zum Gegenstand hat. Die Richtlinie richtet sich nur an Mitgliedstaaten, deren Gesellschaftsrecht bereits den Vorgang der Spaltung kennt. Damit fand die Richtlinie in Deutschland zunächst keine Anwendung, doch hat sie der Gesetzgeber inzwischen vollumfänglich im Zuge der Regelung der Spaltung im Dritten Buch des Umwandlungsgesetzes (§§ 123 ff. UmwG) umgesetzt. Diese Regelung geht jedoch sogar über die Richtlinie hinaus, indem sie die Spaltung

[526] Dies galt für Belgien und Luxemburg sowie bis 1966 für Frankreich.

[527] So in Deutschland, Italien und später Frankreich.

[528] Sechste Richtlinie 82/891/EWG des Rates vom 17. Dezember 1982 gemäß Artikel 54 Absatz 3 Buchstabe g) des Vertrages betreffend die Spaltung von Aktiengesellschaften, [1982] ABl. L 378/47.

nicht nur auf die Rechtsform der Aktiengesellschaft beschränkt (§§ 124, 3 UmwG) und zudem auch die Institute der Abspaltung (§ 123 Abs. 2 UmwG) und der Ausgliederung, (§ 123 Abs. 3 UmwG) eingeführt hat.

Im Fall der Spaltungsrichtlinie haben damit die Angleichungsbemühungen der EU wohl einen hilfreichen Regelungsanstoß gegeben.[529] Gerade aufgrund der Tatsache, dass die Richtlinie für den deutschen Gesetzgeber zunächst unverbindlich war und erst dann berücksichtigt werden musste, als dieser sich dafür entschied, die Materie einer Regelung zu unterziehen, erscheint es naheliegend, dass derselbe Effekt auch durch ein – unverbindliches – europäisches Modellgesetz hätte erzielt werden können, an dem sich die nationalen Gesetzgeber orientieren. Der Vorteil dieser Lösung läge aber darin, dass ein solches Modellgesetz sowohl einen weitaus größeren Regelungsumfang als auch ein kohärentes Konzept aufweisen könnte, da es nicht auf die Erzielung eines mehrheitsfähigen Kompromisses in den europäischen Gesetzgebungs-organen angewiesen wäre.

(5) *Ein-Personen-GmbH-Richtlinie (Zwölfte Richtlinie)*[530]

Durch diese Richtlinie wurden diejenigen Mitgliedstaaten, welche die Rechtsform der Gesellschaft mit beschränkter Haftung kennen, verpflichtet, diese auch für Einpersonen-Gründungen zur Verfügung zu stellen. Bemerkenswert an dieser Gesetzgebungsmaßnahme ist, dass sie einen Umbruch in der Konzeption der Kommission bezüglich der Harmonisierung des Gesellschaftsrechts verkörpert. Die Richtlinie enthält lediglich acht Artikel und hat zum einzigen Ziel, den Grundsatz der Möglichkeit einer Einpersonen-Gründung durchzusetzen.[531] Die nähere Ausgestaltung obliegt dagegen den Mitgliedstaaten. Dies stellt eine Abkehr von den sehr umfangreichen und detaillierten, eher auf eine Vereinheitlichung abzielenden ersten Richtlinien dar. Unter dem Eindruck des Scheiterns der noch diesem ursprünglichen Muster verhafteten Struktur- und Konzernrichtlinie, und in Anbetracht der weiterhin bestehenden Divergenzen der Europäischen

---

[529] So u.a. *Hommelhoff*, Gesellschafts- und Unternehmensrecht in der Europäischen Union: Stand und Perspektiven 1997, in: Everling/Roth (Hrsg.), S. 83, 89.

[530] Zwölfte Richtlinie 89/667/EWG des Rates vom 21. Dezember 1989 auf dem Gebiet des Gesellschaftsrechts betreffend Gesellschaften mit beschränkter Haftung mit einem einzigen Gesellschafter, [1989] ABl. L 395/40.

[531] Hiergegen könnte man kritisch einwenden, dass die Durchsetzung der Einpersonengründung schwerlich mit der Niederlassungsfreiheit oder auch der Angleichung von Schutznormen im Zusammenhang zu bringen ist. Die Richtlinie stellt damit ein weiteres Beispiel für die weite Interpretation der gesellschaftsrechtlichen Kompetenznormen des EGV durch die Kommission dar.

Gesellschaftsrechte, trotz getroffener Angleichungsmaßnahmen, hat sich die Kommission auf eine eher koordinierende Funktion verlegt.[532]

(6) *Übernahmerichtlinie (Dreizehnte Richtlinie)*[533]

Die Richtlinie bezweckt eine Harmonisierung der Regelungen über den Ablauf und den Schutz von Minderheitsaktionären bei Übernahmen von Aktienpaketen eines bestimmten Umfangs. Hierzu enthält die Richtlinie bestimmte Vorschriften zur Information und Offenlegung, zum Übernahmeverfahren und dem Verhalten während des Angebots, sowie zur Neutralitätspflicht. Der erste Richtlinienentwurf von 1989 enthielt zudem die zentrale Regelung, wonach ein Bieter, der einen Anteil von 1/3 oder mehr Aktien einer Gesellschaft übernehmen will, zur Abgabe eines Angebotes an die übrigen Aktionäre verpflichtet wird. Das Vorhaben war allerdings nicht mehrheitsfähig, da es nicht die unterschiedlichen Konzeptionen über einen Schutz von Minderheitsaktionären in den Mitgliedstaaten berücksichtigte.[534] Unter anderem lehnte Deutschland die Einführung eines Pflichtangebotes ab.[535] Deshalb erarbeitete die Kommission einen Vorschlag, der diesen Bedenken Rechnung tragen sollte.[536] So sah der neue Vorschlag nun vor, dass die Mitgliedstaaten Vorschriften einführen sollten, welche entweder die Abgabe eines Pflichtangebots oder aber „andere geeignete und mindestens gleichwertige Vorkehrungen zum Schutz der Minderheitsaktionäre“ vorsehen sollen, wenn der Erwerb einer „Kontrollmehrheit“ angestrebt wird.[537] Damit wurde den Mitgliedstaaten zur Wahl gestellt, ob sie über ein Pflichtangebot in ihrem nationalen Kapitalmarktrecht den Konzerneingangs-Schutz oder über Vorkehrungen zum Schutz der Minderheitsaktionäre der Zielgesellschaft den gesellschaftsrechtlichen Konzern-

---

532 *Magnier*, Rapprochement des Droits dans l'Union Européenne et viabilité d'un droit commun des sociétés, S. 113 f.

533 Dreizehnte Richtlinie 2004/25/EG des Europäischen Parlaments und des Rates vom 21. April 2004 betreffend Übernahmeangebote [2004] ABl. L 142/12 vom 30.04.2004. Ursprünglicher Entwurf: Vorschlag einer Dreizehnten Richtlinie über Übernahmeangebote, [1989] ABl. C 64/8. Danach folgten noch einige weitere Vorschläge.

534 *Habersack*, Europäisches Gesellschaftsrecht, Rn. 339. Hierzu gilt das bereits zur Konzernrichtlinie Gesagte, da beide Vorhaben in einem engen Zusammenhang stehen. In den Mitgliedstaaten der EU werden Minderheitsaktionäre entweder bereits bei der Übernahme der Kontrolle einer Gesellschaft durch ein Pflichtangebot geschützt, was einem Konzerneingangsschutz entspricht, oder die Mitgliedstaaten verfolgen einen Schutz der Minderheitsaktionäre durch gesellschaftsrechtliche Regelungen im bestehenden Konzern, d.h. Konzernbestandsschutz.

535 *Krause*, Das deutsche Übernahmegesetz vor dem Hintergrund der EU-Richtlinie, ZGR 2002, S. 500, 503.

536 Oder in den Worten von *Wouters*: „...the Commission has subjected the Thirteenth Directive to a drastic shot of subsidiarity therapy." In: European Company Law: *Quo Vadis?*, Common Market L.R. 2000, S. 257, 263.

537 Überarbeiter Vorschlag [1996] ABl. C 162/5. Abgeändert durch Vorschlag vom 10. November 1997, [1997] ABl. C 378/10.

bestands-Schutz verwirklichen wollen.[538] Gleichzeitig verzichtete die Richtlinie damit jedoch auch auf eine substantielle Angleichung der divergierenden einzelstaatlichen Vorschriften und trug dadurch vielmehr den Charakter einer Rahmenrichtlinie.[539] Nach der Ein-Personen-GmbH-Richtlinie setzte die Kommission damit ihre Strategie fort, eine eher koordinierende Funktion zu übernehmen und lediglich auf Mindeststandards zu achten. Die nähere Ausgestaltung sollte den Mitgliedstaaten überlassen bleiben.[540]

Überraschenderweise hatte zwischenzeitlich Deutschland dann im Jahr 1995 im Rahmen der Einführung eines freiwilligen Übernahmekodex ein Pflichtangebot eingeführt, welches mittlerweile in das Wertpapiererwerbs- und Übernahmegesetz (WpÜG) übernommen wurde. Daraufhin hat die Kommission in ihren weiteren Vorschlägen die Wahlfreiheit zwischen Pflichtangebot und anderen „geeigneten Mitteln" zunächst wieder eingeschränkt und schließlich gänzlich aufgegeben.[541] Am 4. Juli 2001 scheiterte das Richtlinienvorhaben jedoch spektakulär mit Stimmengleichheit im Europäischen Parlament. Auslöser waren hier Meinungsverschiedenheiten über die Ausgestaltung der Neutralitätspflicht. Zwischenzeitlich hatte Deutschland sich verstärkt für die Lockerung dieses Prinzips eingesetzt, von der Motivation getragen (nach der feindlichen Übernahme von Mannesmann) deutschen Unternehmensführungen eine weiterreichende Abwehr vor feindlichen Übernahmen zu ermöglichen.[542] In der Folge scheiterten die Bemühungen der Kommission, ein weithin gefordertes Level Playing Field durch die Abschaffung sämtlicher Abwehrmittel zu erreichen, vor allem am massiven Widerstand der skandinavischen Staaten.[543] Schließlich nahm das Europäische Parlament am 16. Dezember 2003 eine Lösung an, welche zwar nicht die Zustimmung der Kommission fand, jedoch vom Ministerrat gebilligt wurde. Danach können die Mitgliedstaaten ihren Unternehmen weiterhin Abwehrrechte belassen (Opt-out), auf welche die Unternehmen jedoch wiederum – freiwillig – verzichten können (Opt-

---

[538] *Hommelhoff,* Gesellschafts- und Unternehmensrecht in der Europäischen Union: Stand und Perspektiven 1997, in Everling/Roth (Hrsg.), S. 83, 96.

[539] *Habersack,* a.a.O., Rn. 339 ff.

[540] *Magnier,* Rapprochement des Droits dans l'Union Européenne et viabilité d'un droit commun des sociétés, S. 115 f.

[541] *Krause,* a.a.O, ZGR 2002, S. 500, 504.

[542] So enthält das neue deutsche WpÜG Regelungen, nach welchen zum einen die Hauptversammlung den Vorstand „auf Vorrat" zu Abwehrmaßnahmen im Falle einer Übernahme ermächtigen kann; zum anderen kann auch der Aufsichtsrat den Vorstand von der Neutralitätspflicht befreien. Weiterhin wurde festgehalten, dass der Vorstand Handlungen vornehmen kann, welche auch ein ordentlicher und gewissenhafter Geschäftsleiter einer Gesellschaft, die sich nicht in einer Übernahmesituation befindet, vorgenommen hätte. Im Ergebnis wird dadurch der Grundsatz der Neutralitätspflicht zur Ausnahme degradiert. Siehe hierzu *Krause,* Das deutsche Übernahmegesetz vor dem Hintergrund der EU-Richtlinie, ZGR 2002, S. 500, 507.

[543] *Bayer,* Aktuelle Entwicklungen im Europäischen Gesellschaftsrecht, BB 2004, S. 1, 10.

in).[544] Ferner enthält die Richtlinie Regelungen über die Bestimmung des anwendbaren Rechts, der zuständigen Behörde des angemessenen Preises bei Pflichtangeboten, sowie Vorschriften über den Ausschluss von Aktionären (Squeeze-out) und dem Recht der Aktionäre, ihre Anteile an den Großaktionär zu verkaufen (Sell-out). Im Ergebnis ist diese Lösung von einem einheitlichen europäischen Übernahmerecht weit entfernt, dennoch ist positiv zu bewerten, dass die Richtlinie jedenfalls zu mehr Transparenz durch jährliche Offenlegungspflichten in bezug auf bestehende Abwehrmöglichkeiten führt.[545]

(7) *Grenzüberschreitende Fusionen (Zehnte Richtlinie)*

Nach einer sehr langen „Entwicklungszeit“ konnte schließlich im Oktober 2005 das Vorhaben bezüglich der Richtlinie über grenzüberschreitende Fusionen zum Abschluß gebracht werden. Dem waren zwei gescheiterte Anläufe in den Jahren 1972 und 1985 vorausgegangen.[546] Die Probleme lagen dabei weniger in der Sache selbst, da die Richtlinie im wesentlichen die Regelungen der Dritten Richtlinie wiederaufgreift.[547] Wie bereits bei anderen Richtlinienvorhaben erwies sich jedoch die Problematik um die Mitbestimmung erneut als die größte Hürde.[548] Je nachdem, ob eine deutsche Gesellschaft die aufnehmende oder die aufgenommene Gesellschaft ist, kommt es zu einer „Flucht“ aus den Mitbestimmungsregeln bzw. zu deren „Import“, was wahlweise auf den Widerstand der deutschen bzw. der mitbestimmungsfeindlichen Rechtsordnungen stößt.[549] Trotz eines anerkannten Bedürfnisses an der Verabschiedung einer Regelung, die grenzüberschreitende Fusionen von europäischen Gesellschaften ermöglicht, wurde der Abschluss solange aufgeschoben, bis in der Frage der Mitbestimmung eine Einigung erzielt worden ist.[550] In bezug auf das Projekt einer Zehnten Richtlinie gilt, dass sowohl das nachdrückliche Eintreten der Hochrangigen Expertengruppe für das Gesellschaftsrecht[551] für die Ver-abschiedung der Richtlinie,[552] als auch die Einigung bei der SE wesentlich dazu beigetragen haben, dass das Vorhaben nach dem

---

[544] Zu den Einzelheiten dieser Lösung, siehe *Krause*, Die Übernahmerichtlinie – Anpassungsbedarf im Wertpapiererwerbs- und Übernahmegesetz, BB 2004, S. 113, 114 ff.

[545] *Bayer*, a.a.O., BB 2004, S. 1, 11.

[546] Richtlinie 2005/56/EG des Europäischen Parlaments und des Rates für die Verschmelzung von Kapitalgesellschaften aus verschiedenen Mitgliedstaaten, ABlEG 2005 L310,1.

[547] *Magnier*, Rapprochement des Droits dans l'Union Européenne et viabilité d'un droit commun des sociétés, S. 116 f.

[548] *Lutter*, Europäisches Unternehmensrecht, S. 259.

[549] *Habersack*, Europäisches Gesellschaftsrecht, Rn. 61 f.

[550] *Lutter*, a.a.O., S. 259.

[551] Zu den Empfehlungen der Expertengruppe, siehe in diesem Kapitel unter Punkt II. 6.

[552] Report of the High Level Group of Company Law Experts on a Modern Regulatory Framework for Company Law in Europe, 4. 11. 2002, S. 111.

erneuten Entwurf der Kommission vom 18. November 2003 [553] relativ zeitnah abgeschlossen werden konnte. Der Vorschlag übernimmt im Wesentlichen die Mitbestimmungslösung zur SE, enthält aber einige Erleichterungen.[554] So können etwa die Mitgliedstaaten vorsehen, dass, anders als bei der SE, die Anzahl der Arbeitnehmervertreter in einer monistischen Leitungsstruktur auf 1/3 beschränkt wird.

Bemerkenswert ist jedoch, dass die Richtlinie durch die SEVIC-Entscheidung des EuGH vom 13. Dezember 2005[555] überholt wurde. Während die Richtlinie erst bis zum Dezember 2007 umzusetzen ist, stellte der EuGH bereits jetzt klar, dass es untersagt ist, die Eintragung der Verschmelzung von zwei Gesellschaften aus unterschiedlichenn Mitgliedstaaten im Handelsregister zu verweigern. Auch wenn damit die Richtlinie und ihre Umsetzung theorethisch obsolet geworden sind, werden diese dennoch für die Praxis von Bedeutung sein, da das Urteil des EuGH keinerlei Anhaltspunkte für die praktische Durchführung einer grenzüberschreitendern Fusion bietet.[556]

b) *Vorerst gescheiterte Vorhaben*

Die beiden in die Rubrik „gescheitert“ eingeordneten Richtlinienvorhaben stellen noch Relikte der frühen – optimistischeren – Phase der Vereinheitlichungsstrategie der Kommission dar. Angesichts des aufgrund von erheblichen Hindernissen oben bereits festgestellten Sinneswandels werden diese Vorhaben in naher Zukunft höchstwahrscheinlich nicht verabschiedet werden.[557]

(1) *Vorschlag einer Strukturrichtlinie (Fünfte Richtlinie)*[558]

Die Strukturrichtlinie war das ehrgeizigste Projekt der Kommission auf dem Gebiet der Vereinheitlichung der mitgliedstaatlichen Gesellschaftsrechte. Sie hatte

---

[553] Vorschlag für eine Richtlinie des Europäischen Parlaments und des Rates über die Verschmelzung von Kapitalgesellschaften aus verschiedenen Mitgliedstaaten, KOM (2003) 703 endgültig.

[554] Siehe im Einzelnen hierzu: Wiesner, Die grenzüberschreitende Verschmelzung und der neue Mitbestimmungskompromiss, DB 2005, S. 91.

[555] EuGH Rs. C-411/03, DB 2005, S. 1510.

[556] Vgl. *Oechsler*, Die Richtlinie 2005/56/EG über die Verschmelzung von Kapitalgesellschaften aus verschiedenen Mitgliedstaaten, NZG 2006, S. 161.

[557] So u.a. *Hommelhoff*, Gesellschafts- und Unternehmensrecht in der Europäischen Union: Stand und Perspektiven 1997, in Everling/Roth (Hrsg.), S. 83, 86, und *Wouters*, European Company Law: *Quo Vadis?*, Common Market L.R. 2000, S. 257, 261 f.

[558] Ursprünglicher Vorschlag: Vorschlag einer fünften Richtlinie des Rates über die Struktur der Aktiengesellschaft sowie die Befugnisse und Verpflichtungen ihrer Organe vom 9. Oktober 1972, [1972] ABl. C 131/49. Aktueller Vorschlag: Dritte Änderung des Vorschlags einer fünften Richtlinie vom 20. November 1991, [1991] ABl. C 321/9.

zum Ziel, eine einheitliche Organisationsstruktur[559] sowie eine Mindestbeteiligung der Arbeitnehmer in den europäischen Aktiengesellschaften einzuführen. Der ursprüngliche Vorschlag war maßgeblich am deutschen Aktiengesellschaftsrecht angelehnt, indem er dem dualistischen Modell mit einem Vorstand als Leitungsorgan sowie einem Aufsichtrat als Kontrollorgan folgte. Weiterhin sollten in diesem Kontrollorgan die Arbeitnehmer mit mindestens einem Drittel der Sitze vertreten sein. Der Richtlinienvorschlag war ein umfangreiches, detailliertes Werk, welches auf eine völlige Vereinheitlichung abzielte.[560] Es war nicht verwunderlich, dass der Vorschlag auf erheblichen Widerstand in vielen Mitgliedstaaten stieß, wobei dieser in England - dessen Gesellschaftsrecht und die darin verkörperten Wertungen mit dem Vorschlag in zentralen Belangen unvereinbar waren - seine stärkste Ausprägung fand. Auch die darauf folgenden, jeweils abgeschwächten drei Abänderungen des Vorschlags, welche schließlich ein Wahlrecht zwischen dem monistischen und dem dualistischen System vorsahen und zuletzt die Frage der Mitbestimmung von den organisationsrechtlichen Regelungen zugunsten eines betrieblichen Verfahrens abkoppelten, fanden keine Zustimmung.[561] Der Reserviertheit vieler Mitgliedstaaten bezüglich der Mitbestimmung standen und stehen weiterhin die kategorische Ablehnung der deutschen Politik und Gewerkschaften gegen jegliche Abstriche von der paritätischen Mitbestimmung in Deutschland gegenüber.[562]

Die Geschichte der Fünften Richtlinie und - wie noch zu sehen sein wird - auch die der SE zeigen, dass die anfänglichen Versuche der Kommission, bestimmte Elemente aus den nationalen Gesellschaftsrechten heranzuziehen, um ein „europäisches Modell" zu bilden und durchzusetzen, am Widerstand derjenigen scheitern mussten, deren Gesellschaftsrecht nicht berücksichtigt wurde. Des Weiteren wird deutlich, dass das Gesellschaftsrecht eines Landes einer seit vielen Jahrzehnten verfestigten einheitlichen Konzeption des jeweiligen Staates von seiner Wirtschafts- und Gesellschaftsordnung entsprungen ist, dessen Umwandlung, vor allem wenn sie von außen angeordnet wird, auf erhebliche Widerstände stößt. Diesem Umstand muss bei zukünftigen Versuchen, eine Angleichung zu erzielen, Rechnung getragen werden.

---

559 Dies umfasst die Bildung, Zuständigkeit und Haftung des Leitungs- und des Aufsichtsorgans, sowie die Einberufung und den Ablauf der Hauptversammlung und schließlich das Stimmrecht der Aktionäre.

560 *Magnier*, Rapprochement des Droits dans l'Union Européenne et viabilité d'un droit commun des sociétés, S. 266 f.

561 *Habersack*, Europäisches Gesellschaftsrecht, Rn. 56.

562 *Hommelhoff*, a.a.O., S. 83, 87.

(2) *Konzernrechtsrichtlinie (Neunte Richtlinie)*[563]

Ähnlich wie der Strukturrichtlinie erging es dem Projekt einer Neunten Konzernrechtsrichtlinie, welche nicht einmal das Stadium eines Kommissionsvorschlags erreichte. Die Schwierigkeit, das Konzernrecht in der EU „harmonisieren" zu wollen, liegt schlichtweg in dem Umstand begründet, dass keine andere europäische Rechtsordnung über ein durch Gesetzesbestimmungen und höchstrichterliche Rechtsprechung so weit entwickeltes Konzernrecht wie Deutschland verfügt.[564] Zwar ist die Problematik um die Bildung und den Bestand von Konzernen dort nicht unbekannt, doch wird den hieraus resultierenden Fragen mittels der im gewöhnlichen Gesellschafts-, Kapitalmarkt- und Insolvenzrecht vorhandenen Instrumente begegnet, wobei die Mitgliedstaaten dabei völlig verschiedene Lösungskonzepte anbieten.[565] So verfolgen einige den Ansatz, einen Konzerneingangsschutz mit Mitteln des Kapitalmarktrechts - insbesondere des Übernahmerechts - zu erreichen. Das heißt, der Aktionär, der mehr als einen gewissen Prozentsatz an Stimmen einer Aktiengesellschaft auf sich vereinigt, wird verpflichtet, ein Kaufangebot an alle übrigen Aktionäre abzugeben. Andere - wie Deutschland - stellen dagegen auf einen Konzernbestandsschutz mit gesellschaftsrechtlichen Schutzvorschriften zugunsten der Minderheitsaktionäre ab, während wiederum andere auf einen Schutz bei Beendigung der Konzernverbindung mit Mitteln des Insolvenzrechts abstellen. Aufgrund dieser unterschiedlichen Konzepte und vor allem der unterschiedlichen Bedeutung, die dem Konzernrecht beigemessen wird, war ein Richtlinienvorhaben zum Scheitern verurteilt, welches sich sowohl hinsichtlich des Grundkonzeptes als auch wesentlicher Einzelheiten maßgeblich am deutschen Konzernrecht orientierte und somit inakzeptabel für alle anderen Mitgliedstaaten war.[566] So hat auch die von der Kommission eingesetzte Expertengruppe empfohlen, einen erneuten Versuch zur Durchsetzung dieser Richtlinie zu unterlassen, sondern vielmehr im Rahmen von anderen Richtlinienvorhaben die mit Konzernen verbundenen Fragestellungen anzusprechen.[567] Insbesondere ist dabei auf eine Erweiterung der Offenlegungspflichten abzustellen.[568]

---

[563] Diskussionsentwurf abgedruckt u.a. bei *Lutter*, Europäisches Unternehmensrecht, S. 257 ff.

[564] Dies gilt allerdings nicht bezüglich Portugal, das mittlerweile ebenfalls über ein kodifiziertes Konzernrecht verfügt. Siehe allgemein zum Konzernrecht in Europa: *Lutter*, (Hrsg.) Konzernrecht im Ausland, 1994.

[565] Siehe hierzu mit weiteren Nachweisen: *Hommelhoff*, a.a.O., S. 83, 96.

[566] *Magnier*, a.a.O., S. 111 f.

[567] Report of the High Level Group of Company Law Experts on a Modern Regulatory Framework for Company Law in Europe, 4. 11. 2002 S, 94.

[568] Report, a.a.O., S. 100.

### 3. Gesellschaften europäischer Rechtsform

#### a) *Die Europäische wirtschaftliche Interessenvereinigung (EWIV)*[569]

Die EWIV wurde durch eine Verordnung der EG im Jahr 1985 als Instrument zur grenzüberschreitenden wirtschaftlichen Kooperation nach dem Vorbild des französischen "*groupement d'intérêt économique*" geschaffen.[570] Allerdings hat die EWIV bislang keine allzu weite Verbreitung erfahren, abgesehen von ihrer Funktion als Instrument zur Organisation von europäischen Interessen-vereinigungen in Brüssel, weshalb die bei weitem höchste Anzahl von EWIV in Belgien gegründet worden sind. Die Verordnung regelt nicht alle die EWIV betreffenden Fragen. Dementsprechend verweist Art. 2 Abs. 1 EWIV-VO subsidiär auf das innerstaatliche Recht des Staates, in dem die Vereinigung ihren Sitz hat. Nach deutschem Recht sind auf die EWIV ergänzend die Vorschriften des OHG-Rechts anzuwenden (§ 1 EWIV-AusführungsG).

#### b) *Die Societas Europaea (SE)*[571]

##### (1) *Überblick*

Nach einem jahrzehntelangen mühevollen Entstehungsprozess wurde schließlich am 20. Dezember 2000 auf dem EU-Gipfel von Nizza eine Einigung über die Einführung einer Societas Europaea (SE) erzielt.[572] Mit dem ursprünglichen Verordnungsentwurf von 1970 haben die nun verabschiedete Verordnung und die Richtlinie jedoch nichts mehr gemein.[573] Während der erste Entwurf einem nahezu vollständigen Aktiengesetz entsprach,[574] wurde nun ein Regelwerk angenommen, das eine wiederholt gekürzte Version seines Vorgängers darstellt. Die Verordnung regelt eigentlich nur noch das Gründungsverfahren abschließend, ansonsten verweist sie jedoch weitgehend auf das nationale Gesellschaftsrecht am Sitz der SE. Möglich war die Einigung nur, weil über die in eine Richtlinie ausgelagerte Mitbestimmungsfrage ein Kompromiss in Gestalt der sog. Verhandlungslösung

---

[569] Verordnung (EWG) Nr. 2137/85 des Rates vom 25. Juli 1985 über die Schaffung einer Europäischen wirtschaftlichen Interessenvereinigung (EWIV), [1985] ABl. L 199/1.

[570] *Habersack*, Europäisches Gesellschaftsrecht, Rn 358.

[571] Verordnung (EG) Nr. 2157/2001 des Rates vom 8. Oktober 2001 über das Statut der Europäischen Gesellschaft (SE), [2001] ABl. L 294/1 ergänzt durch Richtlinie 2001/86/EG des Rates vom 8. Oktober 2001 zur Ergänzung des Statuts der Europäischen Gesellschaft hinsichtlich der Beteiligung der Arbeitnehmer, [2001] ABl. L 294/22.

[572] Die SE-VO und die SE-RL wurden am 8. Oktober 2001 durch den Ministerrat verabschiedet und traten am 8. Oktober 2004 in Kraft. Zur Geschichte der SE-VO, siehe ausführlich: *Blanquet*, Das Statut der Europäischen Aktiengesellschaft, ZGR 2002, S. 20 ff.

[573] *Lutter*, Europäische Aktiengesellschaft – Rechtsfigur mit Zukunft? BB 2002, S. 1, 3.

[574] So u.a. *Teichmann*, Die Einführung der Europäischen Aktiengesellschaft – Grundlagen der Ergänzung des europäischen Statuts durch den deutschen Gesetzgeber, ZGR 2002, S. 383, 390.

erzielt wurde. Das Schicksal der SE ist dabei eng verbunden mit dem der Fünften Richtlinie. Ursprünglich enthielt der Verordnungsvorschlag die in der Strukturrichtlinie vorgesehene Organisationsstruktur, d.h. das dualistische Leitungssystem kombiniert mit einer unternehmerischen Mitbestimmung der Arbeitnehmer. Zusätzlich enthielt der Verordnungsvorschlag konzernrechtliche wie auch eigenständige steuerrechtliche Regelungen. Insgesamt war das Werk erheblich vom deutschen Recht und dem zu der Zeit gerade grundlegend reformierten Aktiengesetz geprägt.[575] Dies fand bei den anderen Mitgliedstaaten keine Akzeptanz, so dass die Kommission zunächst 1989 und erneut 1991 Vorschläge unterbreitete, die den ursprünglichen Entwurf von etwa 400 auf rund 110 Artikel reduzierten und zahlreiche gesellschaftsrechtliche Fragestellungen ausklammerten.[576] Auch diese Vorschläge scheiterten letztlich an der Mitbestimmungsfrage, so dass die Kommission den nun verabschiedeten, vollständig überarbeiteten und erneut „abgeschmelzten" Entwurf unterbreitete.

(2) *Rechtsquellen*

Weil die nun nur 70 Artikel zählende Verordnung eine Vielzahl von Bereichen nicht selbst regelt, ist die Frage nach dem anwendbaren Recht von zentraler Bedeutung. In Art. 9 SE-VO ist eine entsprechende Generalverweisung enthalten. Diese verweist bezüglich aller Fragen, die nicht oder nicht vollständig in der Verordnung geregelt sind, auf das allgemeine nationale Aktienrecht und die speziell entsprechend der Ermächtigung der Verordnung für SE erlassenen Rechtsvorschriften des Mitgliedstaates, in dem die SE ihren Sitz hat. Maßgeblich ist dabei der effektive Verwaltungssitz, siehe Art. 7 SE-VO. Daneben enthält die Verordnung zahlreiche Spezialverweisungen auf das nationale Recht. Weiterhin sind die Bestimmungen der Satzung der SE maßgeblich, soweit die Verordnung oder die anzuwendenden nationalen Aktienrechte diese zulassen.[577]

(3) *Gründung*

Die Formalitäten und Voraussetzungen für die Gründung einer SE unterliegen in den Art. 2 ff. sowie Art. 15 – 37 SE-VO einer ausführlichen Regelung und bilden

[575] *Hirte*, Die Europäische Aktiengesellschaft, NZG 2002, S. 1.

[576] Ausführlich zum Entwurf von 1991, siehe: *Merkt*, Europäische Aktiengesellschaft: Gesetzgebung als Selbstzweck? Kritische Bemerkungen zum Entwurf von 1991, BB 1991, S. 652.

[577] Aus Art. 9 SE-VO ergibt sich damit folgende Reihenfolge der anwendbaren Bestimmungen: Zunächst ist zu prüfen, ob die konkrete Frage in der Verordnung geregelt ist. Sofern dies nicht der Fall ist, die Verordnung diesbezüglich aber ausdrücklich auf die Satzung der SE verweist, sind deren Bestimmungen maßgeblich. Andernfalls ist zunächst auf die durch den Mitgliedstaat, in dem die SE ihren Sitz hat, speziell für die SE erlassenen Vorschriften zu achten, anschließend auf dessen allgemeines Aktienrecht oder möglicherweise einschlägige Satzungsbestimmungen der SE, sofern das allgemeine nationale Aktienrecht diese zulässt.

damit den Schwerpunkt der in der Verordnung geregelten Fragen.[578] Dabei schränkt die Verordnung die Gründungsmöglichkeiten ein, indem sie bereits eine oder mehrere bestehende Aktiengesellschaften (in gewissen Fällen auch Gesellschaften mit beschränkter Haftung) als Gründer voraussetzt. Hinzu kommt, dass alle vorgesehenen Gründungsformen einen Bezug zu mindestens zwei Mitgliedstaaten verlangen, sei es dass zwei Gesellschaften aus unterschiedlichen Staaten oder eine Gesellschaft mit einer Tochtergesellschaft oder zumindest einer Zweigniederlassung in einem anderen Mitgliedstaat an dem Vorgang beteiligt sein müssen.[579] Eine Gründung durch natürliche Personen ist damit ausgeschlossen. Insgesamt sollen durch diese erhöhten Zugangsvoraussetzungen an eine SE-Gründung die nationalen Gesellschaftsformen geschützt werden, insofern als sie hierdurch nicht vollständig in Konkurrenz zu dieser supranationalen Gesellschaftsform treten müssen.[580]

(4) *Organisationsstruktur*

Die in jeder SE vorgesehene Hauptversammlung unterliegt den Regelungen der Art. 52 – 60 SE-VO. Dort wird allerdings lediglich der Ablauf der Hauptversammlung geregelt; im Übrigen wird auf das nationale Recht am Sitz der SE verwiesen, was auch für eine solch wesentliche Frage wie die Zuständigkeit der Hauptversammlung gilt.[581] In bezug auf die Struktur der Verwaltung der SE stellt die Verordnung in Art. 38 b) SE-VO das dualisitsche und das monistische System zur Wahl, indem sich die Gründer in der Satzung für ein Leitungsorgan und ein Aufsichtsorgan oder für ein Verwaltungsorgan neben der Hauptversammlung entscheiden können. Ein solches Wahlrecht ist bereits seit einigen Jahren für französische Aktiengesellschaften vorgesehen.[582] Diese Entscheidung ist jedoch

---

578 *Lutter*, Europäische Aktiengesellschaft – Rechtsfigur mit Zukunft? BB 2002, S. 1, 3.

579 Ausführlicher zu den Gründungsformen siehe: *Hommelhoff*, Zur Organisationsform der Europäischen AG, AG 2001, S. 279, 280 ff.

580 Wobei das Erfordernis, zumindest über eine seit mindestens zwei Jahren in einem anderen Mitgliedstaat bestehende Zweigniederlassung (bei der Umwandlung ist dagegen eine Tochtergesellschaft erforderlich, siehe Art. 2 Abs. 4 SE-VO) verfügen zu müssen, keine übermäßig hohen Anforderungen an eine Gesellschaft stellt, welche die Rechtsform einer SE anstrebt. Ebenso ist es natürlichen Personen, welche eine SE gründen wollen, möglich, zunächst eine oder zwei nationale Gesellschaften zu errichten, um sie dann zu einer SE zu verschmelzen oder umzuwandeln.

581 *Hirte*, Die Europäische Aktiengesellschaft, NZG 2002, S. 1, 8; *Lutter*, Europäische Aktiengesellschaft – Rechtsfigur mit Zukunft? BB 2002, S. 1, 4.

582 Siehe hierzu *Magnier*, Rapprochement des Droits dans l'Union Européenne et viabilité d'un droit commun des sociétés, S. 229 ff., welche die Auswirkungen dieses Wahlrechts untersucht und zu einem negativen Fazit kommt. Sie kritisiert insbesondere, dass dem Aufsichtsorgan, das zwar dem deutschen Aufsichtsrat nachempfunden ist, im Vergleich zu diesem weit weniger Befugnisse zustehen, so dass es seiner Funktion als Aufsichtsorgan nicht gerecht wird. Zudem ist das dem deutschen Vorstand ähnliche „directoire" zwar ebenfalls ein Kollegialorgan; damit

nicht für das gesamte Bestehen der Gesellschaft bindend, da es durch eine Satzungsänderung möglich sein wird, das System zu wechseln.[583]

Die Verordnung enthält zunächst allgemeine Regelungen, welche für beide Organisationssysteme gemeinsam gelten. Diese betreffen unter anderem die Höchstdauer der Bestellung von Organmitgliedern von 6 Jahren (Art. 46 Abs. 1 SE-VO), die Verschwiegenheitspflicht der Organmitglieder (Art. 49 SE-VO) und vor allem deren Haftung wegen der Verletzung einer gesetzlichen (wobei hierzu auch die anwendbaren nationalen Gesetze zählen), satzungsmäßigen oder sonstigen Pflicht in Ausübung ihres Amtes, Art. 51 SE-VO. Anschließend werden jeweils Regeln für das monistische und das dualistische System aufgestellt. Die Regelungen bezüglich des dualistischen Systems inspirieren sich dabei weitgehend am deutschen Aktienrecht.[584] Die Verordnung legt dabei die Aufgaben beider Organe fest, wobei sie insofern eine Besonderheit enthält, als es den nationalen Gesetzgebern freigestellt sein wird, festzulegen, dass die Mitglieder des Leitungsorgans nicht vom Aufsichtsorgan, sondern durch die Hauptversammlung bestellt werden. Einzelheiten über die Rechte und Pflichten der Organmitglieder, wie z.B. die Vertretung der Gesellschaft, werden dagegen nicht geregelt. Bezüglich des monistischen Systems gibt die Verordnung die Unterscheidung zwischen geschäftsführenden und nicht-geschäftsführenden Mitgliedern vor, wobei auch dies zur Disposition der Mitgliedstaaten steht. Eine Abgrenzung der Verantwortungsbereiche dieser beiden Mitgliedsgruppen ist dagegen nicht vorgegeben, so dass dies der Präzisierung durch die nationalen Gesetzgeber bedarf.[585]

Insgesamt bleibt festzustellen, dass die Vorgabe der Verordnung, zwei Organisationsstrukturen zur Verfügung zu stellen unter gleichzeitigem Verweis auf nationales Recht bezüglich deren Ausgestaltung im Einzelnen, die nationalen Gesetzgeber vor große Herausforderungen stellt. Mitgliedstaaten, die kein dualistisches System kennen, werden durch Art. 39 Abs. 5 SE-VO ermächtigt, entsprechende Vorschriften in bezug auf die SE zu erlassen.[586] Entsprechendes sieht Art. 43 Abs. 4 SE-VO für Mitgliedstaaten wie Deutschland vor, welche das monistische System nicht kennen, wobei hier die Schwierigkeit darin liegen wird,

---

sei jedoch inkompatibel, dass dem Vorsitzenden dieses Organs dieselbe Stellung wie dem Präsidenten des conseil d'administration aus dem monistischen System zugedacht worden ist.

583 *Hommelhoff*, Zur Organisationsform der Europäischen AG, AG 2001, S. 279, 282.

584 *Hommelhoff*, a.a.O., AG 2001, S. 283.

585 *Hommelhoff*, a.a.O., AG 2001, S. 284; zu den Einzelheiten einer in Deutschland ansässigen SE mit monistischer Leitungsstruktur, siehe *Teichmann*, Gestaltungsfreiheit im monistischen Leitungssystem der Europäischen Aktiengesellschaft, BB 2004, S. 53.

586 Zwar enthält die SE-VO nur eine diesbezügliche Ermächtigung und keine Verpflichtung; es ist jedoch sehr wahrscheinlich, dass alle Mitgliedstaaten die jeweilige ihnen unbekannte Leitungsstruktur ausgestalten werden, da sonst die Freiräume im Vergleich zu den ebenfalls anwendbaren Regelungen der eigenen Leitungsstruktur zu groß wären.

zwingende Regeln des deutschen Konzern- und Mitbestimmungsrechts in das monistische Modell der Unternehmensleitung zu integrieren.[587] Der Umstand, dass nun die mitgliedstaatlichen Gesetzgeber gefordert sind, tiefgreifende und umfassende Gesetzgebungsmaßnahmen zu einer bislang unbekannten Organisationsstruktur zu erarbeiten, legt die Vermutung nahe, dass diese in naher Zukunft die neue Struktur auch ihren nationalen Aktiengesellschaften – zumindest den börsennotierten – zur Wahl stellen werden.[588]

(5) *Die Mitbestimmung*[589]

Die schwierigste Frage des europäischen Gesellschaftsrechts wurde aus der SE-Verordnung herausgelöst und in einer Richtlinie behandelt, die über die Jahre zu einem „inhaltlichen Monstrum" herangewachsen ist.[590] Der nun gefundene Kompromiss sieht vor, dass bei Gründung einer SE zunächst Verhandlungen zwischen Vertretern der Arbeitnehmer und Vertretern der beteiligten Gesellschaften über Art und Umfang der unternehmerischen Mitbestimmung in der neuen Gesellschaft stattfinden. Dabei sind die Sozialpartner auf der Suche nach einer für die Gesellschaft passenden Lösung nicht an die in den verschiedenen nationalen Rechtsordnungen vorgesehenen Mitbestimmungs-modelle gebunden. Allein das in Art. 3 Abs. 2 SE-RL vorgesehene Verfahren für die Bildung und Zusammensetzung des hierfür vorgesehenen Gremiums ist höchst kompliziert und aufwendig,[591] so dass auf dessen Darstellung hier verzichtet wird.[592] Obwohl das Zustandekommen einer Lösung durch solche Verhandlungen durchaus begrüßenswert ist, hat der europäische Gesetzgeber erschwerend als Voraussetzung vorgesehen, dass eine Zwei-Drittel-Mehrheit in diesem Verhandlungsgremium erforderlich ist, wenn die gefundene Lösung hinter dem höchsten Mitbestimmungsstandard eines beteiligten Unternehmens zurück bleibt.[593] Scheitern diese Verhandlungen,

---

[587] *Teichmann*, Die Einführung der Europäischen Aktiengesellschaft – Grundlagen der Ergänzung des europäischen Statuts durch den deutschen Gesetzgeber, ZGR 2002, S. 383, 386.

[588] In diesem Sinne bezüglich des deutschen Gesetzgebers, *Maul*, Das Ausführungsgesetz zur SE – der Einzug des monistischen Verwaltungssystems in Deutschland, BB 2003, Heft 19 Die erste Seite. Für ein solches Wahlrecht, *Hopt*, Gemeinsame Grundsätze der Corporate Governance in Europa, ZGR 2000, S. 779, 815, sowie die von der Kommission eingesetzte Expertengruppe: Report of the High Level Group of Company Law Experts on a Modern Regulatory Framework for Company Law in Europe, 4. 11. 2002, S. 30 f.

[589] Siehe allgemein zur Mitbestimmung in der SE: *Mävers*, Die Mitbestimmung der Arbeitnehmer in der Europäischen Aktiengesellschaft.

[590] So *Wiesner*, Der Nizza-Kompromiss zur Europa AG – Triumph oder Fehlschlag? ZIP 2001, S. 397.

[591] *Lutter*, Europäische Aktiengesellschaft – Rechtsfigur mit Zukunft? BB 2002, S. 1, 5.

[592] Siehe zu dem Verfahren: *Heinze*, Die Europäische Aktiengesellschaft, ZGR 2002, S. 66, 80 f. welcher dieses als unnötig kompliziert und teilweise grob sachwidrig ansieht.

[593] *Heinze*, a.a.O., ZGR 2002, S. 66, 82 f. Dabei muss diese Zwei-Drittel-Mehrheit mindestens zwei Drittel der Arbeitnehmer der zukünftigen Gesellschaft vertreten.

kommt eine Auffanglösung zum Tragen, die vorsieht, dass zum einen aus allen Arbeitnehmern aller beteiligten Gesellschaften ein Betriebsrat gebildet wird. Zum anderen gilt für die unternehmerische Mitbestimmung, dass sich diese nach der Regelung der Mitbestimmung der beteiligten Gesellschaften richtet. Wird eine Gesellschaft in eine SE umgewandelt, gilt die bisherige Regelung der Mitbestimmung fort. Ebenso bleibt eine SE mitbestimmungsfrei, wenn die Ausgangsgesellschaften mitbestimmungsfrei waren. Unterliegen dagegen mindestens 25 % der Arbeitnehmer der zur SE verschmolzenen Gesellschaften oder 50 % der Arbeitnehmer bei der Errichtung einer SE als Holding oder Tochtergesellschaft einer Form der Mitbestimmung, dann bemisst sich die Zahl der Arbeitnehmer-vertreter im Aufsichtsorgan oder im Verwaltungsorgan nach dem höchsten maßgeblichen Anteil in einer der beteiligten Gesellschaften (siehe Teil 3 des Anhangs der SE-RL).

Im Ergebnis ist damit zunächst der Vereinbarungsspielraum der Beteiligten bei den vorgesehenen Verhandlungen erheblich eingeschränkt. Dies gilt zunächst aufgrund der vorgesehenen Mehrheitserfordernisse. Ferner führt die drohende Auffangregelung dazu, dass - je nach beteiligter nationaler Regelung - die eine oder andere Seite kein gesteigertes Interesse an einer Verhandlungslösung haben wird. Der nun gefundene Kompromiss hat zur Folge, dass die Mitbestimmungsregelungen, die auf die an einer SE-Gründung beteiligten Gesellschaften Anwendung finden, in der Regel auf die neue SE übertragen werden. Deswegen steht auch zu befürchten, dass gerade deutsche Unternehmen Schwierigkeiten haben werden, einen europäischen Partner für die Gründung einer SE zu finden, da diese in der Regel das hohe deutsche Mitbestimmungsniveau ablehnen.[594]

Darüber hinaus erlauben SE-Verordnung und Richtlinie keine gesicherte Aussage darüber, wie die Sitzverteilung im Verwaltungsrat einer monistischen mitbestimmten SE zu erfolgen hat. Bei der Bestimmung der Anzahl der Arbeitnehmervertreter im Verwaltungsrat bleibt unklar, ob etwa bei einer paritätisch mitbestimmten SE tatsächlich die Hälfte aller Verwaltungsrats-mitglieder Arbeitnehmervertreter sind. Vieles spricht dafür, hierbei die geschäftsführenden Direktoren nicht mitzuzählen, d.h. die Parität nur auf die nicht-geschäftsführenden Mitglieder zu beziehen, da dies auch der Situation im dualistischen Modell entspricht.[595]

(6) *Sitzverlegung*

Der SE steht es als supranationaler europäischer Gesellschaftsform zu, ihren Sitz innerhalb der Gemeinschaft zu verlegen, ohne dass hierzu eine Auflösung und

[594] *Heinze*, Die Europäische Aktiengesellschaft, ZGR 2002, S. 66, 83.

[595] *Teichmann*, Gestaltungsfreiheit im monistischen Leitungssystem der Europäischen Aktiengesellschaft, BB 2004, S. 53, 56 f.

Neugründung erforderlich wären. Einen weiteren Beleg für den Kompromisscharakter des gesamten SE-Statuts bieten jedoch die Regelungen, welche dieses für eine supranationale Gesellschaft eigentlich selbstverständliche Recht ausgestalten. Die Verordnung schreibt in Art. 8 ein komplexes Verfahren vor, das die Interessen von Minderheitsaktionären, Gläubigern und Arbeitnehmern sichern soll. Dieses Verfahren bedarf zudem der weiteren Ausgestaltung durch nationale Ausführungsgesetze. Darüber hinaus hat der Sitzwechsel zur Folge, dass der Großteil des auf die SE anzuwendenden Rechts ebenfalls wechselt. Aufgrund des geringen Regelungsgehalts der Verordnung selbst, und mithin der hohen Relevanz der nationalen Aktiengesellschaftsrechte für die SE, stellt dies einen erheblichen Einschnitt dar, der mitunter grundlegende Änderungen der inneren Regeln der Gesellschaft wie auch der Satzung zur Folge hat. In der Praxis wird dadurch ein Sitzwechsel erschwert und ist mit erheblichen Kosten verbunden.[596] So sieht etwa das deutsche SE-Ausführungsgesetz vor, dass Aktionären, die gegen den Verlegungsbeschluss ihren Widerspruch erklären, eine Barabfindung zusteht, da die Sitzverlegung den Charakter eines Rechtsformwechsels habe.[597]

Diese Auswirkungen sind jedoch die logische Konsequenz daraus, dass sich der EG-Gesetzgeber nicht auf eine Verordnung einigen konnte, die zumindest in Teilen den Anspruch erhebt, eine eigenständige Gesellschaftsform zu errichten. Aufgrund dessen ist die in der Verordnung vorgesehene Möglichkeit einer Sitzverlegung schon ein Fortschritt und daher zu begrüßen.[598]

(7) *Zusammenfassung*

Die SE stellt aufgrund der überwiegenden Verweise auf die nationalen Gesellschaftsrechte keine wirklich eigenständige europäische Rechtsform dar. Der Einwand des europäischen Gesetzgebers, ein solch zurückhaltendes Regelwerk sei gerechtfertigt, weil seit Vorlage des Erstentwurfs beachtliche Fortschritte bei der Angleichung im Aktiengesellschaftsrecht erzielt worden seien, weshalb vermehrt auf nationales Recht verwiesen werden könne,[599] trifft nur teilweise zu.[600] Wie bereits gesehen, sind zwar in vielen Bereichen Angleichungsmaßnahmen ergangen; andererseits haben diese Maßnahmen aufgrund ihrer Options- und Wahlrechte teilweise nicht die weitreichende Angleichung erzielt, wie es die Namen der

---

[596] *Schwarz*, Europäisches Gesellschaftsrecht, S. 656.

[597] Siehe § 12 Abs. 1 SE-Ausführungsgesetz. Vgl. ferner *Bayer*, Aktuelle Entwicklungen im Europäischen Gesellschaftsrecht, BB 2004, S. 1, 5. Vgl. ebenfalls *Ihrig/ Wagner*, Der Diskussionsentwurf für ein SE-Ausführungsgesetz, BB 2003, S. 973.

[598] So auch *Schäfer*, Erwartungen eines deutschen Großkonzerns an das europäische Gesellschaftsrecht, in Scheuing/Schwarz/Wollenschläger (Hrsg.), S. 70.

[599] Siehe den Erwägungsgrund Nr. 9 der Verordnung.

[600] *Teichmann*, Die Einführung der Europäischen Aktiengesellschaft – Grundlagen der Ergänzung des europäischen Statuts durch den deutschen Gesetzgeber, ZGR 2002, S. 383, 391 f.

Richtlinien vermuten ließen. Andere zentrale Bereiche des Gesellschaftsrechts haben noch keine Harmonisierung erfahren. Dies hat zur Folge, dass die auf die SE anzuwendenden nationalen Rechtsvorschriften - seien es die speziell für die SE erlassenen oder die allgemeinen Regelungen bezüglich Aktiengesellschaften - das SE-Statut nicht nur ergänzen; sie prägen es vielmehr maßgeblich, so dass die SE aus den jeweiligen Mitgliedstaaten mitunter erhebliche Unterschiede aufweisen werden.[601] Im Ergebnis wird es daher nicht eine, sondern 25 verschiedene SE geben.[602] Daneben leidet der Anspruch des europäischen Gesetzgebers, eine supranationale Gesellschaftsform zur Verfügung stellen zu wollen, ebenfalls an deren eingeschränkter Mobilität.

Eine weitergehende, vollständigere Lösung war jedoch politisch nicht durchsetzbar. Es bleibt daher abzuwarten, ob die SE trotzdem erfolgreich sein wird. Dies wird auch entscheidend von den von den Mitgliedstaaten zu erlassenden Regelungen bezüglich der SE abhängen. Schon jetzt sind jedoch Stimmen zu verzeichnen, die eine Benachteiligung deutscher Gesellschaften ausmachen, da sie aufgrund der Mitbestimmungslösung von der Zusammenarbeit mit anderen EU-Gesellschaften tendenziell ausgeschlossen sein werden.[603] Wahrscheinlich ist, dass der Markt - wie auch schon bei der EWIV geschehen - nur eine begrenzte Zahl verschiedener SE herausbilden wird.[604] Damit stehen die nationalen Rechtsordnungen mittelbar im Wettbewerb um die Gründung von SE mit Sitz in ihrem Staat.[605] Dies gilt vor allem für die Fälle, in denen Unternehmen ihre Europa-Aktivitäten zur Rationalisierung in eine SE bündeln wollen und somit die Belegenheit des Sitzes der Hauptverwaltung dieser SE zur Disposition steht. Dabei wird die Ausgestaltung der auf die SE anzuwendenden nationalen Regelungen einen erheblichen Einfluss sowohl auf die Attraktivität der SE für Gesellschaften dieses Mitgliedstaates als auch für die Attraktivität dieses Mitgliedstaates als Sitzstaat für eine SE haben.[606] Für die Gründung einer SE spricht daneben auch ein psychologischer Aspekt, da durch die Wahl einer europäischen Gesellschaftsform manche Fusion zwischen europäischen Gesellschaften möglich werden wird, die bislang daran gescheitert

---

601 Siehe hierzu *Schäfer*, a.a.O., S. 70, welcher ausführt, die Schaffung dieser neuen Gesellschaftsform werde aufgrund dieser Verweisungen nichts an den Wettbewerbsnachteilen der einzelnen nationalen Rechte ändern.

602 Vgl. u.a. *Menjucq*, La société européenne, Rev. sociétés 2002, S. 225, 246, welcher freilich noch auf die damals nur 15 Mitgliedstaaten abstellte. Dabei bleibt unberücksichtigt, dass jede mitgliedstaatliche Rechtsordnung zwei Varianten der SE zur Verfügung stellen muss, so dass es sogar richtiger wäre, von 50 verschiedenen SE zu sprechen.

603 Diese Gefahr sieht *Heinze*, Die Europäische Aktiengesellschaft, ZGR 2002, 66, S. 83 u. 94. *Lutter* sieht darin sogar einen eklatanten Wettbewerbsnachteil, in: Perspektiven des Gesellschaftsrechts in Deutschland und Europa, BB 2004, Heft 1 „Die erste Seite".

604 *Hirte*, Die Europäische Aktiengesellschaft, NZG 2002, S. 1, 2.

605 *Lutter*, Europäische Aktiengesellschaft – Rechtsfigur mit Zukunft? BB 2002, S. 1, 3.

606 *Ihrig/ Wagner*, Der Diskussionsentwurf für ein SE-Ausführungsgesetz, BB 2003, S. 969.

ist, dass eine Einigung für die eine oder andere Rechtsordnung nicht erzielt werden konnte.

### c) *Die Europäische Genossenschaft (SCE)*[607]

Die Europäische Genossenschaft (Societas Cooperativa Europaea – SCE) soll den in den Mitgliedstaaten anerkannten Genossenschaften das rechtliche Instrument zur Förderung ihrer länderübergreifenden Aktivitäten bieten.[608] Nach dem Durchbruch bei der SE-Verordnung hatte der Rat nun ebenfalls den bereits seit einigen Jahren anhängigen Vorschlag über das Statut einer Europäischen Genossenschaft (SCE)[609] angenommen. Dies ist deswegen möglich geworden, weil die SCE weitgehend nach dem Modell der SE-VO gestaltet wurde. Sowohl hinsichtlich der Mitbestimmung als auch in bezug auf andere Regelungsgegenstände, wie etwa den Sitz, die Sitzverlegung (vgl. Art. 7 SCE-VO), die Wahl zwischen monistischer und dualistischer Struktur (vgl. Art. 36 SCE-VO) oder die Verweisung auf die nationalen Vorschriften des Sitzstaates (vgl. Art. 8 SCE-VO), wurde auf die bereits bei der SE eingeführten Lösungen zurückgegriffen. Diesbezüglich kann daher auch auf die entsprechenden Ausführungen wie auch auf die Kritik zur SE verwiesen werden.

### d) *Geplante Vorhaben*

Nachdem die Vorhaben zur SE und SCE schlussendlich zu einem Abschluss gebracht werden konnten, stehen bei der Kommission zwei weitere, zuletzt im Jahre 1993 vorgeschlagene Verordnungen über einen Europäischen Verein[610] und eine Europäische Gegenseitigkeitsgesellschaft[611] auf der Tagesordnung. Die zwei Vorhaben sollen nun wie die SCE nach dem Modell der SE-Verordnung realisiert werden, d.h. durch Verordnungen, die nur in sehr begrenztem Umfang Sachrege-

---

607 Verordnung EG Nr. 1435/2003 des Rates vom 22. Juli 2003 über das Statut der Europäischen Genossenschaft (SCE) [2003] ABl. L 207/1, ergänzt durch die Richtlinie 2003/72/EG des Rates vom 22. Juli 2003 zur Ergänzung des Statuts der Europäischen Genossenschaft hinsichtlich der Beteiligung der Arbeitnehmer, [2003] ABl. L 207/25.

608 Erwägungsgrund Nr. 6 der SCE-VO.

609 Geänderter Vorschlag für eine Verordnung (EWG) des Rates über das Statut der Europäischen Genossenschaft, [1993] ABl. C 236/17. Siehe u.a. *Luttermann*, Die Europäische Genossenschaft, ZvglRWiss 93 (1994), S. 1.

610 Geänderter Vorschlag für eine Verordnung (EWG) des Rates über das Statut des Europäischen Vereins, [1993] ABl. C 236/1. Siehe hierzu u.a. *Vollmer*, Der Europäische Verein, ZHR 157 (1993), S. 373. Zu den drei Vorhaben, siehe: *Möhrle*, Der Europäische Verein, die Europäische Genossenschaft und die Europäische Gegenseitigkeitsgesellschaft, IWB Fach 11 Gruppe 3, 33; Europäischer Verein, Europäische Genossenschaft, Europäische Gegenseitigkeitsgesellschaft, EuZW 1992, S. 193.

611 Geänderter Vorschlag für eine Verordnung (EWG) des Rates über das Statut der Europäischen Gegenseitigkeitsgesellschaft, [1993] ABl. C 236/40.

lungen enthalten und in weiten Zügen auf die nationalen Rechte verweisen.[612] Auf diese Vorhaben soll nicht näher eingegangen werden, da sie nicht zentrale Bestandteile eines europäischen Gesellschaftsrechts sind. Lediglich die Kritik der Hochrangigen Expertengruppe im Gesellschaftsrecht soll hier aufgeführt werden. Diese erhob zunächst Zweifel am Bedarf der Verordnungs-vorhaben über den Europäischen Verein und die Europäische Gegenseitigkeits-gesellschaft. Schwerer wiegen jedoch ihre grundlegenden Zweifel an der Realisierbarkeit dieser Vorhaben nach dem Muster der SE-VO, da in diesen Rechtsbereichen - anders als im Kapitalgesellschaftsrecht - so gut wie keine Harmonisierung stattgefunden hat, und die zugrundeliegenden nationalen Rechte grundlegend divergieren.[613] Die schon bei der SE problematische Verweisungs-technik auf nationale Rechte würde daher hier für noch mehr Diversität und mithin auch Rechtsunsicherheit führen. Daher hält die Gruppe bezüglich dieser zwei Arten von Vereinigungen die Ausarbeitung von europäischen Modell-gesetzen für sinnvoller.

Weiterhin sind gewichtige Bestrebungen aus Wissenschaft und Praxis bezüglich der Errichtung einer auf kleinere und mittlere Unternehmen (KMU) zugeschnittenen Europäischen Privatgesellschaft (EPC) zu verzeichnen.[614] Deren Notwendigkeit wird dadurch begründet, dass die SE aufgrund ihrer Gründungsvoraussetzungen, des hohen Grundkapitals, vor allem aber aufgrund der subsidiären Anwendung der nationalen Aktienrechte mit einer damit einhergehenden geringen Gestaltungsfreiheit auf Großunternehmen zugeschnitten sei, für kleinere Unternehmen dagegen kaum geeignet sei.[615] Das Besondere an der EPC wäre, dass diese nach den Vorstellungen ihrer Befürworter eine tatsächliche supranationale Gesellschaftsform auf der Grundlage eines in sich geschlossenen Regelwerks darstellen soll, welches - anders als die SE - ohne Verweisung auf nationale Gesellschaftsrechte auskommen soll. Die von der Kommission eingesetzte Expertengruppe hat sich auch dieser Thematik angenommen. Sie erkennt hierbei den Bedarf für eine solche Rechtsform an, hegt jedoch - wie schon hinsichtlich der oben angeführten Vorhaben - Zweifel an der Realisierbarkeit. Der in diesem Bereich bestehende Bedarf wird nach Ansicht der Gruppe auch durch die Umsetzung der Zehnten Richtlinie, die eine grenzüberschreitende Fusion ermöglichen soll, gedeckt.[616] Die Expertengruppe hat der Kommission dabei empfohlen, zumindest eine Machbarkeitsstudie zu erstellen, bevor sie einen entsprechenden Verord-

612 *Schwarz*, Europäisches Gesellschaftsrecht, S. 716.

613 Report of the High Level Group of Company Law Experts on a Modern Regulatory Framework for Company Law in Europe, 4. 11. 2002, S. 121 f.

614 Siehe hierzu z.B. *Boucourechliev/ Hommelhoff* (Hrsg.), Vorschläge für eine Europäische Privatgesellschaft.

615 So im Ergebnis *Hommelhoff*, Zur Organisationsform der Europäischen AG, AG 2001, 279, 287; sowie der oben aufgeführte Bericht der hohen Expertengruppe, S. 113.

616 Report, a.a.O., S. 116 f.

nungsvorschlag erarbeitet.[617] Die Expertengruppe zieht jedenfalls in Zweifel, dass es möglich sein wird, alle Aspekte einer solchen Gesellschaft einer europäischen Regulierung zu unterziehen, weshalb eine Verbindung zu nationalen Gesetzen hergestellt werden müsse.[618]

Der Kritik der Expertengruppe hinsichtlich der EPC kann nur bedingt gefolgt werden. Es ist anzunehmen, dass eine Einigung auf ein abschließendes Regelwerk auf europäischer Ebene bezüglich der EPC leichter zu erzielen wäre als eines für die SE. Dies liegt daran, dass die regelmäßig als GmbH (oder mittlerweile auch als S.A.S. oder kleine AG's) organisierten KMU keine am Kapitalmarkt aktiven Publikumsgesellschaften sind, und sich die gesetzlichen Regelungen bezüglich ihrer Organisation durch eine hohe Gestaltungsfreiheit auszeichnen. Eine entsprechende Verordnung müsste daher keine so hohe Regelungsdichte wie eine (hypothetische) abschließende SE-Verordnung aufweisen. Wie schon bei der SE würde sich allerdings auch bei der EPC die problematische Frage der Mitbestimmung stellen. Dabei wäre die Übernahme der Verhandlungslösung zur SE jedenfalls aufgrund der Komplexität des Vorgangs und der damit verbundenen Kosten ausgeschlossen. Es erscheint daher unabdingbar, dass sich die Mitgliedstaaten bezüglich der EPC auf eine flexiblere Lösung einigen; andernfalls ist eine Realisierbarkeit dieser Gesellschaftsform tatsächlich unwahrscheinlich.

### 4. Das Kapitalmarktrecht

Die bei der Angleichung der Organisations- und Strukturregelungen von Gesellschaften auftretenden Schwierigkeiten haben die Kommission dazu veranlasst, den Problembereich der Unternehmens- und Managementkontrolle durch kapitalmarktrechtliche Angleichungsmaßnahmen anzugehen.[619] Neben den rein gesellschaftsrechtlichen Angleichungsrichtlinien sind deswegen ebenfalls weitere, mit dem Gesellschaftsrecht in einem engen Zusammenhang stehende Richtlinien mit einem kapitalmarktrechtlichen Bezug ergangen, die im wesentlichen die Rechnungslegung betreffen. Diese Richtlinien sollen im Folgenden vorgestellt werden. Anschließend wird noch kurz auf die Richtlinien mit einem überwiegend kapitalmarktrechtlichen Bezug eingegangen. Nicht angesprochen werden sollen dagegen die verabschiedeten und geplanten Richtlinien zu Banken und Finanzinstituten.

---

[617] Report, a.a.O., S. 118 f.
[618] Report, a.a.O., S. 118.
[619] *Ebke*, Unternehmensrechtsangleichung in der Europäischen Union: Brauchen wir ein European Law Institute, in FS Großfeld, S. 194.

a) *Bilanzrichtlinie (Vierte Richtlinie)*[620]

Ziel der Richtlinie ist es, den Kapitalanlegern sowie den Kreditgebern der Wirtschaft in ganz Europa vergleichbare Informationen über die Vermögens-, Finanz-, und Ertragslage der in der EU tätigen Gesellschaften zu vermitteln, damit diesen ein möglichst sicherer Einblick („true and fair view") gewährleistet wird.[621] Dies will die Richtlinie erreichen, indem sie Rechnungslegungs-vorschriften in Bezug auf die Erstellung des Jahresabschlusses vorgibt, bestehend aus Bilanz, Gewinn- und Verlustrechnung sowie einem Anhang. Insgesamt enthält die Richtlinie 41 nationale Wahlrechte neben den zusätzlichen 35 Optionen, die sie den Gesellschaften unmittelbar eröffnet. Trotz Umsetzung der Richtlinie weist deswegen die Rechnungslegung in der EU nach wie vor erhebliche Unterschiede auf.[622] Die Vierte Richtlinie veranschaulicht damit eindrucksvoll das bereits an anderer Stelle angesprochene Dilemma des europäischen Gesetzgebers, einheitliche Regelungen schaffen zu wollen, unter Berücksichtung von unterschiedlichsten nationalen Interessen und Präferenzen, die schließlich in einen höchst komplexen, nicht aber unbedingt Harmonie stiftenden Kompromiss münden.[623]

b) *Richtlinie über den konsolidierten Abschluss (Siebte Richtlinie)*[624]

Die Siebte Richtlinie stellt eine Ergänzung der Vierten Richtlinie dar, indem sie die dort enthaltenen Rechnungslegungsgrundsätze zur Erzielung eines „true and fair view" auf Konzerne überträgt, die dazu verpflichtet werden, einen konsolidierten Abschluss aufzustellen. Da bis dahin in einigen Mitgliedstaaten der konsolidierte Abschluss nicht gesetzlich geregelt war, und darüber hinaus in den beiden Mitgliedstaaten mit der höchsten Regelungsdichte in dem Gebiet, England und Deutschland, unterschiedliche Konzeptionen bestanden, war der legislative Entstehungsprozess langwierig und von ständigen Änderungen geprägt.[625] Nachdem die Kommission zunächst der deutschen Lösung gefolgt war, hat sich schließlich die englische Konzeption durchgesetzt, indem die Richtlinie als Anknüpfung für

---

[620] Vierte Richtlinie 78/660/EWG des Rates vom 25. Juli 1978 über den Jahresabschluss von Gesellschaften bestimmter Rechtsformen, [1978] ABl. L 222/11. Ergänzt durch die Richtlinie 2001/65/EG des Europäischen Parlaments und des Rates vom 27. September 2001 im Hinblick auf die im Jahresabschluss bzw. im konsolidierten Abschluss von Gesellschaften bestimmter Rechtsformen und von Banken und anderen Finanzinstituten zulässigen Wertansätze, [2001] ABl. L 283/28.

[621] *Lutter*, Europäisches Unternehmensrecht, S. 139.

[622] Siehe *Ebke*, Unternehmensrecht und Binnenmarkt – E pluribus unum? RabelsZ 62 (1998) S. 195, 228 mit weiteren Nachweisen.

[623] Zu dieser Einschätzung aus kanadischer Perspektive: *Cheffins*, European Company and Security Law: A Canadian Perspective, [1991] McGill L.J., S. 1283, 1294.

[624] Siebente Richtlinie 83/349/EWG des Rates vom 13. Juni 1983 über den konsolidierten Abschluss, [1983] ABl. L 193/1.

[625] Vgl. *Lutter*, Europäisches Unternehmensrecht, S. 207.

die Konsolidierungspflicht enumerativ aufgezählte Beherrschungsmöglichkeiten eines Mutterunternehmens über ein oder mehrere Tochterunternehmen vorsieht.

c) *Prüferbefähigungsrichtlinie (Achte Richtlinie)*[626]

Die Achte Richtlinie stellt eine weitere Ergänzung der Vierten Richtlinie dar, indem sie gemeinschaftsweit die Qualifikationserfordernisse für die Abschlussprüfer festlegt und im Ergebnis einen – von Deutschland geforderten – hohen Standard vorschreibt. Weiterhin enthält sie eine Aufzählung von Sorgfaltspflichten und statuiert die Unabhängigkeit der Abschlussprüfer.

d) *Zweigniederlassungsrichtlinie (Elfte Richtlinie)*[627]

Die Elfte Richtlinie regelt die Offenlegungspflichten der Zweigniederlassungen von Kapitalgesellschaften. Diese müssen die im Einklang mit den Vierten, Siebten und Achten Richtlinien erstellten, geprüften und offengelegten Rechnungslegungsunterlagen bei einem Register der Zweigniederlassung hinterlegen.

e) *Verordnung über die Anwendung internationaler Rechnungslegungs-grundsätze*[628]

Diese Verordnung sieht vor, dass alle an der Börse notierten europäischen Gesellschaften und alle Gesellschaften, deren Anteile öffentlich gehandelt werden bis spätestens 2005 einen Jahresabschluss nach den Regeln der IAS/IFRS (International Accounting Standards/International Financial Reporting Standards) aufstellen.[629] Da die IAS durch eine private Organisation, das IASB[630] ausgearbeitet werden, auf welche die EU – zumindest keinen direkten – Einfluss hat, wurde gemäß Art. 6 der Verordnung auf EU-Ebene ein neuer Ausschuss errichtet, der Regelungsausschuss für Rechnungslegung (RAR). Dieser soll die IAS/IFRS auf ihre Kompatibilität mit den bisherigen Richtlinien prüfen und anschließend diejenigen IAS/IFRS, die in der EU Anwendung finden sollen, zulassen. Durch dieses Verfahren soll zum einen Rechtssicherheit über die in der EU jeweils geltenden IAS/IFRS erzielt, und zugleich auch der Einklang mit den Richtlinien gewährleistet werden. Diesbezüglich hatte jedoch schon zuvor eine von der Kommission

[626] Achte Richtlinie 84/253/EWG des Rates vom 10. April 1984 über die Zulassung der mit der Pflichtprüfung der Rechnungslegungsunterlagen beauftragten Personen, [1984] ABl. L 126/20.

[627] Elfte Richtlinie 89/666/EWG des Rates vom 21. Dezember 1989 über die Offenlegung von Zweigniederlassungen, die in einem Mitgliedstaat von Gesellschaften bestimmter Rechtsformen errichtet wurden, die dem Recht eines anderen Staates unterliegen, [1989] ABl. L 395/96;

[628] Verordnung EG 1606/2002 des Europäischen Parlaments und des Rates vom 19. Juli 2002 über die Anwendung internationaler Rechnungslegungsgrundsätze, [2002] ABl. L 243/1.

[629] *Van Hulle,* Financial Disclosure and Accounting, in: Hopt/Wymeersch, S. 155.

[630] International Accounting Standards Board, vormals IASC (Committee).

eingesetzte Arbeitsgruppe in einer Untersuchung ermittelt, dass es bislang keine wesentlichen Differenzen zwischen den IAS/IFRS und den Richtlinien gibt.[631] Zugleich hat die Kommission bereits angekündigt, dass sie erforderlichenfalls dazu bereit sei, die Richtlinien an die IAS anzupassen.

Die Entwicklung, die zu dieser Verordnung geführt hat, geht zurück auf die im Jahre 1995 vorgestellte neue Strategie der Kommission im Bereich der Rechnungslegung. Diese beruht auf der Überlegung, dass es den großen europäischen Aktiengesellschaften, die auf den internationalen Kapitalmärkten aktiv sind, ermöglicht werden muss, nur einen, auf einem einzigen Regelwerk beruhenden Jahresabschluss aufstellen zu müssen. Dabei entschied sich die Kommission gegen die Ausweitung der bislang geltenden Richtlinien; sie favorisierte vielmehr das von der IASB ausgearbeitete Regelwerk. Zum einen wird damit eine weitreichende internationale Akzeptanz bezweckt, zum anderen können die Regelungen schneller und flexibler an neue Entwicklungen adaptiert werden als europäische Rechtsvorschriften. Die nun vorgeschriebene Anwendung der IAS/IFRS soll die Vergleichbarkeit der Abschlüsse aller am Markt tätigen europäischen Gesellschaften gewährleisten, was als wesentlicher Bestandteil eines integrierten und effizienten europäischen Kapitalmarkts anzusehen ist.

f) *Ergebnis*

Die bisherigen Angleichungsmaßnahmen der EU im Bereich der Rechnungslegung hatten nicht die Entwicklung eines neuen, einheitlichen Systems zum Ziel, sondern eine Angleichung in Gestalt eines Kompromisses zwischen den unterschiedlichen existierenden Rechnungslegungstraditionen in den Mitgliedstaaten. Aufgrund der weitreichenden in den Richtlinien eingeräumten Optionen sowie einiger nicht erfasster Regelungsbereiche sind jedoch Jahresabschlüsse von Gesellschaften aus unterschiedlichen Mitgliedstaaten nach wie vor nicht vergleichbar.[632] Insofern ist die Einführung der IAS/IFRS für alle börsennotierten europäischen Gesellschaften als ein überaus wichtiger Schritt zur Erzielung dieser Vergleichbarkeit und daher mittelbar auch in Richtung eines einheitlichen europäischen Kapitalmarktes anzusehen. Einschränkend muss jedoch angeführt werden, dass von dieser Entwicklung die meisten europäischen Unternehmen, nämlich die nicht börsennotierten, ausgenommen sind. Es steht den Mitgliedstaaten zwar frei, diesen ebenfalls Abschlüsse nach IAS/IFRS zu erlauben oder vorzuschreiben;

---

[631] *Van Hulle*, Financial Disclosure and Accounting, in: Hopt/Wymeersch (Hrsg.), S. 159. Zur Vereinbarkeit der IAS mit den europäischen Rechnungslegungsrichtlinien siehe: *Contact Committee on the Accounting Directives*, An examination of the Conformity between the International Accounting Standards and the European Accounting Directives, 1996.

[632] *Van Hulle*, Financial Disclosure and Accounting, in Hopt/Wymeersch (Hrsg.), S. 154.

aufgrund der Komplexität dieses Verfahrens dürfte dies jedoch für die meist kleineren Unternehmen nicht adäquat sein.

g) *Richtlinien mit überwiegend kapitalmarktrechtlichem Bezug*

Neben den bisher angesprochenen Maßnahmen sind weiterhin einige Angleichungsrichtlinien zu verzeichnen, die unmittelbar die Integration der Kapitalmärkte in der EU betreffen.[633] Nachdem die Kommission den Gedanken einer europäischen Börse und einer Vollrechtsharmonisierung mangels Durchsetzbarkeit aufgeben musste, verfolgt sie nun einen Ansatz, der auf eine Mindestharmonisierung neben einer gegenseitigen Anerkennung der nationalen Regelungen setzt. Diese Richtlinien haben zum Ziel, den Gesellschaften den Zugang zu den Kapitalmärkten anderer Mitgliedstaaten, durch eine Angleichung und eine Liberalisierung der Zulassungsvorschriften zu erleichtern. Zugleich sollen die Anleger durch Publizität und Information geschützt werden, d.h. den Unternehmen werden bestimmte Mitteilungs- und Berichtspflichten, sowie den Aktionären Meldepflichten über den Erwerb oder die Veräußerung bedeutender Beteiligungen an börsennotierten Gesellschaften auferlegt. Daneben ergingen Richtlinien, mit dem Ziel, die an den Kapitalmärkten agierenden Wertpapier-häusern und Investmentgesellschaften in der gesamten EU gleichen bzw. vergleichbaren Regelungen zu unterstellen, um dadurch gleichwertige Wettbewerbsbedingungen zu schaffen.

## 5. Freiwillige Rechtsangleichung

Neben der durch die EU gesteuerten Angleichung, findet ein nicht unerheblicher freiwilliger, marktbestimmter Angleichungsprozess in den Mitgliedstaaten statt. Dieser ist sowohl auf der gesetzgeberischen Seite als auch in der Rechtsprechung festzustellen. Dabei wird diese marktbestimmte Annäherung mitunter als wichtiger und tiefgreifender eingeschätzt als die Harmonisierungsbemühungen durch die EU.[634] Diese Angleichung ist in vielen Bereichen des Gesellschaftsrechts erkennbar und ist hauptsächlich auf Bestrebungen zurückzuführen, den heimischen Unternehmen ein Recht zur Verfügung zu stellen, welches gegenüber den anderen

---

633 Hierzu zählen: Die Börsenzulassungsrichtlinie (Richtlinie 79/279EWG, vom 5. März 1979, [1979] ABl. L 66/21); Die Börsenzulassungsprospektrichtlinie (Richtlinie 80/390/EWG, vom 17. März 1980, in der zuletzt geänderten Fassung [1994] ABl. L 135/1); Die Halbjahresberichtsrichtlinie (Richtlinie 82/121/EWG, vom 15. Februar 1982, [1982] ABl. L 48/26); Die Transparenzrichtlinie (Richtlinie 88/627/EWG, vom 12. Dezember 1988, [1988] ABl. L 348/62); Die Insiderrichtlinie (Richtlinie 89/592/EWG, vom 13. November 1989, [1989] ABl. L 334/30); Die Emissionsprospektrichtlinie (Richtlinie 89/298/EWG, vom 17. April 1989, [1989] ABl. L 124/8); Die Richtlinie zu Investmentgesellschaften (Richtlinie 85/611/EWG, vom 20. Dezember 1985, [1985] ABl. L 375/3).

634 So *Hopt,* Gemeinsame Grundsätze der Corporate Governance in Europa, ZGR 2000, S. 779, 782.

europäischen - aber auch sonstigen, vor allem US-amerikanischen - Gesellschaftsrechten wettbewerbsfähig ist oder bleibt. Dies erfolgt meist durch die Übernahme einzelner Gestaltungsmerkmale und Lösungen, manchmal aber auch ganzer Rechtsformen aus anderen Gesellschaftsrechten. Ein Beispiel hierfür bietet die Einführung der GmbH in vielen europäischen Ländern. Neben dieser Angleichung „von unten", die vorwiegend im Gesellschaftsrecht zu verzeichnen ist, kann weiterhin ein europäischer bzw. internationaler Vereinheitlichungsprozess im Bereich des Kapitalmarktrechts beobachtet werden, der auf die Tätigkeit von nichtlegislatorischen Einrichtungen zurückzuführen ist. Die in beiden Bereichen hierauf beruhenden Entwicklungen sollen nun im Folgenden skizziert werden.

a) *Freiwillige Angleichung im Gesellschaftsrecht*

Eine grundlegende Annäherungstendenz lässt sich in Europa bezüglich der inneren Struktur (oder neuerdings auch interne Corporate Governance genannt) von Aktiengesellschaften feststellen. So gibt es in den Ländern, die das monistische Verwaltungssystem kennen, eine klare Bewegung zu unabhängigen „outside directors", wodurch eine gewisse Trennung zwischen Geschäftsführung und Kontrolle institutionalisiert wird. Daneben besteht dort die Tendenz, vorgegeben durch den für börsennotierte Unternehmen faktisch zwingenden Code of Best Practice der Londoner Börse, die Position des CEO, d.h. des leitenden Geschäftführers, welcher auch meist Mitglied des Verwaltungsorgans ist, nicht personenidentisch mit dem Vorsitzenden des Verwaltungsrats zu besetzen.[635] Hinzu kommt die Vorgabe, audit und compensation committees einzurichten, die mit outside directors zu besetzen sind. Im Mittelpunkt dieser Entwicklung des eingliedrigen Systems steht damit die Verbesserung der inneren Kontroll-funktionen der Gesellschaften. Dem entspricht auch die gesetzgeberische Entwicklung in Deutschland, die mit dem KonTraG[636] mehr Transparenz und Berichterstattung, sowie eine Verbesserung des unternehmerischen Kontroll-systems und mehr externe Beratung zum Gegenstand hatte. Neben dieser Annäherung des monistischen Systems an das dualistische bleibt anzuführen, dass in drei Mitgliedstaaten, Frankreich, Italien und Portugal,[637] bereits ein Wahlrecht zwischen beiden Leitungsstrukturen besteht.[638] Das deutsche Gesellschaftsrecht hat sich dagegen dem angloamerikanischen in Hinsicht auf die Treuepflichten der Geschäftsführer angenä-

---

635 *Hopt*, a.a.O., S. 784.

636 Gesetz zur Kontrolle und Transparenz im Unternehmensbereich von 1998.

637 Dies wurde bezüglich Frankreich bereits an anderer Stelle erwähnt; zu diesem Wahlrecht in Portugal, siehe *Cremades/Peinado*, Gesellschaftsrecht in Portugal, 2. Auflage (2001).

638 Im Zuge der Einführung der SE ist zu erwarten, dass noch weitere Mitgliedstaaten ein entsprechendes Wahlrecht anbieten werden.

hert. Diese erfahren durch die Rechtsprechung eine Anpassung an die internationalen Standards.[639]

Weitere Entscheidungen des BGH bestätigen ebenfalls, dass sich Gesellschaftsrechtsangleichung auf freiwilliger Grundlage verwirklichen kann. Hierzu zählt zum einen das *Holzmüller*-Urteil,[640] das ein erweitertes Aktionärsklagerecht gegen den Vorstand anerkennt.[641] Daneben angeführt sei die von der Praxis begrüßte Entscheidung *Siemens/Nold*,[642] in welcher der BGH die bislang sehr strengen Anforderungen der Rechtsprechung an den Bezugsrechtsausschluss im Rahmen des genehmigten Kapitals gelockert hat, um den Unternehmen die nötige Flexibilität einzuräumen. Zugleich wurden dadurch diese auch an die Handhabung in den anderen europäischen Mitgliedstaaten angenähert.[643] Beide Entscheidungen beinhalten grundlegende Weiterentwicklungen des deutschen Gesellschaftsrechts. Deren Motivation basiert auf einer Anpassung an internationale Tendenzen und somit letztlich auf der Bestrebung, heimischen Unternehmen oder Anlegern international übliche Gestaltungs- und Rechtschutzinstrumente nicht vorenthalten zu wollen, um Wettbewerbsnachteile abzubauen. Zugleich zeigen beide Entscheidungen, dass marktbestimmte Angleichung nicht bedeuten muss, dass nur einseitige, das Management favorisierende Anpassungen vorgenommen werden. Durch die Entscheidung *Holzmüller* wurde der Aktionärsschutz durch eine Variante erweitert, die im deutschen Recht bislang unbekannt war.

In diesem Zusammenhang ist ebenfalls auf die Entscheidung des House of Lords im Fall *Caparo Industries PLC v. Dickman et al.*[644] hinzuweisen. Das höchste englische Gericht hat in dieser Entscheidung die Haftung des gesetzlichen Abschlussprüfers gegenüber Dritten in Abkehr von seiner dreißigjährigen Rechtsprechung auf das Niveau des deutschen Rechts abgesenkt. Hierdurch wurde auf diesem Gebiet eine Angleichung erzielt, welche von der EU seit Jahren erfolglos versucht worden war.[645] Auch dies bietet wieder einen Beleg für die Dynamik einer marktbestimmten Angleichung.

---

[639] *Hopt*, a.a.O., S. 784.

[640] BGHZ 83, 122.

[641] *Ebke*, Unternehmensrechtsangleichung in der Europäischen Union: Brauchen wir ein European Law Institute?, in FS Großfeld, S. 189.

[642] BGH-Urteil vom 23. Juni 1997, ZIP 1997, S. 1499.

[643] Siehe hierzu *Schäfer*, Erwartungen eines deutschen Großkonzerns an das europäische Gesellschaftsrecht, in Scheuing/Schwarz/Wollenschläger (Hrsg.), S. 70 f.

[644] [1990] 1 All E.R. 568. Siehe zu der Entscheidung: *Ebke/Bert*, Vereinheitlichung der Abschlussprüferhaftung in Europa durch Rechtsprechung, EWS 1993, S. 229.

[645] *Ebke*, Unternehmensrecht und Binnenmarkt – E pluribus unum? RabelsZ 62 (1998) S. 195, 235 f.

In der Gesetzgebung sind ebenfalls entsprechende, auf derselben Motivation beruhende Entwicklungen festzustellen. Auf deutscher Seite ist dabei die Einführung des Übernahmegesetzes anzuführen. Es sei daran erinnert, dass das Zustandekommen einer europäischen Übernahmerichtlinie lange Zeit maßgeblich am Widerstand Deutschlands gescheitert war. Der Schutz, den das Konzernrecht in diesen Fällen bot, wurde in der Vergangenheit als ausreichend erachtet. Entschieden abgelehnt wurde vor allem die Einführung eines Pflichtangebots nach englischem Muster,[646] weshalb neuere Richtlinienvorschläge hierzu Alternativen zuließen, wodurch die Richtlinie jedoch letztlich nur noch den Charakter einer Rahmenrichtlinie trug. Mit seinem im Jahr 1995 eingeführten freiwilligen Übernahmekodex und dem neuen Wertpapiererwerbs- und Übernahmegesetz (WpÜG) hat Deutschland überraschend schließlich doch ein solches Pflichtangebot aufgenommen. Es hat sich damit der gesamteuropäischen Entwicklung angepasst, da mittlerweile die Kontinentaleuropäischen Länder - unabhängig von der Dreizehnten. Richtlinie – Übernahmegesetze oder Kodices nach englischem Vorbild aufgenommen haben, welche unter anderem auch alle ein Pflichtangebot kennen.[647] Diese Entwicklung war letztlich auch wieder dadurch motiviert, dass eine bislang häufig fehlende bzw. unzureichende Regelung der Materie vorgenommen wurde, um heimische Unternehmen und Anleger zu schützen. Da die englische Rechtsordnung bis dahin am meisten Erfahrung mit Übernahmesituationen und somit bewährte Rechtsregeln aufwies, konnten sich deren Standards durchsetzen, wodurch auch europaweit eine Angleichung erzielt worden ist. Einschränkend muss hierzu jedoch angeführt werden, dass der Bedarf für eine europäische Richtlinie weiterhin besteht, gerade um protektionistischen Tendenzen - wie sie auch das WpÜG mit seiner Lockerung der Neutralitätspflicht aufweist [648]- entgegenzutreten und um ein sog. „Level playing-field" zu gewährleisten.

Nicht zuletzt sei hier noch eine weitere Entwicklung angeführt. So ist eine Tendenz festzustellen, kleineren Aktiengesellschaften gewisse Erleichterungen u.a. auch auf dem Gebiet der Bilanzierung zu gewähren. Eingeleitet wurde diese Entwicklung durch die Einführung der société par actions simplifiée (S.A.S.)[649] in Frankreich. In Deutschland hat sie in Gestalt der „kleinen AG" ihre Nachahmung gefunden.

---

[646] *Krause*, Das deutsche Übernahmegesetz vor dem Hintergrund der EU-Richtlinie, ZGR 2002, auf Seite 500 und 503.

[647] *Hopt*, Gemeinsame Grundsätze der Corporate Governance in Europa, ZGR 2000, S. 779, 788, 790.

[648] Siehe dazu unter Punkt B. II.2.c) (1) in diesem Kapitel, sowie *Krause*, a.a.O.., ZGR 2002, S. 500, 507 ff.

[649] Siehe hierzu u.a.: *Guyon*, Die Société par Actions Simplifiée (SAS) – eine neue Gesellschaftsform in Frankreich, ZGR 1994, S. 551.

b) *Vereinheitlichungstendenzen im Kapitalmarktrecht*

Auch im Bereich des Kapitalmarktrechts ist eine erhebliche marktbestimmte Angleichung zu verzeichnen. Vielmehr als die Vierte Richtlinie mit ihren 40 Optionen sorgt die Globalisierung - d.h. in diesem Fall die Attraktivität der US-amerikanischen Kapitalmärkte für europäische Kapitalgesellschaften - für starke Vereinheitlichungsbestrebungen im Rechnungslegungs- und Bilanzrecht. Der Zugang zu US-amerikanischen Börsen setzt einen Abschluss nach den US GAAP[650] voraus. Da eine doppelte Bilanzierung zeitaufwendig, teuer und auch irreführend ist, hat der deutsche Gesetzgeber auf Druck der Wirtschaft und nach Empfehlung der EG-Kommission, ein Wahlrecht eingeführt. Im Kapitalaufnahme-Erleichterungsgesetz von 1998 (KapAEG) wird den Aktien-gesellschaften freigestellt, ob sie ihren Konzernabschluss nach den Grundsätzen des deutschen Rechts oder nach international anerkannten Bilanzierungs-grundsätzen - d.h. nach US GAAP oder auch IAS/IFRS - aufstellen, wobei dieser Abschluss weiterhin im Einklang mit den EU-Richtlinien stehen muss.[651] Andere europäische Staaten sind diesem Beispiel gefolgt.[652] Wie oben gesehen (in diesem Abschnitt unter Punkt 4. e), hat die EG mit der Verordnung über die Anwendung internationaler Rechnungslegungsgrundsätze nachgezogen und schreibt die Verwendung von IAS/IFRS für Konzernabschlüsse ab 2005 vor. Längerfristig ist absehbar, dass die IAS/IFRS durch die International Organisation of Securities Commissions (IOSCO) und somit weltweit anerkannt werden, da im IASB (International Accouning Standards Board) darauf hingearbeitet wird, IAS/IFRS und US GAAP zu konvergieren.[653] Es zeigt sich damit, dass unabhängige private Institutionen wie IASB und IOSCO auf Herausforderungen des Kapitalmarktes schneller zu reagieren vermögen als große Bürokratien. Zugleich gelingt es ihnen, Rechtsvereinheitlichung von erheblicher Tragweite zeitnah voranzubringen.[654]

## 6. Empfehlungen der Expertengruppe und Aktionsplan der EU-Kommission

Die Einschätzungen und Empfehlungen der von der EU-Kommission eingesetzten Expertengruppe für das Gesellschaftsrecht über bereits abgeschlossene oder in Planung befindliche Vorhaben wurden zu den jeweiligen Punkten bereits ange-

---

650 US Generally Accepted Accounting Principles.

651 Um die deutschen Unternehmen und Wirtschaftsprüfer bei der Frage der Vereinbarkeit eines Abschlusses nach US-GAAP oder IAS mit den Richtlinien zu beraten, wurde das Deutsche Rechnungslegungs-Standards Committee e.V. gegründet.

652 Siehe hierzu im Einzelnen: *Van Hulle*, Financial Disclosure and Accounting, in Hopt/Wymeersch (Hrsg.), S. 163 ff.

653 *Van Hulle*, a.a.O., S. 171 f.

654 *Ebke*, Unternehmensrecht und Binnenmarkt – E pluribus unum? RabelsZ 62 (1998) S. 195, 238 f.

führt. Die Expertengruppe hat weitere Empfehlungen abgegeben, die sowohl einen über diese Vorhaben hinausgehenden Handlungsbedarf feststellen, aber auch in einigen Bereichen von einem Tätigwerden abraten.

Allgemein erkennt die Expertengruppe die hohe Bedeutung von Offenlegungspflichten zum Schutz von Gläubigern und Anteilseignern an. Sie sieht deshalb einen Schwerpunkt darin, bislang verfolgte Schutzzwecke vermehrt durch eine Verstärkung und Erweiterung der Offenlegungs- und Informationspflichten von Gesellschaften anzustreben. Solche Maßnahmen seien der Einführung von spezifischen und dadurch umständlichen Schutzmechanismen vorzuziehen.[655] Dazu gehöre auch die Veröffentlichung eines jährlichen Corporate Governance Statements, das Angaben über die Mitglieder der Leitungsorgane, deren Qualifikationen, deren Beziehungen zur Gesellschaft und zu Großaktionären enthalten soll. Daneben enthält das Statement eine Beschreibung des Risikomanagementsystems der Gesellschaft, sowie eine Stellungnahme darüber, ob die Gesellschaft den für sie maßgeblichen nationalen Corporate Governance Code einhält, bzw. eine Erklärung über den Grund für eventuelle Abweichungen.[656] Dabei sei zu erwägen, ob börsennotierten Gesellschaften auferlegt werden soll, offenlegungspflichtige Informationen auch auf ihren Websites zugänglich zu machen. Zudem sollen die Mittel der modernen Informationstechnologie dazu genutzt werden, den Zugang zu Handelsregistern zu vereinfachen und diese europaweit untereinander zu vernetzen.[657] Weiterhin wurde es als wichtiger empfunden, die Voraussetzungen für grenzüberschreitende Operationen und Restrukturierungen zu verbessern, als sich auf die Harmonisierung des Sachrechts zu versteifen.[658] Diesbezüglich sollte die EU auch vermehrt auf alternative Regelbildungsmechanismen zurückgreifen, d.h. die Erarbeitung von Modellgesetzen, die Aufstellung von Standards sowie die Koordinierung von entsprechenden Bemühungen der Mitgliedstaaten, da diese den Anforderungen der Praxis dynamischer angepasst werden können als die bislang vorwiegend genutzten Richtlinien, die sich als unflexibel erwiesen haben.[659]

In diesem Zusammenhang hat die Expertengruppe der Kommission empfohlen, keinen europäischen Corporate Governance Code aufzustellen. Die wesentlichen Impulse für solche Kodices müssten vom Markt und den Marktteilnehmern selbst kommen, da diese freiwilligen Regelwerke ihren Bedürfnissen nach einer objektiven Bewertung eines Unternehmens entsprechen müssen.[660] Staatliche Bürokra-

---

655 Report of the High Level Group of Company Law Experts on a Modern Regulatory Framework for Company Law in Europe, 4. 11. 2002, S. 41.
656 Report, a.a.O., S. 46 f.
657 Report, a.a.O., S. 39.
658 Report, a.a.O., S. 30.
659 Report, a.a.O., S. 31 f.
660 Report, a.a.O., S. 72.

tien sowohl auf EU- als auch auf mitgliedstaatlicher Ebene sollen hier nur eine unterstützende und koordinierende Funktion einnehmen. Ausserdem müsste ein solcher europäischer Kodex den weiterhin bestehenden Unterschieden zwischen den europäischen Gesellschaftsrechten Rechnung tragen, weshalb er entweder zu allgemein oder mit zahlreichen Alternativen zu fassen wäre, was wiederum seinen Nutzen stark verringern würde.

Einen großen Handlungsbedarf hat die Expertengruppe in der Modernisierung des Aquis, vor allem in bezug auf die Regelungen über die Kapitalaufbringung- und Erhaltung in der Zweiten Richtlinie ausgemacht. Hierzu hat sie in ihrem Bericht Empfehlungen der SLIM-Arbeitsgruppe[661] aufgegriffen und eine Fülle von weiteren Verbesserungsvorschlägen unterbreitet, die vor allem eine Liberalisierung vorsehen. In einem weiteren Schritt schlägt die Expertengruppe vor, ein neues, zur Zweiten Richtlinie alternatives Regime der Kapital-aufbringung- und Erhaltung anzubieten.

Als erste Sofortmaßnahmen hat die Expertengruppe der Kommission zunächst empfohlen, einen Aktionsplan für das Gesellschaftsrecht zu erstellen und diesen mit dem Parlament und dem Rat abzustimmen, sowie ein ständiges Beratungsgremium einzurichten.[662] Einen Teil dieser Sofortmaßnahmen hat die Kommission nun mit der Annahme ihres „Aktionsplans zur Modernisierung des Gesellschaftsrechts und zur Verbesserung der Corporate Governance in der Europäischen Union" am 21. Mai 2003 verwirklicht.[663] Dabei hat sie sich im Wesentlichen an die Vorgaben der Hochrangigen Expertengruppe gehalten.[664] Insbesondere beinhaltet der Plan als kurzfristige Maßnahmen die Umsetzung der Vorschläge der Expertengruppe bezüglich des Themenbereichs „Corporate Governance" unter anderem mittels der Einführung einer Corporate Governance Richtlinie, der Vereinfachung der Zweiten Richtlinie und das Voranbringen der Zehnten und Vierzehnten Richtlinie. Außerdem soll zur Koordinierung der nationalen Corporate Governance Codes ein entsprechendes Europäisches Forum eingerichtet werden. Die Kommission teilt allerdings nicht den Pessimismus der Expertengruppe in Bezug auf weitere europäische Gesellschaftsformen. So sollen eine Machbarkeits-

---

[661] Simpler Legislation for the Internal Market.

[662] Report, a.a.O., S. 127.

[663] Der Text des Aktionsplans ist über die Website der Generaldirektion Binnenmarkt (http://europa.eu.int/comm/internal_market/en) abrufbar. Siehe hierzu auch: *Maul/ Lanfermann/ Eggenhofer*, Aktionsplan der Europäischen Kommission zur Reform des Europäischen Gesellschaftsrechts, BB 2003, S. 1289; *Wiesner*, Corporate Governance und kein Ende – Zum Aktionsplan der EU-Kommission über die Modernisierung des Gesellschaftsrechts und Verbesserung der Corporate Governance, ZIP 2003, S. 977, sowie *Habersack*, Europäisches Gesellschaftsrecht im Wandel, NZG 2004, S. 1, 2.

[664] *Bayer*, Aktuelle Entwicklungen im Europäischen Gesellschaftsrecht, BB 2004, S. 1, 6; *Habersack*, Europäisches Gesellschaftsrecht im Wandel, NZG 2004, S. 1.

studie über eine Europäische Privatgesellschaft erstellt werden, sowie die Verordnungsvorhaben des Europäischen Vereins und der Europäischen Gesellschaft auf Gegenseitigkeit weiter vorangetrieben werden.

## III. Gesellschaftskollisionsrecht

### 1. Einführung

Das internationale Gesellschaftsrecht gehört zu den wenigen Rechtsmaterien im Bereich des internationalen Privatrechts in Europa, die noch keine grundlegende Harmonisierung erfahren haben.[665] Die Bestimmung des Statuts einer Gesellschaft erfolgt in den Rechtsordnungen der Gemeinschaft grundsätzlich nach zwei Theorien, der Gründungs- und der Sitztheorie. Beide Methoden knüpfen an den Sitz der Gesellschaft zur Ermittlung des auf sie anzuwendenden Rechts an. Die Sitztheorie stellt auf den effektiven Verwaltungssitz ab, während die Gründungstheorie den satzungsmäßigen Sitz, also den Gründungssitz, heranzieht.[666] Diese differenzierten Anknüpfungsmomente führen insbesondere bei der nachträglichen grenzüberschreitenden Verlegung des effektiven Verwaltungssitzes sowie beim Auseinanderfallen des effektiven und satzungsmäßigen Verwaltungssitzes im Zeitpunkt der Gründung zu unterschiedlichen Ergebnissen. Dabei wirkt besonders die Sitztheorie als Hemmnis beim Umzug von Gesellschaften, da sie in vielen Fällen – entsprechend ihrer Zielsetzung als Schutzinstrument – die Auflösung und anschließende Neugründung der Gesellschaft nach neuem Recht erforderlich macht. In diesem Zusammenhang wird auch die Frage relevant, ob und inwieweit dies der Niederlassungsfreiheit innerhalb der EU widerspricht.

Die bereits oben festgestellten unterschiedlichen Konzeptionen des Gesellschaftsrechts in den Mitgliedstaaten wirken auch auf das internationale Gesellschaftsrecht fort. Während Gesellschaftsrechte nach anglo-amerikanischem Vorbild hauptsächlich auf die durch – kapitalmarktrechtliche – Vorschriften unterstützten Kräfte des Marktes zur Kontrolle des Unternehmens abstellen, sind Gesellschaftsrechte nach deutschem Vorbild bestrebt, Kontrollmechanismen in das Gesellschaftsrecht selbst einzufügen. Demzufolge, suchen letztere Rechtsordnungen zu

[665] Vgl. etwa *Zimmer*, Ein Internationales Gesellschaftsrecht für Europa, RabelsZ 67 (2003), S. 298.

[666] Zu den beiden Theorien, siehe *Hausmann*, in Reithmann-Martiny, Internationales Vertragsrecht, Rn. 1538 m.w.N.. Eine eingehende Darstellung beider Theorien soll hier nicht erfolgen. Dennoch ist anzumerken, dass in einigen Mitgliedstaaten auch Kombinationen zwischen beiden Anknüpfungsformen angewendet werden. Insbesondere infolge der EuGH-Rechtsprechung der letzten Jahre, auf die weiter unten noch eingegangen werden soll, wird eine Kombination beider Theorien immer wahrscheinlicher. Zur Verbreitung der Theorien in den europäischen Mitgliedstaaten, siehe *Großfeld*, in Staudinger, IntGesR, Rn. 148 ff., *Kindler*, in Münchner Kommentar, IntGesR, Rn 382.

verhindern, dass diese Mechanismen durch die Wahl eines fremden Gesellschaftsrechts unterlaufen werden, weshalb sie der Sitztheorie folgen. Die Gesellschaftsrechtsordnungen nach anglo-amerikanischem Vorbild bedürfen dieses Instrumentes jedoch nicht, da die Mechanismen - welche die schutzwürdigen Interessen von Gläubigern, Aktionären und Arbeitnehmern wahren - weniger im Gesellschaftsrecht als eher im öffentlichen Recht angesiedelt sind. Dies hat zu Folge, dass die Mechanismen auf fremde Gesellschaften Anwendung finden, selbst wenn das Gesellschaftsstatut zur Geltung des fremden Gesellschaftsrechts führt. Auch hier wird wiederum deutlich, auf welche Schwierigkeiten eine Harmonisierung oder die Herstellung der Niederlassungs-freiheit von Gesellschaften in der EU stoßen. Die Tatsache, dass selbst die SE als originäre europäische Gesellschaftsform nicht voll verkehrsfähig ist, ist nur ein Ausdruck hiervon. So wird auch bei der SE zur Bestimmung des anwendbaren nationalen Rechts auf den effektiven Verwaltungssitz abgestellt. Darüber hinaus ist eine Sitzverlegung nur nach einem komplizierten Procedere möglich und im Ergebnis mit einem Wechsel des auf die Gesellschaft anwendbaren Rechts verbunden.

## 2. Die Sitztheorie und die Niederlassungsfreiheit

Der Streit inwieweit die durch Anwendung der Sitztheorie erzielten Rechtsfolgen mit der im EGV festgeschriebenen Niederlassungsfreiheit vereinbar sind gehört zu den umstrittensten Fragen des internationalen Gesellschaftsrechts und hat Gerichte wie Literatur in den letzten Jahren gleichermaßen beschäftigt. So schien auch die Frage der Vereinbarkeit der Sitztheorie mit der Niederlassungsfreiheit nach der „*Daily Mail*“-Entscheidung[667] des EuGH von 1988 zunächst einmal positiv geklärt. Im Zuge der Entscheidungen „*Centros*“,[668] „*Überseering*“[669] und „*Inspire Art*“[670] steht jedoch die Vereinbarkeit der durch die Sitztheorie erzielten Rechtsfolgen mit der Niederlassungsfreiheit wieder im Mittelpunkt der Diskussion.

[667] EuGH vom 27. September 1988 (Daily Mail), Slg. 1988, 5483 = NJW 1989, S. 2186 = JZ 1989, S. 384 mit Anm. *Großfeld/Luttermann* = IPRax 1989, S. 381 mit Anm. *Behrens* 374 = DB 1989, S. 269 mit Aufs. *Ebenroth/Eyles* S. 363 und 413.

[668] EuGH vom 9. März 1999 (Centros) Slg. 1999, I – 1459 = NJW 1999, S. 2027 mit Aufs. *Kindler* 1993 = IPRax 1999, S. 360 mit Aufs. *Behrens* = NZG 1999, S. 298 mit Anm. *Leible* 300 = JZ 1999, S. 669 mit Aufs. *Ebke* S. 656 und *Ulmer* S. 662 = EuZW 1999, S. 216 mit Aufs. *Freitag* S. 267; siehe ebenfalls: *Zimmer*, Mysterium "Centros", von der schwierigen Suche nach der Bedeutung eines Urteils des Europäischen Gerichtshofes, ZHR 164 (2000) S. 23.

[669] EuGH vom 5. November 2002 (Überseering) = NJW 2002, S. 3614, mit Aufs. *Kindler*, NJW 2003, S. 1073. Siehe Ebenfalls *Ebke*, Überseering: „Die wahre Liberalität ist Anerkennung“, JZ 2003, S. 927.

[670] EuGH vom 30. September 2003 (Inspire Art), BB 2003, S. 2195.

Während nach der *Centros*-Entscheidung noch streitig war, ob das Urteil überhaupt für die Gemeinschaftsrechtskonformität der Sitztheorie von Bedeutung ist, wurde nach der *Überseering*-Entscheidung deutlich, dass die Sitztheorie in bezug auf Gesellschaften aus EU-Staaten zumindest insoweit keine Anwendung finden kann, als ihnen dadurch die Anerkennung ihrer Rechts- und Parteifähigkeit versagt bliebe.[671] In der Entscheidung *Inspire Art* scheint der EuGH jedoch die Ansicht zu vertreten, die Niederlassungsfreiheit für Gesellschaften mache es notwendig, den Mitgliedstaaten weitgehend die Anwendung inländischen Gesellschaftsrechts auf Gesellschaften aus dem EU-Ausland zu verbieten. Während also nach *Überseering* noch der Fortbestand der Sitztheorie oder auch die Geltung einer moderaten Gründungstheorie mit zahlreichen Sonder-anknüpfungen an den Verwaltungssitz in bezug auf einige Sachbereiche als zukünftige Alternativen in Betracht kamen, hat sich der EuGH nun in Richtung einer reinen Gründungstheorie ausgesprochen. Dementsprechend wird unter anderem in Deutschland ein Gesetz gefordert, welches etwa die unternehmerische Mitbestimmung auch auf ausländische Gesellschaften zur Anwendung bringt.[672]

An dieser Stelle soll keine Auseinandersetzung mit der umfangreichen Literatur erfolgen, die zu den genannten Entscheidungen ergangen ist. Insbesondere ist abzusehen, dass der EuGH in naher Zukunft erneut die Gelegenheit haben wird, seine Rechtsprechung zu spezifizieren, weswegen Spekulationen im Rahmen einer solchen Arbeit müßig sind. Auf einige grundlegende Kritikpunkte, welche die Entscheidungen aufwerfen, soll hier jedoch hingewiesen werden. So mag zwar die Erhöhung der Verkehrsfähigkeit europäischer Gesellschaften grundsätzlich dem Binnenmarkt förderlich und damit lobenswert sein; dennoch erscheint das Ergebnis des EuGH unter mehreren Gesichtspunkten als bedenklich. Überträgt man die Sichtweise des EuGH auf die SE, so müsste man unweigerlich zu dem Schluss kommen, dass die in der Verordnung vorgeschriebene Prozedur zur Sitzverlegung und deren Folgen - insbesondere des damit verbundenen Wechsels des anzuwendenden Rechts - mit der Niederlassungsfreiheit nicht konform ist. Da man jedoch davon ausgehen kann, dass der europäische Gesetzgeber eine EG-

---

[671] In bezug auf die deutsche Rechtsordnung gilt, dass die Anwendung deutschen Rechts auf eine im Ausland gegründete Gesellschaft mit effektivem Verwaltungssitz im Inland in jedem Fall zu einer Rechts- und Parteifähigkeit der Gesellschaft führt, nachdem im Zuge der neuen Rechtsprechung des BGH auch die BGB-Gesellschaft rechtsfähig ist. Daher wurde vertreten, dass die Anwendung der Sitztheorie damit insoweit nicht gemeinschaftswidrig sei (vgl. *Kindler*, Auf dem Weg zur Europäischen Briefkastengesellschaft? NJW 2003, S. 1073, 1077; auch der II. Zivilsenat des BGH hatte sich dieser Sichtweise angeschlossen, BGH vom 1. Juli 2002, NJW 2002, S. 3539).

[672] Ein solches Gesetz wird insbesondere von den Gewerkschaften gefordert und wurde auch in der Rechtslehre erwartet; allerdings steht dieses laut Aussage von Ministerialrat im Bundesjustizministerium Hans-Werner *Neye* nicht auf der Agenda der Bundesregierung (vgl. Börsen-Zeitung vom 16. Januar 2004 „Keine Mitbestimmung für die Ltd. in Deutschland").

rechtskonforme SE-Verordnung geschaffen hat, muss gelten, dass, wenn ein Wechsel des auf die Gesellschaft anzuwendenden Rechts bei der Sitzverlegung einer Gesellschaft europäischen Rechts statthaft ist, dies erst recht auch für nationale Gesellschaften gelten muss.[673] Gleiches gilt auch in bezug auf die unternehmerische Mitbestimmung: Während die Regelungen zur SE durch ein komplexes Verfahren sicherstellen sollen, dass bei der Errichtung einer SE unter Beteiligung einer der Mitbestimmung unterliegenden Gesellschaft, diese Mitbestimmungsregelungen auf die SE erstreckt werden, ist nicht nachvollziehbar, dass es dagegen möglich sein soll, durch eine Auslandsgründung einer nationalen Gesellschaft trotz alleiniger Geschäftstätigkeit im Inland die Mitbestimmung völlig auszuschließen. Die Rechtsprechung des EuGH ist daher nicht mit dem Sekundärrecht abgestimmt.[674] Im Gegenteil: sie konterkariert die Bemühungen um die SE, da nun nationale Gesellschaften verkehrsfähiger sind als europäische Gesellschaften, obwohl gerade dieses Merkmal deren Attraktivität ausmachen sollte.

Daneben schenkt der EuGH dem Umstand keinerlei Beachtung, dass es in den Konstellationen, in denen von vornherein eine Geschäftstätigkeit im Inland bezweckt wird, jedoch durch eine Auslandsgründung bestimmte inländische Regelungen umgangen werden sollen, kein Bedürfnis für ein Eingreifen der Niederlassungsfreiheit besteht. In diesen Fällen liegt nur formal, aber nicht tatsächlich eine grenzüberschreitende Wirtschaftstransaktion vor, bei der es unangemessen wäre, die Grundsätze der Niederlassungsfreiheit anzuwenden. Insoweit darf das Gemeinschaftsrecht nicht Mittel einer missbräuchlichen Umgehung des nationalen Rechts sein.[675] Hierdurch werden nur unnötige rechtliche Problemlagen erschaffen, welche keinesfalls zugunsten einer wirksamen Durchsetzung des Gemeinschaftsrechts in Kauf genommen werden müssen. Letztlich liegen den Fällen *Centros* und *Inspire Art* keine Sachverhalte zugrunde, die eine Subsumtion unter die Niederlassungsfreiheit rechtfertigen würden.

### 3. Harmonisierung

Wie bereits eingangs angeführt, sind Harmonisierungsbemühungen im Bereich des europäischen internationalen Gesellschaftsrechts bislang nicht erfolgreich gewesen. Das Vorhaben eines EWG-Übereinkommens zur gegenseitigen Aner-

---

673 In diese Richtung auch *Kindler*, Auf dem Weg zur Europäischen Briefkastengesellschaft? NJW 2003, S. 1073.

674 *Bayer*, Die EuGH-Entscheidung „Inspire Art“ und die deutsche GmbH im Wettbewerb der europäischen Rechtsordnungen, BB 2003, S. 2357.

675 *Forsthoff*, Internationales Gesellschaftsrecht im Umbruch, DB 2003, S. 979.

kennung von Gesellschaften und juristischen Personen ist bereits seit längerer Zeit gescheitert.[676]

Dagegen bestehen gute Aussichten, dass die Sitzverlegungsrichtlinie (Vierzehnte Richtlinie)[677] in naher Zukunft angenommen werden wird. Die geplante Vierzehnte Richtlinie soll den europäischen Gesellschaften eine identitäts-wahrende Verlegung ihres Sitzes innerhalb der Union ermöglichen, und zwar ohne Auflösung und Neugründung, aber mit einem Wechsel des für die Gesellschaft maßgeblichen Rechts. Zwar steht das Vorhaben in einem engen Zusammenhang mit dem Kollisionsrecht und der Sitztheorie, deren Auswirkungen die Richtlinie teilweise einschränken will. Dennoch zielt sie nicht auf eine Harmonisierung der Kollisionsregeln ab.[678] Vielmehr sollen bei einem Umzug der Gesellschaften die der Sitztheorie zugrundeliegenden Schutzerwägungen durch ein umfangreiches Verfahren berücksichtigt werden. Einer Verabschiedung der Richtlinie stand bislang wiederum die Mitbestimmungsproblematik im Wege. Aufgrund des nachdrücklichen Eintretens der Expertengruppe im Gesellschafts-recht für die Einführung einer Sitzverlegungsrichtlinie[679] und im Zuge der Einigung bezüglich der Mitbestimmungsfrage in der SE ist zu erwarten, dass eine Verabschiedung der Richtlinie in naher Zukunft bevorsteht.[680] Dementsprechend hatte die Kommission zuletzt angekündigt, im September 2004 einen neuen Vorschlag vorzulegen, wobei zu erwarten ist, dass dabei an den früheren Richtlinienvorschlag - ergänzt durch die Mitbestimmungslösung zur SE - angeknüpft wird.[681]

---

[676] EWG-Übereinkommen vom 29. Februar 1968, BGBl. 1972 II, S. 370; abgedruckt bei *Jayme/Hausmann*, Nr. 14; zu dem Übereinkommen siehe *Hausmann*, in Reithmann-Martiny, Internationales Vertragsrecht, Rn. 1548 mit weiteren Nachweisen.

[677] Vorentwurf der Kommission über eine Vierzehnte Richtlinie zur Sitzverlegung, abgedruckt in ZGR 1999, S. 157. Siehe zur Richtlinie selbst und ihre Auswirkungen auf die nationalen Rechte: *DiMarco*, Der Vorschlag der Kommission für eine 14. Richtlinie. Stand und Perspektiven, ZGR 1999, S. 3; *K. Schmidt*, Sitzverlegungsrichtlinie, Freizügigkeit und Gesellschaftsrechtspraxis, ZGR 1999, S. 20; *Priester*, EU-Sitzverlegungen – Verfahrensablauf, ZGR 1999, S. 36; *Rajak*, Britisches Recht und der Vorschlag einer 14. Richtlinie, ZGR 1999, S. 111; *Wymeersch*, Die Sitzverlegung nach belgischem Recht, ZGR 1999, S. 126; *Timmerman*, Sitzverlegung von Kapitalgesellschaften nach niederländischem Recht und die 14. EU-Richtlinie, ZGR 1999, S. 147.

[678] *Schwarz*, Europäisches Gesellschaftsrecht, S. 497 f.

[679] Report of the High Level Group of Company Law Experts on a Modern Regulatory Framework for Company Law in Europe, 4. 11. 2002, S. 111.

[680] Zu einer Einschätzung der Auswirkungen der Einigung über die Mitbestimmung bei der SE auf andere Legislativprojekte im Gesellschaftsrecht, siehe in diesem Kapitel unter Punkt IV. 3.

[681] *Bayer*, Aktuelle Entwicklungen im Europäischen Gesellschaftsrecht, BB 2004, S. 1, 10.

### 4. Zusammenfassung

Angesichts des Konzepts der Vierzehnten Richtlinie wird wiederum deutlich, dass die Rechtsprechung des EuGH zum internationalen Gesellschaftsrecht nicht mit dem bestehenden oder geplanten sekundären Gemeinschaftsrecht abgestimmt ist. Wie auch bei der SE-Verordnung hätte die Verlegung des effektiven Verwaltungssitzes im Rahmen der Vierzehnten Richtlinie zwar identitäts-wahrende Wirkung; dennoch würde sie einen Wechsel des maßgeblichen materiellen Gesellschaftsrechts zur Folge haben. Gerade aufgrund dieser Unstimmigkeiten besteht ein Bedarf an einem einheitlichen Konzept für das europäische internationale Gesellschaftsrecht. Dabei erscheint es naheliegend, dass sich eine solche Lösung an dem Konzept der SE-Verordnung und der Vierzehnten Richtlinie orientiert.[682]

## IV. Ergebnis und Ausblick

### 1. Würdigung der bisherigen Angleichung und Vereinheitlichung

Die bisherige Untersuchung hat gezeigt, dass die herkömmliche Vereinheitlichung des Gesellschaftsrechts durch die Schaffung genuin europäischer Gesellschaftsformen und die Angleichung der nationalen Gesellschaftsrechte im Wesentlichen aufgrund der grundlegenden Unterschiede in der Konzeption der nationalen Gesellschaftsrechte erschwert wird. Diese Diversität der Gesellschaftsrechte beruht nicht auf einem nur zufälligen Entwicklungsprozess, sondern zeugt von unterschiedlichen Konzeptionen von der Rolle der Unternehmen in der Gesellschaft, woraus verschiedene Ansichten über die Struktur, die Kontroll-mechanismen, die Ausgestaltung der Informationspflichten, die Beteiligung der Arbeitnehmer, das Konzernrecht und die Rechte der Anteilseigner hervorgehen. Gerade das Scheitern der Festlegung auf ein bestimmtes Konzept für das europäische Gesellschaftsrecht hat sich an der Verordnung für die SE gezeigt, die alle streitigen Fragen, und zwar nicht nur die der Mitbestimmung offen lässt. Während dies bei Fragen wie derjenigen nach der Struktur der Gesellschaften offen bleiben kann, beziehungsweise die in Zukunft bestehende Wahlmöglichkeit zwischen dem dualistischen und dem monistischen System zu begrüßen ist, bedarf es in anderen wesentlichen Fragen jedoch einer Festlegung. Dies erklärt auch den Widerstand der Mitgliedstaaten gegen präzise und detaillierte Richtlinien, die weniger einen harmonisierenden, sondern eher einen vereinheitlichenden Effekt haben, so dass den nationalen Regelgebern kaum noch Raum verbleibt, der eigenen Konzeption zu folgen. Da sich der europäische Gesetzgeber in den Richtlinien meist für das eine oder das andere mitgliedstaatliche Konzept entscheiden muss, stößt er naturgemäß bei den anderen Mitgliedstaaten, deren Lösungen nicht beachtet worden

682 Ähnlich wie hier auch *Zimmer*, Ein Internationales Gesellschaftsrecht für Europa, RabelsZ 67 (2003), S. 298, 310 ff.

sind, auf Widerstand. Dies gilt erst recht dann, wenn der europäische Gesetzgeber eine Materie einer bestimmten Regelung unterziehen will, während aber bislang die Mitgliedstaaten selbst eine solche Regelung abgelehnt haben; siehe exemplarisch hierzu die Konzernrichtlinie. Sucht der europäische Gesetzgeber in seinen Richtlinien dagegen durch sogenannte Optionsmodelle einen Kompromiss zu erzielen, führt dies dazu, dass teilweise gegensätzliche Lösungen angeboten werden. Die Folge ist, dass die nationalen Gesellschaftsrechte nicht wirklich eine Angleichung erfahren, jedoch durch die Umsetzung der Richtlinien noch komplexer werden.[683] Hinzu tritt der „Sperrwirkungseffekt" von Richtlinien, d.h. je mehr Richtlinien ergehen, desto größere Bereiche des Gesellschaftsrechts sind für jede weitere Entwicklung blockiert.[684]

## 2. Ausblick

Entsprechend den Vorschlägen der hochrangigen Expertengruppe stellt sich in Anbetracht der soeben geübten Kritik die Frage, ob die Kommission nicht viel mehr wieder auf Richtlinien, die nur einen Rahmencharakter aufweisen, oder auch auf alternative Maßnahmen, wie z.B. Modellgesetze zurückgreifen sollte. Der EU würde hierdurch eine koordinierende Rolle zukommen. Sie könnte in diesem Rahmen auch darauf achten, dass notwendige Modernisierungen der Gesellschaftsrechte erfolgen, wie z.B. der Einsatz moderner Kommunikationsmedien. Schließlich sollte immer beachtet werden, dass es in erster Linie nicht um Vereinheitlichung oder Harmonisierung geht, sondern um die Herstellung der Niederlassungsfreiheit, d.h. der Verkehrsfreiheit der Gesellschaften in Europa. Wie das Kapitel zu der freiwilligen – marktbestimmten – Harmonisierung zeigt, ist das Angleichungspotential dieses Prozesses nicht zu vernachlässigen. Dabei könnte die Kommission diese Entwicklung durch Modellgesetze oder Rahmenrichtlinien unterstützend begleiten. Gerade weil für solche „weichen" Maßnahmen die erforderlichen Mehrheiten eher zustande kommen sollten, erscheint dieser Ansatz vielversprechend.

Zwar konnte in letzter Zeit eine „Deblockade" von bereits seit vielen Jahren geplanten Richtlinienvorhaben beobachtet werden, indem das Verhandlungsmodell der SE zur Mitbestimmung jeweils zugrundegelegt wurde. Ob dies angesichts der Schwerfälligkeit dieses Verfahrens jedoch wünschenswert ist, kann bezweifelt werden.[685] Daneben ist bereits an anderer Stelle angeführt worden, dass das Mitbestimmungsmodell der SE dazu führen könnte, dass deutsche Gesellschaften als

---

683 *Magnier*, Rapprochement des Droits dans l'Union Européenne et viabilité d'un droit commun des sociétés, S. 102.

684 *Van Hulle*, Aktuelle Entwicklungen im europäischen Gesellschaftsrecht, in Scheuing/Schwarz/Wollenschläger (Hrsg.), S. 86.

685 Ausdrücklich ablehnend *Heinze*, Die Europäische Aktiengesellschaft, ZGR 2002, S. 66, 94.

Partner in einer SE relativ unattraktiv sein werden,[686] weshalb eine Erstreckung dieses Modells auf andere Gesellschaftsformen oder auf die Richtlinie zur grenzüberschreitenden Fusion zumindest aus deutscher Sicht nicht als eine erstrebenswerte Lösung erscheint. Auf die Fünfte Richtlinie dürfte der Durchbruch bei der SE jedenfalls keinen Einfluss haben. An materiellen Regelungen enthält die SE-Verordnung – abgesehen von den Gründungs-vorschriften – lediglich das Wahlrecht zwischen monistischem und dualistischem Leitungssystem.

686 *Heinze*, a.a.O., ZGR 2002, S. 66, 83.

## C. Zusammenfassung

Die Probleme, die aus der Kompetenzaufteilung zwischen Bund und Provinzen im Gesellschaftsrecht resultieren, haben die kanadische Rechtslehre bereits viele Jahrzehnte beschäftigt. Die Diskussion wurde dabei sowohl im Hinblick auf eine ideale Gestaltung der Kompetenzaufteilung, als auch in bezug auf die Notwendigkeit einer institutionellen sowie freiwilligen Harmonisierung geführt. Im Zuge der erfolgten Angleichung des kanadischen Gesellschaftsrechts nach Einführung des neuen CBCA hat sich die Literatur nun der Frage zugewandt, ob dieser Prozess auf einen sogenannten „Wettbewerb der Rechtsordnungen" zurückzuführen war, und bejahendenfalls, ob dieses Phänomen geeignet ist, die zukünftige Entwicklung des Gesellschaftsrechts zu gestalten.[687] Diesen Aspekten sowie einem Vergleich der Harmonisierungsprozesse im Gesellschaftsrecht in der EU und in Kanada ist gesondert das 5. Kapitel gewidmet, in welchem ebenfalls eine kurze Darstellung der Theorie vom Wettbewerb der Rechtsordnungen und weiteren Integrationsmodellen erfolgen soll. Neben dieser spezifischen Entwicklung bietet jedoch die Gestaltung des Gesellschaftsrechts in Kanada auf der kompetentiellen, der kollisionsrechtlichen wie auch der materiellrechtlichen Ebene weitere interessante Aspekte für einen Vergleich mit der EU.

So bietet das Gesellschaftsrecht in Kanada den Beleg dafür, dass ein Bedürfnis für übergreifende Gesellschaftsformen in Mehrrechtsordnungen besteht. Sie stellen eine Alternative zu den Gesellschaftsformen der Gliedstaaten dar und erleichtern grenzüberschreitende Geschäftsaktivitäten. Darüber hinaus zeigt sich der erhebliche Einfluss, den eine solche Gesellschaftsform auf die Entwicklung der gliedstaatlichen Rechte ausübt. Gleichzeitig verringert der Bestand einer Gesellschaftsform auf der übergeordneten Ebene den (institutionellen) Harmonisierungsdruck in bezug auf die gliedstaatlichen Gesellschaftsrechte, da den Anforderungen eines Binnenmarktes entsprochen wird. In dieser Hinsicht ist die SE daher ein Schritt in die richtige Richtung. Allerdings sollte diese Gesellschaftsform in Konkurrenz zu den gliedstaatlichen Gesellschaftsrechten stehen, was in der EU allerdings (noch) nicht der Fall ist. Durch den zu häufigen Rückgriff auf nationales Recht stellt die SE nur eine Variante des nationalen Rechts dar, nicht aber eine wirkliche Alternative.

---

[687] Siehe hierzu vor allem die Beiträge von *Daniels*, Should Provinces Compete? The Case for a Competitive Corporate Law Market (1991) 36 McGill L.J. S. 130; *Cumming/ MacIntosh*, The role of interjurisdictional competition in shaping Canadian corporate law, Int. Rev. of Law and Economics 20 (2000) S. 141; *Cumming/ MacIntosh*, The rationales underlying reincorporation and implications for Canadian corporations, Int. Rev. of Law and Economics 22 (2002) S. 277, sowie auch das Werk von *Romano*, The Genius of American Corporate Law, die das kanadische Gesellschaftsrecht ebenfalls in ihre Untersuchung einbezieht.

Eng im Zusammenhang mit der Frage von Gesellschaftsformen auf der übergeordneten Ebene steht die Gestaltung der Gesetzgebungskompetenzen im Bereich des Gesellschaftsrechts in Mehrrechtsordnungen. Hier zeigt der Blick auf die Entwicklungen in Kanada, dass sich eine katalogartige Aufteilung der Zuständigkeiten als Hemmnis für institutionell gesteuerte integrative Maßnahmen erweist. Eine Angleichung der gliedstaatlichen Rechte kann in einem solchen Kompetenzgefüge nur im Wege einer freiwilligen Kooperation der beteiligten Gesetzgeber erfolgen, wohingegen das Kompetenzgefüge der EG die Durchsetzung einer weitgehenden, institutionell gesteuerten Angleichung ermöglicht. Ob sich diese Angleichungskompetenz des EG-Gesetzgebers tatsächlich als Vorteil erweist, ist angesichts der im vorangegangenen Kapitel dargestellten Schwierigkeiten eines solchen Prozesses fraglich. Die Entwicklung in Kanada hat gezeigt, dass die auf das Bundesgesellschaftsrecht begrenzte Kompetenz des Bundes einen weitreichenden Angleichungsprozess initiiert hat, ohne dass ein direkter Eingriff in die gliedstaatlichen Gesellschaftsrechte nötig gewesen wäre. Insofern könnte eine der kanadischen Verfassung vergleichbare Regelung der Gesetzgebungskompetenzen im Gesellschaftsrecht eine attraktive Alternative für die Gestaltung der Kompetenzordnung der zukünftigen Verfassung der EU darstellen. Allerdings scheint die Politik eine Reform der Kompetenzordnung nicht in Angriff nehmen zu wollen, weswegen auch der Entwurf eines Vertrages über eine Verfassung im wesentlichen die Systematik des EG-Vertrages übernimmt.

Im Hinblick auf das Gesellschaftskollisionsrecht gilt in Kanada die Gründungstheorie, weswegen auch die nach einem Provinz-Gesellschaftsrecht gegründeten Gesellschaften verkehrsfähig sind. Die jeweiligen extra-provincial licensing statutes der Provinzen enthalten jedoch einen Kontrollmechanismus, sobald eine fremde Gesellschaft in ihren Rechtsordnungen geschäftlich tätig wird. Demnach besteht grundsätzlich die Möglichkeit, die Lizenzvergabe an eine fremde Gesellschaft zu verweigern und mithin deren Aktivitäten in der eigenen Provinz zu verhindern, da die nach Provinzrecht gegründeten Gesellschaften in einer anderen Provinz nur nach Maßgabe der dort geltenden Regelungen tätig werden können. So besteht gerade keine verfassungsrechtlich garantierte Niederlassungs-freiheit von Gesellschaften der Provinzen, insbesondere nicht in der Ausgestaltung, die sie mittlerweile in der EU durch die Rechtsprechung des EuGH erfahren hat. Eine entsprechende Niederlassungsfreiheit ist allein den Bundesgesellschaften vorbehalten.

Diese gesellschaftskollisionsrechtliche Gestaltung des kanadischen Gesellschaftsrechts zeigt, dass – den Bestand einer eigenständigen Gesellschaftsform auf der übergeordneten Ebene vorausgesetzt – eine Mehrrechtsordnung, die einen Binnenmarkt bildet, nicht zwingend eine absolute Niederlassungsfreiheit ihrer gliedstaatlichen Gesellschaften bedingt. Vielmehr wird den Anforderungen an eine uneingeschränkte Ermöglichung grenzüberschreitender unternehmerischer Aktivitäten durch das Angebot einer übergeordneten Gesellschaftsform Genüge getan. In bezug auf die EU stellt dies neben der bereits geübten Kritik ein weiteres Argument für ein Überdenken der einschlägigen Rechtsprechung des EuGH zum internationalen Gesellschaftrecht dar.

# 4. Kapitel Das Verbrauchervertragsrecht

Der Begriff „Verbraucherschutzrecht“ als solcher bezeichnet nicht einen nahezu abschließend definierten Rechtsbereich, wie etwa der Begriff „Gesellschaftsrecht“. Zum Verbraucherschutzrecht gehören sowohl privatrechtliche als auch öffentlich-rechtliche und strafrechtliche Normen. Letztere zwei Bereiche sollen hier außer Betracht bleiben. In der folgenden Untersuchung sollen nur privatrechtliche verbraucherschützende Regelungen betrachtet werden, und hier auch nur solche, die Verträge betreffen, so dass der entsprechende Bereich hier als „Verbrauchervertragsrecht“ bezeichnet wurde.

Auf die dogmatische Frage, ob verbrauchervertragliche Regelungen einen eigenständigen Rechtsbereich bilden oder aber nur Teil des Vertragsrechts an sich sind, soll hier nicht näher eingegangen werden. Für letztere Ansicht spricht jedoch, dass sogenanntes Verbraucherrecht immer mehr die Funktion des allgemeinen Zivilrechts übernimmt, während das herkömmliche allgemeine Zivilrecht seinerseits vor allem den Bereich abdeckt, der früher als handelsgeschäftlich anzusehen gewesen wäre.[688] So stellt nun der Vertrag zwischen einem Verbraucher und einem Unternehmer der typische schuldrechtliche Vertrag dar. Die diese Beziehung regelnden Vorschriften sind Teil des allgemeinen Privatrechts, weshalb eine Anordnung als Sondermaterie wie auch deren Auslagerung in ein Sondergesetz für Verbraucherverträge nicht sachgerecht erscheint.[689]

## A. Das Verbraucherprivarecht in Kanada

### I. Kompetenzregelung

Die Gesetzgebungskompetenzen für Verbraucherschutzregelungen sind aufgeteilt zwischen dem Bund und den Provinzen oder Territorien, so dass der Bereich durch ein komplexes Gebilde von Bundes- und Provinzvorschriften beherrscht

---

688 *Martiny*, Europäisches Privatrecht – greifbar oder unerreichbar?, in Martiny/Witzleb, S. 1, 12. In diesem Sinne wurden auch im Zuge der Schuldrechtsmodernisierung in Deutschland die meisten verbraucherschützenden Gesetze aus dem Bereich des Verbrauchervertragsrechts in das BGB integriert. Anders dagegen die Entwicklung in anderen europäischen Ländern, wie etwa in Frankreich, das einen *Code de la Consommation* eingeführt hat. Hierzu ist jedoch anzumerken, dass dieser lediglich eine Sammlung einzelner Gesetze und nicht einen in sich geschlossenen und abschließenden Kodex darstellt. Siehe zu der europäischen Entwicklung weiter unten.

689 Siehe statt aller Palandt-*Heinrichs*, Einleitung vor § 1, Rn 1.

wird.[690] Dabei unterfallen der Zuständigkeit des Bundes die eher im öffentlichen Recht angesiedelten Fragen, wie Produktstandards, Produktsicherheit, Wettbewerbsrecht oder Produktbezeichnungen, auf die hier nicht weiter eingegangen werden soll. Dagegen ist der für diese Untersuchung relevante Bereich des Verbrauchervertragsrechts aufgrund von sec. 92 (13) *Constitution Act 1867* („*Property and Civil Rights*") vordringlich eine Angelegenheit der Provinzen.[691] Diese haben Gesetze in bezug auf die Kaufrechtsgewährleistung und Garantien, Verbraucherkreditgeschäfte, Haustürgeschäfte, sowie unlautere Geschäftspraktiken erlassen.

## II. Internationales Vertragsrecht

### 1. Allgemein zum Kollisionsrecht bei Schuldverträgen

Die Zuständigkeit für den Erlass von kollisionsrechtlichen Regelungen richtet sich nach der Zuständigkeit für das entsprechende Sachrecht, weshalb im Bereich von Kollisionsregeln bei Schuldverträgen meist ebenfalls eine Provinzkompetenz gegeben ist. Die Frage der Zuständigkeit ist hier allerdings eher von nachrangiger Bedeutung, da die einschlägigen Regelungen – mit Ausnahme Quebecs – aus dem Common Law stammen und deswegen noch weitgehend einheitlich sind. Danach findet auf einen Vertrag dasjenige Recht Anwendung, mit dem der Vertrag die engste Verbindung aufweist, sofern keine Rechtswahl getroffen wurde.[692]

In Quebec gilt nach Maßgabe von Art. 3111 ff. des neuen *Code Civil du Québec* (CCQ) grundsätzlich dasselbe. Dort ist der Gesetzgeber dem *Europäischen Vertragsrechtsübereinkommen* (EVÜ) gefolgt, indem er in Art. 3113 CCQ die Vermutung festschrieb, dass die engste Verbindung des Vertrages zu derjenigen Rechtsordnung besteht, in der die Partei, welche die charakteristische Leistung des Vertrages erbringt, ihren Wohnsitz hat.[693] Diese allgemeinen Regelungen werden durch spezifische Vorschriften zu einzelnen Vertragsarten ergänzt, wie etwa zu Verbraucherverträgen in Art. 3117 CCQ, Arbeitsverträgen in Art. 3118 CCQ, Vertretungsverträgen in Art. 3116 CCQ und Versicherungsverträgen in Art. 3119 CCQ. Bezüglich Kaufverträge enthält zudem Art. 3114 CCQ die Regelung, dass bei Ausbleiben einer Vereinbarung der Parteien das Recht am Wohnsitz des Verkäufers gelten soll, außer in bestimmten, in Art. 3114 CCQ aufgezählten Einzelfällen, in denen eine engere Verbindung des Vertrages mit dem Wohnsitzstaat des Käufers angenommen wird. Bei Kaufverträgen ist weiterhin zu beachten,

---

690 Vgl. *Willes*, Contemporary Canadian Business Law, S. 456.

691 Mit einigen Ausnahmen für den Bereich des Kreditrechts, wo der Bund aufgrund seiner Kompetenz für Banken und Wertpapiere auch einige Vorschriften erlassen hat.

692 *Castel*, Some recent important trends in Canadian Private International Law, Netherlands International L.R. 1993, S. 15, 18; *Fridman*, Sale of Goods in Canada, S. 471.

693 *Glenn*, Codification of Private International Law in Quebec, (60) 1996 RabelsZ, S. 232, 244.

dass mittlerweile alle kanadischen Provinzen das Wiener Kaufrechtsübereinkommen (CISG) angenommen haben, dessen Bedeutung bislang aber wohl eher gering geblieben ist.[694]

## 2. Verbraucherverträge

Die in Art. 3117 CCQ enthaltene spezielle Kollisionsregel bei Verbraucherverträgen ist ebenfalls eng an die entsprechende Regelung des EVÜ angelehnt.[695] Zwar gelten auch hier zunächst die Grundsätze, dass sich das auf den Vertrag anzuwendende Recht nach einer Parteivereinbarung richtet, und bei deren Fehlen, nach der Rechtsordnung mit der engsten Verbindung mit dem Vertrag. Dies wird allerdings dahingehend eingeschränkt, dass im Falle des Vorliegens einer der in Art. 3117 CCQ aufgezählten Tatbestände dem Verbraucher nicht der Schutz entzogen werden darf, den ihm zwingende Vorschriften seines Wohnsitzstaates gewähren. Demnach sind diese Vorschriften anzuwenden, wenn dem Vertragsschluss ein besonderes Angebot oder eine Werbung in diesem Staat vorausging, und der Verbraucher in diesem Staat alle zum Abschluss des Vertrages notwendigen Schritte vorgenommen oder der Vertragspartner des Verbrauchers dessen Bestellung in diesem Staat entgegengenommen hat. Gleiches gilt, wenn der Verbraucher durch seinen Vertragspartner veranlasst wurde, zum Zwecke des Vertragsabschlusses in einen anderen Staat zu reisen.

Das Kollisionsrecht der Common-Law-Provinzen kennt dagegen noch keine vergleichbaren allgemeingültigen Regelungen, welche die Parteiautonomie überwinden, um den Schutz durch zwingende Vorschriften des Wohnsitzstaates des Verbrauchers aufrechtzuerhalten. Allerdings enthalten einige spezifische Verbraucherschutzgesetze entsprechende Kollisionsregeln. Dabei ist in der Rechtsprechung der Supreme Courts der Provinzen eine Tendenz auszumachen, entsprechende Schutzvorschriften anderer Provinzen zu respektieren und zur Anwendung zu bringen.[696]

# III. Entwicklung des Verbraucherprivatrechts

Es soll hier zunächst die Entwicklung einiger Themengebiete des Verbrauchervertragsrechts in den Provinzen dargestellt werden, um im Anschluss daran jeweils auf die entsprechenden Harmonisierungsbestrebungen einzugehen.

---

694 Siehe weiter unten in diesem Kapitel unter Punkt III. 1. c) (1).

695 *Glenn*, Codification of Private International Law in Quebec, (60) 1996 RabelsZ, S. 232, 245 f.

696 *Blom*, Canadian International Law: An English System transplanted into a Federal State, Netherlands International Law Review 1992, S. 155, 193.

## 1. Gewährleistungsrecht

### a) *Kaufverträge*

Alle Common-Law-Provinzen hatten anfänglich meist wortwörtlich den englischen *Sales of Goods Act* von 1893 übernommen.[697] Die seither in England erfolgten Änderungen dieses Gesetzes hatten dagegen nur einen geringen Einfluss auf das kanadische Recht, was insbesondere auch für die EG-Richtlinien, wie z.B. die zu allgemeinen Geschäftsbedingungen, gilt.[698] In den Kernbestimmungen stehen die meisten entsprechenden Gesetze der Provinzen auf dem Stand des englischen Gesetzes von 1893.[699] Damit war – zumindest unter den Rechtsordnungen der Common-Law Provinzen – zunächst ein sehr hoher Grad an Harmonisierung gegeben. Dies änderte sich allerdings, als die Provinzgesetzgeber begannen, diesen Rechtsbereich im Zuge des Aufkeimens der Verbraucher-schutzidee, die sich aus den USA nach Kanada ausbreitete, zu modernisieren.

In den siebziger Jahren begannen die Gesetzgeber sowohl auf Provinz- als auch auf Bundesebene, verbraucherschützende Regelungen zu erlassen.[700] Eingeleitet wurde diese Entwicklung durch die Veröffentlichung einer Studie der Ontario Law Reform Commission (OLRC) über Gewährleistungsrecht und Garantien bei Verbraucherverträgen. Die Kommission empfahl den Provinzgesetzgebern, die Materie ausführlicher als bisher zu regeln; insbesondere sollten Minimumstandards bezüglich der Produktqualität sowie einfachere Streitschlichtungsmechanismen eingeführt werden.[701] Der von der OLRC ausgearbeitete entsprechende Gesetzesvorschlag wurde zwar vom Gesetzgeber Ontarios nie übernommen, übte jedoch einen erheblichen Einfluss auf die spätere Gesetzgebung in Saskatchewan und New Brunswick aus.[702]

So hat Saskatchewan im Rahmen seines im Jahr 1977 eingeführten *Consumer Products Warranties Act,* der 1996 durch den *Consumer Protection Act* (SCPA) ersetzt wurde, dem Verkäufer von Neusachen eine weitgehende, nicht ausschließ-

---

697 *Fridman,* Sale of Goods in Canada, S. 471; *Smyth/Sobermann/Easson,* The Law and Business Administration in Canada, S. 323; *Ziegel/Duggan,* Commercial and Consumer Sales Transactions, Cases, Texts and Materials, S. 1.

698 *Ziegel/Duggan,* Commercial and Consumer Sales Transactions, Cases, Texts and Materials, S. 2.

699 *Kroher,* Wettbewerbsrecht und Verbraucherschutz in Kanada, S. 162.

700 *Smyth/Sobermann,* Le droit et l'administration des affaires dans les provinces canadiennes de common law, S. 414.

701 *Belobaba,* The Development of Consumer Protection Regulation:1945 to 1984, in Bernier/Lajoie (Hrsg.), Consumer Protection, Environmental and Corporate Law, S. 22.

702 *Belobaba,* a.a.O., S. 22; *Ziegel/Duggan,* Commercial and Consumer Sales Transactions, Cases, Texts and Materials, S. 15.

bare Haftung auferlegt, z.B. auch für den Fall, dass das Produkt nicht die in der Werbung gepriesenen Eigenschaften besitzt oder keine angemessene Lebensdauer aufweist.[703] Ebenso sind alle Zusicherungen, Behauptungen oder Aussagen, die in der Werbung durch den Hersteller oder anlässlich des Verkaufs durch den Verkäufer, seine Angestellten oder Vertreter bezüglich Qualität, Zustand, Leistung der Kaufsache abgegeben worden sind, verbindlich, sec. 45 SCPA. In der Bestrebung, Gerichtsverfahren zu vermeiden, sieht das Gesetz eine Mediation durch Beamte der entsprechenden Provinzbehörde vor, und dass Schiedsurteile bindend sind, wenn sich die Parteien auf ein solches Verfahren festgelegt haben, sec. 31 SCPA. Die dem Verbraucher nach diesem Gesetz zustehenden Rechte müssen innerhalb einer Frist von 2 Jahren nach der Pflichtverletzung geltend gemacht werden, sec. 30 SCPA.

New Brunswick folgte ebenfalls den Grundempfehlungen der OLRC-Studie und erließ ein ähnliches Gesetz wie Saskatchewan, den *New Brunswick Product Warranty and Liability Act*. Bemerkenswert an diesem Regelungswerk ist zunächst, dass es nicht an die Verbrauchereigenschaft, sondern an den Vertragsgegenstand anknüpft. So findet das Gesetz nur dann Anwendung, wenn es sich um ein übliches Verbrauchsgut handelt, das von einem Unternehmer, der üblicherweise mit solchen Gütern handelt, veräußert wurde.[704] Damit schützt das Gesetz jeden Erwerber, sei er Verbraucher oder Unternehmer; allerdings gilt nur bei Verbrauchern, dass die Gewährleistung nicht ausgeschlossen werden kann. Weiterhin fällt auf, dass das Gesetz in sec. 23, 27 dem Verkäufer einen Regressanspruch gegen den Hersteller oder Zwischenhändler einräumt, selbst wenn dieser die Gewährleistung ausgeschlossen hatte.[705]

In Quebec wählte der Gesetzgeber dagegen eine unterschiedliche Herangehensweise. Er erließ kein zusammenhängendes Gesetz über den Verbraucherkaufvertrag, sondern regelte in der *Loi sur la Protection du Consommateur* (LCPQ) Einzelfragen, so dass es nun in diesem Gesetz einen Abschnitt über Kaufverträge von Kraftfahrzeugen oder Motorräder und einen weiteren über die Reparatur von Haushaltsgeräten gibt. Damit bleibt die Regelung in Quebec hinter den von Saskatchewan und New Brunswick eingeführten systematischeren und ausführlicheren Regelwerken zurück.[706]

In Ontario hatte die OLRC 1978 erneut einen Gesetzesvorschlag ausgearbeitet - diesmal zum Kaufrecht insgesamt. Dieser Vorschlag für einen neuen Sales of

---

703 *Willes*, Contemporary Canadian Business Law , S. 461 f.

704 *Dore*, The Product Warranty and Liability Act, (1982), 31 U. of New Brunswick L.J., S. 161, 162.

705 *Dore*, a.a.O., (1982), 31 U. of New Brunswick L.J., S. 161, 173 f.

706 *Belobaba*, a.a.O., S. 23.

Goods Act beruhte weitgehend auf dem in Art. 2 des *Uniform Commercial Code* (UCC) der USA geregelten Kaufrecht.[707] Die Kommission hielt einen solchen Schritt für gerechtfertigt, da zum einen die USA der bei weitem wichtigste Handelspartner Kanadas seien, und zum anderen, weil sich der UCC in den USA als ein modernes und funktionelles Gesetzeswerk bewährt hatte. Daneben hat die OLRC ihren Bericht an die Uniform Law Conference of Canada[708] weitergegeben, da sie der Ansicht war, dass der Gesetzesvorschlag als Basis für einen kanadischen Uniform Sales of Goods Act dienen könnte. Aber auch dieser Vorschlag der OLRC wurde vom Gesetzgeber Ontarios nicht umgesetzt. Lediglich einige Regelungen bezüglich dem Ausschluss der Haftung bei Verbraucherverträgen wurden in den *Ontario Consumer Protection Act* aufgenommen. Nach einem Regierungswechsel wurde 1986 in Ontario das ehrgeizige Vorhaben der Schaffung eines integrierten Verbrauchschutz-gesetzbuches in Angriff genommen, in das die Gesamtheit aller verbraucher-schützenden Gesetze der Provinz aufgenommen werden sollten.[709] Erst im Jahr 1990 wurde schließlich ein entsprechender Entwurf vorgelegt, in der Literatur allerdings ob seiner mäßigen Qualität mit heftiger Kritik bedacht wurde.[710] Im Zuge eines erneuten Regierungswechsels im Jahr 1994 ist das Vorhaben schließlich gestorben.

b) *Harmonisierungsbestrebungen*

(1) *Allgemein*

Wie die obige Darstellung des Kaufrechts zeigt, bietet sich ein nicht sehr harmonisches Bild über die Entwicklung in den Provinzen. Zwar haben mittlerweile alle Provinzen Regelungen bezüglich der Unwirksamkeit eines Ausschlusses der gesetzlichen Gewährleistung in Konsumentenverträgen angenommen. Dagegen haben aber nur Saskatchewan und New Brunswick moderne und umfassende Gesetzeswerke erlassen, welche hauptsächlich auf Vorarbeiten der OLRC beruhen. In der eigenen Provinz konnten sich die Vorschläge der OLRC dagegen wiederholt nicht durchsetzen. Weiterhin wurde zwar das Wiener UN-Kaufrechtsübereinkommen (United Nations Convention on Contracts for the International Sales of Goods - CISG) zwischen 1991 und 1993 in allen Provinzen übernommen.[711] Die Tatsache, dass in Kanada erst 1998 die erste Entscheidung über das

---

707 *Ziegel/Duggan*, a.a.O., S. 6.

708 Zur Uniform Law Conference of Canada (ULCC) und ihrer Tätigkeit im Verbraucherschutzrecht, siehe weiter unten in diesem Abschnitt unter Punkt c).

709 *Ziegel*, Is Canadian Consumer Law dead? (1994-95) 24 Can. Bus. L.J., S. 417, 418.

710 *Ziegel*, a.a.O., (1994-95) 24 Can. Bus. L.J., S. 417, 418.

711 *Glenn*, Codification of Private International Law in Quebec, (60) 1996 RabelsZ, S. 232, 244.

CISG ergangen ist, zeigt allerdings, dass es vielfach üblich ist, eine das Übereinkommen ausschließende Rechtswahl zu treffen.[712]

(2) *Wirken der Uniform Law Conference of Canada*

Auch bisherige Versuche der Uniform Law Conference of Canada (ULCC) verliefen auf diesem Gebiet ergebnislos. Die ULCC ist eine Organisation, die durch die Ausarbeitung von Modellgesetzen eine größere Rechtseinheit fördern soll. Sie setzt sich zusammen aus Vertretern der Provinz- und Bundesbehörden (meist aus den jeweiligen Law Reform Commissions) sowie der Canadian Bar Association.[713] Im Anschluss an den Bericht der OLRC und dessen Vorlage an die ULCC, erließ diese 1981 ein eigenes, leicht geändertes Modellgesetz, den Uniform Sales of Goods Act. Allerdings wurde dieses bislang in keiner Provinz übernommen.[714]

Seit 1999 verfolgt die ULCC die Strategie, eine größere Uniformität im Bereich des Handelsrechts zu erreichen. So soll nach amerikanischem Vorbild ein Uniform Commercial Code ausgearbeitet werden. Dabei hat die ULCC jedoch entschieden, den Bereich Kaufrecht aus diesem Vorhaben auszuklammern, da sie ansonsten die Aussichten für eine Implementierung als gering einstuft.[715] Diese Einschätzung scheint berechtigt zu sein, denn in der Literatur bestehen erhebliche Zweifel, zum einem am tatsächlichen Bedarf für ein solches Einheitsgesetz, andererseits an den konkreten Chancen für eine Annahme des Vorhabens durch den Bund und vor allem durch die Provinzen. Diese Zweifel beruhen darauf, dass bereits vorhandene Uniform Acts zu einzelnen Sachbereichen in das neue Vorhaben einfließen sollen, die allerdings bislang von den Provinzen noch nicht umgesetzt worden sind. Es erscheint also unwahrscheinlich, dass die Provinzen nun auf einmal ein gesamtes Bündel dieser Acts annehmen werden. Weiterhin wird nach Ansicht mancher, der Bedarf an Rechtseinheit überbewertet. Eine Harmonisierung der Vorschriften würde genügen, wozu allerdings keine Kodifikation notwendig wäre. Ein Anzeichen hierfür ist die Passivität der Interessenverbände der kanadischen Wirtschaft. Diese setzen sich weder in Ottawa noch bei den Provinzregierungen für eine stärkere Harmonisierung von Handels- und Wirtschaftsrecht ein. Daraus kann gefolgert werden, dass die aus der Diversität in diesem Rechtsbereich entstehenden Kosten im Verhältnis zu denen aus anderen Faktoren - wie unterschiedliche Steuersätze oder Umweltschutzbestimmungen - vernachlässigbar gering sind. Schließlich würde das Vorhaben der stark föderalistischen Verfas-

[712] *Ziegel/Duggan*, Commercial and Consumer Sales Transactions, Cases, Texts and Materials, S. 9.

[713] Siehe zu einer eingehenden Darstellung der Arbeit der ULCC: *Hurlburt*, Harmonization of Provincial Legislation in Canada: The Elusive Goal, in 12 (1986-1987) Can. Bus. L. J., S. 387

[714] *Ziegel/Duggan*, Commercial and Consumer Sales Transactions, Cases, Texts and Materials, S. 7.

[715] *Ziegel/Duggan*, a.a.O., S. 7.

sung widersprechen, die den Provinzen gerade im Bereich des Zivilrechts die Freiheit einräumt, eigenständige Wege zu gehen. Die neue Strategie der ULCC bezüglich eines Uniform Commercial Code muss daher skeptisch betrachtet werden.

## 2. Fernabsatz- und Haustürgeschäfte

Die Bereiche Fernabsatz- und Haustürgeschäfte einschließlich E-commerce-Verbrauchergeschäfte stehen im Mittelpunkt jeglicher modernen Verbraucherschutzgesetzgebung. Daher verwundert es nicht, dass sowohl die ULCC als auch das auf Grundlage des *Agreement on Internal Trade* (AIT) gegründete Consumer Measures Committee (CMC) sich dieser Materien angenommen haben, um provinzübergreifend eine zeitgemäße und einheitliche Gesetzgebung zu erreichen, sowie die existierenden Regelungen zu harmonisieren.

### a) *Ausgangslage*

Die meisten Verbraucherschutzregelungen der Provinzen kannten sowohl bezüglich Haustür- als auch Fernabsatzgeschäften ein Widerrufsrecht des Verbrauchers.[716] Allerdings gab es in diesen Bereichen kaum Kooperationen zwischen den Provinzen, so dass die Reichweite und die Natur dieses Rechts sehr unterschiedlich waren.[717] Die Widerrufsfristen („cooling-off periods") variierten zwischen zwei und zehn Tagen; der Fristbeginn wurde bei manchen Gesetzen an den Zeitpunkt des Vertragsschlusses angeknüpft, bei anderen an den Erhalt eines schriftlichen Bescheides über den Vertrag. Zudem enthielten die Provinzgesetze meist Regelungen, die das Schriftformerfordernis vorschreiben, wenn der Kaufpreis eine bestimmte Summe überschreitet.[718] In den weiteren Einzelheiten differierten die einschlägigen Regelungen der Provinzen sowohl in bezug auf ihren Anwendungsbereich als auch in ihrem Schutzniveau.

In den Verbraucherschutzgesetzen der Provinzen haben weiterhin Regelungen Eingang gefunden, welche die Rechtsfolgen einer ganz bestimmten Art von Absatzmethode zum Gegenstand haben, nämlich das Versenden von unbestellten Waren. Hier ist allen Regelungen gemein, dass die Verwendung der Ware durch den Empfänger nicht als konkludente Annahme des Vertragsangebots zu werten ist.[719] Beim Erhalt von nicht-beantragten Kreditkarten gehen die Regelungen wie-

---

716 Entsprechende Regelungen finden sich in den jeweiligen Consumer Protection Acts (CPA) der Provinzen bzw. im *Code Civil du Québec*, sowie in der *Loi sur la Protection du Consommateur*.

717 *Smyth/Sobermann*, Le droit et l'administration des affaires dans les provinces canadiennes de common law, S. 20.

718 *Willes*, Contemporary Canadian Business Law, S. 463.

719 *Smyth/Sobermann*, a.a.O., S. 420.

derum auseinander. In British Columbia gilt, dass der Empfänger, der die Karte nicht ausdrücklich akzeptiert, diese benützen kann, ohne dass daraus gegenüber dem Kartenausgeber Verpflichtungen entstehen würden (vgl. sec. 47 BCCPA). In Ontario gilt dagegen, dass Verpflichtungen dann entstehen, wenn der Empfänger die Karte einsetzt oder die Bedingungen schriftlich annimmt, sec. 36 OCPA. Insgesamt vermochte es diese relativ strikte Gesetzgebung, ihr Ziel zu erreichen und hat diese Vermarktungsmethode stark eingeschränkt.[720]

b) *Harmonisierungsbestrebungen*

(1) *Allgemein*

Insbesondere in den Bereichen E-commerce und Haustürgeschäfte waren und sind weiterhin sehr rege Harmonisierungsbestrebungen durch die ULCC und vor allem durch das auf Grundlage des AIT errichteten Consumer Measures Committee (CMC) zu verzeichnen. Dabei waren den Bemühungen dieser Institutionen in den vorliegenden Bereichen - im Gegensatz zum Kaufvertragsrecht - beachtenswerte Erfolge beschieden. Zurückzuführen ist dies sicherlich auch auf den Umstand, dass die Gesetzgebung der Provinzen in diesen Bereichen noch nicht bzw. nicht weit entwickelt war.

(2) *E-commerce.*

Als ersten Schritt in der Reihe der Harmonisierungsmaßnahmen zum Bereich E-commerce ist der von der ULCC ausgearbeitete *Uniform Electronic Commerce Act* zu verzeichnen, der in den meisten Provinzen umgesetzt worden ist. Weitergehender waren allerdings die auf das CMC zurückgehenden Initiativen. Dieses Gremium wurde auf Grundlage von Kapitel 8 des AIT[721] im Rahmen eines Übereinkommens errichtet, in welchem die zuständigen Minister der Bundesregierung und der Provinzregierungen sich auf gemeinsame Grundsätze für E-Commerce und für den Verbraucherschutz einigten. Dabei soll das CMC der Umsetzung dieser Grundsätze dienen, indem es – insbesondere durch bessere Information - ein Forum für Kooperation zur Verbesserung der Markt-bedingungen für Verbraucher bietet. Daneben soll das CMC Gesetzesvorschlägen für ihre Mitglieder ausarbeiten, um hierdurch eine Harmonisierung der einschlägigen Vorschriften in den Provinzen zu erreichen.

Erste Früchte trug diese Kooperation im Bereich des E-commerce, als die Verbraucherschutzminister von Bund und Provinzen im Mai 2001 einen auf Grundlage von Kapitel 8 AIT ausgearbeiteten *Internet Sales Contract Template* annah-

---

[720] *Smyth/Sobermann*, a.a.O., S. 420.

[721] Siehe zum AIT im 2. Kapitel unter Punkt D. I. 3. b) (2).

men. Dieses Mustergesetz geht noch über den Uniform Act der ULCC hinaus, indem es neben Vorschriften zum Zustandekommen von Verträgen über das Internet auch Informationspflichten des Verkäufers festschreibt und ein entsprechendes Widerrufsrecht des Konsumenten im Falle einer Verletzung dieser Pflicht vorsieht.[722] Umgesetzt wurde dieses Modellgesetz bislang in Manitoba, Alberta, Nova Scotia und New Brunswick.[723] Ferner gelang es dem CMC, einen freiwilligen Kodex für E-commerce-Verbrauchergeschäfte zu errichten.[724] Dieser Kodex wurde in Zusammenarbeit der zuständigen Bundes- und Provinzministerien, Verbraucherschutzorganisationen und Vertretern der Wirtschaft erarbeitet und von den im CMC vertretenen Ministern am 16. Januar 2004 verabschiedet. Die Anwendung des Kodex wird danach zwar auf freiwillige Basis gestellt. Aufgrund der Autorität der Organisationen und Regierungen, die den Kodex angenommen haben, sollen jedoch die darin enthaltenen Verhaltensregeln weite Verbreitung finden und dadurch zu Standards für E-commerce-Geschäfte werden.

(3) *Haustürgeschäfte*

Zurückgehend auf Kapitel 8 des AIT einigten sich die im CMC vertretenen Regierungen auf eine Angleichung des Widerrufsrechts bei Haustürgeschäften (Direct Selling). Danach beträgt die cooling-off Periode zehn Tage, wobei auf dieses Widerrufsrecht schriftlich hingewiesen werden muss. Zwischenzeitlich haben alle Provinzen diese harmonisierten Regelungen entweder im Rahmen von eigenständigen Direct Selling Acts oder im Rahmen ihrer Consumer Protection Acts implementiert.[725] Unterschiede zwischen den jeweiligen Vorschriften der Provinzen bestehen jedoch weiterhin in bezug auf deren Anwendungsbereich, da die Voraussetzungen für die Annahme eines Haustürgeschäfts (Direct Sale) nach wie vor divergieren.[726]

---

722 *Ziegel/Duggan*, Commercial and Consumer Sales Transactions, Cases, Texts and Materials, S. 74.

723 Vgl. den "Annual Report 2002" AIT Secretariat, Office of Consumer Affairs, Industry Canada; im Internet abrufbar von der Website des Consumer Measures Committee: http://cmcweb.ca.

724 Der "Canadian Code of Practice for Consumer Protection in Electronic Commerce" ist über die Website des CMC unter http://cmcweb.ca abrufbar.

725 Vgl. den "Annual Report 2002", AIT Secretariat, Office of Consumer Affairs, Industry Canada; im Internet abrufbar von der Website des Consumer Measures Committee: http://cmcweb.ca.

726 Vgl. die im Auftrag des Office of Consumer Affairs, Industry Canda, erstellte Studie von *Tassé/Lemieux*, Consumer Protection and Electronic Commerce, unter Punkt V. I. 1., im Internet abrufbar von der Website der ULCC, unter www.ulcc.ca.

(4) *Internationales Privatrecht*

Die erhebliche Zunahme der Verbraucherverträge, die durch Fernabsatzmethoden - insbesondere über das Internet - einen Bezug zu mehr als einer Provinz aufweisen, hat das CMC und die ULCC veranlasst, im November 2001 eine gemeinsame Arbeitsgruppe einzurichten, die einheitliche kollisionsrechtliche Reglungen in bezug auf grenzüberschreitende Verbraucherverträge erarbeiten sollte. Notwendig wurde dies, weil die einschlägigen Regelungen der Provinzen sowohl unterschiedliche Verbraucherschutzniveaus in bezug auf Fernabsatzverträge, als auch uneinheitliche kollisionsrechtliche Regelungen aufweisen.[727] Im Anschluss an ein Konsultationsverfahren, in das sowohl Vertreter der Wirtschaft als auch Verbraucherschutzorganisationen einbezogen wurden, hat die Arbeitsgruppe einen entsprechenden Vorschlag unterbreitet.[728] Im Wesentlichen besagen dessen Regelungen, dass dem Verbraucher der Rechtsweg zu den Gerichten der eigenen Provinz offen stehen soll. Ferner soll das Recht dieser Provinz zur Anwendung gelangen, sofern die Vertragsbeziehung zwischen dem Verbraucher und dem Unternehmer mittels einer Fernabsatzmethode zustande gekommen ist. Dabei führt eine grundsätzlich wirksame Rechtswahl nicht dazu, dass dem Verbraucher der ihm ansonsten zustehende Schutz entzogen wird. Im Sommer 2003 wurde ein entsprechendes Modellgesetz verabschiedet, welches nun den Regierungen der Provinzen und Territorien zur Verfügung steht.

## 3. Verbraucherkreditgeschäfte

In diesem Abschnitt sollen alle Rechtsgeschäfte erfasst werden, die von einem Verbraucher getätigt werden und einen Zusammenhang mit einer direkten Kreditaufnahme oder mit einer sonstigen Finanzierungshilfe (wie Ratenzahlung oder Leasing) aufweisen. Dies umfasst weiterhin auch Rechtsgeschäfte, bei denen sich der Verkäufer zur Absicherung der Finanzierung eine Sicherheit am Kaufgegenstand einräumen lässt, wie z.B. einen Eigentumsvorbehalt oder eine Mobiliarhypothek.

a) *Stand der Entwicklung*

Im Folgenden wird unterschieden zwischen dem Kreditrecht, das in bezug auf einen Kredit oder eine Finanzierungshilfe zur Anwendung gelangt, und dem Recht der Mobiliarsicherheiten, das die zur Absicherung eines solchen Kredits

---

[727] Vgl. die Einschätzung einer im Auftrag des Office of Consumer Affairs, Industry Canada erstellten Studie: *Tassé/Faille*, Online Consumer Protection: a Study on Regulatory Jurisdiction in Canada, unter Punkt 1, abrufbar von der Website der ULCC, unter www.ulcc.ca.

[728] Vgl. das Arbeitspapier der gemeinsamen Arbeitsgruppe: „The Determination of Jurisdiction in Cross-Border Business-to-Consumer Transactions: A Consultation Paper", abrufbar von der Website der ULCC unter www.ulcc.ca.

eingeräumten Sicherheiten betrifft. Diese Unterscheidung empfiehlt sich, weil die verfassungsrechtlichen Kompetenzen in diesen Bereichen verschieden sind, und zum anderen, weil beide Bereiche im kanadischen Recht eine unterschiedliche Entwicklung genommen haben.

(1) *Kreditrecht*

Aufgrund der Zuständigkeit des Bundes für Banken und Wertpapiere besteht für den Bereich des Verbraucherkreditrechts eine Überschneidung der Zuständigkeiten von Bund und Provinzen. Zu Beginn der kanadischen Verbraucherkreditgesetzgebung in den 60-er Jahren war der Bund jedoch zunächst zurückhaltend, so dass die Provinzen die ihnen von der Verfassung zugestandenen Möglichkeiten der *„Property and Civil Rights"*- Generalklausel nutzten und das Feld besetzten.[729] Bis Mitte der 70-er Jahre sind daher in den Consumer Protection Acts der Provinzen Regelungen eingegangen, welche die Verpflichtung zur Angabe eines effektiven Jahreszinses[730] sowie Registrierungserfordernisse für Kreditgeber und Schuldnerschutzprogramme zum Gegenstand hatten. Daneben wurden landesweit Vorschriften eingeführt, die einen Einwendungsdurchgriff bei verbundenen Geschäften vorsehen.[731]

Mitte der 70-er Jahre wurde dann die Bundesregierung aktiv, als immer mehr Stimmen den Bund zu einer Überarbeitung der bis dahin für den Bereich des Verbraucherkreditrechts einschlägigen wenigen bundesrechtlichen Regelungen aufforderten. Dies insbesondere deshalb, weil deren Zusammenspiel mit den modernen Vorschriften der Provinzen nicht mehr gewährleistet war.[732] Der daraufhin vom Bund ausgearbeitete Gesetzesvorschlag war allerdings sehr weitgehend, indem er eine umfassende Regelung des Bereichs Verbraucher-kreditrecht vorsah.[733] Erschwerend kam hinzu, dass der Vorschlag ohne vorherige Konsultation der Provinzen und der Kreditbranche erfolgte. Diese leisteten darauf heftigen Widerstand gegen das Vorhaben, weshalb dieses letztendlich scheiterte. Schließlich wurde grundsätzlich die Kompetenz des Bundes für eine solch umfassende

---

729 *Neilson*, Interjurisdictional Harmonization of Consumer Protection Laws and Administration in Canada, in Cuming (Hrsg.), Perspectives on the Harmonization of Law, S. 73.

730 Diese Regelung wurde auch im bundesrechtlichen Bank Act übernommen, so dass diesbezüglich eine solche Pflicht in ganz Kanada für alle Arten von Kreditgeschäften gilt.

731 *Smyth/Sobermann/Easson*, The Law and Business Administration in Canada, S. 489.

732 *Neilson*, a.a.O., S. 77.

733 Der sog. *Borrowers and Depositors Protection Act* (BDPA) sah umfangreiche Aufklärungs- und Informationspflichten seitens der Kreditgeber vor, sowie Standardverträge, um die Vorgänge zu vereinfachen. Daneben sollten einheitliche Schutzstandards für alle Kredit-verträge mit Verbrauchern eingeführt werden.

Gesetzgebung in diesem Bereich in Zweifel gezogen.[734] Einige Kompetenznormen des Bundes in sec. 91 *Constitution Act 1867* - wie die Zuständigkeit für Banken, Zinsen, Wertpapiere und Insolvenz - erlauben zwar, bestimmte Aspekte des Verbraucherkreditrechts zu regulieren. Da diese Normen jedoch allesamt nur eine beschränkte Reichweite besitzen, ist es unwahr-scheinlich, dass sie ein generelles Regelungswerk tragen würden.[735] Allein die Generalklausel für *„Trade and Commerce"* käme hierfür in Betracht. Die bereits an anderer Stelle[736] diskutierte „Wiederbelebung" dieser Klausel für integrative Maßnahmen seitens der Bundesregierung könnte auch dafür sprechen, dass der Bereich Verbraucherkreditrecht einer Regelung durch den Bund zugänglich ist.[737] Selbst aber, wenn aufgrund der neueren Rechtsprechung eine entsprechende Auslegung dieser Klausel nun möglich erscheint, kam die vom Supreme Court eingeleitete Weiterentwicklung von *„Trade and Commerce"* zu spät, um das Vorhaben des Bundes noch zu retten. Angesichts der heftigen Kritik am BDPA zog die Bundesregierung dieses Vorhaben zurück und beschloss, nationale Gesetzgebung im Bereich Verbraucherkreditrecht - wenn überhaupt - nur noch punktuell und nur in Bereichen in Angriff zu nehmen, die einen deutlichen Zusammenhang mit Bundeszuständigkeiten aufweisen.[738]

(2) *Recht der Mobiliarsicherheiten*

Eng mit der Gewährung einer Finanzierungshilfe an einen Verbraucher verbunden ist die Einräumung einer Sicherheit (meist über den erworbenen Gegenstand) an den Verkäufer, weshalb es nahe liegt, bei dieser Untersuchung des Verbraucherschutzrechts auch auf das Recht der Mobiliarsicherheiten einzugehen. Zu solchen Sicherheiten zählen in Kanada hauptsächlich der Eigentumsvorbehalt, das Leasing und die Mobiliarhypothek. Für die Regelung dieser Rechtsinstitute sind die Provinzen im Rahmen von *„Property and Civil Rights"* zuständig. Die entsprechenden Vorschriften bezüglich Mobiliarsicherheiten sind in den jeweiligen Personal Property Security Acts (PPSA) der Provinzen enthalten. Zudem kennen diese Gesetze aber auch Regelungen bezüglich der Gewährung von sonstigen Sicherheiten, wie Wertpapiere, siehe z.B. sec. 1 Alberta PPSA.

---

[734] *Neilson*, Interjurisdictional Harmonization of Consumer Protection Laws and Administration in Canada, in Cuming (Hrsg.), Perspectives on the Harmonization of Law, S. 77 f.

[735] *Neilson*, a.a.O., S. 74.

[736] Siehe im 2. Kapitel unter Punkt D. I. c) (2) (b) die Darstellung der Kompetenzen des Bundes im Rahmen der *„Trade and Commerce"*-Klausel.

[737] *Neilson*, a.a.O., S. 75 f.

[738] *Neilson*, a.a.O., S. 81.

(a) *Historischer Überblick*

Ähnlich wie beim Kaufrecht war das Recht der Mobiliarsicherheiten in den Anfangszeiten der kanadischen Föderation – zumindest in den Common Law-Provinzen – relativ einheitlich. Dies lag daran, dass es in diesem Bereich noch kaum eine eigene Gesetzgebung gab, so dass das anwendbare Recht hauptsächlich aus von England übernommenem Common Law und Equity Law bestand.[739] In der Folgezeit sorgte dann der Supreme Court für die Bewahrung dieser Rechtseinheit. Doch mit der zunehmenden Einführung von Spezialgesetzen in diesem Rechtsgebiet durch die Provinzgesetzgeber wurde dem Supreme Court diese Möglichkeit genommen. In der Folgezeit entwickelte sich eine bemerkenswerte Vielfalt an unterschiedlichen gesetzlichen Modellen. Zwar suchte die „Conference of Commissioners on Uniformity of Legislation in Canada"[740] frühzeitig Modellgesetze anzubieten. Diesen war jedoch kein durchgreifender Erfolg beschieden, da nur wenige Provinzen sie übernahmen, wobei es sich oft um die kleineren, bevölkerungsarmen Provinzen handelte, während die Modellgesetze bei den größeren Provinzen wie Ontario oder British Columbia unpopulär blieben.[741] Der Grund hierfür ist nach Ansicht von *Cuming* schlichtweg darin zu sehen, dass kleineren Rechtsordnungen nicht dieselben Ressourcen zur Entwicklung eigenständiger rechtliche Produkte zur Verfügung stehen wie den Großen, weshalb sie eher geneigt sind, ihre Gesetzgebung auf Vorarbeiten und Modelle zu stützen wie diejenigen der Uniform Law Conference.[742] Während dies für die Common-Law-Provinzen gilt, rührt dagegen die Unpopularität der Einheitsgesetze in der Provinz Quebec eher daher, dass die vor 1970 ergangenen Modellgesetze der Konferenz sich nur mit den im Common Law bekannten Rechtsinstituten befassten und nicht der Civil Law Tradition von Quebec Rechnung trugen.[743]

Mehr Erfolg beschieden war einer von der Canadian Bar Association eingesetzten Kommission,[744] die im Jahr 1969 - inspiriert von den Regelungen in Art. 9 des erfolgreichen *Uniform Commercial Code* der USA von 1952 - einen Vorschlag für einen *Uniform Personal Property Security Act* veröffentlichte. Zuvor hatte eine Kommission der Bar Association von Ontario, die eng mit derjenigen der Bundesorganisation zusammenarbeitete, einen Bericht veröffentlicht, der ein entsprechendes Gesetz für Ontario vorschlug, das 1967 tatsächlich angenommen wurde. Das Gesetz von Ontario und der Uniform Act waren sehr ähnlich, und sie

---

[739] *Cuming*, Harmonization of Canadian Personal Property Security Law, in Cuming (Hrsg.), Harmonization of Business Law in Canada, S. 180 f.

[740] Aus welcher später die bereits an anderer Stelle aufgeführte Uniform Law Conference of Canada wurde.

[741] *Cuming*, a.a.O., S. 187 f.

[742] *Cuming*, a.a.O., S. 188.

[743] *Cuming*, a.a.O., S. 187.

[744] Special Committee on a Model Uniform Personal Property Act.

dienten zunächst den Gesetzgebern von Manitoba (das ein entsprechendes Gesetz 1973 annahm), Saskatchewan (1980) und Yukon (1982) als Vorbild.[745] Der Uniform Act wurde im folgenden von der Uniform Law Conference überarbeitet und aktualisiert, und deren 1982 veröffentlichtes Modellgesetz wurde wiederum von Ontario anlässlich der Reform des *Ontario Personal Property Act 1989* herangezogen.

(b) *Überblick über die Regelungen*

Die meisten modernen Gesetzeswerke, in denen die Mobiliarsicherheiten geregelt sind (die *Personal Property Security Acts* (PPSA) der Provinzen) enthalten jeweils in unterschiedlichem Umfang auch spezifische Regelungen über Verbrauchergeschäfte. Daneben können auch Vorschriften der einschlägigen *Consumer Protection Acts* auf die Bestellung von Sicherheiten zu beachten sein.

In Quebec erfahren diese Rechtsfragen eine grundsätzliche Regelung im *Code Civil du Québec* (CCQ),[746] während die *Loi sur la Protection du Consommateur* (LPCQ) jeweils spezielle Normen enthält, die dann ergänzend Anwendung finden, wenn an einem solchen Rechtsgeschäft ein Verbraucher beteiligt ist. Die LPCQ enthält Vorschriften, welche die Form und den Inhalt eines solchen Vertrages vorschreiben, sowie die einzelnen Rechtsbehelfe des Verkäufers im Falle des Ausbleibens der Zahlungen. Der CCQ regelt daneben - zusammen mit einer Ausführungsverordnung[747] - die Eintragung der Mobiliarsicherheiten in einem bestimmten Register. Insgesamt sind CCQ, LPCQ und die einschlägigen Verordnungen in diesem Bereich gut aufeinander abgestimmt, wenngleich sie ein relativ komplexes System bilden. Sie enthalten präzise und strenge Vorschriften, die bei Verbrauchergeschäften vom Gesetzgeber Quebecs für nötig erachtet wurden.[748]

Weniger komplex und ausführlich stellt sich dagegen die Regelung dieses Rechtsbereichs in den Common-Law-Provinzen dar. Ontario war die erste Provinz, die im Jahr 1967 ein modernes Recht der Mobiliarsicherheiten in ihrem neuen *Ontario Personal Property Security Act* regelte. Von den 83 Artikeln des 1989 von Grund auf modernisierten Gesetzes betreffen allerdings nur drei Ausnahmevorschriften solche Rechtsgeschäfte, die Verbrauchsgüter zum Gegenstand haben. Der parallel anwendbare *Ontario Consumer Protection Act* enthält ebenfalls nur wenige Vorschriften die auf Mobiliarsicherheiten Anwendung finden.[749] Sowohl

---

[745] *Cuming*, a.a.O., S. 189.

[746] Der Kauf unter Eigentumsvorbehalt in den Art. 1745 - 1749 CCQ, das Leasing in den Art. 1851 – 1891 CCQ, sowie die Mobiliarhypothek in Art. 2683 CCQ.

[747] *Règlement sur le registre des droits personnels et réels mobiliers.*

[748] *Grenon*, La protection du consommateur et les sûretés mobilières au Québec et en Ontario: «solutions» distinctes? 80 (2001) Can. Bar Rev., S. 917, 925 f.

[749] *Grenon*, a.a.O., 80 (2001) Can. Bar Rev., S. 917, 920.

die Regelungsdichte, als auch die Kompatibilität zwischen dem Recht der Mobiliarsicherheiten und spezifischen Verbraucher-schutzregelungen ist daher in Ontario geringer ausgeprägt als in Quebec.[750] Die Vorschriften Ontarios enthalten nur punktuelle Regelungen und entsprechen nur den Mindestanforderungen des Verbraucherschutzes.[751]

In zeitlichen Abständen sind auch die anderen Common-Law-Provinzen mit ihren jeweiligen Personal Property Security Acts dem Vorbild Ontarios gefolgt. So haben die (westlichen) Provinzen British Columbia, Alberta, Saskatchewan und Manitoba, später gefolgt von den (maritimen) Provinzen Prince Edward Island, Nova Scotia, Newfoundland und New Brunswick, Gesetze angenommen, die auf dem sog. Model Personal Property Security Act basieren, welcher von der Canadian Conference on Personal Property Security Law formuliert wurde.[752]

b) *Harmonisierungsbestrebungen*

(1) *Verbraucherkreditrecht*

Aufgrund der Tatsache, dass Verbraucherkreditgeschäfte gewöhnlich einen Bezug zu mehreren Provinzen aufweisen, weil die meisten Anbieter solcher Kredite in meist mehr als einer Provinz tätig sind, besteht hier ein besonders hohes Interesse an harmonisierten Regelungen.[753] Dies liegt im Sinne der Kreditgeber, die ihre geschäftlichen Aktivitäten über mehrere Provinzen erstrecken und somit von einer Harmonisierung der jeweiligen provinziellen Gesetze profitieren würden. Aber auch den Kreditnehmern, die sich oftmals einem oder mehreren Kreditgebern aus anderen Provinzen ausgesetzt sehen, kommen harmonisierte Standards zugute.

Eine umfassende Regelung des Bereichs durch den Bund, der eine weitgehende Rechtsvereinheitlichung erzielt hätte, ist jedoch - wie eben festgestellt – gescheitert. Im Zuge der Diskussionen um den BDPA, sowie in den Jahren nach dessen Aufgabe, ist ein extensiver Konsultationsmechanismus zwischen dem Bund und den Provinzen in Verbraucherschutzfragen entstanden. Es wurden ein ständiges Komitee der für Verbraucherschutz zuständigen stellvertretenden Minister gegründet, sowie einige Arbeitsgruppen, die über konkrete Sachfragen beraten und Modellgesetze formulieren sollten. Nach dreijähriger Tätigkeit verlor die

---

[750] *Grenon*, a.a.O., 80 (2001) Can. Bar Rev., S. 917, 926.

[751] *Grenon*, a.a.O., 80 (2001) Can. Bar Rev., S. 917, 943.

[752] Dieses Modellgesetz hatte sogar einen über Kanada hinausgehenden Erfolg. So wurde auch in Neuseeland ein Gesetzeswerk eingeführt, das auf dem kanadischen Modell beruht. Weiterhin war oder ist noch in Mexiko, Australien, England und Israel das kanadische Recht als Reformgrundlage in der Diskussion.

[753] *Neilson*, Interjurisdictional Harmonization of Consumer Protection Laws and Administration in Canada, in Cuming (Hrsg.) Perspectives on the Harmonization of Law, S. 73.

Politik allerdings im Zeichen einer sich verschlechternden Konjunktur, sinkendem Vertrauen in die Regierung und von Rufen nach Deregulierung das Interesse an einer weiteren Verbraucherschutzgesetzgebung.[754] Die meisten Arbeitsgruppen wurden 1981 aufgelöst, und dem Ministerkomitee wurden wichtige Kompetenzen entzogen. Teilweise war für das Scheitern aber auch das Misstrauen der Provinzminister gegenüber diesem Kollaborationssystem ursächlich, was die Überzeugung vieler Politiker widerspiegelt, dass jede Provinz so weit wie möglich eigene Lösungen für die eigenen Probleme entwickeln sollte.[755] Tatsächlich folgten diesem gemeinschaftlichen Engagement für Verbraucherschutz eher zerstreute und selektive Lösungen seitens der einzelnen Provinzen.[756]

Erst das im Zuge des *Agreement on Internal Trade* gegründete Consumer Measures Committee konnte wieder an diese Kooperationspraxis anknüpfen. Neben Vorhaben in anderen Verbraucherschutzdomänen hat dieses Komitee im Bereich des Verbraucherkreditrechts eine Harmonisierung der Regelungen bezüglich der Berechnung und der Angabe eines effektiven Jahreszinses erreicht.

(2) *Recht der Mobiliarsicherheiten*

Im Bereich des Rechts der Mobiliarsicherheiten hat gerade in den letzten Jahren ein erheblicher Harmonisierungsprozess eingesetzt. In den siebziger und Anfang der achtziger Jahren ergab sich hier noch ein sehr uneinheitliches Bild der Gesetzgebung in den einzelnen Rechtsordnungen. Dort waren im wesentlichen drei verschiedene Grundmodelle des Rechts der Mobiliarsicherheiten vertreten: Das zu dieser Zeit moderne Recht in Ontario und in den Rechtsordnungen, die bis dahin diesem Beispiel gefolgt waren, d.h. Manitoba, Saskatchewan und Yukon Territories; daneben die Regelungen derjenigen Provinzen, die ihr Recht noch nicht modernisiert hatten, sowie das fundamental divergierende Recht in Quebec.[757] Hinzu kam, dass die Regelungen der jeweiligen Provinzen innerhalb dieser Modelle bei weitem nicht einheitlich waren; auch hier traten zahlreiche Unterschiede auf.[758] Damit ging einher, dass weder einheitliche Kollisionsregeln, noch zumindest eine einheitliche Grundstruktur des Rechts der Mobiliar-sicherheiten jemals

754 *Belobaba,* The Development of Consumer Protection Regulation:1945 to 1984, in Bernier/Lajoie (Hrsg.), Consumer Protection, Environmental and Corporate Law, S. 7.

755 *Neilson,* a.a.O., S. 87.

756 *Belobaba,* a.a.O., S. 7.

757 Zu den wesentlichen Unterschieden zwischen dem Recht der Common-Law-Provinzen und dem Recht nach dem (alten) Code Civil in Quebec, siehe: *Cuming,* Harmonization of Canadian Personal Property Security Law, in Cuming (Hrsg.) Harmonization of Business Law in Canada, S 178 ff.

758 *Ziegel,* Harmonization of Provincial Laws, with Particular Reference to the Commercial, Consumer and Corporate Law, in Cuming (Hrsg.) Harmonization of Business Law in Canada S. 29.

erreicht werden konnten, um den interprovinziellen Rechtsverkehr zu erleichtern.[759]

Seitdem konnte jedoch in den westlichen und maritimen Provinzen[760] eine sehr weitgehende Angleichung der Regelungen über Sicherungsrechte erzielt werden. Diese Angleichung beruht auf der Annahme des sog. Model PPSA durch diese Provinzen, die wiederum auf umfangreiche und langwierige Vorarbeiten sowie auf eindringliches Werben seitens der Uniform Law Conference of Canada und der Canadian Conference for Personal Property Law zurückzuführen ist. Wurde deshalb noch Mitte der achtziger Jahre festgestellt, dass es nur wenig Rechtsangleichung in diesem Bereich gibt,[761] kann man nun angesichts eines harmonisierten Rechts in den westlichen und maritimen Provinzen den Schluss zulassen, dass ein hoher Grad an Harmonisierung erreicht worden ist. Lediglich Ontario und Quebec haben sich dieser Entwicklung nicht angeschlossen. Allerdings hat sich das Recht in Quebec im Zuge der Einführung des neuen Zivilgesetzbuches erheblich an die Rechtsinstitute des Common Law angenähert, wovon u.a. die Einführung der Mobiliarhypothek zeugt. Das neue Sachenrecht des CCQ [762] – und hier insbesondere die Regelungen bezüglich der Hypothek – zeugen von den Anstrengungen des Gesetzgebers in Quebec, die Regelungen bezüglich der Mobiliarsicherheiten, an das Konzept von globalen Sicherheiten des amerikanischen Rechts sowie der Personal Property Security Acts der anderen kanadischen Provinzen anzupassen.[763] Nun kann eine Hypothek in Quebec sowohl bewegliche als auch unbewegliche Sachen, und auch Rechte, wie z.B. Forderungen, Urheberrechte, Aktien, (Art. 2677 CCQ), Markenrechte (Art. 2684 CCQ) usw., erfassen.

## 4. Unlautere Geschäftspraktiken

### a) *Stand der Entwicklung*

Einige Provinzen haben nach US-amerikanischem Vorbild allgemeine Regelungswerke bezüglich unlauteren Geschäftsverhaltens angenommen. Angeführt wurde diese Entwicklung durch die Provinzen British Columbia und Ontario, die beide 1974 entsprechende Gesetze erlassen haben.[764] Dem folgten weitere Pro-

---

759 *Cuming,* Harmonization of Canadian Personal Property Security Law, in Cuming (Hrsg.) Harmonization of Business Law in Canada, S. 173.

760 Dies sind British Columbia, Alberta, Saskatchewan, Manitoba. Prince Edward Island, New Brunswick, Nova Scotia und Newfoundland.

761 Siehe u.a. *Cuming,* a.a.O., S. 174 f.

762 Siehe allgemein zur Neuregelung des Sachenrechts im CCQ: *Brierley,* Regards sur le droit des biens dans le nouveau Code Civil du Québec, RIDC 1995, S. 33.

763 *Brierley,* a.a.O.,, RIDC 1995, S. 33, 40.

764 In Ontario den *Business Practice Act* (OBPA) und in British Columbia den *Trade Practices Act.*

vinzgesetzgeber, die im Grundsatz ähnliche Regelungen annahmen,[765] welche sich jedoch im Detail voneinander unterscheiden; lediglich das Gesetz in Prince Edward Island ist mit der Regelung Ontarios inhaltsgleich.[766] Diese Gesetze enthalten eine Aufzählung von Geschäftspraktiken, die als unlautere oder sittenwidrige Praktiken eingeordnet werden. Allen Provinzgesetzen ist gemein, dass sie keine Anwendung auf Grundstücks-, Wertpapier- und Kreditgeschäfte finden.[767] Weiterhin sind auch die jeweiligen Vorschriften für den persönlichen Anwendungsbereich auf Seiten des Abnehmers, d.h. die Definition der Verbrauchereigenschaft nahezu übereinstimmend. Die Gesetze sehen vor, dass ein entsprechendes Verhalten eines Unternehmers sowohl mit öffentlich-rechtlichen Sanktionen, wie Geldbußen oder Lizenzentzug geahndet werden, als auch dem geschädigten Konsumenten zivilrechtliche Ansprüche eröffnen kann. So wird diesem das Recht zuerkannt, vom Vertrag zurückzutreten (rescission) bzw. Schadenersatz zu verlangen.[768] Während in Ontario das Rücktrittsrecht jedoch als Gestaltungsrecht ausgestaltet ist, bedarf es in Alberta oder British-Columbia der gerichtlichen Überprüfung.[769] Außerdem besteht die Möglichkeit, im Falle von Verstößen im Sinne von sec. 2 (b) OBPA auch sogenannte „punitive damages“ einzuklagen.

b) *Harmonisierungsbestrebungen*

Zwar haben manche Provinzen den OBPA teilweise oder auch umfassend übernommen; doch sind andere dem leicht unterschiedlichen Modell British Columbias gefolgt, und in zwei Provinzen – New Brunswick und Nova Scotia – existieren gar keine entsprechenden Regelwerke.[770] Dies hat das zuständige Bundesministerium zum Anlass genommen, einen Vorschlag für einen Federal Trade Practice Act anzukündigen. Danach sollte das neue Bundesgesetz die Tätigkeit von bundesweit agierenden Unternehmen abdecken, während die Provinzgesetze sich auf nur regional und lokal tätige Unternehmen beschränken sollen. Aus dem Vorhaben wurde allerdings nichts. Dies lag zum einen an einem vehementen Widerstand der Provinzen.[771] Zum anderen bestanden erhebliche Zweifel an der

---

765 Alberta, Unfair Trade Practices Act (1980), Manitoba Business Practices Act, Newfoundland Trade Practices Act (1978), PEI Trade Practices Act (1977), Quebec Consumer Protection Act (1978), Saskatchevan Consumer Protection Act. In New Brunswick und Nova Scotia gibt es dagegen keine entsprechenden Regelungswerke.

766 *Neilson*, Interjurisdictional Harmonization of Consumer Protection Laws and Administration in Canada, in Cuming (Hrsg.) Perspectives on the Harmonization of Law, S. 59, 62.

767 *Belobaba*, Unfair Trade Practices Legislation: Symbolism and Substance in Protection, (1975) Osgoode Hall L.J., S. 327, 334.

768 *Belobaba*, a.a.O., (1975) Osgoode Hall L.J. S. 327, 376.

769 *Kroher*, Wettbewerbsrecht und Verbraucherschutz in Kanada, S. 217.

770 *Willes*, Contemporary Canadian Business Law, S. 465.

771 Siehe weiter oben in diesem Kapitel unter Punkt 4. a) (1) die Kontroverse um den *Borrowers and Depositors Protection Act* (BDPA) des Bundes zum Verbraucherkreditrecht, welcher letztlich gescheitert ist.

Praktikabilität der oben genannten Abgrenzungsformel zwischen Bundes- und Provinzzuständigkeit.[772]

Die Entwicklung der Gesetzgebung im Bereich der unlauteren Geschäftspraktiken verlief relativ homogen. So haben acht Provinzen Regelungen angenommen, die im Grundsatz übereinstimmen, im Detail allerdings voneinander abweichen, wie z.B. in bezug auf die Definitionen und die Rechtsfolgen. Insgesamt ist hier daher der Schluss erlaubt, dass zwar nicht Uniformität, aber dennoch ein hoher Grad an Harmonisierung erreicht worden ist.[773] Zwar haben zwei Provinzen keinerlei entsprechende Regelungswerke angenommen, was dazu führt, dass je nach Wohnsitz des Verbrauchers unterschiedliche Regelungen eingreifen. Dies wird allerdings wiederum hierdurch relativiert, dass letztere Provinzen manche Regelungen - wie sie in den Business Practices Acts vorkommen - in anderen Spezialgesetzen bzw. in ihren Consumer Protection Acts aufgenommen haben.

## IV. Ergebnis

Fasst man die Ergebnisse der vorangegangenen Darstellung zusammen, so ergibt sich zunächst ein uneinheitliches Bild über den Stand der Verbraucherschutzgesetzgebung in Kanada. Zwar weisen beispielsweise alle Provinzen einen Consumer Protection Act sowie einen (Unfair/ Fair) Business Practices Act auf,[774] doch variieren zum einen der gegenständliche Inhalt dieser Gesetze und zum anderen die darin vertretenen Lösungen. So stellen die Gesetze mancher Provinzen regelrechte Verbrauchschutzgesetzbücher dar, während andere nur punktuell Einzelfragen behandeln. In der Sache lassen sich dann Unterschiede hinsichtlich des Anwendungsbereichs (Anknüpfung an die Vertragsparteien oder den Vertragsgegenstand), der Definitionen, Fristen und Rechtsmittel feststellen. Damit bestehen heutzutage teilweise wesentliche Unterschiede in der Verbraucherschutzgesetzgebung der Provinzen.[775]

Andererseits sind diese Unterschiede wiederum nicht so gravierend, als dass sie eine negative Auswirkung auf den Markt und somit die ökonomische Union gehabt hätten.[776] Hinzukommt, dass in vielen Bereichen ein gemeinsamer Mindeststandard an Verbraucherschutz erreicht wurde (wie z.B. zum effektiven Jahreszins oder für Internetgeschäften), was insbesondere auf die Bemühungen des auf

---

772 *Neilson*, a.a.O., S. 65.

773 *Neilson*, a.a.O., S. 62.

774 Die Provinz Alberta hat die Regelungen des Unfair Business Practices Act, des Consumer Protection Act sowie des Direct Selling Act in einen neuen Fair Trading Act zusammengefasst.

775 *Willes*, Contemporary Canadian Business Law, S. 458.

776 *Belobaba*, The Development of Consumer Protection Regulation: 1945 to 1984, in Bernier / Lajoie (Hrsg.), Consumer Protection, Environmental and Corporate Law, S. 33. so auch *Neilson*, a.a.O., S. 62.

Grundlage des AIT gegründeten Consumer Measures Committee zurückzuführen ist. Zudem war das Wirken der Uniform Law Conference of Canada im Bereich des Rechts der Mobiliarsicherheiten Erfolg beschieden.

Weiterhin ist aufgefallen, dass eine Harmonisierung des Rechts zwischen einigen Provinzen in zahlreichen Fällen dadurch entstanden ist, dass vergleichsweise kleine Provinzen, denen nicht so umfangreiche finanzielle und personelle Ressourcen zur Weiterentwicklung ihres Rechts zur Verfügung stehen, das meist innovative Recht einer anderen Provinz ganz oder in überwiegenden Teilen übernommen haben. Dies konnte u.a. in bezug auf die Trade Practices Acts festgestellt werden.

Nicht zuletzt ist an dieser Stelle anzuführen, dass eine Harmonisierung - sofern sie hier erfolgt ist - jedenfalls nicht aufgrund der Lobbyarbeit beispielsweise seitens der Unternehmerverbände entstanden ist.[777] Es konnten in diesem Bereich so gut wie keine Aktivitäten ermittelt werden, obwohl erwartet werden könnte, dass die Unternehmen von harmonisierten Regelungen profitieren würden. Schließlich dient die hierdurch zu erzielende Kostenreduzierung im interprovinziellen Verkehr gerade als Argument für eine Harmonisierung. Dies sollte Beachtung finden bei der Bewertung dieses Arguments bei Entscheidungen über Harmonisierungsmaßnahmen.

Anders zu bewerten ist dagegen die Annäherung des Rechts im Bereich der Mobiliarsicherheiten in Quebec an das übrige kanadische Recht. Hier ging es nicht um Kostenreduzierung, sondern eher um den Abbau von Wettbewerbs-nachteilen der heimischen Finanzdienstleister. Sowohl das Beispiel Quebecs als auch die oben angeführte Tatsache der Harmonisierung durch Übernahme innovativen Rechts durch andere Provinzen zeigen, dass ein Wettbewerb der Rechtsordnungen in Gestalt eines Ideewettbewerbs um das beste Angebot von rechtlichen Lösungen es tatsächlich vermag, eine Harmonisierung des Rechts zu erzielen. Aufgrund der Dynamik dieser Entwicklung ergibt sich darüber hinaus, dass es sich bei diesem harmonisierten Recht meist um innovatives, modernes Recht handelt.

## B. Das Verbraucherprivatrecht in der EU

### I. Kompetenzverteilung

Wie an vorangegangener Stelle bereits angesprochen, enthalten die europäischen Verträge keinen sachgebietlich gegliederten Zuständigkeitsverteilungskatalog

[777] So u.a. zum Bereich des Rechts der Mobiliarsicherheiten: *Ziegel*, Harmonization of Provincial Laws, with Particular Reference to the Commercial, Consumer and Corporate Law, in Cuming (Hrsg.) Harmonization of Business Law in Canada, S.30.

zwischen der EU und den Mitgliedstaaten. Da der EGV im Bereich des Zivilrechts keine ausschließliche Kompetenz der EG kennt, gilt daher für das Verbrauchervertragsrecht wie auch für das Gesellschaftsrecht, dass zum einen auf spezielle Kompetenzzuweisungsnormen an die EG für einzelne Sachbereiche, zum anderen auch auf die allgemeineren Normen der Art. 94, 95 und 308 EGV abzustellen ist.

### 1. Kompetenzzuweisung an die EG

#### a) *Art. 153 EGV*

Im Zuge des Vertrages von Maastricht wurde im Jahr 1993 Art. 153 EGV (ex Art. 129a), der speziell den Verbraucherschutz betrifft, in den EGV eingeführt. Aus der Formulierung, die Gemeinschaft solle „einen Beitrag" zur Erreichung eines hohen Verbraucherschutzniveaus leisten, kann gefolgert werden, dass Verbraucherschutz vornehmlich eine Angelegenheit der Mitgliedstaaten sein soll.[778] Die Vorschrift enthält in Abs. 3 b) eine Ermächtigung zum Erlass von „Maßnahmen zur Unterstützung, Ergänzung und Überwachung der Politik der Mitgliedstaaten". Dennoch stützten sich die bislang ergangenen Richtlinien zum Verbraucherschutz, d.h. auch nach 1993, bis auf eine Ausnahme[779] auf die all-gemeine Zuständigkeitsregelung des Art. 95 EGV (bzw. vor dessen Einführung auf Art. 94) auf welche auch Art. 153 Abs. 3 a) verweist. Damit hat die neu eingeführte Vorschrift keine besondere Bedeutung als Ermächtigungsgrundlage für die Entwicklung des Verbrauchervertragsrechts erlangt.[780]

Dennoch bedeutete dessen Einführung, sowie dessen Änderung im Zuge des Vertrages von Amsterdam, eine Aufwertung des Verbraucherschutzes im EG-Vertrag,[781] die verbunden war mit einer Stärkung der Rechte der Verbraucher im Rahmen von anderen legislativen Projekten sowie bei der Auslegung der Grundfreiheiten. Durch den neuen Art. 153 EGV wird nun ein Recht der Verbraucher auf Information, Erziehung und Bildung von Vereinigungen zur Wahrung ihrer Interessen anerkannt.[782] Das heißt, unter die neue Kompetenznorm fallen vor

---

778 *Taschner,* Mindestharmonisierung im Verbraucherschutzrecht, in Everling/Roth, S. 159, 163.

779 Richtlinie 98/6/EG des Europäischen Parlaments und des Rates über den Verbraucherschutz in Bezug auf Preisangaben auf Waren., [1998] ABl. L 80/27.

780 *Stuyck,* European Consumer Law after the Treaty of Amsterdam: Consumer Policy in or beyond the Internal Market? CMLR 2000, S. 367, 380.

781 *Weatherill,* The Evolution of European Consumer Law and Policy: From Well Informed Consumer to Confident Consumer? In: Micklitz (Hrsg.), S. 423, 449.

782 *Stuyck,* European Consumer Law after the Treaty of Amsterdam: Consumer Policy in or beyond the Internal Market? CMLR 2000, S. 367, 384 f.

allem Bereiche, die bislang traditionell den Mitgliedstaaten vorbehalten waren, wie etwa Verbraucheraufklärung.[783]

b) *Art. 94 und 95 EGV*

Aus der Kompetenzzuweisung an die EU, Maßnahmen (im Falle von Art. 94 EGV nur Richtlinien) zur Angleichung der Rechts- und Verwaltungsvorschriften der Mitgliedstaaten zu erlassen, welche das Errichten und das Funktionieren des Gemeinsamen Marktes bzw. des Binnenmarktes zum Gegenstand haben, folgt auch eine Ermächtigung, Regelungen des Privatrechts zu diesem Zweck anzugleichen. In Art. 95 Abs. 3 EGV ist dabei sogar das Ziel der Verwirklichung eines hohen Verbraucherschutzniveaus solcher Maßnahmen vorgegeben. Dabei müssen diese Maßnahmen erforderlich zur Erreichung des Binnenmarktes bzw. des Gemeinsamen Marktes sein. Dies ergibt sich für Maßnahmen, die auf Art. 94 beruhen, aus Art. 3 h) EGV. Für solche des Art. 95 ergibt sich dies dagegen aus Art. 14 Abs. 1 EGV, sofern man hier Art. 3 h) nicht für anwendbar halten sollte, weil dieser vom „Gemeinsamen Markt" und nicht vom „Binnenmarkt" spricht.[784] Wie schon zum Gesellschaftsrecht gesehen, kommt dem Europäischen Gesetzgeber auch bei der Frage der Erforderlichkeit von privatrechtlichen Angleichungsmaßnahmen ein weiter Beurteilungsspielraum zu.[785]

c) *Verbraucherschutz und Binnenmarkt*

Der EWG-Vertrag folgte ursprünglich einer produktivistischen Ausrichtung, d.h. er richtete sich in erster Linie an die Produzenten ökonomischer Werte, denen er größere Produktions- und Distributionsräume zur Verfügung stellen wollte.[786] So betonte die Literatur zu Fragen des europäischen Verbraucherschutzes den Dualismus zwischen dem Ziel der Errichtung eines Binnenmarktes mit freiem Warenverkehr und Wettbewerb einerseits, und dem Schutz der Verbraucher andererseits. Es wurde befürchtet, dass hieraus ein „race to the bottom" resultieren würde, mit der Folge, dass sich gemeinschaftsweit ein Schutzniveau etabliert, das demjenigen des Mitgliedstaats mit dem geringsten Verbraucherschutzniveau entspricht.[787]

---

[783] *Reich,* Europäisches Verbraucherrecht, S. 40. Siehe ausführlich zu den Änderungen von Art. 153 EGV im Zuge des Vertrages von Amsterdam: *Stuyck,* a.a.O., CMLR 2000, S. 367, 384 ff.

[784] Siehe hierzu ausführlicher: *Armbrüster,* Ein Schuldvertragsrecht für Europa? 60 RabelsZ 1996, S. 72, 80 ff

[785] Vgl. u.a. *Müller-Graff,* Europäisches Gemeinschaftsrecht und Privatrecht, NJW 1992, S. 13, 17.

[786] Siehe dazu eingehend *Reich,* Europäisches Verbraucherrecht, S. 30.

[787] *Stuyck,* a.a.O., CMLR 2000, S. 367, 389.

Dennoch hat sich in der Gemeinschaft das Verbraucherrecht als eigenständiger Politik- und Rechtsbereich etabliert. Dies ist zum einen auf die Rechtsprechung des EuGH zurückzuführen, der seit seiner *Cassis*-Entscheidung[788] mitgliedstaatliche Maßnahmen, welche die Warenverkehrsfreiheit im Sinne von Art. 28 EGV einschränken, für zulässig erachtet, wenn diese den Schutz der Verbraucher zum Ziel haben.[789] Daneben hat die Kommission in den Jahren 1975 und 1981 jeweils verbraucherpolitische Programme präsentiert, in welchen sie einen Katalog von Verbraucherrechten aufstellte, die ihren Niederschlag in darauf folgenden konkreten Maßnahmen gefunden haben. Schließlich haben Änderungen des Primärrechts maßgeblich zu dieser Entwicklung beigetragen. Hierzu zählt die Einfügung des Art. 95 EGV (Art. 100a a.F.) durch die EEA im Jahr 1987, der die Kommission bei ihren Vorschlägen zu einem hohen Verbraucherschutzniveau verpflichtet, sowie die Einführung des Art. 153 EGV (Art. 129a a.F.) durch den Vertrag über die Europäische Union. Wie unten noch zu sehen sein wird, ist eine große Zahl von verbraucherschützenden Richtlinien auf Grundlage der Art. 94, 95 EGV ergangen. So wird ein hohes Verbraucherschutzniveau und das hierdurch entstehende Vertrauen der Verbraucher in den europäischen Markt als unerlässlich für das Funktionieren des Binnenmarktes angesehen. Entsprechend fordert auch Art. 153 EGV die Gewährleistung eines „hohen Verbraucherschutzniveaus".

## 2. Bedeutung des Art. 5 EG im Verbrauchervertragsrecht

Neben dem bereits bei Vorhaben nach Art. 94 oder 95 EGV zu beachtenden Kriterium der Erforderlichkeit stellt das Prinzip der Subsidiarität wohl keine darüber hinaus gehende gegenständliche Begrenzung der Gemeinschafts-kompetenz zur Rechtsangleichung auf.[790] Anders ist dies jedoch einzuschätzen bezüglich der Reichweite und Intensität der konkreten Angleichungs-maßnahme.[791] So zwingt das Subsidiaritätsprinzip den europäischen Gesetzgeber dazu, Richtlinien mit möglichst geringer Regelungsdichte zu erlassen, wenn diese ebenso wie eine sehr detaillierte Richtlinie geeignet sind, das Regelungsziel zu erreichen. Hierdurch wird der in Art. 249 Abs. 3 EGV bereits festgehaltene Grundsatz, den Mitgliedstaaten die Wahl der Form und Mittel zur Erreichung des in der Richtlinie vorgegebenen Ziels zu belassen, nochmals bestärkt.[792] Insgesamt wird dennoch von

---

788 EuGH-Entscheidung vom 20. Februar 1979 (Cassis), Rs. C 120/78, Slg. 1979, 649.

789 Zum Verhältnis zwischen zwingenden Vorschriften des Verbrauchervertragsrechts und dem EU-Primärrecht: *Armbrüster*, Ein Schuldvertragsrecht für Europa? 60 RabelsZ 1996, S. 72

790 *Franzen*, Privatrechtsangleichung durch die Europäische Gemeinschaft, S. 61; *Armbrüster*, a.a.O., 60 RabelsZ 1996, S. 72, 83; *Reich*, Europäisches Verbraucherrecht, S. 42.

791 *Franzen*, a.a.O., S. 62 f.

792 *Armbrüster*, a.a.O., 60 RabelsZ 1996, S. 72, 84.

einem nur beschränkten Einfluss des Subsidiaritätsgrundsatzes auf die Verbraucherschutzgesetzgebung der Gemeinschaft auszugehen sein.[793]

## II. Rechtsangleichung bzw. Rechtsetzung durch Richtlinien

### 1. Überblick über das Verbraucherschutzrecht in der EG

Obwohl der Gedanke des rechtlichen Schutzes der Öffentlichkeit vor fehlerhafter Ware schon einige Jahrhunderte zurückgeht, setzte das Phänomen des Verbraucherschutzes als ein systematisch verfolgtes Politikziel erst in den 60er Jahren ein, hauptsächlich ausgelöst durch Präsident Kennedy, welcher in einer Rede vor dem Kongress im Jahr 1962 die grundlegenden Rechte der Verbraucher formulierte, d.h. das Recht auf Sicherheit, Information, Auswahl und Gehör. Der Großteil des modernen Verbraucherrechts in Europa ist jedoch erst ab den 70er Jahren entstanden und ist maßgeblich auf die Rechtsetzungstätigkeit der EG zurückzuführen.[794] Während in einigen Mitgliedstaaten wie Schweden, Frankreich und Deutschland schon zuvor Ansätze einer Verbraucherschutzpolitik erkennbar waren, begann in anderen Mitgliedstaaten, wie etwa in Italien, die Entwicklung eines spezifischen Verbraucherrechts erst mit der Umsetzung der ersten EG-Richtlinien im Jahr 1985.

Auch die Kommission und der Rat waren bezüglich ihrer ersten Resolution bzw. ihres Aktionsplans zum Verbraucherschutzrecht im Jahr 1975 maßgeblich durch die Rede von Präsident Kennedy beeinflusst.[795] Aber erst im Zuge des zweiten Aktionsplans von 1981, der die grundlegenden Verbraucherrechte wiederholte,[796] wurden einige Richtlinienvorhaben vorangebracht. Einen bedeutenden Schritt für das Gemeinschaftsverbraucherschutzrecht stellt die Einführung des Art. 95 EGV (n.F.) durch die EEA im Jahr 1987 dar, in welchem erstmals das Verbraucherschutzrecht als ein Ziel des Gemeinschaftsrechts anerkannt und zugleich das Mehrheitsprinzip bei Abstimmungen über binnenmarktrelevante Richtlinien eingeführt wurde.[797] Auf der Grundlage dieser Vorschrift ist bislang die Mehrzahl der verbraucherschützenden Maßnahmen der EG ergangen. Dies wird sich auch

---

[793] *Stuyck*, a.a.O., CMLR 2000, S. 367, 382.

[794] *Tonner*, Die Rolle des Verbraucherrechts bei der Entwicklung eines europäischen Zivilrechts, JZ 1996, S. 533, 537.

[795] *Micklitz*, Zur Notwendigkeit eines neuen Konzepts für die Fortentwicklung des Verbraucherrechts in der EU, VuR 2003, S. 2.

[796] Dies sind: 1) Das Recht auf Sicherheit und den Schutz der Gesundheit, 2) Das Recht auf den Schutz der wirtschaftlichen Interessen, 3) Das Recht auf Wiedergutmachung, 4) Das Recht auf Information und Erziehung, 5) Das Recht auf Interessenvertretung. Siehe das Zweite Aktionsprogramm des Rates, [1981] ABl. C 133, S. 1.

[797] *Stuyck*, European Consumer Law after the Treaty of Amsterdam: Consumer Policy in or beyond the Internal Market? CMLR 2000, S. 367, 378. *Tonner*, a.a.O., JZ 1996, S. 533, 537.

wohl in Zukunft nicht ändern, trotz der Einführung eines eigenen Verbraucherschutzartikels (Art. 153 EGV n.F., siehe oben) und der Aufnahme des Verbraucherschutzes in den Tätigkeitsbereich der Gemeinschaft in Art. 3 Abs. 1 t) im Zuge des Vertrages von Maastricht. Der Vertrag von Amsterdam brachte einige Änderungen von Art. 153 EGV, die zwar kaum Auswirkungen auf die Kompetenzordnung haben dürften, jedoch insgesamt eine weitere Stärkung des Politikziels des Verbraucherschutzes auf Gemeinschaftsebene zur Folge haben.[798]

## 2. Rechtsetzungstätigkeit der Gemeinschaft

Es sind zum Verbrauchervertragsrecht zahlreiche Richtlinien ergangenen, die sich hauptsächlich auf Art. 94 bzw. 95 EGV stützen. Nach einer kurzen Vorstellung der einschlägigen Richtlinien soll auf das zugrundeliegende Konzept der Mindestharmonisierung und die Auswirkungen für die mitgliedstaatlichen Rechtsordnungen eingegangen werden.

### a) *Produkthaftungsrichtlinie*[799]

Die Richtlinie führte in den Rechtsordnungen der Mitgliedstaaten Vorschriften ein, nach denen der Hersteller oder der Importeur eines fehlerhaften Produktes verschuldensunabhängig für kausal verursachte Personen- und Sachschäden haftet. Dabei lässt dieser Anspruch die vertragliche und außervertragliche Haftung der mitgliedstaatlichen Rechtsordnungen unberührt. Damit stellt diese Richtlinie keine reine „Verbraucherschutz"-Richtlinie dar, da sie nicht nur Verbraucher in ihren Schutzbereich einbezieht, sondern alle Erwerber von Produkten, auch wenn in den Begründungserwägungen von einem hohen Niveau des Verbraucherschutzes die Rede ist. Zudem darf sie auch nicht zu den vertragsrechtlichen Vorschriften der Gemeinschaft gezählt werden. Wegen ihrer Bedeutung für Verbrauchergeschäfte soll sie hier jedoch angeführt werden.

### b) *Richtlinie für Haustürgeschäfte*[800]

Die Richtlinie gibt dem Verbraucher ein Widerrufsrecht für Verträge, die unter denen von der Richtlinie erfassten Umständen geschlossen wurden, d.h. meist in der Wohnung des Verbrauchers.

---

[798] Siehe dazu bereits weiter oben unter Punkt I. 1. a) m.w.N.

[799] Richtlinie 85/374/EWG des Rates vom 25. Juli 1985 zur Angleichung der Rechts- und Verwaltungsvorschriften der Mitgliedstaaten über die Haftung für fehlerhafte Produkte, [1985] ABl. L 210, S. 29 vom 7. August 1985; geändert durch Richtlinie 1999/34/EG des Europäischen Parlaments und des Rates vom 10. Mai 1999, [1999] ABl. L 141, S. 20.

[800] Richtlinie 85/577/EWG des Rates vom 20. Dezember 1985 betreffend den Verbraucherschutz im Falle von außerhalb von Geschäftsräumen geschlossenen Verträgen, [1985] ABl. L 372, S. 31.

c) *Verbraucherkreditrichtlinie*[801]

Das Hauptaugenmerk dieser Richtlinie liegt auf der Information des Verbrauchers über die Bedingungen des Kredits, insbesondere den effektiven Jahreszins. Zu diesem Zweck enthält sie auch ein Schriftformerfordernis, das sich auf die wesentlichen Bedingungen des Kredits erstreckt. Ferner sieht sie einen Einwendungsdurchgriff bei Verträgen im Dreiecksverhältnis vor. Im September 2002 hat die Kommission einen Vorschlag zur Änderung der Verbraucherkreditrichtlinie verabschiedet; hierauf soll weiter unten eingegangen werden.[802]

d) *Richtlinie über Pauschalreisen*[803]

Die Richtlinie legt dem Veranstalter oder dem Vermittler einer Pauschalreise umfangreiche Informationspflichten gegenüber dem Verbraucher auf. Bei wesentlichen Änderungen der Reise ist der Verbraucher zum Rücktritt vom Reisevertrag berechtigt. Weiterhin steht dem Verbraucher ein Anspruch auf Schadenersatz bei Nichterfüllung oder Schlechterfüllung des Vertrages zu.

e) *Richtlinie über missbräuchliche Vertragsklauseln*[804]

Diese Richtlinie war bis dahin wohl als die bedeutendste, aber auch als eine der umstrittensten anzusehen.[805] Während die ersten Richtlinien sich auf manche Aspekte der Rechtsfolgen von bestimmten Verbrauchergeschäften beschränkten, musste die AGB-Richtlinie in die Vorschriften über das Zustandekommen von Verträgen eingreifen.

---

801 Richtlinie 87/102/EWG des Rates vom 22. Dezember 1986 zur Angleichung der Rechts- und Verwaltungsvorschriften der Mitgliedstaaten über den Verbraucherkredit, [1987] ABl. L 42 S. 48; geändert durch die Richtlinie 90/88/EWG des Rates vom 22. Februar 1990 zur Änderung der Richtlinie 87/102/EWG zur Angleichung der Rechts- und Verwaltungsvorschriften der Mitgliedstaaten über den Verbraucherkredit, [1990] ABl. L 61, S. 14 – 18, geändert durch die Richtlinie 98/7/EG des Europäischen Parlaments und des Rates vom 16. Dezember 1998, [1998] ABl. L 101, S. 17 – 23.

802 Vorschlag der Kommission vom 11. September 2002 für eine Richtlinie des Europäischen Parlaments und des Rates zur Harmonisierung der Rechts- und Verwaltungsvorschriften der Mitgliedstaaten über den Verbraucherkredit, KOM (2002) 443.

803 Richtlinie 90/314/EWG des Rates vom 13. Juni 1990 über Pauschalreisen, [1990] ABl. L 158 S. 59.

804 Richtlinie 93/13/EWG des Rates vom 5. April 1993 über missbräuchliche Klauseln in Verbraucherverträgen, [1993] ABl. L 95, S. 29.

805 Siehe hierzu *Paisant*, La lutte contre les clauses abusives des contrats dans l'Union européenne, in Osman, (Hrsg.) Vers un code européen de la consommation, S. 165, 176. Er kommt zu dem Ergebnis, dass die AGB-RL zwar eine Annäherung, nicht aber eine Rechtsvereinheitlichung erreicht hat.

f) *Time-sharing-Richtlinie*[806]

Bei Verträgen über Teilzeitnutzungsrechten von Immobilien wird der Verkäufer verpflichtet, dem Interessenten bestimmte Informationen schriftlich zur Verfügung zu stellen, die Vertragsbestandteile werden. Dem Erwerber steht ein Rücktrittsrecht binnen zehn Tagen nach Vertragsschluss zu. Fehlen dagegen die vorgeschriebenen Angaben im Vertrag, verlängert sich die Frist auf drei Monate.

g) *Fernabsatzrichtlinie*[807]

Die Richtlinie betrifft Verbraucherverträge, die im Rahmen eines für den Fernabsatz organisierten Vertriebs- oder Dienstleistungssystems unter Anwendung eines oder mehrerer Fernkommunikationsmittel geschlossen werden. Sie schreibt den Unternehmern umfangreiche Informationspflichten vor. Ebenso erhält der Verbraucher in den meisten Fällen ein Widerrufsrecht innerhalb von sieben Tagen, sofern der Unternehmer seinen Informationspflichten nachgekommen ist; andernfalls beträgt die Frist drei Monate. Hinzu kommen Regelungen über die Ausübung des Widerrufsrechts.

h) *Verbrauchsgüterkaufrichtlinie*[808]

Die Verbrauchsgüterkaufrichtlinie stellt die bislang wohl bedeutendste Angleichungsrichtlinie im Verbrauchervertragsrecht dar. Sie stellt Mindestvorgaben bezüglich der Rechte von Verbrauchern wegen Nichterfüllung und Schlechterfüllung bei Kaufverträgen sowie Regelungen bezüglich Garantien auf. So definiert die Richtlinie, wann ein Verbrauchsgut mangelhaft ist, und im Falle der Vertragswidrigkeit der Leistung legt sie die Rechte der Verbraucher und die Bedingungen für deren Ausübung fest. In diesem Zusammenhang ist anzumerken, dass erstmalig eine EG-Richtlinie auch eine Vorschrift zur Beweislastumkehr enthält.

---

806 Richtlinie 94/47/EG des Europäischen Parlaments und des Rates vom 26. Oktober 1994 zum Schutz der Erwerber im Hinblick auf bestimmte Aspekte von Verträgen über den Erwerb von Teilnutzungsrechten an Immobilien, [1994] ABl. L 280 S. 83. Siehe dazu *Mäsch*, Die Time-Sharing-Richtlinie, EuZW 1995, S. 8; *Martinek*, Das Teilzeiteigentum an Immobilien in der Europäischen Union, ZEuP 1994, S. 470.

807 Richtlinie 97/7/EG des Europäischen Parlaments und des Rates vom 20. Mai 1997 über den Verbraucherschutz bei Vertragsabschlüssen im Fernabsatz, [1997] ABl. L 144 S. 19. Vergleiche dazu: *Micklitz/Reich*, Die Fernabsatzrichtlinie im deutschen Recht, 1998; *Reich*, Die neue Richtlinie 97/7/EG über den Verbraucherschutz bei Vertragsabschlüssen im Fernabsatz, EuZW 1997, S. 581.

808 Richtlinie 99/44/EG des Europäischen Parlaments und des Rates vom 25. Mai 1999 zu bestimmten Aspekten des Verbrauchsgüterkaufs und der Garantien für Verbrauchsgüter, [1999] ABl. L 171 S. 12.

### i) *E-Commerce-Richtlinie*[809]

Die Richtlinie enthält Vorgaben an die mitgliedstaatlichen Vertragsrechtsordnungen bezüglich auf elektronischem Wege abgeschlossener Verträge. So sollen die mitgliedstaatlichen Vertragsrechtssysteme sicherstellen, dass solche Verträge abgeschlossen werden können. Weiterhin sollen die Dienstanbieter technische Mittel zur Verfügung stellen, mit denen der Nutzer Eingabefehler vor Abgabe der Bestellung erkennen und korrigieren kann. Ferner soll der Anbieter im Falle einer Bestellung auf elektronischem Wege unverzüglich den Eingang der Bestellung bestätigen. In bezug auf Verbraucherverträge sollen die Dienstanbieter insbesondere über die einzelnen technischen Schritte der Transaktion informieren.

### j) *Richtlinie über den Fernabsatz von Finanzdienstleistungen*[810]

Bei dieser Richtlinie stehen erneut die Informationspflichten im Vordergrund. So muss dem Verbraucher vor Abschluss eines Vertrages über Finanzdienstleistungen mittels Fernkommunikationsmitteln ein Vertragsentwurf schriftlich oder auf einem dauerhaften Datenträger übermittelt werden, der sämtliche Vertragsklauseln und- Bedingungen enthält.

## 3. Wirkung der Richtlinien

### a) *Überblick*

Die Richtlinien haben aufgrund von nahezu übereinstimmenden Definitionen von Verbraucher und Gewerbetreibenden einen sehr ähnlichen Anwendungsbereich.[811] Ihnen ist gemein, dass sie einen Ausgleich für die strukturelle Unterlegenheit des Verbrauchers gegenüber der Angebotsseite erzielen wollen. Die wirtschaftliche Unerfahrenheit und das Informationsdefizit der Verbraucher über das Produkt oder die Dienstleistung sollen durch umfassende Informationspflichten, sowie in manchen Fällen durch eine „cooling-off“ Periode, ausgeglichen werden. Dagegen sind die Fristen für ein Rücktritts- oder Widerrufsrecht nicht einheitlich geregelt. Sowohl die Dauer der Frist als auch die Anknüpfungen zum Fristbeginn diver-

---

[809] Richtlinie 2000/31/EG des Europäischen Parlaments und des Rates vom 8. Juni 2000 über den elektronischen Geschäftsverkehr, [2000] ABl. L 178 S. 1.

[810] Richtlinie 2002/65/EG des Europäischen Parlaments und des Rates vom 23. September 2002 über den Fernabsatz von Finanzdienstleistungen an Verbraucher und zur Änderung der Richtlinie 90/161/EWG des Rates und der Richtlinien 97/7/EG und 98/27/EG, [2002] ABl. L 271, S. 16

[811] *Staudenmayer,* Die Richtlinien des Verbraucherprivatrechts – Bausteine für ein Europäisches Privatrecht? In Schulte-Noelke/Schulze, S. 63, 67. Wobei es im Detail doch wieder Abweichungen gibt, siehe *Pfeiffer,* Der Verbraucherbegriff als zentrales Merkmal im europäischen Privatrecht, in Schulte-Noelke/ Schulze, S. 21, 23.

gieren. So wird auch in der Literatur vielerseits eine unpräzise Begrifflichkeit und eine Inkonsistenz unter den Richtlinien ausgemacht, was jedoch darauf zurückzuführen ist, dass die Richtlinien nur punktuelle und konkrete Ziele verfolgen, und sich deswegen nicht an der Kohärenz von nationalen Gesetzeswerken messen lassen können.[812]

b) *Das Integrationskonzept der Mindestharmonisierung*

Die Richtlinien des Verbrauchervertragsrechts folgen fast einhellig dem Integrationskonzept der Mindestharmonisierung.[813] Mit Ausnahme der Produkthaftungsrichtlinie enthalten alle eben angesprochenen Richtlinien Mindestregeln, d.h. die Mitgliedstaaten können den Verbrauchern einen noch weiterreichenderen Schutz zukommen lassen.[814] So lautet etwa Art. 8 der AGB-RL:

> *„Die Mitgliedstaaten können auf dem durch diese Richtlinie geregelten Gebiet mit dem Vertrag vereinbare strengere Bestimmungen erlassen, um ein höheres Schutzniveau für den Verbraucher zu gewährleisten."*

Die Mitgliedstaaten haben von dieser ihnen eingeräumten Befugnis häufig Gebrauch gemacht.[815] Dies gilt beispielsweise für die Haustürwiderrufsrichtlinie; so haben einige Mitgliedstaaten den Verkauf bestimmter Produkte im Wege dieser Absatzmethode verboten, andere haben solche Geschäfte ganz untersagt. Und auch die nationalen Regelungen zu Verbraucherkrediten gehen häufig über den Geltungsbereich der Richtlinie hinaus und regeln die Rechtsschutzinstrumente des Verbrauchers detaillierter und weitgehender. Dabei ist zu beachten, dass eventuelle nationale Regelungen die über den Schutzstandard der Richtlinien hinausgehen, sich am Maßstab des Diskriminierungsverbots des Art. 12 EGV sowie der Grundfreiheiten - und insbesondere der Warenverkehrsfreiheit - Art. 28, 30 EGV, messen lassen müssen.[816] So müssen die von den in der Richtlinie vorgegebenen

---

[812] Siehe etwa *Schulte-Noelke/ Schulze,* Europäische Rechtsangleichung und nationale Privatrechte – Einführung, in: Schulte-Noelke/ Schulze, S. 11, 16.

[813] Siehe zum Konzept der Mindestharmonisierung noch ausführlich im 5. Kapitel unter Punkt C. I. 4.

[814] Siehe z.B. *Tonner,* Die Rolle des Verbraucherrechts bei der Entwicklung eines europäischen Zivilrechts, JZ 1996, S. 533, 538; *Dumollard,* L'Intégration des Directives Communautaires relatives à la Protection des Consommateurs en Droit Privé Français, in: Schulte-Noelke/Schulze, S. 173, 175 f.

[815] *Remien,* Mindestharmonisierung im Verbraucherschutzrecht, Stellungnahme, in Everling/Roth, S. 181, 186.

[816] *Stuyck,* European Consumer Law after the Treaty of Amsterdam: Consumer Policy in or beyond the Internal Market? CMLR 2000, S. 367, 393. *Remien,* Mindestharmonisierung im Verbraucherschutzrecht, Stellungnahme, in Everling/Roth, S. 181, 184.; *Streinz,* Mindestharmonisierung im Binnenmarkt, in: Everling/ Roth, S. 9, 30. Der EuGH hat in seinem Urteil „Alsthom Atlantique" (EuGH 24. Januar 1991 – Rs. C 339/89, Slg. 1991, I-107) entschieden,

Mindeststandards abweichenden Regelungen aus Gründen des „Allgemeininteresses" gerechtfertigt sein, was regelmäßig dann der Fall ist, wenn der höhere Schutzstandard erforderlich ist. Dies würde aber wiederum implizit bedeuten, dass die Richtlinie selbst das von Art. 95 Abs. 3 EGV geforderte hohe Verbraucherschutzniveau nicht einhält. So wird auch vertreten, dass der in den Richtlinien vorgegebene Standard als die gemeinschaftsrechtliche Festlegung des „Allgemeininteresses" anzusehen sei. Im Sinne der Systematik der Grundfreiheiten wären daher nationale Verschärfungen jedenfalls nicht auf Gemeinschaftssachverhalte anwendbar, sondern nur auf Inlandssachverhalte, mit dem Ergebnis einer Inländerdiskriminierung.[817] Dem ist jedoch entgegenzuhalten, dass in Mindestvorschriften nur eine Festlegung des Allgemeininteresses „nach unten" erfolgt, dass eine gleichzeitige Festlegung nach oben aber gerade dem Wesen von Mindestvorschriften widerspricht.[818] Hier soll den Mitgliedstaaten ja gerade eine Möglichkeit der Abweichung „nach oben" eingeräumt werden; vorgegeben wird lediglich ein „Mindeststandard". Dennoch muss diese Abweichung nach oben gerechtfertigt sein, sofern sie eine Beschränkung der Grundfreiheiten darstellt, so dass der Reichweite einer nationalen Abweichung von den Standards der Richtlinien Grenzen gesetzt sind.[819]

Damit folgen die Rechtsangleichsakte der EU im Verbraucherrecht der in Art. 153 Abs. 5 EGV festgehaltenen Methode der Mindestharmonisierung. Dies wird von manchen Autoren als unzureichend kritisiert, da hierdurch keine Rechtseinheit und damit auch nicht Wettbewerbsgleichheit im Binnenmarkt erreicht werde.[820] Letztendlich vermöge dies, was das Privatrecht angeht, nur ein Europäisches

---

dass das Zivilrecht nicht als eine Beschränkung im Sinne des Art. 28 EG einzuordnen ist, solange den Parteien die Möglichkeit der Rechtswahl zusteht. Hinsichtlich zwingend anzuwendender Vorschriften des Verbraucherrechts gilt dies zwar nicht, doch ist der Verbraucherschutz spätestens seit der Cassis-Entscheidung des EuGH als ein zwingendes Erfordernis des Allgemeininteresses anzusehen, das eine Einschränkung der Warenverkehrsfreiheit rechtfertigt (Siehe dazu u.a. *Armbrüster*, Ein Schuldvertragsrecht für Europa? 60 RabelsZ 1996, S. 72, 74 ff.).

817 *Grundmann*, EG-Richtlinien und nationales Privatrecht, JZ 1996, S. 274, 279.

818 *Streinz*, Mindestharmonisierung im Binnenmarkt, in: Everling/ Roth, S. 9, 31.

819 Siehe die Entscheidung des EuGH im Fall *Buet*, Rs. C 382/87, Slg. 1989, 1248, in welcher das Gericht über eine französische Regelung zu entscheiden hatte, die über die Haustürwiderrufsrichtlinie hinaus den Verkauf von Unterrichtsmaterial im Rahmen von Haustürgeschäften gänzlich verbot. Der EuGH führte aus, dass bei Haustürgeschäften ein Widerrufsrecht des Verbrauchers zu seinem Schutz regelmäßig ausreichend sei. Er akzeptierte jedoch die Ausnahme der französischen Regelung, da hier ein größeres Risiko als bei alltäglichen Verbrauchsgütern bestünde, weil der potentielle Erwerber von Unterrichtsmaterial meist gerade zu einer besonders ungebildeten, und daher leicht zum Kauf zu überredenden Kategorie von Verbrauchern zähle, weswegen ein höheres Schutzniveau in solchen Fällen angebracht sein könne.

820 *Drobnig*, Europäisches Zivilgesetzbuch – Gründe und Grundgedanken, in Martiny/Witzleb, S. 109; *Taschner*, Mindestharmonisierung im Verbraucherschutzrecht, in Everling/Roth, S. 159, 173 f.

Zivilgesetzbuch zu erreichen.[821] Die Skeptiker einer weitergehenden Angleichung bzw. Vereinheitlichung führen dagegen an, dass diese Vielzahl der in das nationale Recht umzusetzenden Rechtsakte dessen Kohärenz belaste.[822]

c) *Die Umsetzung und Anwendung der Richtlinien*

Tatsächlich hat die Umsetzung der Richtlinien in den nationalen Zivilrechtsordnungen einen erheblichen Einfluss auf das Vertragsrecht insgesamt ausgeübt,[823] was spätestens angesichts der Verbrauchsgüterkaufrichtlinie im besonderen Maße gilt. Während beispielsweise der deutsche Gesetzgeber die frühen Richtlinien noch durch den Erlass von Sondergesetzen umsetzen konnte, machte diese letzte Richtlinie eine grundlegende Reform des Kaufrechts erforderlich, die zum Anlass genommen wurde, das Schuldrecht insgesamt zu modernisieren. Dabei wurden die bisherigen Sondergesetze in das BGB integriert. Einen anderen Weg ist hier dagegen unter anderem Frankreich, mit Einführung eines eigenständigen *Code de la consommation* gegangen, wobei dennoch manche Richtlinien direkt in den *Code civil* übernommen wurden, z.B. wie die Produkthaftungsrichtlinie, während andere Richtlinien mittels eines Sondergesetzes umgesetzt wurden (wie etwa die Pauschalreiserichtlinie).[824]

Insgesamt ist die Umsetzung der Richtlinien in den einzelnen Rechtsordnungen - abgesehen von den hier kurz angesprochenen systematischen Fragen - auch inhaltlich ein schwieriger Prozess.[825] Dies beginnt schon bei der Übersetzung der originalen, meist in Englisch oder Französisch verfassten Texte, in die Sprachen der Mitgliedstaaten. Bereits in diesem frühen Stadium der Umsetzung können Ungenauigkeiten oder Divergenzen auftreten, die eine spätere gemeinschaftsweite einheitliche Anwendung und Auslegung erschweren.[826] Selbst wenn – wie im Bereich des Verbraucherschutzrechts – die Rechtsetzungstätigkeit der EG neue Bereiche erfasst, in die sich die nationalen Gesetzgeber bislang noch nicht vorgewagt hatten, so stellen diese Rechtsakte trotz ihrer innovativen Leistung, einen Eingriff in die mitgliedstaatlichen Rechtsordnungen dar, der unweigerlich auch

---

[821] Siehe dazu ausführlich weiter unten.

[822] *Armbrüster*, Ein Schuldvertragsrecht für Europa? 60 RabelsZ 1996, S. 72, 88.

[823] *Dumollard*, L'Intégration des Directives Communautaires relatives à la Protection des Consommateurs en Droit Privé Français, in : Schulte-Noelke/Schulze, S. 173, 174.

[824] *Dumollard*, a.a.O., S. 173, 178.

[825] Die Literatur zu den Problemen der Umsetzung der jeweiligen Richtlinien in den einzelnen Mitgliedstaaten ist kaum noch überschaubar. Es kann hier nicht eine Auswertung im einzelnen erfolgen; vielmehr soll nur die Grundproblematik skizziert werden.

[826] Siehe zu den im Zusammenhang mit der Sprachenvielfalt entstehenden Problemen der Angleichung oder Vereinheitlichung, *Campana*, Vers un langage juridique commun en Europe? European Review of Private Law, 2000, S. 33, und zu der Umsetzung von Richtlinien insbesondere auf S. 39.

desintegrative Folgen hat.[827] Der vom EuGH entwickelte Grundsatz der „autonomen" d.h. gemeinschaftsrechtkonformen Auslegung von Richtlinien erscheint deswegen als problematisch, weil hierdurch den nationalen Gerichten der Spielraum genommen wird, eine möglichst systematische Einpassung der europäischen Regelungen in die bestehende eigene Vertragsrechtsordnung zu erreichen. Gerade im Falle von Mindestrichtlinien verliert jedoch dieser vom EuGH aufgezwungene Grundsatz seine Berechtigung, da die nach dem Konzept der Mindestharmonisierung gestalteten Richtlinien ohnehin keine gemeinschaftsweit einheitliche Rechtslage fordern, sondern eben nur einen bestimmten Mindeststandard.[828]

Letztendlich wird die Methode der Mindestharmonisierung beim gegenwärtigen Stand des Gemeinschaftsrechts zumindest im Verbraucherschutzrecht als unvermeidbares flexibles Angleichungsinstrument bestehen bleiben, solange nicht der Schritt zu einer völligen Vereinheitlichung gemacht wird.[829] Insgesamt besteht in Gestalt der Richtlinien ein gemeinsamer Kern an Verbraucherschutznormen, welcher inzwischen nicht nur aus einer Sammlung punktueller Maßnahmen besteht, sondern der die relevanten Verbraucherschutzprobleme, die in den letzten Jahren neu aufgetreten sind, abdeckt. Deswegen ist die Bezeichnung „Europäisches Verbraucherschutzrecht" durchaus gerechtfertigt.[830]

## III. Kollisionsrecht

Die im Vertragsrecht traditionell geltende Parteiautonomie findet unter anderem auch in der Rechtswahlfreiheit der Parteien ihren Ausdruck. So wurde dieser Grundsatz in Art. 3 des EWG-Übereinkommens über das auf vertragliche Schuldverhältnisse anwendbare Recht (EVÜ)[831] festgehalten. Das Verbrauchervertragsrecht geht dagegen von einer strukturellen Unterlegenheit der Verbraucher gegenüber Unternehmern aus, weshalb es einer Einschränkung dieser Parteiautonomie bedarf. Daher besteht ein Hauptanliegen des Kollisionsrechts bei Verbraucherverträgen darin, den Unternehmer als wirtschaftlich stärkeren Teil daran zu hindern,

---

827 *Joerges*, Desintegrative Folgen legislativer Harmonisierung: ein komplexes Problem und ein unscheinbares Exempel, in: Schulte-Noelke/Schulze, S. 205 f.

828 Vgl. hierzu eingehend *Franzen*, „Heininger" und die Folgen: ein Lehrstück zum Gemeinschaftsprivatrecht, JZ 2003, S. 321, 331.

829 *Remien*, Mindestharmonisierung im Verbraucherschutzrecht, Stellungnahme, in Everling/Roth, S. 181, 185 f.

830 *Tonner*, Die Rolle des Verbraucherrechts bei der Entwicklung eines europäischen Zivilrechts, JZ 1996, S. 533, 538.

831 Römisches EWG-Übereinkommen vom 19. Juni 1980 über das auf vertragliche Schuldverhältnisse anzuwendende Recht, ABl. L 266, S. 1 vom 9. Oktober 1980, abgedruckt in *Jayme/Hausmann*, Internationales Privat- und Verfahrensrecht.

die Rechtswahlfreiheit als Mittel einer Abwahl von Schutz-standards zu benutzen.[832]

## 1. Das Römische Schuldrechtsübereinkommen von 1980 (EVÜ)

Das EVÜ hat das auf Schuldverträge bezogene Kollisionsrecht der Mitgliedstaaten vereinheitlicht; dabei wurden auch spezifische Regelungen bezüglich Verbraucherverträge in das Übereinkommen aufgenommen.

Grundsätzlich wird auch bei Verbraucherverträgen die Möglichkeit einer Rechtswahl eingeräumt, die allerdings durch Art. 5 EVÜ eingeschränkt wird. Nach dieser Vorschrift darf die infolge einer Rechtswahl erreichte Anwendung eines anderen Rechts als dasjenige am Aufenthaltsort des Verbrauchers nicht dazu führen, dass dem Verbraucher der Schutz zwingender Vorschriften des Aufenthaltsrechts entzogen wird. In Ermangelung einer Rechtswahl gilt abweichend von Art. 4 EVÜ nicht das Recht des Staates, zu dem der Vertrag die engste Verbindung aufweist, sondern das Recht des Staates, in dem der Verbraucher seinen Aufenthalt hat, Art. 5 Abs. 3 EVÜ. Das Eingreifen dieses in Art. 5 EVÜ normierten Schutzes ist jedoch an das Vorliegen persönlicher, sachlicher und räumlicher Voraussetzungen gebunden. Zunächst muss ein Verbrauchervertrag vorliegen, der in Art. 5 EVÜ objektiv als ein Vertrag definiert wird, der die Lieferung von beweglichen Sachen oder das Erbringen einer Dienstleistung sowie deren Finanzierung zum Gegenstand hat. Im subjektiver Hinsicht muss ein Vertrag vorliegen, den auf der einen Seite eine natürliche Person abschließt, wobei der Vertrag nicht ihrer beruflichen oder gewerblichen Tätigkeit zugerechnet werden darf.[833] Weiterhin schützt Art. 5 EVÜ nur den sogenannten „passiven“ Verbraucher.[834] So ergibt sich aus der Aufzählung von Art. 5 Abs. 2 EVÜ, dass die Vertriebsmethode, mit welcher der Vertragsschluss eingeleitet wurde, eine Verbindung zum Aufenthaltsort des Verbrauchers aufweisen muss.[835] Selbst wenn dies jedoch der Fall ist, greift der Schutz des Art. 5 EVÜ wiederum nicht ein, wenn sich der Verbraucher bei Vertragschluss (vorübergehend) in einem anderen Staat als sei-

---

[832] *Reich*, Europäisches Verbraucherrecht, S. 326.

[833] Ob dagegen der andere Vertragspartner gerade in Ausübung seiner beruflichen oder gewerblichen Tätigkeit handeln muss, oder ob der Art. 5 EVÜ auch bei Verträgen unter Privaten eingreift, ist streitig. Für eine solche Anwendung unter Privaten: u.a. *Martiny*, MünchKomm Art. 29 EGBGB Rn. 6; dagegen u.a. *von Bar*, Internationales Privatrecht, Band II, Rn. 435, *Leible*, Kollisionsrechtlicher Verbraucherschutz im EVÜ und in EG-Richtlinien, in: Schulte-Noelke/ Schulze, S. 353, 357.

[834] *Leible*, Kollisionsrechtlicher Verbraucherschutz im EVÜ und in EG-Richtlinien, in: Schulte-Noelke/ Schulze, S. 353, 359.

[835] So erfassen die Alternativen des Art. 5 Abs. 2 Nr. 1-3 typische Situationen wie Versandhandel, sog. Kaffeefahrten über die Grenze, oder die Bestellung über einen Vertreter im Sitzstaat des Verbrauchers. Siehe zu den Tatbestandsmerkmalen *Martiny*, in MünchKomm, Art. 29 EGBGB Rn. 18 ff.

nem Aufenthaltstaat befand und dort Ware (beispielsweise über Internet) bestellt hat. Weiterhin sind Ausnahmen bezüglich Beförderungsverträgen und Dienstleistungen vorgesehen, die in einem anderen Staat erbracht werden müssen; es sei denn, es handelt sich um Pauschalreiseverträge. Insgesamt stellt das EVÜ wegen seiner Rechtsanwendungsregeln, Ausnahmen und Rückausnahmen ein komplexes, teilweise kaum durchschaubares Verbrauchervertragskollisionsrecht dar.[836]

## 2. Das Kollisionsrecht der Verbrauchervertragsrichtlinien

Neben dem EVÜ finden sich zunehmend auch in den Richtlinien zum Verbrauchervertragsrecht kollisionsrechtliche Vorgaben. Die daraus resultierende Gemengelage zwischen supranationalen, staatsvertraglichen und nationalen Regelungen kann zahlreiche Probleme verursachen.[837]

Sämtliche kollisionsrechtlichen Vorgaben der Richtlinien über Verbraucherverträge folgen der Zielrichtung, die Mitgliedstaaten zu verpflichten, erforderliche Maßnahmen zu ergreifen, damit der durch die Richtlinien den Verbrauchern gewährte Schutz gesichert ist. Dies soll auch dann der Fall sein, wenn auf den Vertrag das Recht eines nicht der Gemeinschaft angehörenden Staates durch Rechtswahl Anwendung finden sollte, sofern dieser Vertrag einen „engen Zusammenhang" bzw. eine „enge Verbindung" mit dem Gebiet der Mitgliedstaaten aufweist.[838] Damit sehen also die Regelungen der Richtlinie genauso wie Art. 5 EVÜ eine Alternativanknüpfung mit einem Günstigkeitsvergleich vor.[839] Ein Unterschied besteht jedoch darin, dass die Sonderanknüpfung der Richtlinien - mit Ausnahme der Timesharing-Richtlinie und der Richtlinie über den Fernabsatz von Finanzdienstleistungen - nur bei einer Rechtswahl eingreift, nicht aber wenn das Recht des Drittstaates aufgrund objektiver Anknüpfung zur Anwendung gelangt, selbst wenn ein hinreichender Gemeinschaftsbezug vorliegt. Dagegen ist der Schutz der Richtlinien wiederum weiter als der des Art. 5 EVÜ, weil letzterer nur bei Sachverhalten mit einer engen Verbindung zum Heimatstaat des Verbrau-

---

[836] *Reich*, Europäisches Verbraucherrecht, S. 333.

[837] Siehe dazu im einzelnen: *Leible*, Kollisionsrechtlicher Verbraucherschutz im EVÜ und in EG-Richtlinien, in: Schulte-Noelke/ Schulze, S. 353, sowie *Paefgen*, Kollisionsrechtlicher Verbraucherschutz im Internationalen Vertragsrecht und europäisches Gemeinschaftsrecht, ZeuP 2003, S. 266, 283.

[838] Siehe etwa die in Nuancen jeweils abweichenden Formulierungen in Art. 6 Abs. 2 der Richtlinie zum Verbrauchsgüterkauf (Richtlinie 99/44/EG) des Europäischen Parlaments und des Rates vom 25. Mai 1999 über den Verbrauchsgüterkauf, [1999] ABl. L 171 S. 12), Art. 12 Abs. 2 der Fernabsatzrichtlinie (Richtlinie 97/7/EG) des Europäischen Parlaments und des Rates vom 20. Mai 1997 über den Verbraucherschutz bei Vertragsabschlüssen im Fernabsatz, [1997] ABl. L 144 S. 19) sowie Art. 6 Abs. 2 der Richtlinie über missbräuchliche Klauseln in Verbraucherverträgen (Richtlinie 93/13/EWG) des Rates vom 5. April 1993 [1993] ABl. L 95, S. 29).

[839] *Leible*, Kollisionsrechtlicher Verbraucherschutz im EVÜ und in EG-Richtlinien, in: Schulte-Noelke/ Schulze, S. 353, 364.

chers schützt, während die Richtlinien auf einen Gemeinschaftsbezug abstellen. Das Verhältnis zwischen EVÜ und dem auf Richtlinien beruhenden Kollisionsrecht regelt Art. 20 EVÜ, wonach das Richtlinienrecht Vorrang genießt.

### 3. Fragen über zukünftige Angleichungen des Kollisionsrechts

Die bisherigen verbraucherschützenden Richtlinien enthalten keine kollisionsrechtlichen Vorgaben bezüglich rein innergemeinschaftlicher Sachverhalte. Dennoch sind auch hier Kollisionsnormen zur Bestimmung des anwendbaren Rechts weiterhin erforderlich, da aufgrund des Konzeptes der Mindestharmonisierung oder auch der nicht zeitgleichen Umsetzung von Richtlinien die mitgliedstaatlichen Rechte weiterhin einen unterschiedlich weitgehenden Regelungsgehalt aufweisen können.[840] Anders zu beurteilen ist dies lediglich in Rechtsbereichen, in welchen europäische Rechtsetzungsmaßnahmen zu einer Vereinheitlichung geführt haben. Hier ist gleichgültig, ob das Kollisionsrecht der lex fori auf das eigene oder das Recht eines anderen Mitgliedstaates verweist.[841] Da dies im Verbrauchervertragsrecht jedoch noch nicht der Fall ist, muss auf Art. 5 des EVÜ, und sofern dieser nicht das betreffende Rechtsgeschäft erfasst,[842] auf die nicht harmonisierten nationalen Kollisionsrechte abgestellt werden.

Gerade in Anbetracht letzterer Fälle wird der Bedarf an einer weiteren Harmonisierung des Kollisionsrechts bei Verbraucherverträgen diskutiert. Dabei ist zweifelhaft, ob dies im Rahmen von Richtlinien erfolgen sollte, da diese aufgrund der unterschiedlichen Umsetzungen und nationalen Erweiterungen der Mindestvorgaben die gewünschte Einheitlichkeit nicht zu erreichen vermögen.[843] Da dies zudem die durch das EVÜ erzielte Einheitlichkeit der Kollisionsrechte der Mitgliedstaaten zerstören würde, wird vertreten, das Problem durch eine Ergänzung des Art. 5 EVÜ zu lösen.[844] Andere favorisieren dagegen eine europäische Verordnung über das auf Schuldverträge anzuwendende Recht auf Grundlage von Art. 65 EGV,[845] was ebenfalls den Plänen der Kommission entspricht.[846] Ob der

---

[840] Zu dieser Konstellation siehe eingehend: *Leible*, Kollisionsrechtlicher Verbraucherschutz im EVÜ und in EG-Richtlinien, in: Schulte-Noelke/ Schulze, S. 353, 371.

[841] *Basedow*, Europäisches Internationales Privatrecht, NJW 1996, S. 1921, 1925.

[842] Art. 5 EVÜ erfasst nicht lückenlos alle grenzüberschreitenden Verbraucherverträge, sei es weil die Vertragsleistung nicht in der Lieferung einer beweglichen Sache oder der Erbringung einer Dienstleistung liegt, oder weil der Vertragsabschluß nicht in einer der in Abs. 2 aufgezählten Weise stattfand. In diesen Problembereich fallen die sogenannten „Gran Canaria-Fälle"; siehe dazu *Reinhart*, in Staudinger, Art. 29 EGBGB Rn. 65 ff.

[843] Siehe *Leible*, Kollisionsrechtlicher Verbraucherschutz im EVÜ und in EG-Richtlinien, in: Schulte-Noelke/ Schulze, S. 353, 379 ff.

[844] *Basedow*, Materielle Rechtsangleichung und Kollisionsrecht, in Schnyder/Heiss/Rudisch, S. 11, 34.

[845] So unter anderem *Leible*, Kollisionsrechtlicher Verbraucherschutz im EVÜ und in EG-Richtlinien, in: Schulte-Noelke/ Schulze, S. 353, 387 ff m.w.N..

Erlass einer solchen Verordnung tatsächlich auf diese Vorschrift über die justitielle Zusammenarbeit in Zivilsachen gestützt werden kann, ist jedoch fraglich.[847] Gemäß Art. 65 c) EGV darf der Rat Maßnahmen im Bereich der justitiellen Zusammenarbeit in Zivilsachen zur Förderung der Vereinbarkeit der in den Mitgliedstaaten geltenden Kollisionsnormen und Vorschriften zur Vermeidung von Kompetenzkonflikten erlassen, soweit sie für das reibungslose Funktionieren des Binnenmarktes erforderlich sind. Dabei spricht vieles dafür, dass mit Maßnahmen zur „Förderung der Vereinbarkeit" nur eine Angleichung durch Richtlinien, nicht aber eine Vereinheitlichung durch Verordnung verfolgt werden kann.[848] Weiterhin spricht gegen eine Heranziehung von Art. 65 EGV die von Dänemark, Irland und dem Vereinigten Königreich Gebrauch gemachte Möglichkeit der Nichtteilnahme nach Art. 69 EGV. Die durch Staatsverträge wie dem EVÜ erreichte Einheit würde damit aufgebrochen werden.[849]

Allgemein würde eine EG-Verordnung auf dem Gebiet des internationalen Privatrechts die Haager Konferenz verdrängen und damit künftige Über-einkommen sowie auch die durch Haager Übereinkommen angestrebte weltweite Vereinheitlichung gefährden.[850] Eine neue Rechtsspaltung wäre die Folge, diesmal nur auf einer anderen Ebene. Auf absehbare Zeit sollte es daher ein vordringliches Ziel des europäischen Gesetzgebers sein, die Qualität der in Richtlinien enthaltenen Kollisionsrechtsvorgaben zu verbessern.[851] Dazu gehört unter anderem die Wahrung einer einheitlichen Terminologie, eine Illustration des Begriffs des „engen Zusammenhangs" durch Regelbeispiele sowie eine Annäherung an das EVÜ,

---

846 Grünbuch über die Umwandlung des Übereinkommens von Rom von 1980 über das auf vertragliche Schuldverhältnisse anzuwendende Recht in ein Gemeinschaftsinstrument und über dessen Modernisierung, KOM 2002, S. 654 endgültig.

847 Die Auslegung des mit dem Vertrag von Amsterdam neu eingefügten Art. 65 EG ist umstritten. Siehe dazu u.a.: *Heß*, Die „Europäisierung" des internationalen Zivilprozessrechts durch den Amsterdamer Vertrag – Chancen und Gefahren, NJW 2000, S. 23; *Jayme/ Kohler*, Europäisches Kollisionsrecht 2000: Interlokales Privatrecht oder universelles Gemeinschaftsrecht? IPRax 2000, S. 454; *Jayme*, Zum Jahrtausendwechsel: Das Kollisionsrecht zwischen Postmoderne und Futurismus, IPRax 2000, S. 165.

848 *Leible*, Kollisionsrechtlicher Verbraucherschutz im EVÜ und in EG-Richtlinien, in: Schulte-Noelke/ Schulze, S. 353, 388.

849 *Jayme*, Zum Jahrtausendwechsel: Das Kollisionsrecht zwischen Postmoderne und Futurismus, IPRax 2000, S. 165, 167.

850 *Jayme*, a.a.O., S. 165, 167.

851 Dagegen schlägt *Heß* mittelfristig eine zusammenhängende Kodifikation des Internationalen Privat- und Zivilprozessrechts in einem europäischen Rechtsakt vor, in: Die „Europäisierung" des internationalen Zivilprozessrechts durch den Amsterdamer Vertrag – Chancen und Gefahren, NJW 2000, S. 23, 32.

indem der bislang in einigen Richtlinien fehlende kollisionsrechtliche Verbraucherschutz auch bei fehlender Rechtswahl eingeführt wird.[852]

## IV. Zukünftige Entwicklung im Vertragsrecht

### 1. Grenzen einer Harmonisierung im Verbraucherprivatrecht

#### a) *Die Problematik*

Die ersten Verbraucherschutzrichtlinien waren darauf beschränkt, den Verbraucher durch eine größere Transparenz, unter anderem mittels weitgehender Informationspflichten sowie durch ein Widerrufsrecht zu schützen. Hierdurch sollte die im Verhältnis zu Herstellern und Händlern in ein Ungleichgewicht geratene vertragliche Privatautonomie gewahrt werden. Diese Richtlinien hatten – mit Ausnahme der Richtlinie über missbräuchliche Klauseln – kaum Auswirkungen auf den Inhalt der Verbraucherverträge selbst. Im Gegensatz hierzu definiert nun etwa die Richtlinie über den Verbrauchsgüterkauf die Rechte und Pflichten der Parteien eines Kaufvertrages, insbesondere indem sie die Haftung des Verkäufers bei Sachmängeln detailliert regelt.[853] Die Richtlinie zielt darauf ab, den europäischen Verbraucher einheitlich zu schützen, unabhängig davon, in welchem Mitgliedstaat er Kaufverträge abschließt. Begründet wird diese Maßnahme unter anderem auch damit, dass hierdurch das für das Funktionieren des Binnenmarktes notwendige Vertrauen der Verbraucher in diesen Markt erreicht wird, weshalb die Richtlinie erforderlich im Sinne des Art. 95 EGV sei.[854] Berücksichtigt man nun, dass der Verbrauchervertrag an sich der typische privatrechtliche Vertrag ist, dann ließen sich mit einer solchen Begründung das gesamte Schuldvertragsrecht und weite Bereiche des Sachenrechts, insbesondere das Recht der Mobiliarsicherheiten nach Art. 95 EGV harmonisieren, da hierdurch das Verbrauchervertrauen gestärkt und somit das Funktionieren des Binnenmarktes gewährleistet würde. Zudem ließen sich auf der Grundlage dieser Argumentationsschiene jegliche Einschränkungen, die sich aus dem Subsidiaritätsgrundsatz ergeben, überwinden, da das entsprechende Verbraucher-vertrauen in den Binnenmarkt nur durch eine binnenmarktweite einheitliche Regelung erzielt werden könnte.[855]

Während die Erforderlichkeit der Harmonisierung von technischen Vorschriften zur Errichtung eines Binnenmarktes einleuchtend erscheint, ist dies im Falle der

---

[852] Siehe dazu die Vorschläge von *Leible*, Kollisionsrechtlicher Verbraucherschutz im EVÜ und in EG-Richtlinien, in: Schulte-Noelke/ Schulze, S. 353, 389 ff

[853] *Stuyck*, European Consumer Law after the Treaty of Amsterdam: Consumer Policy in or beyond the Internal Market? CMLR 2000, S. 367, 395.

[854] *Stuyck*, a.a.O., CMLR 2000, S. 367, 395.

[855] *Weatherill*, The Evolution of European Consumer Law and Policy: From Well Informed Consumer to Confident Consumer? In: Micklitz (Hrsg.), S. 423, 464 f.

Harmonisierung des Privatrechts zu Zwecken des Verbraucherschutzes weniger evident.[856] Im Falle der Verbrauchsgüterkaufrichtlinie stellt sich daher beispielsweise die Frage, ob deren Umsetzung in den Mitgliedstaaten tatsächlich derart in das Bewusstsein der Verbraucher vorgedrungen ist, dass sie ein Vertrauen in den Europäischen Binnenmarkt hervorgerufen hätte, welches für dessen Funktionieren erforderlich gewesen wäre. Schon dies erscheint zweifelhaft, und die Beurteilung dieser Maßnahme nach den Kriterien der Subsidiarität und der Verhältnismäßigkeit verstärkt diesen Eindruck weiterhin. Daher stellt sich die Frage nach den Grenzen einer Harmonisierungskompetenz im Privatrecht.

b) *Binnenmarktziel und Angleichung des Vertragsrechts*

Im 2. Kapitel wurden bereits im Zusammenhang mit einer Darstellung der Kompetenznorm des Art. 95 EGV die Probleme einer sachgerechten Definition des Binnenmarktes erörtert.[857] Insbesondere in bezug auf den Bereich des Verbraucherrechts hat das Urteil des EuGH zur Tabakwerberichtlinie[858] deutlich aufgezeigt, dass Art. 95 EGV nicht per se jegliche verbraucherschützenden Maßnahmen stützt.

Bei der Angleichung von privatrechtlichen Normen zum Zwecke der Beseitigung von Beeinträchtigungen, die aus Rechtsunterschieden resultieren, stellt sich die Frage, inwieweit diese Beeinträchtigungen tatsächlich auch Wettbewerbsverzerrungen oder Hindernisse für den Binnenmarkt darstellen, die beseitigt werden müssen, oder ob die daraus folgenden Beeinträchtigungen nur marginal sind. Tendenziell werden wohl Vorschriften des Verbrauchervertragsrechts, welche die Reichweite der Rechte der Verbraucher bestimmen (wie etwa Verjährungsregelungen) als geeignet erscheinen, Entscheidungen über Transaktionen oder Standorte seitens der Unternehmer zu beeinflussen, wenn diese in den Mitgliedstaaten unterschiedlich sind. Darüber hinaus ist vorstellbar, dass die durch Rechtsunterschiede bedingten unterschiedlichen Vertriebsstrukturen den international tätigen Unternehmen Mehrkosten verursachen. Dagegen werden Regelungen allgemeiner Art, wie z.B. zum Zustandekommen von Verträgen, wohl weniger als Hindernisse

---

[856] *Stuyck*, a.a.O., CMLR 2000, S. 367, 397.

[857] Siehe im 2. Kapitel unter Punkt D. II. 1. c) (3).

[858] EuGH-Entscheidung vom 5. Oktober 2000 = EuGH JZ 2001, S. 32. Der EuGH hat klargestellt, dass die bloße Feststellung von Unterschieden zwischen den nationalen Rechtsvorschriften und die abstrakte Gefahr von Beeinträchtigungen der Grundfreiheiten nicht ausreichend ist, um ein Bedürfnis für eine Maßnahme zur Verwirklichung des Binnenmarktes zu begründen. Vielmehr müssen wirkliche oder zumindest wahrscheinliche Hindernisse für das reibungslose Funktionieren des Binnenmarktes vorliegen, auf deren Beseitigung die betreffende Regelung abzielt. (Rn 84 ff.)

im Sinne der Tabak-Rechtsprechung des EuGH anzusehen sein.[859] Aus Sicht der Verbraucher ist zudem zu beachten, dass diese bereits durch das Verbraucherkollisionsrecht ein weitgehendes Schutzinstrument zur Seite gestellt bekommen haben, welches sie bei binnenmarktweiten Geschäften ausreichend schützt. Unter diesem Gesichtspunkt kann eine weitere Angleichung des materiellen Verbrauchervertragsrechts nur noch bedingt mit den Interessen und der Schutzbedürftigkeit von Verbrauchern bei Binnenmarktgeschäften begründet werden. Wie eben angesprochen, erscheinen die Standardisierungsvorteile der Unternehmer als Rechtfertigungs-grund für eine Angleichung zwingender. Allerdings wird durch diese Differenzierung die Reichweite der Art. 94 und 95 EGV kaum fassbarer, da letztlich den politischen Organen ein nur begrenzt gerichtlich überprüfbarer Ermessensspielraum zusteht.[860]

## 2. Optionen für künftige Initiativen der EG im Vertragsrecht

### a) *Das Verbrauchervertragsrecht*

#### (1) *Problembereiche*

Als ein wichtiges zukünftiges Betätigungsfeld des europäischen Gesetzgebers im Bereich des Verbraucherrechts ist zunächst eine Überarbeitung des Acquis communautaire auszumachen. So wird eine Homogenisierung des bisherigen Richtlinienrechts diskutiert, im Sinne der Schaffung eines allgemeinen Teils.[861] Fraglich ist jedoch, ob dies tatsächlich notwendig ist, da die nur Einzelfragen regelnden Richtlinien in die nationalen Privatrechtsordnungen umgesetzt und integriert werden. Dort ist die Bildung eines allgemeinen Teils möglich, wie dies etwa der deutsche Gesetzgeber durch die einheitliche Regelung der Begriffe Verbraucher und Unternehmer sowie des Widerrufsrechts vorgenommen hat. Einer entsprechenden europäischen Lösung würde es daher nicht bedürfen.

Andererseits wäre eine Systematisierung der Verbrauchervertragsrichtlinien in der Hinsicht sinnvoll, dass es vor allem im Hinblick auf weitere Vorhaben vorteilhaft wäre, wenn auf einen allgemeinen Teil zurückgegriffen werden könnte. Dies gilt insbesondere in bezug auf die Herausbildung einer einheitlichen Begrifflichkeit, damit zukünftige Richtlinien unter sich konsistenter sind. Eine Konsolidierung mit dem Ziel der Errichtung einer verbindlichen Verbraucherschutzkodifikation - möglicherweise im Rahmen einer Verordnung - scheint dagegen nicht wün-

---

[859] Ähnlich wie hier *Franzen,* Privatrechtsangleichung durch die Europäische Gemeinschaft, S. 79.

[860] Vgl. u.a. *Franzen,* a.a.O., S. 78 f.

[861] *Staudenmayer,* Die Richtlinien des Verbraucherprivatrechts – Bausteine für ein Europäisches Privatrecht? In Schulte-Noelke/Schulze, S. 63, 74 ff.

schenswert zu sein, da es den Mitgliedstaaten obliegen sollte, zu bestimmen, wie diese Regelungen in das bestehende Zivilrecht eingefügt werden sollen. Zwar wird eine solche Lösung insbesondere in Frankreich favorisiert;[862] allerdings ist Frankreich bislang der einzige Mitgliedstaat welcher eine geschlossene Kodifikation des Verbraucherrechts vorweisen kann. Entsprechende Vorhaben in Belgien, Griechenland und Portugal wurden nicht zum Abschluss gebracht. Selbst der *Code de la consommation* stellt kein abschließendes Werk dar, da für Verbraucherverträge einschlägige Regelungen ebenfalls im *Code civil* sowie in Sondergesetzen enthalten sind. Wenn man bedenkt, dass der Verbrauchervertrag heutzutage den typischen zivilrechtlichen Vertrag darstellt, erscheint es naheliegender, diesen Vertrag im bürgerlichen Recht zu verorten und Abweichungen für Nichtverbraucherverträge zuzulassen.

(2) *Das Beispiel des Vorschlags für eine Änderung der Verbraucherkreditrichtlinie*[863]

Die Überarbeitung der Richtlinie über Verbraucherkredite hat im wesentlichen zum Ziel, deren Vorschriften zu modernisieren und an die seit Erlass der ersten Richtlinie gewandelten Gegebenheiten des Marktes für Verbraucherkredite anzupassen. Des Weiteren wird eine vollständige Harmonisierung der divergierenden nationalen Regelungen angestrebt, siehe Art. 30 des Vorschlags. Die Mitgliedstaaten haben die Ermächtigung der bisherigen Richtlinie zu weitergehenden Maßnahmen genutzt, indem sie jeweils in unterschiedlichem Umfang den Anwendungsbereich der in der Richtlinie vorgesehenen Schutzinstrumente auf nicht von der Richtlinie erfasste Kreditformen erweitert haben. Ausserdem wurden diese Schutzinstrumente detaillierter, genauer und strenger gefasst. Die hieraus resultierenden Divergenzen der mitgliedstaatlichen Regelungen erzeugen nach Ansicht der Kommission Wettbewerbsverzerrungen und halten die Verbraucher von der Wahrnehmung der Freiheiten des Binnenmarktes ab.[864] Aus diesem Grund sei die Erweiterung des Anwendungs-bereichs der Richtlinie wie auch die angestrebte Vollharmonisierung erforderlich.

Damit folgt der Entwurf der Kommission nunmehr dem Konzept der Vollharmonisierung. Diese Abkehr von dem Integrationskonzept der Mindestharmonisierung stößt unter den Gesichtspunkten der Erforderlichkeit, Verhältnismäßigkeit und Subsidiarität auf erhebliche Bedenken. Unter den eben genannten

---

862 Siehe den zu einem Symposium in Lyon erschienen Band „Vers un code européen de la consommation. Codification, unification et harmonisation du droit des États-membres de l'Union européenne".

863 Vorschlag der Kommission vom 11. September 2002 für eine Richtlinie des Europäischen Parlaments und des Rates zur Harmonisierung der Rechts- und Verwaltungsvorschriften der Mitgliedstaaten über den Verbraucherkredit, KOM (2002) 443.

864 Vorschlag für eine Richtlinie über den Verbraucherkredit, a.a.O., Erwägungsgründe 2 bis 4.

Gesichtspunkten erscheint alleine eine gemeinschaftsweite abschließende einheitliche Regelung der Vorschriften über die Berechnung des effektiven Jahreszinses sowie der Widerrufsfristen gerechtfertigt. In Bezug auf den übrigen Regelungsgegenstand der Richtlinie ist dies nicht der Fall, und auch die Begründung des Richtlinienvorschlags vermag in dieser Hinsicht nicht zu überzeugen. Zwar wird der Bedarf an einer Harmonisierung ermittelt; doch beruhen die Divergenzen der nationalen Rechte – wie auch die Begründung feststellt – auf dem eingeschränkten Regelungsbereich der ursprünglichen Richtlinie sowie an den seit Erlass der Richtlinie veränderten Markt-gegebenheiten, auf welche die nationalen Gesetzgeber reagieren mussten. Dies legitimiert zwar zu einer Überarbeitung der Richtlinie sowie zu einer Erweiterung von deren Geltungsbereich. Eine gemeinschaftsweite Fixierung deren Regelungen wird hierdurch jedoch gerade nicht gerechtfertigt. Im Gegenteil: es muss eine Anpassungsmöglichkeit der nationalen Gesetzgeber an sich verändernde Bedingungen möglich bleiben, da der europäische Gesetzgeber zu einer zeitnahen Reaktion nicht in der Lage zu sein scheint.

Ohne besondere Begründung wurde eine Vollharmonisierung von der Kommission für erforderlich erklärt, um den - tatsächlich - kaum existenten Markt für grenzüberschreitende Verbraucherkreditgeschäfte zu fördern.[865] Das Richtlinienvorhaben zeigt damit, dass die vorangegangenen Überlegungen zu den Grenzen einer Harmonisierung im Verbrauchervertragsrecht, insbesondere den Schlussfolgerungen aus der Tabak-Entscheidung des EuGH, zumindest in der Kommission kaum Beachtung finden. Nicht ohne Grund hat daher das Parlament die Regelung zur Vollharmonisierung gestrichen und das Vorhaben im Sinne des Systems der Mindestharmonisierung angepasst.[866]

b) *Das Vertragsrecht im allgemeinen*

(1) *Überblick*

Das Zivilrecht und dabei insbesondere das Vertragsrecht stehen seit geraumer Zeit im Mittelpunkt des Interesses in bezug auf zukünftige Vereinheitlichungsmaßnahmen. Die schon seit längerer Zeit diskutierte weitestgehende Variante einer europäischen Harmonisierungsmaßnahme im Zivilrecht, die Schaffung eines Europäischen Vertragsgesetzbuches oder gar eines Europäischen Zivilgesetzbuches (EuZGB), erlangt immer größere Aktualität, nachdem sich nun alle drei europäischen Gesetzgebungsorgane mit der Materie befassen. Eine entsprechende Entschließung erließ das Parlament bereits im Jahr 1989, die 1994 bekräftigt wurde, und der eine erneute Entschließung zur Annäherung des Zivil- und Han-

[865] Vgl. *Hoffmann*, a.a.O., S. 310.
[866] *Hoffmann*, Der Diskussionsstand zur Reform der Verbraucherkreditrichtlinie, BKR 2004, S. 308, 310.

delsrechts der Mitgliedstaaten vom 16. November 2001 folgte.[867] Der Rat befasste sich 1999 auf dem Gipfel in Tampere mit der Thematik[868] und nahm im November 2001 einen Bericht über die Notwendigkeit der Annäherung der zivilrechtlichen Rechtsvorschriften der Mitgliedstaaten an, in welchem er die Kommission zur Abgabe einer entsprechenden Empfehlung aufforderte. Dem war im Juli 2001 eine Mitteilung der Kommission zum Europäischen Vertragsrecht vorausgegangen,[869] gefolgt von einem umfassenden Konsultationsverfahren mit Stellungnahmen von Regierungen der Mitgliedstaaten, Verbänden, Unternehmen, Praktikern und Wissenschaftlern, sowie einem darauf gründenden Aktionsplan der Kommission vom 12. Februar 2003.[870]

(2) *Mitteilung der Kommission von 2001 und Konsultationsverfahren*

Mit ihrer Mitteilung von 2001 über das Europäische Vertragsrecht wollte die Kommission „in Erfahrung bringen, ob der Umstand, dass unterschiedliche Vertragsrechtsordnungen in den Mitgliedstaaten koexistieren, die Funktionsfähigkeit des Binnenmarktes unmittelbar oder mittelbar beeinträchtigt und, wenn ja, in welchem Umfang".[871] Sie wollte durch die Mitteilung eine offene, breite und eingehende Debatte einleiten, an der sich die Wirtschaft, Verbraucher-verbände sowie Juristen aus Praxis und Lehre beteiligen sollten.[872] In ihrer Mitteilung hat die Kommission vier Optionen für eine künftige Entwicklung im Vertragsrecht zur Diskussion gestellt, auf die im folgenden eingegangen werden soll. Die 4. Option, nämlich die Einführung eines Europäischen Vertrags-gesetzbuches, wird in einem gesonderten Abschnitt Berücksichtigung finden.

Die 1. Option – Keine Ausarbeitung von EG-Maßnahmen – würde es dem Markt überlassen, Lösungen für die im Zusammenhang mit dem Bestehen unterschied-

[867] Entschließung des Europäischen Parlaments vom 26. Mai 1989 zu den Bemühungen um eine Angleichung des Privatrechts der Mitgliedstaaten, [1989] ABl. C 158, S. 400, sowie Entschließung des Europäischen Parlaments vom 6. Mai 1994 zur Angleichung bestimmter Bereiche des Privatrechts der Mitgliedstaaten, [1994] ABl. C 205, S. 518, sowie Entschließung des Europäischen Parlaments vom 16. November 2001 zur Annäherung der Zivil- und Handelsrechte der Mitgliedstaaten, [2002] ABl. C 140 E, S 538.

[868] Dort heißt es in den Schlussfolgerungen: „Im Bereich des materiellen Zivilrechts bedarf es einer allgemeinen Studie über die Frage, ob zur Beseitigung von Hindernissen für das reibungslose Funktionieren von zivilrechtlichen Verfahren, die zivilrechtlichen Vorschriften der Mitgliedstaaten angeglichen werden müssen." (Europäischer Rat von Tampere, 15. und 16. Oktober 1999, Schlussfolgerungen des Vorsitzes, SI (1999), 800, Punkt 39).

[869] Mitteilung der Kommission an den Rat und das Europäische Parlament zum Europäischen Vertragsrecht, ABl. EG [2001] C 255, S. 1.

[870] Mitteilung der Kommission an das Europäische Parlament und den Rat – Ein kohärenteres Europäisches Vertragsrecht – Ein Aktionsplan, [2003] ABl. C 63, S. 1, vom 15. 03. 2003.

[871] Mitteilung zum Europäischen Vertragsrecht, S. 1, 4 (Punkt 23).

[872] Mitteilung zum Europäischen Vertragsrecht, S. 1, 11 (Punkt 71).

licher Vertragsrechte entstehenden Probleme hervorzubringen.[873] So könnten zum einen die Marktteilnehmer durch neue Geschäftsmethoden, sowie auch deren Verbände durch Beratung und Ausarbeitung von Standardverträgen, Hindernisse für den Binnenmarkt abbauen. Zum anderen bestehen auch für nationale Gesetzgeber Anreize, Hindernisse für den internationalen Geschäftsverkehr der Marktteilnehmer abzubauen und somit insgesamt harmonisierend zu wirken. Auch die 2. Option – Förderung der Ausarbeitung gemeinsamer Grundsätze des Vertragsrechts, die zu einer Annäherung der nationalen Rechtsordnungen führen – verzichtet gänzlich auf verbindliche Rechtsetzung durch die EG.[874] Vielmehr sollen den nationalen Gesetzgebern gemeinsame Prinzipien als Grundlage für die Fortbildung des Zivilrechts dienen. Daneben könnten auch die Parteien eines Vertrages diese Prinzipien für anwendbar erklären. Die 3. Option – Verbesserung der Qualität bereits geltender Rechtsvorschriften – würde die bisher bemängelte Kohärenz der EG-Richtlinien durch eine systematische Überarbeitung gewährleisten.

Zu den Optionen ist zunächst festzustellen, dass sie sich nicht gegenseitig ausschließen, sondern kumulativ verwirklicht werden können, um dadurch einen verstärkten Effekt zu erzielen. Die verhältnismäßige „Schwäche" die sich aus einer isolierten Anwendung der Optionen ergeben würde, wäre daher noch kein Argument für den Rückgriff auf die weitestgehende 4. Option. So haben auch die zu der Mitteilung abgegebenen Stellungnahmen mehrheitlich kumulativ die 2. und die 3. Option favorisiert, während überwiegend die 1. Option als zu wenig effektiv, und die 4. Option als zu weitgehend bzw. nicht erforderlich abgelehnt wurden.[875] Letztere Option wurde besonders in Stellungnahmen aus dem Vereinigten Königreich sowohl seitens der Regierung als auch der Praktiker eindeutig verworfen,[876] während in den meisten anderen Stellungnahmen eine eher vorsichtigere Ablehnung bzw. Zustimmung zum Ausdruck kam. Hier wurde vornehmlich zunächst eine eingehende Untersuchung über den Bedarf einer solchen Regelung gefordert. Insgesamt hat die Anhörung ergeben, dass die Gemeinschaft zwar weiterhin ihren sektorspezifischen Ansatz weiterverfolgen soll, dass jedoch die

---

873 Mitteilung zum Europäischen Vertragsrecht, S. 1, 8.

874 Mitteilung zum Europäischen Vertragsrecht, S. 1, 8.

875 Siehe eine ausführliche Zusammenfassung der Stellungnahmen in der Mitteilung der Kommission an den Rat und das Europäische Parlament zum Europäischen Vertragsrecht, ABl. EG [2001] C 255, S. 1, 19 ff. Einen großen Teil der Stellungnahmen hat die Kommission auch auf ihrer Website vollinhaltlich veröffentlicht.

876 Siehe einige der Schlussfolgerungen aus der Stellungnahme der Confederation of British Industry: auf Seite 4:

> *„We do not have evidence from our members that there is a major problem. On the contrary, members have raised other issues as being of more concern and may rather view the Communication as being a solution in search of a problem. We would therefore suggest that this is not an area for urgent action (if any)."* Sowie auf Seite 5: *"Our preferred options are therefore III – improve existing legislation provided that there is genuine improvement or I – do nothing."*

sich daraus ergebenden punktuellen Maßnahmen einer größeren Kohärenz bedürfen.

(3) *Der Aktionsplan der Kommission*

Auf diesem Konsultationsverfahren basierend hat die Kommission den im Jahr 2003 vorgestellten Aktionsplan ausgearbeitet, ergänzt durch eine weitere Mitteilung vom Herbst 2004 über „Europäische Vertragsrechte und Überarbeitung des gemeinschaftlichen Besitzstandes – weiteres Vorgehen".[877] Dieser konzentriert sich daher überwiegend auf Maßnahmen die der 2. und 3. Option entsprechen, d.h. eine Kombination aus gesetzgeberischen und nicht gesetzgeberischen Maßnahmen. Dabei soll bei künftigen Aktivitäten auf diesem Gebiet ein Schwerpunkt in der Verbesserung der Qualität des Besitzstands an Gemeinschaftsrecht liegen.[878] So soll eine größere Kohärenz der gemeinschaftsrechtlichen Maßnahmen durch eine bessere Abstimmung, d.h. insbesondere durch eine Beseitigung unterschiedlicher Begrifflichkeiten und Konzepten erreicht werden.[879] Falls erforderlich, sollen bestehende Vorschriften konsolidiert, kodifiziert oder neugefasst werden. Dem soll unter anderem auch die Errichtung eines gemeinsamen Referenzrahmens dienen, der Begriffe und Konzepte des europäischen Vertragsrechts einheitlich festlegt.[880] Auf diesen Referenzrahmen soll der Gemeinschaftsgesetzgeber bei der Überarbeitung geltender Vorschriften und bei der Ausarbeitung neuer Vorschriften zurückgreifen. Aber auch die nationalen Gesetzgeber sollen sich von diesem Rahmen leiten lassen, um dadurch eine größere Annäherung der mitgliedstaatlichen Vertragsrechte zu erreichen.[881] Im Frühjahr 2005 hat sich ein 160-köpfiges Expertengremium, unterteilt in 32 Untergruppen, formiert, um bis Ende 2007 einen entsprechenden Entwurf für einen gemeinschaftlichen Referenzrahmen auszuarbeiten. Im Anschluß soll ein sechs-monatiges Konsultationsverfahren folgen.

---

[877] Mitteilung vom 11. Oktober 2004, KOM(2004) S. 651 endg.

[878] Mitteilung der Kommission an das Europäische Parlament und den Rat – Ein kohärenteres Europäisches Vertragsrecht – Ein Aktionsplan, [2003] ABl. C 63, vom 15. 03. 2003, S. 1, 10 ff.

[879] *Staudenmeyer*, Weitere Schritte im Europäischen Vertragsrecht, EuZW 2005, S. 103.

[880] Siehe zu Vorüberlegungen über die Ausgestaltung eines solchen Referenzrahmens: *Staudenmayer*, Ein optionelles Instrument im Europäischen Vertragsrecht? ZEuP 2003, S. 828. Auf dem EU-Gipfel im November 2004 hat der Rat einen solchen gemeinsamen Referenzrahmen für wünschenswert gehalten.

[881] Mitteilung der Kommission an das Europäische Parlament und den Rat – Ein kohärenteres Europäisches Vertragsrecht – Ein Aktionsplan, [2003] ABl. C 63, vom 15. 03. 2003, S. 1, 11 (Punkt 62).

## 3. Fragen um ein Europäisches Vertragsgesetzbuch

Auch wenn die Stellungnahmen zur Mitteilung der Kommission von 2001 seitens europäischer Regierungen, Verbänden und Rechtswissenschaftlern mehrheitlich die weitestgehende Option – zumindest auf absehbare Zeit – ablehnen, erscheint es angebracht, dieser Frage ganz besondere Aufmerksamkeit zu schenken, da sie früher oder später wieder auf der politischen Tagesordnung stehen wird. Darauf deutet auch der Aktionsplan der Kommission von 2003 hin, in welchem die Kommission ankündigte, die Erforderlichkeit einer nicht sektorspezifischen Maßnahme – wie ein optionelles Regelwerk – eingehender untersuchen zu wollen.[882] Ebenso ist angedacht, den zu erarbeitenden gemeinsamen Referenzrahmen als Grundlage für ein oder mehrere eventuelle optionelle Instrumente heranzuziehen.[883]

Daneben wurden die Fragen um ein Europäisches Privatrecht in der Wissenschaft bereits vielfach erörtert, unter anderem auch im Rahmen von zahlreichen Diskussionstagungen. Weitergehend sind bereits auf privater Initiative ins Leben gerufene internationale Arbeitsgruppen von Wissenschaftlern, die – meist einem rechtsvergleichenden Ansatz folgend – gemeinsame Rechtsregeln für Schuldrechtsordnungen der Mitgliedstaaten erarbeiten. In diesem Zusammenhang ist insbesondere die 1982 gegründete Commission of European Contract Law zu nennen, besser bekannt als „Lando-Kommission“, die bereits die ersten drei Teile der von ihr erarbeiteten Principles of European Contract Law veröffentlichte.[884] Daneben ist vor allem das Wirken einer Arbeitsgruppe des UNIDROIT-Instituts zu erwähnen, welche die UNIDROIT Principles of International Commercial Contracts erstellte.[885] Die Ergebnisse solcher Vorarbeiten würden zusammen mit den bis-

---

[882] Mitteilung „Ein kohärenteres Europäisches Vertragsrecht – Ein Aktionsplan, S. 1, 15 f.

[883] Siehe *Staudenmeyer*, Weitere Schritte im Europäischen Vertragsrecht, EuZW 2005, S. 103.

[884] *Lando/Beale*, Principles of European Contract Law, Parts I and II, 1999. *Lando/ Clive/ Prüm/ Zimmermann*, Principles of European Contract Law Part III, 2003; Siehe zur Arbeit dieser Kommission unter anderem: *Lando*, Principles of European Contract Law, 56 RabelsZ 1992, S. 261, sowie *Zimmermann*, Die "Principles of European Contract Law", Teil III, ZEuP 2003, S. 707.

[885] Siehe weiterhin das von *Ugo Mattei* und *Mauro Bussani* 1995 initiierte Projekt „The Common Core of European Private Law“, hierzu: *Bussani*, „Integrative“ Comparative Law Enterprises and the Inner Stratification of Legal Systems, European Review of Private Law 2000, S. 85; daneben die "Akademie Europäischer Privatrechtswissenschaftler“ in Pavia unter der Leitung von *Gandolfi*, die sich maßgeblich auf das Vertragsrecht des italienischen ZGB von 1942 stützt, siehe: *Gandolfi*, Der Vorentwurf eines Europäischen Vertragsgesetzbuchs, ZEuP 2002, S. 1. Der von dieser Arbeitsgruppe erarbeitete Entwurf ist abgedruckt ab S. 139; sowie die „Study Group on a European Civil Code“, der Hochschullehrer aller Mitgliedstaaten angehören. Daneben bestehen noch einige weitere Gruppierungen. Einen Überblick bietet *Wurmnest*, Common Core, Grundregeln, Kodifikationsentwürfe, Aquis-Grundsätze – Ansätze internationaler Wissenschaftlergruppen zur Privatrechtsvereinheitlichung in Europa, ZEuP 2003, S. 714.

lang ergangenen Richtlinien zum Verbraucherrecht bereits eine inhaltliche Grundlage für ein Europäisches Vertragsgesetzbuch bilden. Bislang konzentrierten sich diese Vorarbeiten auf Teile des Schuldrechts, insbesondere das Vertragsrecht. Sollte eine Vereinheitlichung von Teilen des Privatrechts erfolgen, erscheint es auch am wahrscheinlichsten dass sich diese zunächst nur auf das Vertragsrecht erstreckt. Dementsprechend hat sich auch die Kommission in ihrer Mitteilung auf das Vertragsrecht beschränkt. Ein EuZGB, das darüber hinaus die gesetzlichen Schuldverhältnisse sowie das Sachenrecht erfassen würde, scheint dagegen noch nicht in all zu naher Zukunft erreichbar zu sein.[886]

a) *Kompetentielle Fragen*

(1) *Überblick*

Die Frage, ob der europäische Gesetzgeber auf Grundlage des aktuellen EGV ein Europäisches Zivilgesetzbuch, erlassen dürfte, ist höchst umstritten.[887] Als Ermächtigungsgrundlage käme hierbei wohl nur Art. 95 EGV in Frage, da Art. 94 EGV den Erlass von Verordnungen nicht ermöglicht. Durch eine Richtlinie ließe sich dagegen ein Europäisches Zivilgesetzbuch nicht einführen. Auch die Vertragsergänzungsklausel des Art. 308 EGV dürfte zu diesem Zweck ebenfalls nicht anwendbar sein. Dies folgt zunächst daraus, dass die Vereinheitlichung des Zivilrechts in der EU wohl nicht als ein Vertragsziel nach den Art. 2 ff. EGV verstanden werden kann.[888] Zudem würde das in Art. 308 EGV vorgesehene Gesetzgebungsverfahren lediglich eine Anhörung des Parlaments implizieren, was gerade angesichts der Bedeutung der Thematik zu einem Defizit an demokratischer Legitimität führen würde.

(2) *Anwendbarkeit des Art. 95 EGV*

Aus diesen Gründen wird überwiegend die Anwendbarkeit des Art. 95 EGV für ein eventuelles Gesetzgebungsvorhaben zur Einführung eines EuZGB diskutiert.[889] Zunächst ist dabei zu klären, ob ein solches Vorhaben unter den sach-

---

[886] Nach Einschätzung von *Drobnig* stellt die Realisierung eines EuZGB, das sich auf das Vermögensrecht beschränkt, ein politisches Fernziel dar, das wohl erst in 20 bis 30 Jahren, d.h. also kaum vor 2020, realisiert werden kann, in: Europäisches Zivilgesetzbuch – Gründe und Grundgedanken, in Martiny/Witzleb, S. 109, 121.

[887] *Martiny,* Europäisches Privatrecht – unerreichbar oder greifbar? In Martiny/Witzleb, S. 1, 15.

[888] *Pechstein,* Europäisches Zivilgesetzbuch und Rechtsetzungsbefugnisse der EG, in Martiny/Witzleb, S. 19, 29.

[889] Siehe schon *Tilmann,* Eine Privatrechtskodifikation für die Europäische Gemeinschaft? In: Müller-Graff, S. 485 f.

lichen Anwendungsbereich des Art. 95 EGV fällt.[890] Diese Befugnisnorm erlaubt Angleichungsmaßnahmen, welche die Errichtung und das Funktionieren des Binnenmarktes zum Gegenstand haben. In Abs. 2 werden davon Maßnahmen, ausgenommen die Bestimmungen über Steuern, Freizügigkeit Rechte und Interessen der Arbeitnehmer betreffen, so dass sich der Anwendungsbereich des Art. 95 EGV im wesentlichen positiv auf die Warenverkehrsfreiheit bezieht.[891] Damit würden erbrechtliche und familienrechtliche Regelungen ausscheiden. Aber auch ein sich auf das Vermögensrecht beschränkendes EuZGB, das etwa nur die ersten drei Bücher des BGB umfasst, würde viele Regelungen enthalten, die nicht mit der Warenverkehrsfreiheit im Zusammenhang stehen. Schon aus diesen Gründen ist nach Ansicht vieler eine Kompetenz des europäischen Gesetzgebers auch für ein auf das Vermögensrecht beschränktes EuZGB nicht gegeben.[892]

Hinsichtlich der Kompetenz für den Erlass eines Europäischen Vertragsgesetzbuchs ist die Frage dagegen wohl offener. Dies hängt zunächst davon ab, ob unterschiedliche Vertragsrechtsvorschriften geeignet sind, Entscheidungen über Transaktionen oder Standorte zu beeinflussen und dadurch wettbewerbsverfälschend wirken, und ob deren Vereinheitlichung die Wahrnehmung der Warenverkehrsfreiheit fördern würde. Dies ist bei den zwingenden Vorschriften für Verbraucherverträge sicherlich der Fall.[893] Umstritten ist dies dagegen bei den dispositiven und der Rechtswahl unterliegenden Vorschriften, die auf Verträge unter Privaten und Verträge unter Unternehmern angewandt werden. Es wird diskutiert, ob die Möglichkeit der Rechtswahl nicht genüge, um das Binnenmarktziel zu erreichen.[894] Dagegen wird angeführt, dass die Rechtswahl nicht verhindere, dass eine der Vertragsparteien mit einer fremden Rechtsordnung konfrontiert wird, was angesichts der damit verbundenen Unsicherheiten zu einer Hemmschwelle für den Abschluss von Verträgen mit Auslandsbezug führen könne; erst Einheitsrecht könne die Wahrnehmung der Grundfreiheiten in einem ausreichen-

---

890 Siehe allgemein zu Art. 95 EG sowie zum Begriff des Binnenmarktes im 2. Kapitel unter Punkt D. II. 1. c) (3).

891 *Pechstein,* Europäisches Zivilgesetzbuch und Rechtsetzungsbefugnisse der EG, in Martiny/Witzleb, S. 19, 27.

892 So unter anderem: *Drobnig,* Europäisches Zivilgesetzbuch – Gründe und Grundgedanken, in Martiny/Witzleb, S. 109, 119; *Pechstein,* a.a.O., S. 19, 27; *Sandrock,* Die Europäischen Gemeinschaften und die Privatrechte ihrer Mitgliedstaaten: Einheit oder Vielfalt? EWS 1994, S. 1, 3.

893 Siehe unter anderem *Kieninger,* Wettbewerb der Rechtsordnungen und Binnenmarktziel, S. 345.

894 So zum Beispiel *Armbrüster,* der zu dem Ergebnis gelangt, dass die Einräumung einer Rechtswahlfreiheit im EVÜ implizit auch eine Anerkennung der verschiedenen Schuldrechtsordnungen bedeutet, weswegen ein Tätigwerden der EU nicht erforderlich ist, und somit auch eine entsprechende Kompetenz nicht besteht, in: Ein Schuldvertragsrecht für Europa? 60 RabelsZ 1996, S. 72, 89, 90.

den Maß ermöglichen.[895] Ebenso entstünden durch den vermehrten Beratungsbedarf erhöhte Transaktionskosten, die unter Umständen zu einem Verzicht auf grenzüberschreitende Verträge führen können.[896] Daher sei zur Vermeidung dieser erhöhten Transaktionskosten ein vereinheitlichtes Vertragsrecht erforderlich.[897]

Gegen diese Einschätzungen ist einzuwenden, dass bislang der Nachweis der Effizienzverluste bei grenzüberschreitenden Transaktionen durch Unterschiede in den Vertragsrechtsordnungen nicht geführt wurde; vielmehr werden solche, Mehrkosten nur vermutet. Wenn *Lando* anführt, der Ruf nach Rechtseinheit müsse vor allem von den Geschäftsleuten kommen, die hiervon profitieren würden,[898] dann stellt sich die Frage, warum die Interessenvertretungen der Wirtschaft tatsächlich nicht massivst in Brüssel für eine Rechtsvereinheitlichung im Vertragsrecht lobbyieren. Ein weiteres Indiz gegen die Hypothese der erhöhten Transaktionskosten stellt der regelmäßige Ausschluss der Geltung des Wiener Kaufrechtsübereinkommens (CISG) dar, obwohl hierdurch den Unternehmern ein sozusagen „neutrales“ internationales Einheitsrecht zur Verfügung stünde.[899] Einer der Gründe hierfür mag darin liegen, dass sich Unternehmen für ihre Transaktionen eigener, vorformulierter Vertragswerke bedienen, die detailliert auf die Bedürfnisse der jeweiligen Branche ausgerichtet sind und so gut wie keinen Raum für nationales oder internationales Recht lassen.[900] So sind etwa auch manche Ökonomen der Ansicht, dass die Regeln der modernen Lex Mercatoria, das heißt Standardverträge, Handelsbräuche, Muster- und Handelsklauseln sowie Verhaltenskodizes internationaler Organisationen – die sich unter den Unternehmern im internationalen Geschäftsverkehr herausgebildet haben – besser geeignet sind, die Rechtssicherheit bei internationalen Transaktionen zu erhöhen, als die Vereinheitlichung privatrechtlicher Normen durch die EU.[901] Insgesamt werde die Notwen-

---

[895] *Lando*, Optional or Mandatory Europeanisation of Contract Law, European Review of Private Law 2000, S. 59, 61.

[896] *Basedow*, Europäisches Vertragsrecht für europäische Märkte, S. 22 ff.

[897] Neben beiden vorgenannten Autoren folgt auch *Kieninger*, in: Wettbewerb der Rechtsordnungen und Binnenmarktziel, dieser Einschätzung, S. 346 ff.;

[898] *Lando*, Optional or Mandatory Europeanisation of Contract Law, European Review of Private Law 2000, S. 59, 61.

[899] Siehe entsprechende Äußerungen von international tätigen Praktikern aus dem Warenhandel, der Kreditwirtschaft, den Anlagen und der Schifffahrt auf dem Symposium „Alternativen zur legislatorischen Rechtsvereinheitlichung“, zusammengefasst bei: *Remien*, Rechtseinheit ohne Einheitsgesetze, RabelsZ 56 (1992), S. 300, 310 f.

[900] Teilnehmer des oben angeführten Symposiums gaben an, dass im Warenhandel allgemein dieselben Vertragsmuster für interne wie internationale Geschäfte verwandt würden, *Remien*, a.a.O., RabelsZ 56 (1992), S. 300, 310.

[901] Vgl. *Streit*, Systemwettbewerb und Harmonisierung im europäischen Integrationsprozess, S. 20 ff.

digkeit von Einheitsrecht für den Handelsverkehr überschätzt.[902] Dementsprechend gering ist daher auch das Interesse der Wirtschaft an einer Vereinheitlichung des Vertragsrechts.[903]

Ein vereinheitlichtes Vertragsrecht wäre daher nur noch für grenzüberschreitende Verbraucherverträge und grenzüberschreitende Verträge unter Privaten relevant. Während in letzteren Fällen die erhöhten Transaktionskosten im Vergleich zum gesamten Transaktionsaufkommen verschwindend gering sein dürften, so dass nur ihretwegen ein europäisches Vertragsrecht nicht zu rechtfertigen wäre, sind Verbraucher bei grenzüberschreitenden Verträgen bereits jetzt durch die im einheitlichen Kollisionsrecht eingeschränkte Rechtswahlmöglichkeit sowie den unionsweiten hohen Verbraucherschutzstandard geschützt, der auf die Richtlinien zurückzuführen ist.[904] Ein Einheitsrecht ist hier nicht erforderlich; bestehenden Lücken könnte die EG gegebenenfalls durch weitere Richtlinien begegnen. Lediglich aus Sicht der Unternehmer, die sich in ihren Geschäften mit Verbrauchern unterschiedlichen nationalen Standards ausgesetzt sehen, die über die erreichte Mindestharmonisierung hinausgehen, könnte Einheitsrecht Vorteile mit sich bringen. Ob durch die Rechtsunterschiede jedoch tatsächlich Mehrkosten entstehen, ist fraglich, da viele Unternehmen ohnehin auf die jeweiligen Märkte ausgerichtete Vertriebsstrukturen aufgebaut haben, wobei die Gründe hierfür wohl weniger auf rechtlichen als auf sprachlichen Unterschieden beruhen. Außerdem können hierdurch auf die jeweiligen Länder speziell ausgerichtete Vertriebs- und Werbemethoden verfolgt werden.

Letztlich ist damit zweifelhaft, ob ein vereinheitlichtes Vertragsrecht dem Binnenmarkt dienen würde.[905] Dies gilt insbesondere im Hinblick auf die bereits weiter oben angeführten Grundsätze, die der EuGH in seiner Entscheidung zur Tabakwerberichtlinie zu Art. 95 EGV aufgestellt hat. Danach ermächtigt nicht schon die bloße Feststellung von Rechtsunterschieden, sondern erst das Vorliegen von tatsächlichen Hindernissen oder Wettbewerbsverzerrungen, die aus diesen Rechtsunterschieden resultieren, zu einer Rechtsetzungsmaßnahme auf Grund von Art. 95 EGV. Dementsprechend divergierend sind auch die Ansichten über die

---

902 *Tonner*, Die Rolle des Verbraucherrechts bei der Entwicklung eines europäischen Zivilrechts, JZ 1996, S. 533, 541. *Hinz*, Das Interesse der Wirtschaft an einer Europäisierung des Privatrechts, ZEuP 1994, S. 553 ff.; *Remien*, Rechtseinheit ohne Einheitsgesetze, RabelsZ 56 (1992), S. 310 f.

903 Siehe die Äußerungen auf dem oben angeführten Symposium, nach denen die Vereinheitlichung des Vertragsrechts „nicht schädlich, aber überflüssig“ sei, *Remien*, Rechtseinheit ohne Einheitsgesetze, RabelsZ 56 (1992), S. 300, 311 f.

904 So auch die Einschätzung von *Kieninger*, Wettbewerb der Rechtsordnungen und Binnenmarktziel, S. 339, welche die Verbraucher bereits zum jetzigen Stand ausreichend geschützt sieht.

905 Anders ist dies zu sehen nach der hier vertretenen Definition von Binnenmarkt im Sinne des EGV. Darauf soll aber erst im 6. Kapitel über die Ergebnisse der Arbeit eingegangen werden.

Erforderlichkeit einer solchen Maßnahme. Als milderes Mittel wäre eine weitergehende Harmonisierung denkbar, insbesondere im Verbraucher-schutzrecht, mit dem Ziel, die nationalen Standards noch weiter anzupassen. Ebenfalls in Betracht käme die Schaffung einer europäischen Vertragsrechtsordnung für grenzüberschreitende Transaktionen. Auf diese Variante soll weiter unten in dem Abschnitt über die systematischen Fragen eingegangen werden. Beide Lösungen würden jedenfalls die Standardisierungsvorteile der Unternehmer bei grenzüberschreitenden Verbraucherverträgen erhöhen. An der Erforderlich-keitsschranke und erst recht an Subsidiaritätsgrundsatz scheitern würde jedenfalls ein Vorhaben, das sich auch auf reine Inlandssachverhalte erstreckt, da hier nicht die zur Begründung angeführten vermuteten erhöhten Transaktionskosten anfallen.

(3) *Ergebnis*

Letztlich ist zweifelhaft, ob der europäische Gesetzgeber bereits zum jetzigen Zeitpunkt eine Kompetenz zur Einführung eines Europäischen Vertragsgesetzbuches innehat.[906] Neben den Fragen der Erforderlichkeit und Machbarkeit ist dies vor allem eine verfassungspolitische Frage, weshalb eine ausdrückliche Kompetenzregelung wünschenswert wäre.[907] Zum jetzigen Zeitpunkt ist eine solche Zuständigkeit wohl nicht gegeben. Dennoch erlauben die Diskussionen über die Frage der Erforderlichkeit eines solchen Vorhabens - Rückschlüsse auf die Frage der Notwendigkeit, der Kosten und der Nutzen eines Europäischen Vertragsgesetzbuchs, die im politischen Entscheidungsfindungsprozess um eine entsprechende Ermächtigungsnorm gestellt werden muss. Nach der hier vertretenen Auffassung ist eine solche Notwendigkeit und das Überwiegen des Nutzens über die Kosten jedenfalls nicht evident gegeben, was auch die Beurteilung der systematischen Fragen in Richtung einer flexiblen Lösung beeinflussen wird. Für das Vorhaben eines EuZGB gilt dagegen, dass eine entsprechende Zuständigkeit auf der Grundlage der aktuellen Verträge ausscheidet, auch wenn dieses nur das Vermögensrecht erfassen sollte. Auch hier gilt, dass die Frage im Wesentlichen eine verfassungspolitische ist. Da das Vorhaben eines Europäischen Vertragsgesetzbuches aktueller erscheint, konzentrieren sich die nachfolgenden Ausführungen auf die im Zusammenhang mit diesem Projekt entstehenden Fragen.

---

[906] Ablehnend u.a.: *Pechstein,* Europäisches Zivilgesetzbuch und Rechtsetzungsbefugnisse der EG, in Martiny/Witzleb, S. 19, 24 f, *Armbrüster,* Ein Schuldvertragsrecht für Europa? 60 RabelsZ 1996, S. 72, 89; *Drobnig,* Europäisches Zivilgesetzbuch – Gründe und Grundgedanken, in Martiny/Witzleb, S. 109, 119. Bejahend u.a.: *Schulte-Noelke,* Ein Vertragsgesetzbuch für Europa? JZ 2001, S. 917, 920.

[907] So auch *Drobnig,* a.a.O., S. 109, 119. Siehe auch *Staudenmeyer,* EuZW 2001, S. 485, 488, zur Möglichkeit der Einführung einer weiteren Kompetenzgrundlage bei der nächsten Regierungskonferenz 2004.

b) *Systematische Überlegungen*

Sollte die Frage nach einer Kompetenz des europäischen Gesetzgebers, sei es auf der Grundlage der aktuellen Kompetenznormen, oder nach einer eventuellen Vertragsänderung, positiv entschieden werden, wäre anschließend zu ermitteln, welchem Zweck ein Europäisches Vertragsgesetzbuch dienen soll. Dabei ergeben sich mehrere systematische Lösungsmöglichkeiten, die mehr oder weniger weit gehen. Grundsätzlich sind zwei Modelle für die Regelung des Vertragsrechts in der EU denkbar: Ein das nationale Recht ersetzender europäischer Kodex oder ein europäischer Kodex, der in einem System der europäischen Vertragsrechte parallel zu nationalen Regelwerken besteht.

(1) *Ein die nationalen Rechte ersetzender Europäischer Kodex*

Diese Lösungsvariante hätte für Unternehmer Standardisierungsvorteile bei grenzüberschreitenden Geschäften zur Folge.[908] Diese müssten ihre Vertriebsstrategien nicht auf verschiedene Verbraucherschutzstandards ausrichten. Für die Verbraucher hätte diese Lösung dagegen kaum Vorteile. Sie sind bei grenzüberschreitenden Verträgen – also bei der Wahrnehmung der Produktfreiheiten – bereits jetzt durch die im einheitlichen Kollisionsrecht eingeschränkte Rechtswahlmöglichkeit, sowie durch den unionsweiten hohen Verbraucherschutz-standard, der auf die Harmonisierungsrichtlinien zurückzuführen ist, ausreichend geschützt.[909] Einen negativen Effekt hätte diese Lösung jedoch in der Hinsicht, als den Unternehmern bei Geschäften, in denen sie grundsätzlich die freie Rechtswahl haben, keine nationalen Vertragsrechtsordnungen als „Reservevertragsrechtsordnungen" mehr zur Verfügung stünden. Sollten sie das europäische Recht abwählen wollen, müssten sie auf außereuropäische Rechtsordnungen zurück-greifen.

(2) *Europäisches System der Vertragsrechte*

In einem System der europäischen Vertragsrechte würde ein Europäisches Vertragsgesetzbuch neben die fortgeltenden nationalen Vertragsrechte treten. Bei der Ausgestaltung des Verhältnisses zwischen beiden Regelungsebenen ergäben sich dann verschiedene Optionen. So könnte das europäische Recht als Alternative zur Verfügung gestellt werden, in dem Sinne dass die Parteien es als Grundlage für ihren Vertrag wählen könnten (sog. Opting-in-Lösung).[910] Dabei stellt sich die Frage, ob dies nur bei grenzüberschreitenden Verträgen oder auch bei reinen

---

[908] *Grundmann*, Harmonisierung, Europäischer Kodex, Europäisches System der Vertragsrechte, NJW 2002, S. 393, 395.

[909] So auch *Kieninger*, Wettbewerb der Rechtsordnungen und Binnenmarktziel, S. 379 f.

[910] Siehe *Schulte-Noelke* der diese Lösung zumindest für eine Übergangszeit favorisiert, in: Ein Vertragsgesetzbuch für Europa? JZ 2001, S. 917, 920.

Inlandssachverhalten zugelassen werden soll. Umgekehrt könnte jedoch auch die Anwendung des europäischen Rechts vorgeschrieben werden, wobei es den Parteien freigestellt würde, dieses Recht abzuwählen (sog. Opting-out-Lösung). Dabei stellt sich wiederum die Frage, ob dies nur bei grenzüber-schreitenden Verträgen gelten soll oder bei allen Rechtsgeschäften. Schließlich besteht noch die Variante, eine Opting-out-Möglichkeit für grenzüberschreitende Verträge mit einer Opting-in-Möglichkeit bei Inlandsverträgen zu kombinieren. Insgesamt ist bei diesen verschiedenen Lösungen weiterhin zu beachten, dass eine Unterscheidung zwischen Verbraucherverträgen sowie Verträgen unter Unternehmern oder Privaten hinsichtlich der Möglichkeit des Optierens indiziert sein kann.

Zunächst ist festzustellen, dass die Entscheidung für eine bestimmte Lösung von einer entsprechenden Kompetenz abhängig ist, deren Bestehen wiederum von politischen Fragen bestimmt ist.[911] So wäre die Gewährung einer Opting-in-Möglichkeit nur bei grenzüberschreitenden Verträgen die am wenigsten weitgehende Lösung, wohingegen eine Opting-out-Möglichkeit nur bei Inlandsverträgen die weitestgehende wäre. Bei Verträgen unter Unternehmen und Privaten wäre jedenfalls eine Opting-in-Lösung ausreichend, um erhöhte Transaktionskosten zu vermeiden, sofern man nicht schon auf dem Standpunkt steht, dass diese auch gegenwärtig bereits nicht anfallen.[912] Dabei spricht nichts dagegen, das Europäische Vertragsrecht auch für reine Inlandssachverhalte zur Verfügung zu stellen.[913] Aber auch bei Verbraucherverträgen wäre eine Opting-in-Lösung ausreichend, um den Unternehmern die Standardisierungsvorteile von Einheitsrecht zukommen zu lassen. Die Unternehmer könnten dann selbst entscheiden, ob sie in ihren allgemeinen Geschäftsbedingungen für das Europäische Vertragsgesetzbuch optieren, und zwar unter Ausschluss der Wirkungen des Art. 5 EVÜ. Andernfalls gelangt das nach Art. 5 EVÜ maßgebliche Recht des Staates, in dem der Verbraucher seinen gewöhnlichen Aufenthalt hat, zur Anwendung. Aus der Sicht der Verbraucher wäre eine vorrangige Anwendung des Europäischen Vertragsgesetzbuches dagegen nicht notwendig, da wiederum im Sinne der Rechtswahlmöglichkeit des Art. 5 EVÜ eine Opting-out-Möglichkeit zugunsten des Aufenthaltsrechts des Verbrauchers einzuräumen wäre. Es ist auch davon auszugehen, dass die Unternehmer dieses Wahlrecht wahrnehmen würden, falls das nationale Recht ein geringeres Verbraucherschutzniveau aufweisen sollte als es das Europäische Vertragsgesetzbuch vorsieht. Das heißt, weder eine Opting-in-Lösung in ein Europäisches Vertragsgesetzbuch, noch eine Opting-out-Lösung würden dem

---

911 So auch *Drobnig*, Europäisches Zivilgesetzbuch – Gründe und Grundgedanken, in Martiny/Witzleb, S. 109, 123.

912 Zudem würde eine Opting-in Lösung einen Konflikt mit dem CISG vermeiden, der bei einer Opting-out Lösung bestehen würde, da auch das CISG nach dem Opting-out System verfährt. Siehe dazu: *Staudenmayer*, Ein optionelles Instrument im Europäischen Vertragsrecht? ZEuP 2003, S. 828, 835 f.

913 So auch *Drobnig*, a.a.O., S. 109, 123.

Verbraucher besondere Vorteile bringen gegenüber dem gegenwärtigem Schutzniveau. Fraglich ist, ob dies auch für reine Inlandssachverhalte gelten soll. Dies wäre im Sinne der Unternehmer, die sowohl ihre Inlands- als auch ihre Auslandsgeschäfte nach einem einheitlichen Vertragsmuster durchführen könnten, woraus sich Standardisierungsvorteile ergeben. Aus der Sicht der Verbraucher könnte es dagegen für Verwirrung sorgen, dass bei reinen Inlandsgeschäften einmal europäisches, ein anderes Mal nationales Recht zur Anwendung gelangt.[914] Dagegen muss jedoch berücksichtigt werden, dass Verbraucher in den seltensten Fällen ihr Recht kennen. Daraus folgt, dass ihnen bei der Ermittlung der Rechtslage keine höheren Transaktionskosten erwachsen würden als zum gegenwärtigen Stand, da sie sich in jedem Fall eines Beraters bedienen müssten; zudem sind die Informationspflichten, die in dieser Hinsicht für die Verbraucher von größerer Bedeutung sind, bereits jetzt schon weitgehend harmonisiert. Die Verbraucher würden daher durch ein einheitliches Vertragsrecht nichts gewinnen.[915] Sollte man daher die Erstreckung des europäischen Systems der Vertragsrechte auch auf reine inländische Verbraucherverträge zulassen, so wäre jedenfalls auch hier eine Opting-in-Lösung ausreichend.

c) *Inhaltliche Fragen*

Die Arbeit lässt keinen Raum, um im Detail die materiell-rechtlichen Regeln eines möglichen Europäischen Vertragsgesetzbuches zu diskutieren. Sicherlich würden jedoch die Principles of European Contract Law sowie die UNIDROIT Principles of International Commercial Contracts eine wesentliche Grundlage bei dessen Ausarbeitung darstellen. Da auch das Verbrauchervertragsrecht in ein solches Regelwerk integriert werden soll, gilt dies auch für die verbraucherschützenden Richtlinien, die bei der Erarbeitung eines systematischen Verbrauchervertragsrechts innerhalb einer solchen Kodifikation einfließen würden.[916]

Dennoch sollten an dieser Stelle allgemeine technische Fragen im Zusammenhang mit einem solchen Kodifikationsvorhaben angesprochen werden. Zunächst ist zu

---

[914] In der Regel würden die Unternehmer jedoch wahrscheinlich für dasjenige Vertragsrecht optieren, welches das geringste Verbraucherschutzniveau vorschreibt, so dass wohl die überwiegende Mehrheit aller inländischen Verbraucherverträge nach demselben Vertragsrecht abgewickelt werden würden. Dies dürfte auch dann der Fall sein, wenn dieselben Unternehmer sich für ihre Auslandsgeschäfte einer anderen Vertragsrechtsordnung bedienen würden. Die Vorteile, die aus der Ausnutzung der verschiedenen Verbraucherschutzniveaus resultieren, dürften dabei die Standardisierungsvorteile aus der Nutzung einer einzigen Vertragsrechtsordnung überwiegen.

[915] So auch *Grundmann*, Harmonisierung, Europäischer Kodex, Europäisches System der Vertragsrechte, NJW 2002, S. 393, 395.

[916] Siehe dazu *Staudenmayer*, Die Richtlinien des Verbraucherprivatrechts – Bausteine für ein europäisches Privatrecht, in: Schulte-Noelke/Schulze, S. 63; *Tonner*, Die Rolle des Verbraucherrechts bei der Entwicklung eines europäischen Zivilrechts, JZ 1996, S. 533.

vergegenwärtigen, dass eine Kodifikation des Zivilrechts üblicherweise ein kohärentes System darstellt, das Ausdruck einer bestimmten Ideologie ist und für sich den Anspruch der Vollständigkeit erhebt.[917] Eine europäische Kodifikation, die eine Auswahl der existierenden nationalen Regelungen darstellen würde und sich auf das Vertragsrecht oder auch auf das gesamte Vermögensrecht beschränkt, stößt hier auf Schwierigkeiten, da sie zumindest kompatibel mit den übrigen nationalen Regelungen sein muss. In einem nächsten Schritt darf nicht übersehen werden, dass Einheitsrecht auch nur dann zum gewünschten Ergebnis führt, wenn es auch gemeinschaftsweit einheitlich ausgelegt und angewendet wird. Doch ist dies auf Seiten der Rechtsanwender gerade nicht zu erwarten, da die – fortbestehenden – verschiedenen Kulturen und Traditionen der Mitgliedstaaten bislang ihren Ausdruck auch in verschiedenen Rechtssprachen, Methoden und Denkweisen gefunden haben,[918] auch wenn die zugrundeliegenden Grundwerte dieselben sind.[919] Dies bringt erhebliche Schwierigkeiten eines solchen Vorhabens mit sich,[920] unabhängig davon ob es in einem System der Vertragsrechte verwirklicht wird oder diese ersetzen soll. Dabei sind diese Risiken ebenfalls in die Abwägung zwischen den sonstigen Nachteilen einer europäischen Kodifikation und deren Nutzen einzubeziehen.

d) *Ergebnis*

Die Fragen um ein EuZGB oder ein Europäisches Vertragsgesetzbuch sind zuallererst verfassungspolitischer Art. Dennoch werden bei dieser politischen Entscheidung die von der Wissenschaft diskutierten Lösungen und Empfehlungen zu berücksichtigen sein.

Das Modell eines Europäischen Systems der Vertragsrechte wird von einigen Stimmen in der Literatur favorisiert,[921] während andere darin zumindest für eine

---

917 *Campana*, Vers un langage juridique commun en Europe? European Review of Private Law, 2000, S. 33, 41.

918 *Legrand*, Against a European Civil Code, Modern Law Review 1997, S. 44, u.a. auf S. 60, der daher ein solches Werk für inpraktikabel hält.

919 *Campana*, a.a.O., European Review of Private Law, 2000, S. 33, 42.

920 So auch *Kötz*, Alte und neue Aufgaben der Rechtsvergleichung, JZ 2002, S. 257, 263, der ausführt, seine „*....Sorge, dass bei der Vereinheitlichung des europäischen Vertragsrechts mit allzu heißer Nadel genäht werden könnte,* (ist) *gerade darin begründet, dass mit Einheitstexten noch nichts gewonnen ist, solange nicht auch die Mentalitäten und Vorverständnisse derjenigen mitbedacht sind, deren Handeln durch diese Texte gesteuert werden soll*".

921 So unter anderem *Grundmann*, a.a.O., NJW 2002, S. 393, und wohl auch *Martiny*, Europäisches Privatrecht – greifbar oder unerreichbar?, in Martiny/Witzleb, S. 1, 16, der ein europäisches ZGB für grenzüberschreitende Transaktionen vorschlägt.

gewisse Zeit eine Übergangslösung sehen.[922] Auch die Europäische Kommission hat sich unter dem Eindruck des von ihr durchgeführten Konsultationsverfahrens in ihrem Aktionsplan von 2003 – zumindest momentan – darauf festgelegt, die Option eines europäischen Vertragsrechtsregelwerkes, das bei grenzüberschreitenden Transaktionen optional zur Verfügung gestellt würde, eingehender zu untersuchen.[923] Die Gegenmeinung hält dieses Modell für nicht weitgehend genug und fordert Einheitsrecht, da sich nur hierdurch ein vollkommener Binnenmarkt erreichen ließe.[924]

Aus obigen Überlegungen ergibt sich jedoch, dass Standardisierungsvorteile für Unternehmer sowohl bei einem zwingenden Kodex als auch in einem System der Vertragsrechte entstehen.[925] Wie gesehen, würde eine Opting-in-Lösung sowohl bei grenzüberschreitenden als auch bei reinen Inlandsgeschäften genügen. Die Verbraucher würden dagegen weder aus einem Einheitsrecht noch aus einem Europäischen Vertragsrechtssystem besondere Vorteile gegenüber dem gegenwärtigen Stand des Verbraucherschutzes ziehen.

Dies hat zur Folge, dass sowohl für die Kompetenzfrage nach Art. 95 EGV als auch in der politischen Diskussion über eine entsprechende Ermächtigungsnorm gelten muss, dass ein Europäisches System der Vertragsrechte auf Grundlage einer Opting-in-Lösung bei grenzüberschreitenden wie Inlandsgeschäften genauso geeignet ist wie ein die nationalen Rechte ersetzendes Europäisches Vertragsgesetzbuch, um den Binnenmarkt, im Sinne der Vermeidung erhöhter Transaktionskosten und der Förderung der Wahrnehmung der Produktfreiheiten, zu erreichen. Weiterhin wäre ein solches System das mildere Mittel, um dieses Ziel zu erreichen. Gleichzeitig ist eine ausschließliche europäische Regelung mit den typischen Nachteilen einer zentralen Regelgebung im Vergleich mit einer dezentralen verbunden. Eine dezentrale Regelgebung lässt Experimentieren zu und dadurch auch den Ideenwettbewerb. Gleichsam wird dadurch eine große Brandbreite von Lösungen angeboten, die es ermöglicht, unterschiedlichen Präferenzen

---

922 *Schulte-Noelke*, Ein Vertragsgesetzbuch für Europa? JZ 2001, S. 917, 920; ebenfalls zieht *Drobnig*, eine solche Lösung zumindest für reine Inlandsgeschäfte in Betracht, in: Europäisches Zivilgesetzbuch – Gründe und Grundgedanken, in Martiny/Witzleb, S. 109, 123.

923 Mitteilung der Kommission an das Europäische Parlament und den Rat – Ein kohärenteres Europäisches Vertragsrecht – Ein Aktionsplan, [2003] ABl. C 63, vom 15. März 2003, S. 1, 15 f.

924 So zum Beispiel *Kieninger*, Wettbewerb der Rechtsordnungen und Binnenmarktziel, S. 372, 379 f., die dieses Modell für nicht geeignet zur Erreichung des vollkommenen Binnenmarktes erachtet, da grenzüberschreitende und reine Inlandsgeschäfte sich weiterhin nach unterschiedlichen Regeln richten würden; allerdings bezieht *Kieninger* nicht die Möglichkeit eines Opting-in auch bei reinen Inlandsgeschäften in ihre Überlegungen ein.

925 *Grundmann*, Harmonisierung, Europäischer Kodex, Europäisches System der Vertragsrechte, NJW 2002, S. 393, 395.

gerecht zu werden.[926] Eine zentrale Regelsetzung ist dagegen tendenziell nicht so dynamisch und auch fehleranfälliger in dem Sinne, dass die Konsequenzen einer nicht adäquaten Regelung ungleich höhere Nachwirkungen haben als dies in nur einer Rechtsordnung der Fall ist.[927] Aus diesen Gründen ist einem System der Vertragsrechte der Vorzug zu geben. In einem solchen System stünde das europäische Recht in Konkurrenz zu den nationalen Rechts-ordnungen.[928] Sofern das optionale Europäische Vertragsgesetzbuch ein modernes, innovatives Recht verkörpern würde, könnte es sich des regen Zuspruchs der Rechtsanwender erfreuen. Hierdurch würde es mittelbar auch zu einer Angleichung der nationalen Rechte führen, da davon auszugehen ist, dass die nationalen Gesetzgeber solchen Entwicklungen folgen würden.

Ein Europäisches Vertragsgesetzbuch, das neben den nationalen Regelwerken bestehen würde und in welches die Parteien unter gewissen Bedingungen freiwillig hinein optieren könnten, stellt im Ergebnis ein Modellgesetz dar. Ein solches Modellgesetz wird dann Zuspruch finden, wenn es den Parteien ein klares und praktikables Vertragsrechtsregime anbietet, und nicht, weil es von einem supranationalen Gesetzgeber durchgesetzt worden ist.[929] Sollte daher die Vereinheitlichung des Vertragsrechts in der EU in naher Zukunft auf der Tagesordnung stehen, wäre eine solche Lösung vorzugswürdig.

## V. Würdigung

Die Harmonisierung im Verbrauchervertragsrecht ist innerhalb kürzerer Zeit weit schneller und umfangreicher vorangeschritten als im Gesellschaftsrecht. Hierfür ist sicherlich ausschlaggebend, dass die zu regelnde Materie sowie die Erzielung von Kompromissen weniger komplex ist als im Gesellschaftsrecht. Die Anzahl der zu berücksichtigenden Interessenträger ist erheblich geringer (in der Regel lediglich die Verbraucherseite und die Unternehmerseite) als im Gesellschaftsrecht. Dies führt dazu, dass die bestehenden nationalen Lösungen bereits weit weniger differieren und nicht auf unterschiedlichen Gesamtkonzepten beruhen, wie das etwa im Gesellschaftsrecht der Fall ist. Zudem ist die Aufgabe des europäischen Gesetzgebers in der Hinsicht leichter, als oftmals nationale Regelungen noch gar nicht bestehen, da es sich um völlig neue Rechtsgebiete handelt. Die EU

---

926 *Grundmann*, a.a.O., S. 393, 395.

927 So haben etwa viele Ökonomen kaum Vertrauen in die wenig transparenten Entscheidungsfindungsprozesse in Brüssel und bezweifeln auch deren Eignung, effiziente einheitliche Rechtsregeln produzieren zu können; siehe *Eger*, Harmonisierung von Rechtsregeln versus Wettbewerb zwischen Jurisdiktionen in Europa, in Martiny/Witzleb, S. 95, 97 f.

928 *Staudenmayer*, Ein optionelles Instrument im Europäischen Vertragsrecht? ZEuP 2003, S. 828, 832.

929 *Markesinis*, Why a code is not the best way to advance the cause of European legal unity, European Review of Private Law 1997, S. 519, 523.

wird somit als Pionier tätig, was die Kompromissfindung erleichtert, da dabei nicht bereits gewachsene unterschiedliche mitgliedstaatliche Konzeptionen in Einklang zu bringen sind.

Dennoch sind größere Schwierigkeiten bei der Umsetzung gemeinschaftsrechtlichen Maßnahmen in den nationalen Zivilrechtsordnungen auszumachen, da sie die Kohärenz dieser Systeme belasten. In nicht unerheblichem Maße ist die Eingriffsqualität solcher Maßnahmen auf eine mangelnde Kohärenz der Richtlinien untereinander zurückzuführen. Daher ist die von der Kommission in ihrem Aktionsplan zum Europäischen Vertragsrecht angekündigte Abhilfe, und insbesondere die dazu vorgesehenen Errichtung eines gemeinschaftlichen Referenzrahmens, sehr zu begrüßen. Trotz dieser Problematik ist festzuhalten, dass die Tätigkeit der EU auf dem Gebiet des Verbrauchervertragsrechts maßgeblich zu einer gemeinschaftsweiten Ausdehnung und Erweiterung eines modernen Verbraucherschutzes beigetragen hat und dies weiterhin tun wird.

Hierdurch besteht jedoch wiederum die Gefahr, dass die EU dazu verleitet wird zu ehrgeizige Ziele zu verfolgen. Sowohl die erkennbaren neueren Tendenzen im Bereich des Verbraucherschutzrechts als auch das Ziel eines Europäischen Zivilgesetzbuches deuten darauf hin. Was das Verbrauchervertragsrecht angeht, so zeichnet sich in Gestalt des Vorschlags einer neuen Verbraucherkreditrichtlinie ein Konzeptwechsel seitens der Kommission ab, verfolgt diese doch mit der Richtlinie das Ziel einer Vollharmonisierung, und nicht wie bisher, einer Mindestharmonisierung. Diese Abkehr von dem Integrationskonzept der Mindestharmonisierung stößt unter den Gesichtspunkten der Erforderlichkeit, Verhältnismäßigkeit und Subsidiarität auf erhebliche Bedenken.[930] Aber auch unter Gesichtpunkten der Praktikabilität sind Zweifel angebracht. Neben den typischen Nachteilen des Integrationskonzeptes der Vollharmonisierung (auf die noch gesondert im 5. Kapitel eingegangen werden soll) scheint die Heranziehung dieses Konzeptes bei sektorspezifischen Maßnahmen nicht geeignet zu sein, da Abgrenzungsschwierigkeiten unvermeidlich sind.[931] So müssen nun die nationalen Gesetzgeber bei jeder Gesetzgebungsmaßnahme prüfen, ob die geplanten Regelungen nicht möglicherweise auch den von der Richtlinie geregelten Bereich auch nur teilweise tangieren. Schwierige Abgrenzungsfragen sowie eine Blockade der nationalen Gesetzgeber sind die Folge. Gerade die Vorgänge im Verbraucher-kreditrecht haben jedoch gezeigt, dass von den nationalen Gesetzgebern betriebene Weiterentwicklungen wertvolle Ansätze für die Reform der europäischen Richtlinie ausgegangen sind, wie etwa das deutsche Widerrufsrecht bei Verbraucherkreditgeschäften. Dies zeigt, dass die Fortentwicklung des Gemeinschafts-privatrechts

---

[930] Siehe dazu bereits weiter oben in diesem Kapitel unter Punkt B. IV. 2. a) (3).

[931] *Remien*, Mindestharmonisierung im Verbraucherschutzrecht, Stellungnahme, in Everling/Roth, S. 181, 185.

auf die nationalen Privatrechte angewiesen ist. Eine Vollharmonisierung verhindert diesen Effekt jedoch. Bei neu entstandenen Problemen in einem vollharmonisierten Bereich wären selbst der höchstrichterlichen nationalen Rechtsprechung die Hände gebunden; sie müsste auf den EuGH verweisen bzw. ein Tätigwerden des europäischen Gesetzgebers abwarten.

Fällt die Harmonisierung im Verbraucherschutzrecht jedoch noch relativ leicht, weil kaum nationale Regelungen bestehen, die gewachsene nationale Traditionen begründen könnten, so gilt dies nicht für das übrige Zivilrecht, das innerhalb einer europäischen Kodifikation verortet wäre. Hier würde eine EU-Rechtsetzungstätigkeit auf dieselben Probleme stoßen wie im Gesellschaftsrecht, wobei die Rechtfertigung für ihr Handeln, nämlich die Erreichung des Binnenmarktziels, hier ungleich schwerer fallen dürfte als im Gesellschaftsrecht. Vieles spricht also dafür, sich auf das Gebiet des Vertragsrechts und möglicherweise eines Teils des Sachenrechts, zu beschränken. Aber auch hier gilt es, die im Subsidiaritätsprinzip festgehaltenen Grundsätze des Föderalismus zu beachten, d.h. jegliche Maßnahme muss vor dem Hintergrund des Binnenmarktziels tatsächlich notwendig sein. In der Hinsicht sind sogar Zweifel an der Erforderlichkeit eines Europäischen Vertragsgesetzbuches erlaubt. Letztlich ist dies eine rechtspolitische Frage. Dennoch erscheint ein europäisches System der Vertragsrechte oder ein Modellgesetz ebenso geeignet, um mögliche erhöhte Transaktionskosten, die durch die Diversität des Rechts entstehen könnten, abzubauen. Diese Thematik soll im 5. Kapitel im Zusammenhang mit der Darstellung der verschiedenen Integrationsmodelle im Vergleich zur Situation in Kanada weitergeführt werden.

## C. Zusammenfassung

Die in Kanada bestehenden Unterschiede in der Verbrauchervertragsgesetzgebung beruhen nicht – wie etwa teilweise in der EU – auf einer historisch bedingten Spaltung, die es nun gilt, durch Harmonisierung zu beheben.[932] Vielmehr war die Grundlage des Vertragsrechts zumindest in allen Common-Law-Provinzen dieselbe; heutige Unterschiede beruhen schlichtweg auf einer verschiedenen politischen Einstellung gegenüber der Verbraucherschutzgesetzgebung und auf unterschiedlichen Konzepten, diese zu verwirklichen.[933] Zwar führt dies nicht unbedingt zu Rechtseinheit zwischen den Rechtsordnungen, aber gerade hierin liegt ein Wesensmerkmal des Föderalismus, nämlich den Teilstaaten unterschiedliche Lösungen für lokale Belange zu ermöglichen. Zwar würden bundesweit tätige Unternehmer von einheitlichen Schutzstandards profitieren. Im Kontext des kanadischen Föderalismus wird dies allerdings nicht als ausreichend angesehen, um das Verbraucherschutzrecht landesweit derart anzupassen, dass es nicht mehr regionalen Wertentscheidungen und wirtschaftlichen Bedingungen Rechnung tragen könnte.[934] Andererseits zeigt sich ebenfalls, dass der hierdurch entstehende Ideenwettbewerb zu einer maßgeblichen Konvergenz führen kann.

Anders ist dies in der EU zu bewerten. Dort werden sehr weitgehende Harmonisierungsmaßnahmen – wie etwa die Verbrauchsgüterkaufrichtlinie – zur Errichtung bzw. zum Funktionieren des Binnenmarktes für erforderlich gehalten. Dementsprechend ist im Bereich des Verbrauchervertragsrechts bereits eine Fülle von Richtlinien ergangen, wobei jedoch das Endziel dieser Entwicklung noch nicht absehbar ist. So scheint die Einschätzung, dass ein Europäisches Zivilgesetzbuch zu einer stärkeren Integration erforderlich ist, immer mehr Anhänger zu finden. Eine dementsprechend weitgehende Harmonisierung des Verbraucherrechts und erst recht des Privatrechts insgesamt ist in Kanada jedoch nicht feststellbar und wäre auch nicht durchsetzbar, obwohl der kanadische Markt durchaus einen funktionierenden Binnenmarkt darstellt.

---

932 Zwar erging in der EU wie auch in Kanada erst in den 60er bis 70er Jahren eine spezifische Verbraucherschutzgesetzgebung. Doch auch schon die zuvor in den Zivilgesetzbüchern der europäischen Mitgliedstaaten enthaltenen Regelungen über die einzelnen Schuldverträge gingen von typischen Verbraucherverträgen aus, in Abgrenzung zu den Handelsgeschäften, die meist hiervon in Teilen abweichende Regelungen erfuhren. Das heißt, dass - anders als in Kanada - diesbezügliche Unterschiede des Verbraucherrechts nicht allein auf unterschiedliche politische Motivationen zurückzuführen sind, sondern auch systemimmanent waren.

933 *Cuming,* Harmonization of Canadian Personal Property Security Law, in Cuming (Hrsg.) Harmonization of Business in Canada, S. 173.

934 So u.a. *Cuming,* a.a.O., S. 173 f. für die Frage der Harmonisierung verbraucherschützender Regelungen im Bereich Mobiliarsicherheiten

Die Untersuchung des Verbrauchervertragsrechts in Kanada relativiert daher die in der EU vorherrschende Einschätzung, wie weitgehend eine Harmonisierung oder Vereinheitlichung zum Funktionieren eines Binnenmarktes erforderlich ist. Jedenfalls macht die Existenz eines Binnenmarktes keineswegs per se ein einheitliches Zivilrecht notwendig.[935] Welche Rückschlüsse sich aus einem Vergleich der Entwicklungen des Verbrauchervertragsrechts in beiden Verbünden ergeben, soll im folgenden Kapitel im Einzelnen ermittelt werden.

---

[935] Siehe unter Heranziehung des Beispiels von Kanada schon *Sandrock*, Die Europäischen Gemeinschaften und die Privatrechte ihrer Mitgliedstaaten: Einheit oder Vielfalt? EWS 1994, S. 1. Vgl. weiterhin *Steindorff*, der anführt, dass Subsidiarität es gebietet, eine Unvollkommenheit des Binnenmarktes hinzunehmen, in: EG-Vertrag und Privatrecht, S. 392.

# 5. Kapitel Vergleich der Harmonisierungsprozesse

## A. Allgemeine Feststellungen

### I. Unterschiedliche Harmonisierungsphilosophien

Sowohl der Vergleich der Rahmenbedingungen als auch die Fokussierung auf das Gesellschaftsrecht und das Verbrauchervertragsrecht offenbaren, dass hinsichtlich der Gestaltung des Privatrechts in beiden Mehrrechtsordnungen unterschiedliche Grundphilosophien bestehen. Dies zeigt sich bei der Zielsetzung, der Auswahl der Mittel wie auch bei der Reichweite der jeweiligen Harmonisierungsentwicklungen. Allein die Erforderlichkeit einer gewissen Angleichung bzw. Kompatibilität von Rechtsregeln wird beiderseits anerkannt; darüber hinaus sind jedoch erhebliche Divergenzen feststellbar.

Als zentrale Instrumente für die Integration in Europa dienen die Gewährleistung der Grundfreiheiten sowie das Errichten eines Binnenmarktes. Beide setzen eine negative Integration, d.h. die Abschaffung von Hemmnissen, voraus, erfordern darüber hinaus jedoch auch positiv integrative Maßnahmen. Die Vereinheitlichung und Harmonisierung des Rechts stellen dabei Mittel dar, um diese Ziele zu verwirklichen. Damit ist das Recht grundsätzlich dem Ziel einer fortschreitenden Integration untergeordnet, das heißt, dass sich die Reichweite und Intensität der Harmonisierung des Rechts nach dem angestrebten bzw. notwendigen Integrationsniveau richten. Dies ist an und für sich auch nicht zu kritisieren. Allerdings wurde bereits festgestellt, dass eine Integration „ad infinitum" nicht bezweckt ist, weshalb die Herausbildung eines sinnvollen bzw. notwendigen Integrationsniveaus erforderlich ist. Die vorgenommene Untersuchung belegt jedoch, dass dies jedenfalls zum jetzigen Zeitpunkt noch nicht absehbar ist. Vielmehr ist die in den europäischen Organen vorherrschende Grundphilosophie über die Vereinheitlichung oder Harmonisierung des Rechts nach wie vor von einer extensiven Auslegung der Verträge geprägt, die keine Begrenzung der Integration erkennen lässt.

Exemplarisch hierfür sind die Entscheidungen des EuGH zum internationalen Gesellschaftsrecht, sowie auch der Standpunkt der Kommission zu den Fragen betreffend ein europäisches Zivil- oder Vertragsgesetzbuch. Neben den anderen bereits angeführten Kritikpunkten an der Entscheidung des EuGH im Fall *Inspire Art*[936] ist hier vor allem zu bemängeln, dass im Ergebnis Umgehungstatbestände den Schutz der Grundfreiheiten genießen. Hierfür besteht letztlich kein Bedürfnis. Im Gegenteil: Diese Sichtweise führt nur zu unnötigen Problemlagen in den na-

[936] Vgl. im 2. Kapitel unter Punkt B. III. 2.

tionalen Rechtsordnungen, die geeignet sind, desintegrative Gegenmaßnahmen hervorzurufen.

Ebenso wie eine solch überdehnte Auslegung der Grundfreiheiten ist die bislang angenommene, sehr weitgehende Definition des Binnenmarktes zu überdenken. So begründet etwa *Lando* die Notwendigkeit eines europäischen Vertragsgesetzbuches unter anderem anhand eines Vergleichs mit dem Vereinigten Königreich. Er stellt fest, dass Schotten und Engländer weiterhin jeweils eigenständige Privatrechtssysteme besitzen, obwohl sie seit fast 300 Jahren in einer Union vereint sind, die gleiche Sprache sprechen und die jeweiligen Kulturen sich in etwa gleichen. Dies zeige, dass man zur Vereinheitlichung nicht auf einen freiwilligen Prozess setzen könne, sondern dass ein europäisches Vertragsrecht auf gesetzgeberischem Wege erreicht werden müsse, da ansonsten die unterschiedlichen Vertragsrechtssysteme fortbestehen würden.[937] Diese Argumentationsweise ist in zweierlei Hinsicht fragwürdig: Wenn ein europäisches Vertragsgesetzbuch der Verwirklichung des europäischen Binnenmarktes dienen soll,[938] impliziert diese Argumentation zunächst, dass das Vereinigte Königreich, wegen seiner Rechtsspaltung zumindest einen nur unzureichenden Binnenmarkt darstellt. Obwohl dies kaum anzunehmen ist, stellt sich – von einer solchen Prämisse ausgehend – die weitere Frage, ob die Integrationsintensität des europäischen Binnenmarktes überhaupt weitergehender sein muss bzw. sein darf als diejenige der Märkte der Mitgliedstaaten, die in ihrer Gesamtheit diesen europäischen Binnenmarkt bilden. Auf das Vereinigte Königreich übertragen, würde dies bedeuten, dass eine europäische Privatrechtsvereinheitlichung – in einer Reichweite, wie sie teilweise zur Errichtung des Binnenmarktes gefordert wird – das im Vereinigten Königreich bestehende Privatrechtssystem vereinheitlichen würde, obwohl der dortige Markt einen sehr wohl funk-tionierenden Binnenmarkt darstellt, in dem eine solche Entwicklung seit fast 300 Jahren nicht für nötig empfunden wird. Dies leuchtet nicht ein, weshalb eine restriktivere Definition des angestrebten Binnenmarktes erforderlich erscheint, die dem Integrationsgrad der nationalen Märkte Rechnung trägt, insbesondere soweit diese durch ein föderales System geprägt sind.

So wird das Recht sowie dessen Vereinheitlichung und Harmonisierung nicht nur als Mittel zur Integration, sondern auch als Integrationsgegenstand betrachtet. Dies lässt sich beispielsweise an der Diskussion über die Notwendigkeit eines europäischen Zivilgesetzbuches oder Vertragsgesetzbuches beobachten. Neben den rein auf ökonomische Erwägungen gestützten Argumenten für ein solches Regelwerk wird häufig angeführt, dass ein solches Vorhaben auch aufgrund seiner Symbolkraft die Integration und damit die europäische Idee fördere. Zwar werden

---

[937] *Lando*, Optional or Mandatory Europeanisation of Contract Law, European Review of Private Law 2000, S. 59, 68 f.

[938] So unter anderem auch *Lando*, a.a.O., European Review of Private Law 2000, S. 59, 61.

derartige Gedanken sicherlich auch einen gewissen Raum in den eventuellen verfassungspolitischen Diskussionen über eine entsprechende Ermächtigungsgrundlage einnehmen. Dennoch müssen die rationalen, vor allem also die ökonomischen und funktionalen Gesichtspunkte überwiegen, um ein solches Vorhaben im Sinne des Subsidiaritätsprinzips zu rechtfertigen.

Die vorher genannten Beispiele verdeutlichen, dass die Definition des Binnenmarktes bzw. der Grundfreiheiten einer kritischeren Beleuchtung als bisher bedarf. Hierzu ist auch der EuGH berufen, der seiner Verantwortung nicht nur als „Wächter" der Verträge, sondern auch des europäischen Föderalismus gerecht werden muss. Als Vorbilder können hierzu der kanadische Supreme Court bzw. als dessen Vorgänger, der Privy Council dienen. Diese Gerichte haben einen maßgeblichen Beitrag dazu geleistet, die gesetzgeberischen Handlungsspielräume und somit die Eigenständigkeit der kanadischen Provinzen zu wahren. Dies gilt in großem Maße auch für den Bereich des Privatrechts. Hier hat beispielsweise die Provinz Quebec ihre Gesetzgebungskompetenz im Privatrecht genutzt, um als Zeichen ihrer Eigenständigkeit ein neues Zivilgesetzbuch einzuführen. Die Gesetzgebung der Provinzen im Bereich des Privatrechts spiegelt jedoch auch die unterschiedlichen Politikziele und Prioritäten wieder, wie etwa die Entwicklung im Verbrauchervertragsrecht zeigt. Aus diesem Grunde sind die Provinzen auch darauf bedacht, ihren Handlungsspielraum zu wahren und keine Einschränkungen durch eine Vereinheitlichung mittels Gesetzgebungsakte des Bundes hinzunehmen. Daneben ist eine Harmonisierung in der kanadischen Kompetenzordnung nicht vorgesehen. Im Ergebnis ist damit einerseits eine starke Stellung der Provinzen gewährleistet, andererseits werden jedoch – anders als in der dynamischen Kompetenzordnung der EU – notwendige Integrations-maßnahmen erschwert.

In der Einleitung wurde angesprochen, dass in einem Vergleich zwischen der EU und Kanada die unterschiedliche Größe beider Verbünde zu berücksichtigen sei. Angesichts der Diversität des Rechts in solchen Verbünden wäre daher anzunehmen, dass, je kleiner dieser Verbund und damit der Markt sind, desto größer der Nutzen einer Rechtsvereinheitlichung wäre. So müsste die Diversität der Rechtsregeln von 12 verschiedenen Rechtsordnungen bei einer Marktgröße von etwa 30 Millionen Menschen für ungleich höhere Effizienzverluste in Relation zum Bruttosozialprodukt sorgen als in der EU mit 25 Rechtsordnungen und etwa 440 Millionen Menschen. Aus der Tatsache, dass die Kanadier dennoch nicht bereit sind, eine weitergehende Harmonisierung im Privatrecht zuzulassen, können nur zwei Schlüsse gezogen werden: Entweder sind die Effizienzverluste durch Rechtsspaltung gar nicht so hoch wie von den Befürwortern von Harmonisierung und Vereinheitlichung angenommen (was etwa auch eine bereits an anderer Stelle angeführte kanadische Studie suggeriert), oder aber die Effizienzverluste werden zugunsten von Föderalismus, d.h. Pluralität und regionaler Identität in Kauf genommen. In beiden Fällen stellt sich die Frage, warum in der EU etwas anderes gelten sollte.

## II. Verschiedene technische Ansätze zur Harmonisierung

Die soeben getroffenen Feststellungen setzen sich fort, wenn man die „technische Seite" der jeweiligen Harmonisierung im Privatrecht betrachtet. Da die kanadische Union keine verfassungsmäßig institutionalisierten Harmonisierungsinstrumente kennt, erlangen auslegungsbedürftige Verfassungsklauseln wie die POGG-Klausel (national concern) und die „*Trade and Commerce Clause*" erhebliche Bedeutung, um Gesetzgebungsakte des Bundes durchzusetzen, die sich nicht auf die übrigen Kompetenznormen der Verfassung stützen lassen. Wie die einschlägige Rechtsprechung zeigt, lässt sich auf diesem Wege aber nur eine eingeschränkte Vereinheitlichung betreiben, da die genannten Verfassungs-klauseln nur begrenzt ausdehnbar sind. Um eine systematische Vereinheitlichung oder auch Harmonisierung in integrationsbedürftigen Rechtsbereichen zu erreichen, ist daher ein Rückgriff auf freiwillige Kooperationsmodelle erforderlich. Hierzu zählen insbesondere das *Agreement on Internal Trade* (AIT) sowie die Uniform Law Conference of Canada (ULCC). Beiden Kooperations-formen ist gemein, dass sie den Rahmen für eine intergouvernementale Zusammenarbeit bilden. Aufgrund des Einstimmigkeitserfordernisses im Beschlussgremium des AIT bzw. aufgrund des Empfehlungscharakters der von der ULCC ausgearbeiteten Modellgesetze liegt es letztendlich bei jeder einzelnen Provinz, ob sie eine Harmonisierungsmaßnahme annimmt oder nicht. Die Untersuchung in den Bereichen Gesellschaftsrecht und Verbrauchervertragsrecht hat jedenfalls gezeigt, dass beiden Instrumenten bislang gewisse Erfolge beschieden waren. Ungleich bedeutsamer waren dagegen die Harmonisierungs-entwicklungen, die auf einer freiwilligen Anpassung an die Lösungen der anderen Provinzen und des Bundes bzw. auf deren gänzlicher Übernahme beruhten.

Ganz anders stellt sich dagegen die Situation in der EU dar. Deren Rechtsrahmen war von Anfang an auf eine fortschreitende Integration angelegt. Daher enthält der EG-Vertrag in Gestalt der Verordnung und der Richtlinie sehr wirksame Vereinheitlichungs- bzw. Harmonisierungsinstrumente. Die dynamische Kompetenzordnung des EG-Vertrages, die in den meisten Fällen lediglich erforderliche qualifizierte Mehrheit im Rat sowie die stark ausgeprägten europäischen Organe – insbesondere der Kommission – haben dafür gesorgt, dass in den meisten Bereichen des Privatrechts bereits eine Vielzahl von Rechtsakten entstanden. Die Untersuchung sowohl im Gesellschaftsrecht als auch im Verbrauchervertragsrecht zeigt, dass der Harmonisierungsprozess hier eine gewisse Eigendynamik entwickelt hat.

Wie im vorangegangenen Abschnitt festgestellt, beinhalten beide Wege zu einer Harmonisierung Vor- und Nachteile. Die kanadische Lösung gewährleistet die Sicherung der Eigenständigkeit der Provinzen, indem eine Integration, die über das von der Verfassung vorgesehene Maß hinausgeht, auf große Hürden stößt. Andererseits sind dadurch notwendige Integrationsschritte – wie etwa die konsequentere Gewährleistung der Grundfreiheiten – nur bedingt möglich, da hierzu die Kooperation aller Provinzen erforderlich ist. Aus Sorge, politischen oder gesetzgeberischen Handlungsspielraum zu verlieren, können einzelne Provinzen durchaus auch sinnvolle Maßnahmen scheitern lassen. In der EU stellt dies dagegen kaum ein Problem dar; im Gegenteil wächst die Befürchtung, dass eine Harmonisierung auch in die Bereiche vordringt, in welchen deren Erforderlichkeit nicht evident ist. Hiervon zeugt die Einführung des Subsidiaritätsprinzips, das bislang allerdings als Instrument zur Kompetenz-einschränkung kaum Wirkung entfaltet hat. Zur Erlangung von aufschluss-reicheren Ergebnissen sollen im folgenden beide Prozesse vor dem Hintergrund von Integrationsmodellen verglichen werden.

## B. Vergleich der Harmonisierungsprozesse vor dem Hintergrund von Integrationsmodellen

Das Ziel jeglicher Rechtsänderung oder Rechtsetzung ist die Verbesserung, oder zumindest die befriedigende Lösung rechtlicher Fragestellungen. Ebenso sollte es sich mit der Harmonisierung des Rechts in Mehrrechtsordnungen verhalten. In diesem Zusammenhang haben Rechtsänderungen im Bereich des Privatrechts das Ziel, einen gemeinsamen Binnenmarkt zu erreichen, d.h. Hindernisse oder Hemmnisse für grenzüberschreitende Transaktionen abzubauen, welche durch die Unterschiede der marktbildenden nationalen Rechtsordnungen bedingt sind. Es gilt daher zu ermitteln, welche Rechtsentwicklungen zu diesem Zweck notwendig sind, und wie diese erreicht werden können. Es ist dabei in einem ersten Schritt festzulegen, welche Teilbereiche der Privatrechtsordnung einer Regelung auf übergeordneter Ebene bedürfen, um im Sinne des Binnenmarktziels ein effizientes System des Privatrechts zu bilden.[939] Erst danach stellt sich wie bei jeder Rechtsänderung im nationalen Privatrecht, die Frage nach der Qualität dieser Regelungen.

Aus solchen Überlegungen ergeben sich schließlich Leitlinien für die europäische Gesetzgebung und europäische Rechtsprechung. Dabei ist es möglich, auf einer abstrakten, theoretischen Ebene Modelle für eine Gestaltung des Rechts in Mehrrechtsordnungen - sogenannte Integrationsmodelle - zu definieren. Es soll daher

[939] Siehe dazu etwa *Grundmann*, Das Thema Systembildung im Europäischen Binnenmarkt, in Grundmann (Hrsg.), S. 1, 10 f.

im folgenden untersucht werden, welche Arten von Modellen existieren, welchen dieser Modelle sich die bisherigen Harmonisierungsprozesse in der EU und in Kanada zuordnen lassen, und ob sich aus diesen Entwicklungen und deren Vergleich Rückschlüsse auf die jeweilige Eignung der Modelle ziehen lassen. Ziel dieser Untersuchung soll daher die Ermittlung des optimalen Modells für die untersuchten Bereiche sein.

## I. Die verschiedenen Integrationsmodelle

### 1. Vollharmonisierung

Das Konzept der Vollharmonisierung[940] bedeutet eine Vereinheitlichung des Rechts in bestimmten, für das Binnenmarktziel relevanten Bereichen der gliedstaatlichen Rechtsordnungen. In einem vollharmonisierten Rechtsbereich wird daher eine vollständige negative wie positive Integration erreicht, indem die Rechtslage gemeinschaftsweit nach denselben Vorschriften beurteilt wird. Dementsprechend kommt den Gliedstaaten kein Gestaltungsspielraum in diesem Bereich zu.[941] Daraus ergeben sich einige Vorteile, wie z.B. geringe Informationskosten und Rechtsklarheit bei grenzüberschreitenden Transaktionen, wodurch eventuelle Effizienzverluste vermieden, bzw. Hemmnisse für den Abschluss von entsprechenden Transaktionen beseitigt werden.

Andererseits entstehen die typischen Nachteile einer fehlenden Dezentralität der Regelbildung, wie z.B. das Risiko der Versteinerung des supranationalen Rechts sowie der Wegfall einer Begrenzung der Auswirkungen von Fehlentscheidungen. Dieser Effekt wird dabei noch durch den Umstand verstärkt, dass ungeeignete Regeln, die aus einer Vollharmonisierung hervorgehen, mangels beobachtbarer Alternativen schwerer zu identifizieren sind als etwa in einem Konkurrenzverhältnis stehende ungeeignete Regelungsversuche.[942] Dazu kommt der Kompromisscharakter der Rechtsetzung, der zwar ohnehin demokratischen Rechtsordnungen immanent ist, bei einer Rechtsetzung auf der übergeordneten Ebene jedoch stärker ausgeprägt ist als in den einzelnen Mitgliedstaaten.[943] Weiterhin fehlt die Möglichkeit, auf eventuelle regionale Präferenzunterschiede eingehen zu können. Schließlich lässt das Konzept der Vollharmonisierung komplizierte Abgrenzungsfragen bei Gesetzgebungsvorhaben seitens der Mitgliedstaaten entstehen. Diese

---

940 Die Terminologie zu den verschiedenen Harmonisierungstypen ist durchaus nicht einheitlich. So wird das Konzept der Vollharmonisierung u.a. auch als Vereinheitlichung oder auch absolute Harmonisierung bezeichnet.

941 *Streinz*, Mindestharmonisierung im Binnenmarkt, in: Everling/ Roth, S. 9, 18.

942 *Streit/ Mussler*, Wettbewerb der Systeme und das Binnenmarktprogramm der Europäischen Union, in Gerken (Hrsg.), Europa zwischen Ordnungswettbewerb und Harmonisierung (1995), S. 75, 79.

943 So *Kieninger*, Wettbewerb der Rechtsordnungen und Binnenmarktziel, S. 350 ff., zur EU.

müssten stets prüfen, ob ein bestimmtes Vorhaben nicht den Anwendungsbereich einer vereinheitlichenden Maßnahme der übergeordneten Ebene berührt,[944] was im Einzelfall schwierig zu beurteilen sein kann.

Das Konzept der Vollharmonisierung ist daher geeignet, weitreichende Integration zu erzielen, ist dabei jedoch auch mit erheblichen Nachteilen und Risiken verbunden.

## 2. Wettbewerb der Rechtsordnungen

### a) *Die Theorie im Allgemeinen*

#### (1) *Überblick über die Grundlagen der Theorie*

Die Theorie des Wettbewerbs der Rechtsordnungen stellt ein Modell zur Fortentwicklung des Rechts dar, das als Gegenmodell zum Konzept der Vollharmonisierung verstanden werden kann.[945] Bezogen auf einen bestimmten zu regelnden Rechtsbereich schließen sich beide Modelle gegenseitig aus. Die Theorie des Wettbewerbs der Rechtsordnungen geht davon aus, dass die Herausbildung von überlegenen Rechtsregeln nicht durch politische Entscheidungen auf der übergeordneten Ebene einer Mehrrechtsordnung erreicht wird, sondern vielmehr durch einen Wettbewerb der auf Gliedstaatenebene angebotenen rechtlichen Lösungen, d.h. also durch einen institutionellen Wettbewerb.[946] Aus diesem Grunde wird

---

[944] *Remien*, Mindestharmonisierung im Verbraucherschutzrecht, Stellungnahme, in Everling/Roth, S. 181, 185 f.

[945] In diesem Sinne auch *Streit/ Mussler*, Wettbewerb der Systeme und das Binnenmarktprogramm der Europäischen Union, in: Gerken (Hrsg.), Europa zwischen Ordnungswettbewerb und Harmonisierung (1995), S. 75, 88 f.

[946] Es kann im Rahmen dieser Arbeit nur ein einführender Überblick über die Theorie des Wettbewerbs der Rechtsordnungen gegeben werden. Die Literatur zu diesem Thema ist außerordentlich umfangreich. Die Theorie wird dabei teils abstrakt, teils am Beispiel von bestimmten Rechtsgebieten diskutiert, wobei dies besonders häufig im Zusammenhang mit der Entwicklung des Gesellschaftsrechts in der EU und in den USA der Fall ist. Zu letzteren Beiträgen, siehe in diesem Abschnitt unter Punkt b); zu den Beiträgen allgemeinerer Art vgl. etwa: *Bratton/McCahery/Picciotto/Scott* (Hrsg.), International Regulatory Competition and Coordination – perspectives on economic regulation in Europe and the United States, 1996; *Bernholz/ Faber*, Überlegungen zu einer normativen ökonomischen Theorie der Rechtsvereinheitlichung, RabelsZ 50 (1986), S. 35; *Easterbrook*, Federalism and European Business Law, in: Buxbaum/Hertig/Hirsch/Hopt (Hrsg.) European Economic and Business Law, S. 1; *Kerber*, Rechtseinheitlichkeit und Rechtsvielfalt aus ökonomischer Sicht, in Grundmann (Hrsg.), S. 67. *Kerber/Vanberg*, Competition among Institutions: Evolution within Constraints, in: Gerken (Hrsg.), Competition among Institutions (1995), S. 35; *Kitch*, Regulation and the American Common Market, in: Tarlock (Hrsg.), Regulation, Federalism and Interstate Commerce (1981), S. 7 ff.; *Seidel*, Der Wettbewerb der Rechts- und politischen Systeme in der Europäischen Union (1998); *Siebert/ Koop*, Europa zwischen Wettbewerb und Harmonisierung, WiSt 1994,

dieses Modell auch mit dem präziseren Terminus eines institutionellen Wettbewerbs bezeichnet.[947]

Die Theorie des Wettbewerbs der Rechtsordnungen ist entsprechend dem Wettbewerb auf Produktmärkten zu verstehen und beruht damit auf einem ökonomischen Hintergrund. Ein solcher Ansatz wurde erstmals von *Tiebout* in Bezug auf die Bereitstellung von öffentlichen Leistungen durch Gebietskörper-schaften im Zusammenhang mit der Gestaltung von kommunalen Steuern und die durch die Ab- und Zuwanderung von Bürgern getroffene Wahl von Leistungs- und Steuerpaketen diskutiert.[948] Im folgenden wurde diese Theorie vertieft und auf die Rechtsetzung des Staates allgemein erweitert.[949] So stellen die rechtlichen Lösungen einer Rechtsordnung ökonomische Faktoren dar, die entsprechend anderen Standortfaktoren – wie etwa der Infrastruktur – die Attraktivität eines bestimmten Staates und seiner Rechtsordnung ausmachen.[950] Dementsprechend beeinflussen diese Faktoren auch die Auswahlentscheidungen auf der Nachfrageseite, d.h. also der Rechtsubjekte – seien es natürliche oder juristische Personen – wodurch sich durch deren Ab- oder Zuwanderung Rückschlüsse auf die Qualität der gesetzgeberischen Produkte eines Staates ermitteln lassen. Daraufhin können die konkurrierenden Gesetzgeber wiederum reagieren, um ihre rechtlichen Lösungen im Interesse einer Attraktivitätssteigerung anzupassen.[951] Ein entsprechender Anreiz hierzu kann aufgrund der damit verbundenen Ab- oder Zuwanderung von Produktionsfaktoren wie Arbeit und Kapital bestehen, die den Wohlstand innerhalb eines Staates entscheidend bestimmen, oder möglicherweise aufgrund der Vorteile, die mit der Anwendung einer rechtlichen Lösung unmittelbar verbunden sind, wie

---

S. 611; *Streit/ Mussler,* Wettbewerb der Systeme und das Binnenmarktprogramm der Europäischen Union, in: Gerken (Hrsg.), Europa zwischen Ordnungswettbewerb und Harmonisierung (1995), S. 75; *Streit/ Wohlgemuth* (Hrsg.), Systemwettbewerb als Herausforderung an Politik und Theorie (1999); sowie *Kieninger,* Wettbewerb der Rechtsordnungen und Binnenmarktziel – Studien zur Privatrechtskoordinierung in der Europäischen Union auf dem Gebiet des Gesellschafts- und Vertragsrechts, 2002, welche ausführlich die Voraussetzungen und die Auswirkungen eines Wettbewerbs der Rechtsordnungen analysiert und die gewonnenen Erkenntnisse auf das Gesellschaftsrecht und das Verbrauchervertragsrecht in der EU erstreckt.

947 In der Literatur werden die Begriffe „Wettbewerb der Rechtsordnungen", „Systemwettbewerb" oder „institutioneller Wettbewerb" als Synonyme genannt. Zu einer eingehenden Begriffsklärung, siehe *Kieninger,* Wettbewerb der Rechtsordnungen und Binnenmarktziel, S. 8 ff.

948 *Tiebout,* A Pure Theorie of Local Expenditures, Journal of Political Economy 1956, S. 416.

949 Auf die dem institutionellen Wettbewerb zugrunde liegenden unterschiedlichen ökonomischen Modelle kann hier nicht eingegangen werden. Zu einem ausführlichen Überblick siehe *Kieninger,* Wettbewerb der Rechtsordnungen und Binnenmarktziel, S. 45 ff.

950 *Eger,* Harmonisierung von Rechtsregeln versus Wettbewerb zwischen Jurisdiktionen in Europa, in: Martiny/Witzleb, S. 95, 99.

951 *Streit/Mussler,* Wettbewerb der Systeme und das Binnenmarktprogramm der Europäischen Union, in: Gerken (Hrsg.), Europa zwischen Ordnungswettbewerb und Harmonisierung (1995), S. 75, 77.

etwa Lizenzgebühren oder Steuerzahlungen. Im Ergebnis soll dieser Prozess zur Herausbildung von optimalen rechtlichen Lösungen führen.[952]

Wie *Kieninger* überzeugend dargestellt hat, ist bei einem institutionellen Wettbewerb zu unterscheiden zwischen einem indirekten Wettbewerb, der durch Standort- oder Produktwahl zustande kommt, und einem direkten Wettbewerb durch Rechtswahl.[953] Ein indirekter Wettbewerb liegt dann vor, wenn Unternehmen ihren Standort aufgrund der attraktiveren rechtlichen Lösungen einer bestimmten Rechtsordnung in diesem Staat etablieren, um in den Genuss der dort angebotenen Lösungen zu gelangen. Ein direkter Wettbewerb liegt hingegen vor, wenn sich die Nachfrageseite von rechtlichen Lösungen unabhängig von einer Standort- oder Produktwahl durch Rechtswahl für die Lösungen einer bestimmten Rechtsordnung entscheiden kann.[954]

(2) *Voraussetzungen*

Das Einsetzen eines institutionellen Wettbewerbs ist damit an einige Voraussetzungen gebunden. So muss im Falle des indirekten Wettbewerbs zunächst die Mobilität der Produktionsfaktoren gewährleistet sein, während ein direkter Wettbewerb nur bei Vorliegen einer Rechtswahlfreiheit entstehen kann. Weiterhin müssen die Attraktivitätsunterschiede der rechtlichen Lösungen für die Nachfrageseite erkennbar sein, um deren Ab- oder Zuwanderungsentscheidungen bzw. Rechtswahl motivieren zu können. Dementsprechend müssen die Gesetzgeber solche Entscheidungen auch wahrnehmen können, um sie anschließend entsprechend zu interpretieren, d.h. die Überlegenheit der eigenen oder einer fremden Rechtslösung zu erkennen. Schließlich müssen für die Gesetzgeber Anreize bestehen, die erforderlichen Anpassungen mit dem Ziel einer Attraktivitätssteigerung der eigenen Lösungen vorzunehmen. Diese sind beim indirekten Wettbewerb in der Zuwanderung der mobilen Produktionsfaktoren zu sehen, die sich wohlstandsmehrend auswirken. Bei einem direkten Wettbewerb durch Rechtswahl muss hingegen die Anwendung der eigenen rechtlichen Lösung mit direkten finanziellen Vorteilen – wie Steuern oder Gebühren – verbunden sein.

(3) *Unterscheidung vom Ideenwettbewerb*

Von einem institutionellen Wettbewerb kann jedoch nur dann gesprochen werden, wenn die Ausübung von Mobilitäts- oder Wahlrechten eine gesetzgeberische Reaktion aufgrund entsprechender Anreize zur Folge hat. Ist dies nicht der Fall,

---

952 *Kitch*, Business Organisation Law, State or federal?, in Buxbaum/Hertig/Hirsch/Hopt (Hrsg.) European Business Law, S. 35.

953 *Kieninger*, a.a.O., S. 12 ff.

954 *Kieninger*, a.a.O., S. 14 f.

kann die Diversität der Rechtsregeln – lediglich – zu einem Ideenwettbewerb führen, der einen Informationsaustausch durch Rechtsvergleichung bedingt. Ein solcher ist zwar ebenso geeignet, die Gesetzgebung zu beeinflussen, und somit Innovationen zu fördern; dennoch fehlt in der Regel die Dynamik, die im institutionellen Wettbewerb aufgrund der Anreize für innovative Gesetzgebung besteht. Wie *Kieninger* darlegt, ist damit die Unterscheidung zwischen einem institutionellen Wettbewerb und einem Ideenwettbewerb unerlässlich, da beide verschiedenen Voraussetzungen unterliegen und die jeweiligen Wirkungen – zumindest theoretisch – unterschiedliche Intensitäten aufweisen. Dennoch wird in der Fachliteratur häufig nicht zwischen beiden Varianten unterschieden, wenn von einem „Wettbewerb der Rechtsordnungen" oder „Systemwettbewerb" die Rede ist.[955]

(4) *Wirkungen eines institutionellen Wettbewerbs und eines Ideenwettbewerbs*

Die einem Wettbewerb der Rechtsordnungen zugeschriebenen Funktionen werden kontrovers diskutiert. Die Anhänger der Theorie sehen darin im wesentlichen ein Entdeckungs- und Kontrollverfahren,[956] das in die Herausbildung optimaler rechtlicher Lösungen mündet.[957] Neben dieser Innovationsfunktion hätte der Wettbewerb damit zugleich eine vereinheitlichende Wirkung in dem Sinne, dass sich letztendlich die effizientesten Lösungen in allen Rechtsordnungen durchsetzen würden. Im Ergebnis könnte ein solcher Wettbewerb demnach sowohl das erforderliche Maß an Harmonisierung der Rechtsregeln als auch deren optimalen Inhalt bestimmen.[958]

Allerdings ist zwischen den verschiedenen Erscheinungsformen des Wettbewerbs zu differenzieren. Liegen die Voraussetzungen für einen institutionellen Wettbewerb nicht vor, so bietet zumindest die Dezentralität des Rechts dennoch die Möglichkeit parallelen Experimentierens mit unterschiedlichen rechtlichen Lösungen und somit eines Ideenwettbewerbs. Dies hat zur Folge, dass die Auswirkungen von ungeeigneten Lösungen auf die jeweilige Rechtsordnung beschränkt bleiben, während erfolgreiche Lösungen in anderen Rechtsordnungen Nachah-

955 *Kieninger*, a.a.O., S. 16 ff. und 19.

956 Siehe dazu bereits *Von Hayek*, Wettbewerb als Entdeckungsverfahren, in: Hayek, Freiburger Studien – Gesammelte Aufsätze (1969), S. 249.

957 *Streit/ Mussler*, Wettbewerb der Systeme und das Binnenmarktprogramm der Europäischen Union, in: Gerken (Hrsg.), Europa zwischen Ordnungswettbewerb und Harmonisierung (1995), S. 75, 78; *Kitch*, Business Organisation Law, State or Federal?, in Buxbaum/Hertig/Hirsch/Hopt (Hrsg.) European Business Law, S. 35; *Kerber*, Rechtseinheitlichkeit und Rechtsvielfalt aus ökonomischer Sicht, in Grundmann (Hrsg.), S. 67, 68 f.

958 Vgl. *Eger*, Harmonisierung von Rechtsregeln versus Wettbewerb zwischen Jurisdiktionen in Europa, in: Martiny/Witzleb, S. 95, 99; *Kitch*, Business Organisation Law, State or Federal?, in Buxbaum/Hertig/Hirsch/Hopt (Hrsg.) European Business Law, S. 35.

mung finden könnten.[959] Weiterhin wird schon allein einer Dezentralität der Regelbildung der Vorteil zugesprochen, sie ermögliche es, nationalen oder regionalen Präferenzen zu entsprechen.[960] Aufgrund der fehlenden Anreize für die Gesetzgeber, eine Attraktivitätssteigerung des eigenen Rechts vorzunehmen um direkte Vorteile wie höhere Staatseinnahmen oder die Zuwanderung von mobilen Produktionsfaktoren zu erzielen, hängt das Einsetzen eines Ideenwettbewerbs allein von der allgemeinen Motivation der Gesetzgeber ab, den eigenen Rechtssubjekten adäquate Lösungen anzubieten. Es ist deswegen anzunehmen, dass sich ein solcher Prozess weniger dynamisch gestaltet als wenn direkte Vorteile vorhanden sind. Dem Ideenwettbewerb wird daher in der Theorie ein geringeres Innovationspotential zugeschrieben.[961]

Kritiker eines institutionellen Wettbewerbs befürchten, dass ein solcher nicht – wie in der Theorie bezweckt – zur Herausbildung optimaler und effizienter Regelungen durch Konkurrenz der Rechtsordnungen führt (sozusagen zu einem „race to the top") sondern vielmehr ein „race to the bottom" zur Folge hat. So würde ein Recht entstehen, das diejenigen, welche die Ab- oder Zuwanderungs-wahl treffen, über die Maßen bevorzugt und dementsprechend schutzwürdige Interessen Dritter, die von der Wahl betroffen sind, erheblich beeinträchtigt. Ob und inwieweit diese sogenannten negativen externen Effekte auftreten, ist von den Rahmenbedingungen abhängig, innerhalb derer ein institutioneller Wettbewerb stattfindet. Um den mit einem Wettbewerb einhergehenden Risiken Rechnung zu tragen, kann daher eine absichernde Regulierung als Ausnahme zum Wettbewerbsprinzip gerechtfertigt sein.[962]

Weiterhin wird die vereinheitlichende Funktion sowohl eines Ideenwettbewerbs als auch eines Institutionenwettbewerbs in Zweifel gezogen. Hinsichtlich des Ideenwettbewerbes wendet *Kieninger* ein, dass die hierzu dienende Rechtsvergleichung bereits seit dem 19. Jh. betrieben werde, jedoch ohne durchschlagende vereinheitlichende Erfolge.[963] Weiterhin führt sie überzeugend aus, dass dem institutionellen Wettbewerb Funktionen zugesprochen werden, die sich teilweise widersprechen würden. So setze die Fähigkeit des Wettbewerbs, innovativ zu wirken und nationale Präferenzen bedienen zu können, eine Diversität des Rechts voraus, was der Vereinheitlichungsfunktion entgegengesetzt wäre. Selbst

---

[959] *Kerber,* Rechtseinheitlichkeit und Rechtsvielfalt aus ökonomischer Sicht, in Grundmann (Hrsg.), S. 67, 75.

[960] Vergleiche etwa *Kerber,* a.a.O., S. 67, 68.

[961] *Kieninger,* Wettbewerb der Rechtsordnungen und Binnenmarktziel, S. 351; *Kerber,* a.a.O., S. 67, 80.

[962] *Streit/ Mussler,* Wettbewerb der Systeme und das Binnenmarktprogramm der Europäischen Union, in: Gerken (Hrsg.), Europa zwischen Ordnungswettbewerb und Harmonisierung (1995), S. 75, 85.

[963] *Kieninger,* a.a.O., S. 39.

wenn durch Nachahmung erfolgreiche rechtliche Lösungen übernommen werden und somit Harmonie erreicht wird, könne Innovation nur bedeuten, dass diese Harmonie wieder aufgespaltet wird. Weiterhin stehe die Aussage, der Wettbewerb führe zur Vereinheitlichung durch Herausbildung der optimalen, effizientesten Rechtsregeln, im Widerspruch zur Annahme, es bestünden unterschiedliche nationale Präferenzen, die durch einen Wettbewerb bedient werden könnten. Vielmehr setzt Rechtseinheit auch den Bestand gleichartiger Präferenzen voraus, bzw. bedingen unterschiedliche Präferenzen unterschiedliche „optimale" Regeln.[964]

Insgesamt zeigt sich, dass ein Wettbewerb der Rechtsordnungen nicht als „das Allheilmittel" der Rechtsfortentwicklung in Mehrrechtsordnungen angesehen werden kann, da zum einen dessen Einsetzen an ganz bestimmten Voraussetzungen gebunden ist. Zum anderen treten – je nach Form des Wettbewerbs – Wirkungen von unterschiedlicher Intensität ein, wobei in der Theorie bereits umstritten ist, wie diese im einzelnen gestaltet sind. Ein Blick auf die entsprechende Praxis kann hier für mehr Aufschluss sorgen.

b) *Der Wettbewerb der Rechtsordnungen im Gesellschaftsrecht*

Die Diskussion um die Voraussetzungen und Wirkungen eines institutionellen Wettbewerbs werden in der rechtswissenschaftlichen Literatur zu einem großen Anteil auch am Beispiel des US-amerikanischen Gesellschaftsrechts unter dem Stichpunkt des „Delaware-Effekts" geführt. Daher bietet es sich an, auf diese Diskussion einzugehen, weil dies auch die Einordnung der Entwicklungen des Gesellschaftsrechts in der EU und in Kanada erleichtert.

(1) *Allgemein*

Im Gesellschaftsrecht wird die Debatte um einen Wettbewerb der Rechtsordnungen unter dem Gesichtspunkt eines Wettbewerbs um Gesellschaftsgründungen bzw. um den Zuzug bereits bestehender Gesellschaften geführt. Rechtswahlfreiheit vorausgesetzt, könnten die Gesetzgeber durch eine besonders attraktive Gestaltung ihres Gesellschaftsrechts versuchen, ihren Anteil an Gesellschaftsgründungen zu steigern. Entsprechende Anreize hierzu könnten darin liegen, dass die Gründung mit der Zahlung von Gebühren oder Steuern verbunden ist. Ebenso ist jedoch auch ein indirekter Wettbewerb in der Hinsicht denkbar, dass die Qualität des Gesellschaftsrechts einer Rechtsordnung den Ausschlag für eine entsprechende Standortentscheidung gibt, woraus ein Zuzug von Produktionsfaktoren resultiert, der grundsätzlich im Interesse der Gesetzgeber liegt, da damit eine Wohlstandssteigerung innerhalb der eigenen Rechtsordnung verbunden ist.

---

[964] Siehe dazu insgesamt: *Kieninger,* a.a.O., S. 41 ff.

(2) *Der Delaware-Effekt als wichtigstes Beispiel*

Das Gesellschaftsrecht des kleinen Bundesstaates Delaware nimmt eine Spitzenstellung bei der Zahl der Inkorporierungen und Reinkorporierungen von Gesellschaften ein.[965] Zugleich hat das Recht Delawares die Gesellschaftsrechte der anderen Staaten maßgeblich beeinflusst. Zurückzuführen ist diese Entwicklung zunächst auf den Umstand, dass Delaware etwa 15 % seines Gesamtsteueraufkommens aus der sogenannten „franchise tax" bezieht, einer Steuer die von dem Staat erhoben wird, in welchem die Gesellschaft ihren Satzungssitz hat. Dies bietet dem Gesetzgeber Delawares starke Anreize dafür, sein Gesellschaftsrecht weiterhin attraktiv zu gestalten. Eine weitere wichtige Voraussetzung eines direkten institutionellen Wettbewerbs, nämlich die Möglichkeit der Rechtswahl, ist in den USA in Gestalt der Gründungstheorie ebenfalls gegeben. Aus diesen beiden Umständen resultierte ein institutioneller Wettbewerb, der zur Herausbildung des erfolgreichen Gesellschaftsrechts von Delaware führte.[966]

Die Debatte in der Literatur konzentriert sich auf die Frage, ob dieser Prozess tatsächlich die Herausbildung von optimalen Rechtsregeln ohne gleichzeitig einhergehende negative externe Effekte („race to the bottom") zur Folge hat. Als betroffene Dritte kommen im Gesellschaftsrecht die Anteilseigner, die Arbeitnehmer, die Gläubiger sowie die Verbraucher in Betracht. Zu beachten ist dabei, dass die amerikanische Literatur in der Diskussion um ein „race to the top/bottom" nur die Interessen der Anteilseigner berücksichtigt. Die Belange insbesondere der Gläubiger und Arbeitnehmer werden dagegen nicht mit einbezogen, da diese in der Konzeption des US-amerikanischen Gesellschafts-rechts – anders etwa als in den kontinental-europäischen Gesellschaftsrechten – nicht einfließen.[967]

---

[965] Die Literatur zu diesem Thema ist außerordentlich umfangreich. Viel Beachtung haben dabei die Untersuchungen von *Romano* gefunden (*Romano,* The Genius of American Corporate Law). Einen Überblick über die Diskussion bieten: *Bebchuk,* Federalism and the Corporation: The Desirable Limits on State Competition in Corporate Law (1992) 105 Harv.L.Rev., S. 1435; *Bratton,* Corporate Law's Race to Nowhere in Particular, (1994) U. of Toronto L.J., S. 401; *Charny,* Competition among Jurisdictions in Formulating Corporate Law Rules: An American Perspective on the "Race to the Bottom" in the European Communities (1991) 32 Harv.Int.L.J., S. 423; *Daniels,* Should Provinces Compete? The Case for a Competitive Corporate Law Market (1991) 36 McGill L.J. S. 130; *Merkt,* Das Europäische Gesellschaftsrecht und die Idee des "Wettbewerbs der Gesetzgeber", RabelsZ 59 (1995), S. 545;

[966] Siehe den Überblick über die geschichtliche Entwicklung des „Delaware-Effekts" bei *Merkt,* Das Europäische Gesellschaftsrecht und die Idee des "Wettbewerbs der Gesetzgeber", RabelsZ 59 (1995), S. 545, 549 ff.

[967] Siehe dazu unter anderem *Merkt,* Das Europäische Gesellschaftsrecht und die Idee des "Wettbewerbs der Gesetzgeber", RabelsZ 59 (1995), S. 545, 554 ff.

Allgemein anerkannt ist, dass auf den Wettbewerb der Gesellschaftsrechtsordnungen andere Wettbewerbsprozesse Einfluss nehmen, wie der Markt für Unternehmensübernahmen, der Kapitalmarkt und der Arbeitsmarkt für Manager, durch welche im Zusammenwirken, die Interessen der Anteilseigner in einem etwaigen „race to the top/bottom" einfließen.[968] Abhängig von der tatsächlichen Wirkung der in der Theorie angeführten Marktkräfte, führen diese Prozesse zur Herausbildung eines Gesellschaftsrechts, das von dem Spektrum eines Rechts, das den Interessen von Management und Anteilseignern gleichermaßen gerecht wird („race to the top"), bis zu einem Recht, das einseitig nur den Interessen des Managements dient („race to the bottom"), reicht.[969] In der heutigen Diskussion werden beide extreme Ansätze kaum mehr vertreten. So werden mit einem Wettbewerb der Gesellschaftsrechtsordnungen weiterhin die verschiedensten Vorteile verbunden, aber auch einige Nachteile für die Anteilseigner anerkannt.[970]

In ihren vielbeachteten Studien hat *Romano* den Versuch unternommen, durch empirische Untersuchungen die Fakten zu ermitteln, die für den „Delaware-Effekt" verantwortlich sind.[971] Sie führt die Beliebtheit des Gesellschaftsrechts dieses Staates vor allem auf einen Faktor zurück, nämlich dessen Berechenbarkeit.[972] Die besondere Beliebtheit Delawares als Reinkorporierungsstaat im Vorfeld von Börsengängen oder Unternehmensübernahmen – d.h. also von Vorgängen, die eine besonders hohe Wahrscheinlichkeit von Rechtsstreitigkeiten mit sich bringen – sei vor allem durch die Rechtssicherheit zu erklären, die das Gesellschaftsrecht Delawares bietet. Diese Rechtssicherheit ist auf eine sehr reichhaltige Rechtsprechung zu allen gesellschaftsrechtlichen Fragestellungen, ein auf Gesellschaftsrecht spezialisiertes Gericht und einen gut ausgebildeten Juristenstand zurückzuführen. Daneben bieten die große Abhängigkeit Delawares von den Einnahmen aus Inkorporierungsgebühren sowie das Erfordernis einer Zweidrittelmehrheit in beiden Häusern des Parlamentes für die Änderung des Gesellschaftsrechts[973] die Gewähr für eine konstante Gesellschaftsrechtsentwicklung, ohne sprunghafte Kurswechsel, die potentielle Gesellschaftsgründer abschrecken

---

[968] Begründet wurde dieser Ansatz von *Ralph Winter*, State Law, Shareholder Protection, and the Theory of the Corporation, (1977) 6 J.Legal Stud., S. 251.

[969] Letztere Position wurde vornehmlich vertreten von *Cary*, Federalism and Corporate Law: Reflections upon Delaware, (1974) 83 Yale L.J., S. 663.

[970] *Bratton*, Corporate Law's Race to Nowhere in Particular, (1994) U. of Toronto L.J., S. 401.

[971] Eine Zusammenfassung der von *Romano* unternommenen Studien bietet ihr Werk „The Genius of American Corporate Law".

[972] *Romano*, The Genius of American Corporate Law, S. 33 ff.

[973] Dieser Effekt wird dadurch verstärkt, dass sich in Delaware die Praxis herausgebildet hat, dass Änderungen des Gesellschaftsrechtsgesetzbuches durch die Gesellschaftsrechtsabteilung der Anwaltskammer erarbeitet werden und erst durch die Kammer angenommen werden müssen, bevor das Parlament darüber entscheidet. (*Bratton*, a.a.O., (1994) U. of Toronto L.J., S. 401, 417)

könnten.[974] Für *Romano* stehen damit die Rahmenbedingungen in Delaware im Vordergrund, während die inhaltliche Ausgestaltung des Gesellschaftsrechts weniger ausschlaggebend für dessen Attraktivität ist. Damit geht einher, dass der Wettbewerb der Gesellschaftsrechtsordnungen keine negativen externen Effekte hervorbringt, also kein „race to the bottom" auslöst.

Dieser Ansatz wird auch von *Bratton* vertreten, wobei dieser zusätzlich noch einen weiteren maßgeblichen Aspekt für die neuere Entwicklung des Gesellschaftsrechts im allgemeinen und dasjenige von Delaware insbesondere anführt, nämlich die Furcht vor einer Intervention des Bundes.[975] Diese Bedrohung führte bereits dazu, dass Delaware nicht mehr uneingeschränkt den Bedürfnissen des Managements folgen konnte, sondern sich auch den Interessen der Anteilseigner zuwenden musste.[976] Dadurch, dass Delaware zum einen der Gefahr einer Bundesintervention und zum anderen der Gefahr einer Abwanderung bzw. einer Abnahme seiner Attraktivität ausgesetzt ist, muss es einen Mittelweg gehen und kann nicht mehr – wie in der Vergangenheit – einen extremen Kurs verfolgen. Das macht einerseits die Entwicklung des Rechts Delawares noch berechenbarer und damit attraktiver; andererseits kann jedoch von einem „race to the top/ to the bottom" keine Rede mehr sein.

c) *Ergebnis*

Fasst man diese Überlegungen zusammen, bestehen auf der theoretischen Ebene gewisse Zweifel an der Eignung eines institutionellen Wettbewerbs der Rechtsordnungen, all die mit ihm in Verbindung gebrachten Wirkungen tatsächlich zu erzielen. Auch das in diesem Zusammenhang am häufigsten angeführte Beispiel des Delaware-Effekts stützt die Theorie nur bedingt. Zunächst belegt die dortige Situation die in der Theorie entwickelten Voraussetzungen eines institutionellen Wettbewerbes, d.h. die Rechtswahlfreiheit für die Nachfrageseite und die Anreizstruktur für die Gesetzgeber. Weiterhin demonstriert die Ent-wicklung auch die Innovationsfähigkeit des Prozesses sowie eine gewisse vereinheitlichende Funktion. Hinsichtlich des Ausbleibens von negativen externen Effekten ist jedoch anzuführen, dass der Bund bereits zuvor – insbesondere über das Kapitalmarktrecht – eingegriffen hat, um solche Effekte einzudämmen, und eine potentielle weitere Intervention ist nicht auszuschließen. Während manche darin eine maßgebliche Ursache für das Ausbleiben eines „race to the bottom" sehen,[977] ist dies anderen Ansichten zufolge darauf zurückzuführen, dass nicht etwa besonders

---

[974] *Romano*, The Genius of American Corporate Law, S. 38 ff.

[975] *Bratton*, a.a.O., (1994) U. of Toronto L.J., S. 401, 418 ff.

[976] *Bratton*, a.a.O., S. 420. *Bratton* führt dabei an, dass dieser Umstand auch bei Beratungen der Anwaltskammer von Delaware ausdrücklich vorgebracht worden sind. (S. 421).

[977] Siehe unter anderem *Bratton*, Corporate Law's Race to Nowhere in Particular, (1994) U. of Toronto L.J., S. 401.

managementfreundliche inhaltliche Ausgestaltungen, sondern die Berechenbarkeit des Rechts Delawares für dessen Attraktivität ausschlaggebend ist.[978] Diese Berechenbarkeit, letztendlich bedingt durch die hohe Zahl der dort inkorporierten Gesellschaften, ist jedoch historisch tatsächlich auf ein „race to laxity" zurückzuführen, auch wenn ein solches unter den jetzigen Rahmen-bedingungen nicht mehr möglich wäre.[979] Die Entwicklung des Gesellschafts-rechts in Delaware ist daher als Sonderphänomen zu begreifen. Die weiterhin vorhandene Wettbewerbssituation hat nun zur Folge, dass Delaware unter dem Eindruck von möglichen Abwanderungsentscheidungen weiterhin bemüht ist, ein für die Gesellschaften attraktives, d.h. berechenbares Gesellschaftsrecht zu bieten. Etwaige Rückschlüsse auf andere Mehrrechtsordnungen müssen jedoch den besonderen Rahmenbedingungen des Gesellschaftsrechts Rechnung tragen. Dies gilt insbesondere auch deshalb, weil die Diskussion in den USA andere Interessen als diejenigen der Anteilseigner ausklammert.

### 3. Mindestharmonisierung

Das Konzept der Mindestharmonisierung könnte als Kompromiss zwischen dem Wettbewerbsmodell und der Vollharmonisierung charakterisiert werden. Tatsächlich wurde dieses Konzept in der EU auch in den 80er Jahren übernommen als eine Lösung, die – anders als die bei einer Vollharmonisierung erforderliche Festlegung auf einen vereinheitlichten Standard – die Erzielung von Kompromissen durch eine Festlegung auf einen Mindeststandard erleichterte.[980] So soll die Mindestharmonisierung dazu dienen, diejenigen nationalen Rechtsregeln zu harmonisieren, die legitime Einschränkungen der Grundfreiheiten zur Folge haben. Hierdurch soll ein gemeinschaftsweit einheitlicher Mindeststandard erzeugt werden, der Wettbewerbsverzerrungen vermeidet. In diesem Sinne erreicht die Mindestharmonisierung einen zwingenden Grundbestand an vereinheitlichten Rechtsregeln. Darüber hinaus verbleibt es jedoch bei einer Regelungszuständigkeit der Gliedstaaten, was grundsätzlich einen Wettbewerb der Rechtsordnungen ermöglicht,[981] jedoch in dem von den Grundfreiheiten vorgegebenen Rahmen. Das Konzept der Mindestharmonisierung vermag es daher, die Vorteile des Wettbewerbsmodells zu verfolgen und zugleich, die dort befürchteten negativen Effekte

---

[978] Siehe unter anderem *Romano,* The Genius of American Corporate Law.

[979] So auch *Merkt,* Das Europäische Gesellschaftsrecht und die Idee des "Wettbewerbs der Gesetzgeber", RabelsZ 59 (1995), S. 545, 566.

[980] Die Formulierung dieser „neuen Strategie" erfolgte im Rahmen des Weißbuchs der Kommission zur Vollendung des Binnenmarktes, KOM (85) 310, S. 17 ff.; siehe dazu weiter unten in diesem Kapitel unter Punkt II. 2.

[981] *Streit/Mussler,* Wettbewerb der Systeme und das Binnenmarktprogramm der Europäischen Union, in: Gerken (Hrsg.), Europa zwischen Ordnungswettbewerb und Harmonisierung (1995), S. 75, 89.

zu vermeiden.[982] So wird das Konzept der Mindestharmonisierung teilweise auch als ein flexibles Instrument angesehen, das die Kompromissfindung erleichtert und auch schwierige Abgrenzungsfragen vermeidet, wie sie etwa nach dem Konzept der Vollharmonisierung entstehen.[983]

Andererseits erzielt eine Mindestharmonisierung zwar eine negative Integration.[984] Eine zur Erreichung des Binnenmarktes für erforderlich angesehene positive Integration wird jedoch nur punktuell erreicht. So führen die den nationalen Gesetzgebern zustehenden Spielräume zwischen dem vorgegebenen (Mindest-) Grundbestand und dem (maximalen) Rahmen der Grundfreiheiten, zu Rechtsunterschieden, die auf Kostenunterschieden beruhende Wettbewerbsverzerrungen erzeugen können.[985] Daneben sind die Kohärenz-probleme anzuführen, die entstehen, wenn von der übergeordneten Ebene vorgegebene Mindeststandards in den mitgliedsstaatlichen Rechtsordnungen implementiert werden müssen. Entsprechend den Nachteilen einer Vollharmonisierung kann es auch hier zu einer „Versteinerung“ des gemeinschaftsweit geltenden Mindeststandards kommen.[986] Dennoch bietet die Mindest-harmonisierung auch in einem solchen Fall den Vorteil, dass es den nationalen Rechtsordnungen möglich bleibt, erforderlich gewordene Anpassungen vorzunehmen.[987]

Damit stellt auch die Mindestharmonisierung kein optimales Integrationskonzept dar. Dennoch ist die Mindestharmonisierung ein Ansatz, der den bestmöglichen Kompromiss zwischen den entgegengesetzten Theorien der Vollharmonisierung und dem Wettbewerb der Rechtsordnungen erreicht. Die Theorie trägt ferner auch den politischen und rechtlichen Rahmenbedingungen Rechnung und vermag dementsprechend auch befriedigende Ergebnisse zu erzielen.[988]

---

[982] Vgl. *Grundmann*, Europäisches Schuldvertragsrecht, S. 19 f.

[983] Vgl. *Remien*, Mindestharmonisierung im Verbraucherschutzrecht, Stellungnahme, in Everling/ Roth, S. 181, 185.

[984] *Behrens*, Mindestharmonisierung im Binnenmarkt – Stellungnahme, in: Everling/Roth, S. 33, 34 spricht von einer „negativen Harmonisierung“.

[985] So im Ergebnis auch *Kieninger*, Wettbewerb der Rechtsordnungen und Binnenmarktziel, S. 365 ff.

[986] *Streinz*, Mindestharmonisierung im Binnenmarkt, in: Everling/ Roth, S. 9, 31.

[987] Ein anschauliches Beispiel hierfür bietet die Entwicklung zur Verbraucherkreditrichtlinie. Vgl. hierzu die Darstellung im 4. Kapitel unter Punkt B. IV. 2. a) (2).

[988] Anderer Ansicht ist *Kieninger*, Wettbewerb der Rechtsordnungen und Binnenmarktziel, S. 368 ff., die das Konzept der Mindestharmonisierung nicht als befriedigende Lösung ansieht.

## 4. System der parallelen Regelungsebenen

Das System der parallelen Regelungsebenen[989] stellt auf der übergeordneten Ebene alternative rechtliche Lösungen parallel zu denen der Gliedstaaten auf. Als Beispiel kann das kanadische Gesellschaftsrecht herangezogen werden, wo vom Bund angebotene Gesellschaftsformen mit denen der Provinzen konkurrieren. Ebenso würde auch ein alternatives Europäisches Vertragsgesetzbuch in einem System der europäischen Vertragsrechte ein System von parallelen Regelungsebenen darstellen. Ein solches System ersetzt nicht eine Mindestharmonisierung oder einen Wettbewerb der Rechtsordnungen, sondern ergänzt vielmehr beide Modelle. Lediglich die Verfolgung einer Vollharmonisierung ist mit diesem Modell nicht zu vereinbaren, da es gerade den Bestand unterschiedlicher Lösungen auf Gliedstaatenebene voraussetzt.

Das Angebot einer selbständigen rechtlichen Lösung auf der übergeordneten Ebene unter Beibehaltung der gliedstaatlichen Rechtsetzungskompetenz kann die Vorteile einer dezentralen Regelsetzung – zumindest in Gestalt eines Ideenwettbewerbs – mit den Vorteilen einer Vollharmonisierung verbinden. Diese bestehen aus einer weitgehenden positiven Integration im Sinne des Abbaus von Hindernissen oder Hemmnissen bei grenzüberschreitenden Transaktionen. Damit scheint das System der parallelen Regelungsebenen geeignet, das Binnenmarktziel zu erreichen und dabei dennoch die sonst mit einer Vollharmonisierung verbundenen Nachteile zu vermeiden. Dem hält *Kieninger* entgegen, dass etwa ein mögliches europäisches Vertragsrecht auf Grundlage dieses Modells nicht die Unterschiede zwischen der Wahl eines rein nationalen und eines Binnenmarkt-geschäfts einebne, weshalb der vollkommene Binnenmarkt dennoch nicht erreicht werde.[990] Hierzu ist zu sagen, dass dies zunächst von der Ausgestaltung der Zugangsmöglichkeiten zu einem solchen Regelwerk abhängt: Würde ein opting-in auch bei rein nationalen Transaktionen zugelassen, so wäre ein möglicher Unterschied zwischen den nationalen und supranationalen Regelungen nicht mehr entscheidend. Darüber hinaus ist in diesem Zusammenhang auf die Definition des Binnenmarktes und insbesondere die entsprechenden Ausführungen in den vorangegangenen Abschnitten A. und B. dieses Kapitels zu verweisen. Letztlich stellt sich die Frage, ob ein Binnenmarkt voraussetzt, dass zwischen einem inländischen und einem Binnenmarktgeschäft keine rechtlichen Unterschiede bestehen, oder ob

---

[989] Dieses Integrationskonzept wird in der Literatur auch als „16. Modell" oder „Modell 15+1" bezeichnet (Vgl. etwa *Kieninger,* a.a.O., S. 368), in Anlehnung an die zusätzlich zu den Rechtsordnungen der 15 Mitgliedstaaten der EU tretende Rechtsordnung auf EG-Ebene. Da diese Begriffe jedoch auf die EU abstellen, diese Untersuchung jedoch Aussagen zur Integration in Mehrrechtsordnungen im allgemeinen beinhaltet, wurde die hier verwendete Bezeichnung gewählt, ganz davon abgesehen, dass die Zahl der Mitgliedstaaten der EU keine konstante Größe ist.

[990] *Kieninger,* a.a.O., S. 372.

es nicht vielmehr darauf ankommen muss – im Einklang mit der Rechtsprechung des EuGH in der Tabak-Entscheidung –[991] dass diese Unterschiede keine Hindernisse, oder zumindest Hemmnisse für das Funktionieren des Binnen-marktes darstellen dürfen. Ein solches Hindernis wird man jedoch kaum annehmen können, wenn eine gemeinschaftsrechtliche Regelung zur Verfügung gestellt wurde.

Mit *Kieninger* ist dagegen einzuräumen, dass das System der parallelen Regelungsebenen nur dann seinen Zweck erfüllen kann, wenn die auf übergeordneter Ebene für einen bestimmten Rechtsbereich angebotenen Regelungen derart ausgestaltet sind, dass sie eine mehr oder weniger abgeschlossene Lösung enthalten, so dass diese Regelungen selbständig gegenüber denen der Gliedstaaten sind.[992] Andernfalls würden zu häufige Verweise auf die nationalen Rechtsordnungen die gewünschte Konkurrenzsituation vereiteln. Zudem würden im Vergleich zu einer Mindestharmonisierung kaum Vorteile im Hinblick auf ein besseres Funktionieren des Binnenmarktes erzielt werden. Der Wert dieses Modells ist damit abhängig von der Ausgestaltung der Regelungen auf der übergeordneten Ebene. Stellt diese jedoch abgeschlossene und damit konkurrenzfähige Lösungen zur Verfügung, so ist dieses Modell sehr gut geeignet, das Binnenmarktziel zu erreichen, ohne die Nachteile einer Vollharmonisierung zu erzeugen.

## II. Einordnung der Harmonisierungsprozesse anhand der Integrationsmodelle

### 1. Europäische Union

#### a) *Allgemeine Entwicklung*

Das Konzept der Vollharmonisierung entsprach dem seit den 60-er Jahren verfolgten anfänglichen Ansatz zur Verwirklichung des Gemeinsamen Marktes in der EWG.[993] Dieses Konzept erwies sich jedoch als wenig erfolgreich und wurde schließlich aufgegeben.[994] Im Weißbuch der Kommission an den Europäischen Rat über die „Vollendung des Binnenmarktes" von 1985[995] wurde eine „neue

---

[991] Siehe die Entscheidung des EuGH zur Tabak-Richtlinie, EuGH JZ 2001, S. 32 bei Rn. 84 ff.:
*„...Die bloße Feststellung von Unterschieden zwischen den nationalen Rechtsvorschriften und die abstrakte Gefahr von Beeinträchtigungen der Grundfreiheiten ist nicht ausreichend um ein Bedürfnis für eine Maßnahme zur Verwirklichung des Binnenmarktes zu begründen. Vielmehr müssen wirkliche oder zumindest wahrscheinliche Hindernisse für das reibungslose Funktionieren des Binnenmarktes vorliegen, auf deren Beseitigung die betreffende Regelung abzielt..."*

[992] So auch *Kieninger*, a.a.O., S. 372.

[993] *Streinz*, Mindestharmonisierung im Binnenmarkt, in: Everling/ Roth, S. 9, 10.

[994] *Streinz*, a.a.O.

[995] KOM (85) 310, S. 17 f.

Strategie" entwickelt, die mehr Wettbewerb zwischen den Rechtsordnungen zum Ziel hatte. Dies sollte zunächst durch die Realisierung des Herkunftslandprinzips erreicht werden, d.h. im Sinne der Cassis-Entscheidung des EuGH[996] durch die gegenseitige Anerkennung nationaler Regelungen. Dementsprechend sollte sich die Harmonisierung auf zwingende Erfordernisse für die Gesundheit und Sicherheit sowie die Verbraucherinformation und die Produktkennzeichnungs-pflichten beschränken, die in allen Mitgliedstaaten vorgeschrieben sein müssen.[997] Im Ergebnis entspricht dies dem Konzept einer Mindestharmonisierung, die Raum für einen Regulierungswettbewerb lässt.[998] Gleichzeitig wurde hierdurch auch die Erzielung von konsensfähigen Ergebnissen im Rat erleichtert, da nur noch die Festlegung auf einen Mindeststandard erforderlich war.

Die Verfolgung eines Konzeptes der Mindestharmonisierung[999] in der europäischen Rechtsentwicklung wird in der Literatur teilweise begrüßt, weil es dem Prinzip der Subsidiarität[1000] sowie auch dem Grundsatz der Verhältnismäßig-keit Rechnung trägt.[1001] So findet sich dieses Konzept auch in einigen Ermächtigungsgrundlagen des EG-Vertrages explizit wieder, siehe etwa die Art. 176, 137 Abs. 2 und 5, 153 Abs. 5 EGV. Entsprechend einer Empfehlung des Europäischen Rates von Edinburgh soll dieses Konzept aber auch in Bereichen verfolgt werden, in welchen dies nicht ausdrücklich vorgesehen ist, sofern dies mit dem Ziel der vorgeschlagenen Maßnahme oder des Vertrages vereinbar ist.[1002] Dies gilt insbesondere auch für Maßnahmen, die sich auf die allgemeine Angleichungsermächtigung des Art. 95 EGV stützen.

---

996 EuGH-Entscheidung vom 20. Februar 1979 (*Cassis*), Rs. C 120/78, Slg. 1979, S. 649. Das in diesem Urteil formulierte Herkunftslandprinzip gilt nicht nur für den dort entscheidungserheblichen Bereich der Warenverkehrsfreiheit, sondern im Zuge der Urteile EuGH Rs. C 41/ 74 (*van Duyn/ Home Office*) Slg. 1974, S. 1337, 1347, EuGH Rs. C 2/ 47 (*Reyners/ Belgien*) Slg. 1974, S. 631, 649, EuGH Rs. C 33/ 74 (*vanBinsbergen/ Bedrijvereniging Metalnijverheid*) Slg. 1974, S. 1299, 1310 sowie EuGH verb. Rs. C 163/94, C 165/94, C 250/94 (*Sanz de Lera*) Slg. 1995, S. 4821, 4841, auch für die Bereiche der Freizügigkeit, Niederlassungsfreiheit, Dienstleistungsfreiheit und der Kapitalverkehrsfreiheit.

997 *Streit/Mussler*, Wettbewerb der Systeme und das Binnenmarktprogramm der Europäischen Union, in Gerken (Hrsg.), S. 75, 89; *Streinz*, a.a.O., S. 9, 12.

998 So im Ergebnis auch *Streit/Mussler*, a.a.O., S. 9, 12

999 Zu einer umfangreichen Diskussion über die Mindestharmonisierung in der EU in einigen Bereichen der europäischen Rechtsetzung, siehe *Everling/ Roth* (Hrsg.), Mindestharmonisierung im Europäischen Binnenmarkt, Referate des 7. Bonner Symposiums vom 27. April 1996 (1997).

1000 *Seidel*, Mindestharmonisierung im Binnenmarkt – Stellungnahme, in: Everling/ Roth, S. 39, 41 f.; *Streinz*, a.a.O., S. 9, 27 f.

1001 *Streinz*, a.a.O., S. 9, 28.

1002 Bulletin der EG 12-1992, S. 7 ff. (15), Nr. I 19, Abs. 3 und 4; siehe dazu *Streinz*, a.a.O., S. 9, 28.

b) *Verbrauchervertragsrecht*

Wie die Darstellung der europäischen Gesetzgebung zum Verbrauchervertragsrecht zeigt, wurde in diesem Gebiet maßgeblich das Ziel einer Mindestharmonisierung verfolgt.[1003] Es ist anzunehmen, dass hierdurch die Verabschiedung einer weit höheren Zahl von Richtlinien ermöglicht wurde, als wenn die EG bei der anfänglich angewendeten Vollharmonisierung verblieben wäre. Die so entstandenen Richtlinien haben in vielen Mitgliedstaaten überhaupt erst den Anstoß zum Einsetzen einer modernen Verbrauchervertragsgesetzgebung gegeben. Auch wenn darin „nur" Mindeststandards aufgestellt wurden, sind die Richtlinien in einigen Mitgliedstaaten nicht lediglich wortwörtlich übernommen worden. Vielmehr hat es auch in einigen Bereichen Weiterentwicklungen gegeben. Dies veranschaulicht, dass das System der Mindestharmonisierung in hohem Maße dem Subsidiaritätsprinzip Rechnung trägt.[1004]

Die Nachteile einer Mindestharmonisierung lassen sich zusammenfassen in Probleme der Implementierung, die Kohärenzverluste der nationalen Kodifikationen zur Folge haben, sowie der Fortgeltung unterschiedlicher nationaler Regelungen, die dem Funktionieren des Binnenmarktes abträglich sein können. Dieser Kritik ist jedoch nur im Grundsatz zuzustimmen, da sie hinsichtlich einiger Punkte zu relativieren ist. Wie der Aktionsplan der Kommission für das Vertragsrecht aufzeigt,[1005] besteht ein Optimierungspotential in Bezug auf die Kohärenz von bereits bestehenden Richtlinien. So sind die beklagten Probleme der Umsetzung nur teilweise auf das Konzept der Mindestharmonisierung an sich zurückzuführen. In einem nicht unerheblichen Maße werden diese schlichtweg durch die Qualität der Richtlinien selbst hervorgerufen. Darüber hinaus trägt auch der vom EuGH entwickelte Grundsatz der gemeinschaftsrechtkonformen Auslegung von Richtlinien dazu bei, die Umsetzung der Richtlinien in die nationalen Rechtsordnungen zu erschweren. An anderer Stelle wurde bereits ausgeführt, dass dieser Grundsatz im Falle von Mindestrichtlinien nicht zwingend erforderlich ist, da hierdurch ohnehin keine gemeinschaftsweite einheitliche Rechtslage bezweckt wird.

Hinsichtlich der Hindernisse für das Funktionieren des Binnenmarktes, die – bedingt durch die Mindestharmonisierung – durch unterschiedliche nationale Regelungen hervorgerufen werden, wurde bereits an anderer Stelle in Zweifel gezogen, ob diese tatsächlich in einem solchen Ausmaß entstehen, dass ein Ein-

---

1003 Siehe dazu bereits im 4. Kapitel unter Punkt B. II. 4. b).

1004 So u.a. *Lurger*, Regulierung und Deregulierung im europäischen Privatrecht, S. 117; *Seidel*, Mindestharmonisierung im Binnenmarkt – Stellungnahme, in: Everling/ Roth, S. 39, 41 f.; *Streinz*, Mindestharmonisierung im Binnenmarkt, in: Everling/ Roth, S. 9, 27 f.

1005 Mitteilung der Kommission an das Europäische Parlament und den Rat – Ein kohärenteres Europäisches Vertragsrecht – Ein Aktionsplan, [2003] ABl. C 63, vom 15. 03. 2003, S. 1. Siehe dazu bereits im 4. Kapitel unter Punkt B. IV. 2. b) (3).

schreiten in Gestalt einer Vollharmonisierung erforderlich und verhältnismäßig wäre.[1006] Dabei sind auch die weiter oben angeführten Nachteile einer Vollharmonisierung zu berücksichtigen.

Ein institutioneller Wettbewerb ist für das Verbrauchervertragsrecht dagegen keine Alternative. Ein solcher findet nicht statt, und es erscheint auch nicht denkbar, dass ein solcher in Zukunft einsetzen könnte. Dies liegt daran, dass die Voraussetzungen für einen solchen Wettbewerb nicht vorliegen.[1007] So scheitert ein direkter Wettbewerb bereits an der erheblich eingeschränkten Rechtswahlfreiheit.[1008] Damit ist ein institutioneller Wettbewerb lediglich in seiner indirekten Variante denkbar, d.h. mittels der Wahl der Absatzmärkte durch die Unternehmer. Dies würde jedoch voraussetzen, dass die jeweiligen Verbraucherschutzniveaus der Mitgliedstaaten bei der Wahl der Absatzmärkte einen wesentlichen Faktor darstellen. Zwar verursachen hohe Verbraucherschutzniveaus auch höhere Kosten; dennoch dürften mögliche Kostenunterschiede aufgrund unterschiedlicher Schutzniveaus so geringfügig sein, dass sie die Entscheidungen für oder gegen einen Absatzmarkt kaum beeinflussen dürften, so dass die Verbrauchervertragsgesetzgebung keine diesbezüglichen unternehmerischen Entscheidungen hervorruft.[1009] Zudem liegen auch nicht die erforderlichen Anreize für die Gesetz-geber vor, um auf eine etwaige Nachfrage zu reagieren. Sowohl mit einer Wahl der eigenen Rechtsordnung – Rechtswahlfreiheit vorausgesetzt – als auch mit der Auswahl dieses Staates als Absatzmarkt sind keine Vorteile für diesen Staat verbunden.[1010] Selbst also eine Herstellung der Rechtswahlfreiheit etwa durch eine Abschaffung des Art. 5 EVÜ hätte keinen institutionellen Wettbewerb zur Folge.[1011]

Liegt demnach kein institutioneller Wettbewerb vor, so stellt sich die Frage, ob nicht zumindest ein Ideenwettbewerb stattfindet. Ein solcher Wettbewerb ist unter den Mitgliedstaaten jedoch schwer auszumachen, da die Entwicklung des Verbrauchervertragsrechts aller Mitgliedstaaten durch die besonders in diesem Bereich umfangreiche Gesetzgebungsaktivität der EG maßgeblich überlagert und damit geprägt wurde. Dennoch lässt sich insofern ein Ideenwettbewerb feststellen,

---

1006 Siehe dazu die Ausführungen zu einem auf Art. 95 EGV gestützten europäischen Vertragsgesetzbuch im 4. Kapitel unter Punkt B. IV. 3. a).

1007 Vgl. *Lurger*, Regulierung und Deregulierung im europäischen Privatrecht, S. 85 ff.

1008 Vgl. *Kieninger*, Wettbewerb der Rechtsordnungen und Binnenmarktziel, S. 324; Zum Kollisionsrecht bei Verbraucherverträgen, siehe die Darstellung im 4. Kapitel unter Punkt B. III.

1009 Vgl. *Kieninger*, a.a.O.„ S. 325 f.

1010 So ebenfalls *Lurger*, a.a.O., S. 91.

1011 Vgl. *Kieninger*, a.a.O., S. 329.

als sich der europäische Gesetzgeber in seinen Richtlinien häufig an den rechtlichen Lösungen bestimmter Mitgliedstaaten orientiert.[1012]

War die Entwicklung des Verbrauchervertragsrechts in Europa lange Zeit durch Mindestharmonisierung und Ideenwettbewerb geprägt, so sind in Gestalt des Vorschlags der reformierten Verbraucherkreditrichtlinie jedoch deutliche Tendenzen zu einer Vollrechtsharmonisierung erkennbar.[1013] Dies ist schon deswegen sehr bedenklich, weil die Notwendigkeit eines solchen Schrittes nicht überzeugend dargelegt wurde. Zwar wird von der Kommission ein Bedarf an Harmonisierung aufgrund von bestehenden Rechtsunterschieden ermittelt, doch beruhen die Divergenzen der nationalen Rechte – wie auch die Kommission feststellt – auf dem seit Erlass der Richtlinie veränderten Marktgegebenheiten und dem eingeschränkten Regelungsbereich der ursprünglichen Richtlinie. Wie bereits an anderer Stelle ausgeführt, rechtfertigt dies eine Überarbeitung der Richtlinie, sowie eine Erweiterung von deren Geltungsbereich, nicht jedoch die gemeinschaftsweite Fixierung ihrer Regelungen. Die Begründung des Vorschlags stellt geradezu einen Beleg für die mit einer Vollharmonisierung einhergehenden Nachteile dar: Es stellt sich die Frage, warum der europäische Gesetzgeber nicht schon viel früher auf die geänderten Marktgegebenheiten reagiert hat. So sind die erforderlichen Anpassungen des Schutzbereichs gerade erst durch die den nationalen Gesetzgebern gewährten Handlungsspielräume möglich gewesen. Eine Vollharmonisierung, die diese Handlungsspielräume entzieht, hätte damit zur Folge, dass den Verbrauchern bei erneuten Änderungen der Marktsituation auf längere Zeit der erforderliche Schutz vorenthalten bliebe. Berücksichtigt man die weiteren Nachteile einer Vollharmonisierung, so kann eine solche Entwicklung nicht im Sinne des europäischen Verbrauchervertragsrechts sein.[1014]

c) *Gesellschaftsrecht*

Die Harmonisierungsmaßnahmen der EG im Gesellschaftsrecht erfolgten ebenso wie im Verbrauchervertragsrecht zunächst nur punktuell, wobei die Richtlinien den nationalen Gesetzgebern einige Umsetzungsalternativen zur Wahl stellten. Insgesamt sollte hierdurch ein unionsweiter Mindestschutzstandard für die Interessen Dritter erreicht werden. Dieses Vorgehen war anfänglich vor allem durch das Bestreben, ein „race to the bottom" zu verhindern, motiviert,[1015] während die

---

1012 Hierzu kann beispielhaft erneut auf den Modellcharakter des Widerrufsrechts im deutschen Verbraucherkreditrecht für die Reform der Verbraucherkreditrichtlinie hingewiesen werden.

1013 Siehe zu dem Vorschlag die Ausführungen im 4. Kapitel unter Punkt B. IV. 2. a) (2).

1014 Zu denkbaren zukünftigen Alternativen, siehe unten, in diesem Kapitel unter Punkt III.

1015 Siehe unter anderem *Schön*, Mindestharmonisierung im Gesellschaftsrecht, in: Everling/Roth (Hrsg.), S. 58; *Lutter*, Konzepte, Erfolge und Zukunftsaufgaben der Gesellschaftsrechtsharmonisierung, in Grundmann (Hrsg.), S. 121, 135.

Maßnahmen jüngeren Datums zunehmend der europaweiten Einführung von einheitlichen unternehmerischen Handlungsformen[1016] oder der Förderung der Niederlassungsfreiheit der Unternehmen dienten.[1017]

Ein institutioneller Wettbewerb findet im europäischen Gesellschaftsrecht dagegen nicht statt[1018] und wird sich auch in Zukunft wohl nicht entwickeln, da die entsprechenden Voraussetzungen nicht vorliegen. Selbst wenn man die durch die neuere EuGH Rechtsprechung entstandenen Gestaltungsmöglichkeiten berücksichtigt, scheitert ein direkter Wettbewerb aufgrund von Rechtswahl, jedenfalls an den fehlenden Anreizen für die Gesetzgeber, ihre Anteile an Inkorporierungen durch eine besonders attraktive Gesellschaftsrechts-gesetzgebung zu steigern.[1019] Einem indirekten institutionellen Wettbewerb steht entgegen, dass die Qualität oder die Vorteile einer bestimmten Gesellschafts-rechtsordnung im Vergleich zu den anderen Standortfaktoren, die durch die Zu- oder Abwanderung zu berücksichtigen sind, wohl vernachlässigbar geringe Auswirkungen haben. Diese Gesichtspunkte üben daher, wenn überhaupt, nur einen geringen Einfluss auf Standortentscheidungen aus, was wiederum einem indirekten Wettbewerb der Gesellschaftsrechtsordnungen entgegensteht.[1020]

Wie die Entwicklung des europäischen Gesellschaftsrechts zeigt, findet jedoch ein beachtlicher „freiwilliger“ Angleichungsprozess statt, der auf einen Ideenwettbewerb zurückzuführen ist. Dabei gehen die Wirkungen dieses Ideenwettbewerbs über das Maß hinaus, das diesem im theoretischen Teil zugeschrieben worden ist. Es bestehen nämlich durchaus Anreize für die Gesetzgeber, innovativ zu wirken, bzw. erfolgreiche rechtliche Lösungen anderer Rechtsordnungen zu übernehmen. Diese Anreize sind zwar nicht dergestalt, als dass sie einen institutionellen Wettbewerb tragen würden. Insbesondere geht es nicht um die Zu- oder Abwanderung von Produktionsfaktoren durch Standortentscheidungen (indirekter Wettbewerb) oder die Steigerung von Gebührenerlösen. Dennoch lastet auf den nationalen Gesetzgebern der Druck, möglichst effiziente Lösungen für ihre eigenen Rechtssubjekte anzubieten.[1021] Zum einen gilt es hierdurch, gerade in konjunkturell schwierigen Zeiten die Attraktivität unternehmerischer Betätigung durch Deregulierung zu steigern. Zum anderen sollen den eigenen Unternehmen, die im internationalen Wettbewerb zu bestehen haben, entsprechend effektive rechtliche Pro-

---

1016 Wie etwa die Einführung der Ein-Personen-GmbH-Richtlinie.

1017 Wozu unter anderem die Zweigniederlassungsrichtlinie zählt.

1018 *Merkt,* Das Europäische Gesellschaftsrecht und die Idee des "Wettbewerbs der Gesetzgeber", RabelsZ 59 (1995) S. 545, 567.

1019 So auch *Schön*, Playing different games? Regulatory competition in Tax and Company Law compared, C.M.L.R. 2005, S. 331, 343.

1020 *Kieninger,* Wettbewerb der Rechtsordnungen und Binnenmarktziel, S. 377.

1021 *Schön*, Playing different games? Regulatory competition in Tax and Company Law compared, C.M.L.R. 2005, S. 331, 344.

dukte angeboten werden. Nicht anders zu erklären sind die „Liberalisierungen" im deutschen Aktiengesellschaftsrecht – sowohl durch die Gesetzgebung als auch die Rechtsprechung – wie etwa im Fall Siemens/Nold. So hatte die nationale Rechtsfortentwicklung ein Interesse daran, die Anforderungen an einen Bezugsrechtsausschluss im Rahmen des genehmigten Kapitals für deutsche Unternehmen – entsprechend den Lösungen in anderen Rechtsordnungen – zu erleichtern, um diesen Unternehmen eine zumindest nicht nachteilige Ausgangsposition im internationalen Wettbewerb zu gewährleisten.[1022] Ebenso sind in diesem Zusammenhang die Entwicklungen in Spanien und Frankreich zu verstehen, welche deregulierte, sogenannte „Blitz-GmbH" eingeführt haben.[1023] Daneben wären in diesem Zusammenhang noch einige weitere Entwicklungen anzuführen, auf die bereits im Kapitel zum europäischen Gesellschaftsrecht eingegangen wurde.[1024]

Diese Entwicklung zeigt daher, dass für den Gesetzgeber wie auch für die Rechtsprechung Innovationsanreize bestehen, die zwar nicht denjenigen entsprechen, die für einen institutionellen Wettbewerb notwenig wären. Dennoch sind sie dergestalt, dass sie einen Ideenwettbewerb forciert haben. Dabei ist zu erwarten, dass dieser Wettbewerb aufgrund der Entscheidungen des EuGH zum Internationalen Gesellschaftsrecht in Zukunft an Dynamik zunehmen wird, so dass sich die Gesetzgeber der Mitgliedstaaten verstärkt dazu veranlasst sehen werden, die Attraktivität der von ihnen angebotenen Gesellschaftsformen zu steigern.[1025]

---

1022 Dieser Gesichtspunkt klingt auch in den Entscheidungsgründen zu *Siemens/Nold* an, siehe BGH Urteil vom 23. Juni 1997, ZIP 1997, S. 1499, auf Seite 1500:

> *„Die Anforderungen die der Senat im Rahmen des genehmigten Kapitals an den Bezugsrechtsausschluss bei der Ausgabe von Aktien gegen Sacheinlagen stellt, sind, wie sich in der Praxis der Unternehmen und der Rechtsprechung der Tatsachengerichte gezeigt hat, zu streng und nicht praktikabel. Sie nehmen dem Institut des genehmigten Kapitals die Flexibilität, die den Gesellschaften zur Verfügung stehen muss, um auf dem nationalen oder internationalen Markt rasch und erfolgreich auf vorteilhafte Angebote oder sich ansonsten bietende Gelegenheiten reagieren und Möglichkeiten zur Unternehmenserweiterung – insbesondere wie im vorliegenden Fall durch den Erwerb von Unternehmen oder Unternehmensbeteiligungen gegen Ausgabe von Aktien – im Interesse der Gesellschaft und ihrer Aktionäre ausnutzen zu können."*

1023 So besteht das Novum in der spanischen Regelung darin, dass die Gründer einer GmbH bei Verwendung von standardisierten Gesellschaftsverträgen, einen Anspruch haben, dass die Gesellschaft binnen 48 Stunden nach Errichtung der notariellen Urkunde in das Handelsregister eingetragen wird (vgl. *Vietz*, Die neue „Blitz-GmbH" in Spanien, GmbHR 2003, S. 26). Ähnliche Neuerungen sind auch in Frankreich vorgesehen (vgl. *Becker*, Baldiges neues Gründungsverfahren in Frankreich: Die französische „Blitz-S.A.R.L", GmbHR 2003, S. 706).

1024 Siehe den Abschnitt „Freiwillige Rechtsangleichung" im 3. Kapitel unter Punkt B. II. 5.

1025 Siehe z.B. die Aussage von Ministerialrat im Bundesjustizministerium *Hans-Werner Neye* im Zusammenhang mit der EuGH-Entscheidung Inspire Art, dass in der Bundesregierung darüber diskutiert werde, ob und wie die deutschen Rechtsformen für den Wettbewerb zu

Neben diesen Entwicklungen, welche die nationalen Gesellschaftsrechte betreffen, belegt die steigende Bedeutung von Gesellschaftsformen des europäischen Rechts eine beginnende Ausprägung des Systems der parallelen Regelungsebenen. Ob es im Bereich des Gesellschaftsrechts tatsächlich zu einer selbständigen Regelungsebene kommen wird, muss sich jedoch erst noch erweisen. So müssen die auf europäischer Ebene angebotenen Rechtsformen gegenüber den nationalen Regelungen relativ selbstständig sein, damit die Vorzüge dieses Modells zum Tragen kommen. Angesichts der bisher, vor allem in Gestalt der SE-Verordnung erzielten Erfolge, sind in dieser Hinsicht jedoch erhebliche Zweifel angebracht, ob das Recht der SE trotz der vielfachen und weitgehenden Verweise auf nationales Recht eine eigene – europäische – Dynamik wird entfalten können.

## 2. Kanada

### a) *Allgemein*

Die Rahmenbedingungen, die das politische System aufstellt, geben bereits gewisse Leitlinien vor, nach welchen Modellen sich die Entwicklung des Privatrechts in Kanada richtet und richten wird. Aufgrund der Kompetenzen des Bundes kann in einigen speziellen Bereichen des Privatrechts eine Vereinheit-lichung erzielt werden. Im Übrigen sieht die Verfassung nur in Ausnahmefällen Möglichkeiten für eventuelle Harmonisierungsmaßnahmen vor, weshalb grundsätzlich eine Diversität des Rechts fortbesteht, die eine Vereinheitlichung oder Angleichung im Ermessen der jeweiligen Gesetzgeber der Provinzen ermöglicht. Das *Agreement on Internal Trade* (AIT) stellt den Versuch dar, einen institutionellen Rahmen aufzustellen, u.a. auch mit dem intendierten Ziel einer Angleichung, die als Mindestharmonisierung einzuordnen ist. Sonstige Initiativen, wie z.B. die Uniform Law Conference of Canada (ULCC), die auf eine Vereinheitlichung abzielen, sind dagegen auf die Kooperation der Gesetzgeber angewiesen.

### b) *Verbrauchervertragsrecht*

Im Verbrauchervertragsrecht sind auf das AIT zurückgehende Bemühungen um eine Mindestharmonisierung festzustellen, die jedoch (noch) nicht sehr ausgeprägt sind. Noch weniger erfolgreich war dagegen bislang das Agieren der ULCC, deren ausgearbeiteten Modellgesetze nur spärlich und auch nicht flächendeckend von allen Provinzen eingeführt werden. Dagegen ist eine verhältnismäßig große Annäherung der Verbraucherrechte durch die Nachahmung der gesetzgeberischen Anstrengungen anderer Provinzen eingetreten. Diese Entwicklungen sind dabei

---

stärken seien (vgl. Börsen-Zeitung vom 16. Januar 2004 „Keine Mitbestimmung für die Ltd. in Deutschland“).

auf einen Ideenwettbewerb zurückzuführen, da für das Bestehen eines Wettbewerbs der Institutionen keinerlei Anhaltspunkte auszumachen sind.

c) *Gesellschaftsrecht*

Die Entwicklung des Gesellschaftsrechts in Kanada zeigt, dass dort nach Einführung des neuen Bundesgesellschaftsrechts (CBCA) ein Prozess stattgefunden hat, der eine weitgehende Angleichung sämtlicher kanadischer Gesellschaftsrechtsordnungen zur Folge hatte, ohne jegliche institutionelle Angleichungsinitiativen. Die dortige rechtswissenschaftliche Literatur hat sich daher der Frage zugewandt, ob dieser Prozess auf einen institutionellen Wettbewerb zurückzuführen war, und ob ein solcher die zukünftige Entwicklung des Gesellschaftsrechts gestalten wird.[1026]

(1) *Vorliegen der Rahmenbedingungen für einen Wettbewerb der Rechtsordnungen*

Zunächst ist festzuhalten, dass im Zusammenspiel von Verfassungsrecht, Kollisionsrecht und Fremdenrecht die Gesellschaftsrechte der Provinzen und des Bundes in Konkurrenz zueinander stehen: Das Recht, nach dem eine Gesellschaft inkorporiert wird, hat weder einen Einfluss auf ihren Betätigungsbereich, noch hat es im Ergebnis aufgrund der Gründungstheorie eine territoriale Beschränkung der Geschäftstätigkeit zur Folge.[1027]

Diese Konkurrenzsituation bedeutet, dass die Bedingungen für einen Wettbewerb der Rechtsordnungen an sich gegeben sind. Gesellschaftsgründern eröffnet sich die Wahl zwischen elf Gesellschaftsrechtsordnungen. Ebenso gilt dies für Gesellschafter, die einen Wechsel des auf die Gesellschaft anzuwendenden Rechts anstreben. Zudem gibt es Provinzen, die klein genug sind, als dass sich eine Steigerung der Einnahmen aus Registrierungsgebühren im Verhältnis zum gesamten Staatshaushalt erheblich auswirken würde.[1028] Sicherlich genießt das Bundesge-

---

1026 Siehe hierzu vor allem die Beiträge von *Daniels*, Should Provinces Compete? The Case for a Competitive Corporate Law Market (1991) 36 McGill L.J., S. 130; *Cumming/ MacIntosh*, The role of interjurisdictional competition in shaping Canadian corporate law, Int. Rev. of Law and Economics 20 (2000) S. 141; *Cumming/ MacIntosh*, The rationales underlying reincorporation and implications for Canadian corporations, Int. Rev. of Law and Economics 22 (2002) S. 277 sowie auch das Werk von *Romano*, The Genius of American Corporate Law, das ebenfalls das kanadische Gesellschaftsrecht unter dem Wettbewerbsaspekt untersucht.

1027 So auch *Hogg*, Constitutional Law 1985, S. 516 f; *Beaudoin*, La Constitution, S. 303 f; *Scott*, in Doing Business, § 2, S 51

1028 So hat z.B. die Provinz Prince Edward Island lediglich etwa 130.000 Einwohner und verfügt dennoch über die Gesetzgebungsgewalt über eine Gesellschaftsrechtsordnung, die allen Gesellschaftsgründern in Kanada offen steht.

sellschaftsrecht gegenüber den Provinzgesellschaftsrechten einen gewissen Prestigevorsprung. Dennoch sind auch zahlreiche größere Gesellschaften nach Provinzrecht inkorporiert: So wurden nur etwa 50 % der 500 größten kanadischen Unternehmen nach dem Gesellschaftsrecht des Bundes gegründet.[1029] Bei der Gesamtzahl der Inkorporierungen schwankt der Anteil des Bundes je nach Jahrgang zwischen 9% und 20%.[1030]

(2) *Gründe für das Ausbleiben eines Wettbewerbs um Inkorporierungen*

Trotz des Vorliegens der für einen Wettbewerb um Inkorporierungen erforderlichen verfassungsrechtlichen und gesellschaftskollisionsrechtlichen Rahmenbedingungen findet ein solcher – wenn überhaupt – nur in einem sehr geringen Ausmaß statt. Dies wird belegt durch die mehrjährige Entwicklung der jeweiligen prozentualen Anteile der Provinzen am gesamten Gesellschaftsgründungsvolumen in Kanada. So zeigen die von *Daniels* angeführten Zahlen, dass es keiner Rechtsordnung gelungen ist, ihren Anteil an Inkorporierungen maßgeblich zu steigern.[1031] Dies gilt auch für die Provinz Prince Edward Island,[1032] die insbesondere die aktionärsschützenden Institute des CBCA nicht übernahm, weshalb der Verdacht nahe lag, PEI wolle durch ein besonders management-freundliches Recht mehr Inkorporierungen anziehen. Tatsächlich ist der Anteil von PEI an den gesamten Gründungen von 0,5% im Jahr 1975 auf 0,3% im Jahr 1988 gesunken.

Ein Wettbewerb der Regelgeber im Gesellschaftsrecht setzt eine Nachfrage seitens der Gründer oder der bestehenden Gesellschaften nach einem modernen, innovativen Gesellschaftsrecht voraus. Selbst aber bei Vorliegen einer solchen

---

1029 *Ottenbreit/ Walker*, Learning from the Delaware Experience: Comparison of the Canada Business Corporation Act and the Delaware General Corporation Law, 29 (1998) Can. Bus. L.J., S. 364, 367.

1030 Dies gilt für den Zeitraum 1975 bis 1988. (Die Werte wurden der Tabelle bei *Daniels*, Should Provinces Compete? The Case for a Competitive Corporate Law Market, (1991) 36 McGill L.J., S. 130, 158, entnommen).

1031 Aus den von *Daniels* ermittelten Zahlen ergibt sich hier jedoch eine Ausnahme: Nach 1975, d.h. nach Einführung des CBCA, ist der Anteil an Inkorporierungen nach Bundesrecht in dem Maße gestiegen, wie derjenige von Quebec gesunken ist. *Daniels* sieht hierin eine Ausprägung des stattfindenden Wettbewerbes, zumindest zwischen dem Gesellschaftsrecht von Quebec und demjenigen des Bundes. Viel wahrscheinlicher ist jedoch, dass hierfür der damalige Wahlsieg des separatistischen Bloc Québécois ausschlaggebend war, da sich die Unternehmer durch eine Gründung nach Bundesrecht ausrechneten, sich den Auswirkungen einer möglichen Abspaltung von Québec besser entziehen zu können (*Cumming/ MacIntosh*, The role of interjurisdictional competition in shaping Canadian corporate law, Int. Rev. of Law and Economics 20 (2000) S. 141, 152).

1032 Ähnlich wie im Fall von Delaware war es der Provinz möglich, durch einen überproportionalen Anstieg von Inkorporierungen eine signifikante Steigerung der Staatseinnahmen zu erzielen.

Nachfrage ist dazu weiterhin erforderlich, dass die Gesetzgeber bereit sind, dieser Nachfrage nachzukommen, etwa um die Einnahmen aus Gründungs- oder Reinkorporierungsgebühren zu steigern.[1033] Die nachfolgende Untersuchung bestimmender Wesensmerkmale der kanadischen Gesellschaftsrechtsordnung wird jedoch zeigen, dass die Nachfrage zu gering ist, um die Gesetzgeber zu einer gesellschaftsrechtlichen Strategie der Einnahmensteigerung zu verleiten.[1034] Daneben sind auch andere Faktoren maßgeblich, die im nachfolgenden dargestellt werden sollen. Insbesondere zählt hierzu die beherrschende Stellung des Kapitalmarktrechts der Provinzen.

(a) *Das unitarische Gerichtssystem*

Die Zuständigkeit des Supreme Court of Canada als Revisionsinstanz in allen Rechtsfragen – also auch für das Gesellschaftsrecht der Provinzen – führt dazu, dass den Provinzen nicht die letztendliche Entscheidungshoheit und damit auch nicht die völlige Kontrolle über ihr eigenes Recht zusteht. Dieser Umstand könnte daher geeignet sein, die Provinzen davon abzuhalten, ein Gesellschaftsrecht zu kreieren, das auf die Steigerung des Anteils an Inkorporierungen abzielt, indem es gegenüber dem Recht anderer Provinzen offensiv gestaltet ist, da der Supreme Court diese Bemühungen vereiteln könnte. Dieses Argument besticht allerdings nur in der Theorie, da zu berücksichtigen ist, dass die Bedeutung des Supreme Court in wirtschaftsrechtlichen Fragen sehr gering ist, weshalb tatsächlich die obersten Provinzgerichte hier als die letzten Instanzen fungieren.[1035]

Trotz dieses geringen Einflusses des Supreme Court verfolgen die obersten Provinzgerichte eine provinzübergreifende, einheitliche Rechtsprechung in gesellschaftsrechtlichen Fragen. Es kommt daher häufig vor, dass den Entscheidungen von Gerichten anderer Provinzen gefolgt wird. Damit einher geht jedoch, dass es bislang keiner Provinz gelungen ist, eine eigenständige Rechtsprechung zum Gesellschaftsrecht zu entwickeln, wie das etwa in Delaware der Fall ist, und es erscheint unwahrscheinlich, dass dies einer Provinz in Zukunft gelingen könn-

---

1033 *Cumming/ MacIntosh,* The role of interjurisdictional competition in shaping Canadian corporate law, Int. Rev. of Law and Economics 20 (2000) S. 141, 143 f.

1034 *Cumming/ MacIntosh,* a.a.O., Int. Rev. of Law and Economics 20 (2000) S. 141, 145. In einer empirischen Untersuchung, welche die zeitliche Entwicklung der Einnahmen der jeweiligen Provinzen aus Inkorporierungen in einem Verhältnis zu dem Zeitpunkt der Annahme der Reformen des CBCA setzt, konnten *Cumming und MacIntosh* jedenfalls feststellen, dass die Rezeption der Reformen des CBCA durch die Provinzen keinen finanziellen Motiven folgte (S. 165).

1035 *Daniels,* Should Provinces Compete? The Case for a Competitive Corporate Law Market, (1991) 36 McGill L.J., S. 130, 187; so hatte der Supreme Court in der Periode von 1986 – 1989 über lediglich 14 unternehmensrechtliche Fälle zu entscheiden. Siehe allgemein zur Bedeutung des Supreme Court für das Zivilrecht im 2. Kapitel unter Punkt C. I. 3. a) (2).

te.[1036] Dabei gehört dieser Faktor gerade zu einer Stärke des Gesellschaftsrechts von Delaware, da sowohl eine qualitativ hochwertige als auch eine konstante Rechtsprechung durch die Gerichte dieses Staates gewährleistet wird, was das Gesellschaftsrecht für die Gesellschaften attraktiv, da berechenbar macht. Das Ausbleiben eines Wettbewerbs um Inkorporierungen ist daher teilweise auf die Besonderheiten des kanadischen Gerichtssystems zurück-zuführen.

(b) *Die Regelungen bezüglich Reinkorporierungen*

Ein Wettbewerb der Rechtsordnungen im Gesellschaftsrecht ist nicht nur gekennzeichnet durch den Versuch der Regelgeber, Neugründungen anzuziehen; vielmehr sollen auch bestehende Gesellschaften aus anderen Rechtsordnungen dazu verleitet werden, ihren Sitz in die eigene Rechtsordnung zu verlegen. Für einen Wettbewerb ist es daher erforderlich, dass die Anforderungen, die an einen solchen Wechsel gestellt werden, nicht so hoch sind, dass ein Wechsel an Attraktivität verlieren würde. Tatsächlich sind die Voraussetzungen, welche die kanadischen Gesellschaftsrechte an einen Wechsel des Satzungssitzes stellen, d.h. also für eine Fortsetzung der Gesellschaft unter einem anderen Recht (reincorporation), als ein Hindernis für einen Wettbewerb um Inkorporierungen anzusehen.[1037] Sowohl die hierzu erforderliche Zweidrittelmehrheit der Anteilseigner als auch das Recht der den Wechsel ablehnenden Aktionäre, den Rückkauf ihrer Anteile durch die Gesellschaft zum Marktpreis zu verlangen, sind geeignet, einen solchen Wechsel zu erschweren bzw. dessen Kosten zu erhöhen. Für Gesellschaften aus Quebec ist sogar eine Auflösung und Neugründung erforderlich, was selbstverständlich ein erhebliches Hindernis darstellt.

(c) *Die Struktur der Anteilseigner*

Ein Hindernis nicht rechtlicher Art für einen ausgeprägten Wettbewerb der Regelgeber um Inkorporierungen muss in der Struktur der Anteilseigner der kanadischen Unternehmen gesehen werden. So findet sich in Kanada eine relativ hohe Konzentration der Anteile bei wenigen Aktionären. Bei über der Hälfte der 300 größten kanadischen Aktiengesellschaften im Index der Börse von Toronto hält ein einziger Anteilseigner über 50 % der Aktien, während dies beispielsweise bei den 500 größten US- amerikanischen Unternehmen nur bei etwa 12 % der Fall ist.[1038] Je höher jedoch die Konzentration der Anteilseigner ist, desto geringer wird die Bedeutung der Wahlmöglichkeit eines für das Management günstigeren

1036 *Cumming/ MacIntosh,* The Role of Interjurisdictional Competition in Shaping Canadian Corporate Law, Int. Rev. of Law and Economics 20 (2000) S. 141, 155.

1037 Siehe zu der Fortsetzung unter einem anderen Recht im 3. Kapitel unter Punkt A. II. 4.

1038 *Daniels/ MacIntosh,* Capital Markets and the Law: The Peculiar Case of Canada, Canadian Investment Review, (1990) S. 77, 80 f.

Gesellschaftsrechts, da dieses ohnehin bereits die Stimmenmehrheit der Anteilseigner vertritt und daher nicht auf flexibles Gesellschaftsrecht angewiesen ist, um angestrebte Geschäftsführungsmaßnahmen oder auch interne Änderungen durchzusetzen.[1039] Anders ist dies bei Gesellschaften mit einer hohen Aktionärsstreuung: Hier wird das Management regelmäßig daran interessiert sein, nach einem Gesellschaftsrecht inkorporiert zu sein, das es ermöglicht, die Entscheidungsfreiheit der Unternehmensführung durch Satzungsregelungen so weitreichend wie möglich zu gestalten. Da dieser Typus von Gesellschaften in Kanada jedoch weit weniger vertreten ist als beispielsweise in den USA, würde auch die erwartete Steigerung der Inkorporierungen durch Einführung eines entsprechenden Gesellschaftsrechts weitaus geringer ausfallen.[1040] Eine solche Maßnahme würde daher wohl nicht eine derartige Erhöhung der Gebührenerlöse zur Folge haben, die den hierzu erforderlichen gesetzgeberischen Aufwand rechtfertigen könnte.

(d) *Die Größe des Marktes*

Ebenso wie die konzentrierte Struktur der Anteilseigner ist auch die relativ geringe Größe des Marktes für Gesellschaftsgründungen in Kanada dafür verantwortlich, dass die durch Einführung eines wettbewerbsorientierten Gesellschaftsrechts erwartete Steigerung des Anteils an Inkorporierungen in dieser Provinz jedenfalls nicht so hoch ausfallen würde wie etwa im Falle von Delaware. Wie oben bereits angeführt, verringert sich dadurch auch die Aussicht, dass der Aufwand, der die Ausarbeitung und Einführung eines wettbewerbs-orientierten Rechts erfordert, durch erhöhte Gebühreneinnahmen zumindest kompensiert wird.

(e) *Das Kapitalmarktrecht*

Die Ausgestaltung des Kapitalmarktrechts in Kanada wird als das größte Hindernis für einen Wettbewerb der kanadischen Regelgeber um Inkorporierun-gen angesehen.[1041] Die Zuständigkeit der Provinzen für diese Materie – einhergehend mit der kollisionsrechtlichen Anknüpfung an den Wohnsitz der Anteilseigner – haben dazu geführt, dass die Provinzen dieses Rechtsgebiet als Instrument benützen, um unternehmerische Aktivitäten zu kontrollieren, da hierdurch ein weit größerer Einflussbereich erzielt werden kann als durch gesellschaftsrechtliche Regelungen.[1042] Auch in diesem Zusammenhang ist verständlich, warum die

1039 *Romano,* The Genius of American Corporate Law, S. 124.

1040 *Romano,* a.a.O., S. 125.

1041 *Daniels/ MacIntosh,* Towards a Distinctive Canadian Corporate Law Regime, [1991] 29 Osgoode Hall Law Journal, S. 863, 898 f.; *Romano,* The Genius of American Corporate Law, S. 122.

1042 *Daniels/ MacIntosh,* a.a.O.., [1991] 29 Osgoode Hall Law Journal, S. 863, 898. Dies geht sogar soweit, dass die securities commissions ihre Zuständigkeit auf Transaktionen ausgekapitalmarktrechtlichen Regelungen der Provinzen vermehrt auch auf Rechtsfragen ausgedehnt werden, die traditionell zum Gesellschaftsrecht gehören. Insgesamt sind die Entscheidungen der jeweiligen securities commissions der Provinzen, und hier insbesondere der OSC, sowie die von ihnen vorgegebenen Regeln für börsennotierte Gesellschaften, weitaus bestimmender für das Gesellschaftsrecht als die relativ seltenen Entscheidungen der ordentlichen Gerichte. Damit einher geht jedoch die relative Wirkungslosigkeit von Reformbemühungen im Gesellschaftsrecht durch einzelne Provinzen, da die anderen Provinzen auch weiterhin ihre Standards durchsetzen können.[1043] Ein Wettbewerb um Inkorporierungen von Gesellschaften mit einem größeren Kreis von Anteilseignern nach US-amerikanischem Vorbild wird deswegen nicht zustande kommen, da die mögliche gesellschaftsrechtliche Attraktivität einer Provinz durch überlappende kapitalmarktrechtliche Bestimmungen anderer Provinzen wieder eingeschränkt wird.[1044] Eventuelle Bemühungen von Provinzen, ein eigenständiges, besonders attraktives Gesellschaftsrecht zu kreieren, sind damit von vornherein zum Scheitern verurteilt.[1045] Insofern unterscheidet sich die Situation in Kanada maßgeblich von derjenigen in den USA, da dort das Kapitalmarktrecht Bundesrecht ist, das zudem weit weniger in das Gesellschaftsrecht der Staaten eingreift.[1046]

(f) *Die extra-provincial licensing statutes*

Ebenso wie das unitarische Gerichtssystem und das Kapitalmarktrecht scheinen die extra-provincial-licensing-statutes der Provinzen ein Instrumentarium darzustellen, das geeignet ist, einen Wettbewerb der Regelgeber um Inkorporierungen zu verhindern.[1047] So könnten die Provinzen fremden Gesellschaften die Genehmigung, in der Provinz tätig zu werden, versagen, wenn diese in einer Provinz gegründet wurden die ein besonders laxes Gesellschafts-recht eingeführt hat. Allerdings besteht dieses Hindernis wohl nur in der Theorie; in der Praxis haben diese Gesetze eine solche Funktion nicht ausgeübt. So haben jedenfalls die Autoren, welche die kanadische Gesellschaftsrechtsordnung in bezug auf ihr Potential für einen Wettbewerb um Inkorporierungen untersucht haben, nicht auf diese Gesetze abgestellt.[1048] Allerdings muss hier beachtet werden, dass bislang auch noch keine

---

dehnt haben, die völlig in einer anderen Provinz stattfinden, da diese dennoch indirekt auch Auswirkungen auf die Investoren in der eigenen Provinz hätten.

1043 *Daniels/ MacIntosh,* a.a.O.., [1991] 29 Osgoode Hall Law Journal, S. 863, 890.

1044 *Daniels,* Should Provinces compete? The Case for a Competitive Corporate Law Market (1991) 36 McGill L.J., S. 130, 183 f.

1045 *Cumming/ MacIntosh,* The Role of Interjurisdictional Competition in Shaping Canadian Corporate Law, Int. Rev. of Law and Economics 20 (2000) S. 141, 156.

1046 *Romano,* The Genius of American Corporate Law, S. 122 f.

1047 Zu den extra-provincial-licensing-statutes siehe im 3. Kapitel unter Punkt A. II. 3.

1048 *Daniels,* Should Provinces compete? The Case for a Competitive Corporate Law Market, (1991) 36 McGill L.J., S. 130; *Daniels/ MacIntosh,* Towards a Distinctive Canadian Corpokanadische Provinz einen Vorstoß in Richtung eines wettbewerbs-orientierten Gesellschaftsrechts unternommen hat, weshalb auch kein Bedarf entstand, die extra-provincial-licensing-statutes als Gegeninstrument einzusetzen. Daraus kann jedoch noch nicht gefolgert werden, dass dies so bleiben würde, falls ein solcher Fall eintreten sollte. Die potentielle Eignung dieser Gesetze als Wettbewerbshemmnis ist daher nicht von der Hand zu weisen.

(3) *Zusammenfassung*

Ein institutioneller Wettbewerb um Inkorporierungen findet aus den soeben erörterten Gründen in Kanada nicht statt. Dementsprechend bleiben auch die teils befürchteten, teils ersehnten Konsequenzen eines „race to the top / bottom / nowhere" aus. Dennoch hatte die Einführung des neuen CBCA einen bemerkenswerten Reformprozess in allen kanadischen Gesellschaftsrechten zur Folge, aus dem schließlich ein hohes Maß an Harmonisierung resultierte,[1049] ohne dass dieser Prozess in irgendeiner Art und Weise institutionell gesteuert gewesen wäre. Es erscheint sogar als wahrscheinlich, dass die hierdurch erzielte Harmonisierung weiter reicht als es mögliche Ergebnisse von eventuellen intergouvernementalen Bemühungen um die Harmonisierung des Gesellschafts-rechts je vermocht hätten. Dafür spricht, dass entsprechende Bemühungen durch die Commission on Uniform Company Law erfolglos geblieben sind.

Die Provinzen haben damit auf die im Bundesgesellschaftsrecht vorgenommenen Reformen reagiert, und zwar indem sie diese Neuerungen umfassend oder annähernd selbst auch eingeführt haben. Weder die Modernisierung des CBCA, noch die der Provinzgesetze waren jedoch durch ein Ansinnen der jeweiligen Rechtsordnungen motiviert, ihren Anteil an Inkorporierungen zu steigern. Dies kann für den Bund ausgeschlossen werden, da dessen Einnahmen aus Inkorporierungsgebühren im Verhältnis zum Gesamthaushalt verschwindend gering sind.[1050] Aber auch die in den Provinzen erfolgten Reformen waren nicht dergestalt, als dass sie ein besonders offensives, management-freundliches Gesellschaftsrecht zum Ziel gehabt hätten. Wie soeben erörtert, wäre ein solches Vorhaben angesichts der hiergegen wirkenden Faktoren auch nicht erfolgversprechend. Vielmehr waren die Provinzen auf eine Anpassung ihres Rechts an den CBCA bedacht, in der Bestrebung, ihren Gesellschaften ein zeitgemäßes Regelwerk anbieten zu können und ein Abwandern der eigenen Gesellschaften zu vermeiden. So hat zwar

rate Law Regime, [1991] 29 Osgoode Hall Law Journal, S. 863; *Romano*, The Genius of American Corporate Law; *MacIntosh*, The Role of Interjurisdictional Competi-tion in Shaping Canadian Corporate Law: A Second Look, University of Toronto Law and Economics Working Papers 18 (1993).

1049 *Daniels*, a.a.O., (1991) 36 McGill L.J., S. 130, 151 ff.

1050 *Cumming/ MacIntosh*, The Role of Interjurisdictional Competition in Shaping Canadian Corporate Law, Int. Rev. of Law and Economics 20 (2000) S. 141, 148.

ein institutioneller Wettbewerb um Inkorporierungen nicht stattgefunden. Dennoch stellt die Reaktion der Provinzen auf die gesetzgeberische Tätigkeit des Bundes in gewisser Weise die Reaktion auf eine nachteilige Wettbewerbssituation dar, nämlich die plötzlich aufgetretene Attraktivität des CBCA sowie die dem CBCA nacheifernden Provinzgesetze im Vergleich zu den nun veralteten Provinzgesetzen. Der erfolgte Harmonisierungs-prozess kann daher als eine marktbestimmte Integration bezeichnet werden, die dadurch gekennzeichnet ist, dass sich überlegenes, zeitgemäßes Recht im Wege eines Ideenwettbewerbs durchsetzt. Dieses findet in den anderen Rechts-ordnungen Nachahmung, weil letztere ihre Rechtssubjekte von den Vorteilen eines solchen Rechts nicht ausschließen wollen, insbesondere nicht, weil diese im Wettbewerb zu den Rechtssubjekten der anderen Rechtsordnungen stehen.

Diese Ergebnisse bestätigen die bereits zum Gesellschaftsrecht in der EU getroffene Aussage, dass trotz des Ausbleibens eines institutionellen Wettbewerbs, ein erhebliches Innovations- und Harmonisierungspotential durch das Zusammenwirken eines Ideenwettbewerbs mit den durch den Markt ausgeübten Druck auf die Gesetzgeber errricht wird. Die Motivation für Gesellschaftsrechtsreformen einzelner Gesetzgeber liegt damit in der Tat in einer Wettbewerbssituation begründet. Diese ist jedoch nicht primär in einem direkten, institutionellen Wettbewerb um Inkorporierungen zu erblicken, der zum Ziel hat, den Staatshaushalt mit einem erwarteten erhöhten Aufkommen an Gründungs-gebühren aufzubessern. Vielmehr ist der Reformdruck der Gesetzgeber auf einen indirekten Wettbewerb zurückzuführen, nämlich den Wettbewerb, dem die Marktteilnehmer ausgesetzt sind, so dass die Gesetzgeber bestrebt sind, deren Ausgangsposition zu verbessern und dadurch mittelbar auch den Wohlstand innerhalb der eigenen Rechtsordnung zu mehren.

Damit hat das kanadische Gesellschaftsrecht von der bestehenden Konkurrenzsituation profitiert, ohne dass es jedoch zu einem Wettbewerb um Inkorporierungen gekommen wäre bzw. dass es eines solchen Wettbewerbs bedurft hätte, um innovatives Recht zu schaffen. Gleichzeitig wurde ohne jeglichen institutionellen Rahmen ein hohes Maß an Harmonisierung erzielt, womit auch die hiermit verbundenen Nachteile vermieden wurden. Das Beispiel der Entwicklung des kanadischen Gesellschaftsrechts belegt damit die Innovationsfähigkeit sowie das Harmonisierungspotential eines Ideenwettbewerbs innerhalb von Mehrrechtsordnungen. Zugleich demonstriert das kanadische Gesellschaftsrecht die Überlegenheit des Systems der parallelen Regelungsebenen, das zwar die Diversität der gliedstaatlichen Rechte und somit die Vorteile eines hierauf beruhenden Ideenwettbewerbs ermöglicht, gleichzeitig aber in Gestalt des Bundesgesellschaftsrechts ein Regelwerk zur Verfügung stellt, das etwaige Hindernisse für binnenmarktweite Aktivitäten verhindert.

## III. Alternativen für die zukünftige Entwicklung in der EU

### 1. Beurteilung der verschiedenen Integrationsmodelle

Über die Frage, welches der soeben vorgestellten Modelle zu favorisieren ist, lässt sich trefflich streiten. Alle sind verbunden mit Vorzügen und Nachteilen, die teilweise im Laufe der Untersuchung deutlich geworden sind. Dabei wird die Einschätzung dieser Theorien weiterhin maßgeblich beeinflusst durch die jeweils vertretenen Ansichten über die zu bevorzugende Ausgestaltung des politisch-ökonomischen Systems, wie etwa in bezug auf die Bedeutung des Föderalismus und die Rolle des Staates in seinen Funktionen als Ordnungselement und Versorgungsstaat. Diejenigen Ansichten, die dem Föderalismus einen hohen Stellenwert einräumen, werden sich kaum mit dem Konzept der Voll-harmonisierung anfreunden können. Ebenso werden die Anhänger einer starken ordnungspolitischen Funktion des Staates einer Theorie des Wettbewerbs der Rechtsordnungen die Eignung als Integrationsmethode von vornherein tendenziell absprechen. Dieser Aspekt, sowie die vorangegangenen theoretischen Vorüberlegungen zeigen, dass keines dieser Modelle imstande ist, für sich allein ein befriedigendes System des Rechts in Mehrrechtsordnungen zu errichten. Hinzu kommt, dass jedes System eine ständige Anpassung an sich wandelnde soziale, wirtschaftliche, gesellschaftliche und politische Rahmenbedingungen ermöglichen muss.

Daraus muss folgen, dass die Gestaltung des Rechts in einer Mehrrechtsordnung, flexible Lösungen ermöglichen sollte, um gegebenenfalls erforderlich werdende Änderungen zuzulassen. Das zu schaffende System muss daher eine hohe Innovationsfähigkeit besitzen, um die Entwicklung alternativer Lösungen und deren Implementierung zu ermöglichen. Ein System ist jedoch umso innovationsfreudiger, desto mehr dezentralisierte Einheiten im Wettbewerb miteinander nach neuen Problemlösungen suchen und dabei die Vor- und Nachteile dieser Lösungen selbst tragen müssen.[1051] Eine dezentrale, diversifizierte Zuständigkeit zur Regelbildung und deren Anwendung ist also eine Voraussetzung für das Bestehen eines Innovationspotentials.

Dieser Gesichtspunkt spricht damit zunächst gegen das Konzept der Vollharmonisierung, weil hier das zur Innovationsfähigkeit erforderliche dezentrale Experimentieren mit neuen Lösungen nicht ermöglicht wird. Hinzu kommen die weiteren bereits festgestellten Nachteile und Risiken einer Vollharmonisierung. Aber auch ein reiner Wettbewerb der Rechtsordnungen ist nicht in der Lage, das Maß an erforderlicher Integration zum Bestehen eines Binnenmarktes zu erzielen. Wie

---

1051 *Bernholz/ Faber*, Überlegungen zu einer normativen ökonomischen Theorie der Rechtsvereinheitlichung, RabelsZ 50 (1986), S. 35, 48; *Kerber*, Rechtseinheitlichkeit und Rechtsvielfalt aus ökonomischer Sicht, in Grundmann (Hrsg.), S. 67, 84.

bereits dargelegt, liegen die Voraussetzungen für einen institutionellen Wettbewerb in den hier untersuchten Bereichen entweder nicht vor oder sie sind von vornherein ausgeschlossen. Selbst wenn sie jedoch vorliegen würden, bedürfte es eines Ordnungsrahmens, damit ein solcher Wettbewerb nicht zu Lasten der schutzwürdigen Interessen von nicht so durchsetzungsstarken Marktteilnehmern abläuft. Darüber hinaus sind die erhobenen grundsätzlichen Zweifel an der Theorie des institutionellen Wettbewerbs als Integrationswerkzeug zu bedenken.

So ist die Herausbildung eines „Level playing field" notwendig, was nur durch das Konzept der Mindestharmonisierung gewährleistet wird. Die Nachteile dieses Modells können durch eine Kombination mit dem System der parallelen Regelungsebenen gemildert werden, indem in den Bereichen, in denen bei grenzüberschreitenden Transaktionen ein Bedürfnis für Einheitsrecht besteht, ein solches Recht auf der übergeordneten Ebene angeboten wird. Ein Harmonisierungskonzept, das dem Modell der parallelen Reglungsebenen – ergänzt durch eine Mindestharmonisierung – folgen würde, wäre in der Lage einen Wettbewerb auf hohem Niveau zu gewährleisten. So würde die Mindestharmonisierung für einen Mindeststandart an Schutz sorgen, zugleich aber darüber hinaus zumindest einen Ideenwettbewerb erlauben. Die aus der Mindestharmonisierung resultierenden Rechtsunterschiede könnten in kauf genommen werden, da etwaigen Hemmnissen für den Binnenmarkt durch das Angebot von Rechtlichen Lösungen auf der übergeordneten Ebene abgeholfen werden könnte. Dennoch stünden die Lösungen der übergeordneten Ebene in einem Wettbewerb zu denjenigen der Rechtsordnungen der Gliedstaaten, wodurch in allen Bereichen ein innovationsfördernder Wettbewerb stattfinden könnte. Zugleich würde das Angebot an rechtlichen Lösungen auf der übergeordneten Ebene den Harmonisierungsdruck auf die gliedstaatlichen Lösungen verringern, was deren Kohärenz und Fähigkeit zur Fortentwicklung zuträglich wäre.

### 2. Favorisierung des Systems der parallelen Regelungsebenen

#### a) *Gesellschaftsrecht*

Wie bereits angeführt, versprechen die beiden Extremmodelle des institutionellen Wettbewerbs und der Vollharmonisierung für den Bereich des europäischen Gesellschaftsrechts nicht den bezweckten Erfolg. Es liegen weder die entsprechenden Voraussetzungen vor, noch entsprechen die voraussehbaren Wirkungen den Zielbestimmungen in diesem Bereich. Andererseits wird die bereits verfolgte Methode der Mindestharmonisierung nicht als weitgehend bzw. effektiv genug eingeschätzt.

Unter diesen Voraussetzungen scheint der bereits eingeschlagene Weg der Verfolgung einer Mindestharmonisierung kombiniert mit einer parallelen Regelung auf europäischer Ebene am vielversprechendsten zu sein. Dies gilt zunächst deshalb, weil diese Lösung – anders als die Vollharmonisierung – die nationalen Rechte nur bis zu einem bestimmten Grad angleicht und somit am ehesten politisch praktikabel ist, auch wenn das Beispiel der SE zeigt, dass die Hürden dennoch sehr hoch sind. Daneben wird die Attraktivität dieses Modells hinsichtlich seiner Innovationsfähigkeit und seines Harmonisierungspotentials durch das kanadische Beispiel belegt. Erste Anzeichen hierfür gibt es zudem bereits in der EU, wo einige Mitgliedstaaten im Zuge der Einführung der SE erwägen, auch den nationalen Aktiengesellschaften eine Wahlmöglichkeit zwischen monistischer und dualistischer Leitungsstruktur zur Verfügung zu stellen. Dies verdeutlicht den großen Einfluss der rechtlichen Lösungen der übergeordneten Ebene auf die Entwicklung auf Gliedstaatenebene. Hinzu kommt der unter den Gliedstaaten stattfindende Ideenwettbewerb, wie er bereits jetzt schon auf europäischer Ebene zu beobachten ist. Aus diesen Gründen ist das System der parallelen Regelungsebenen zu favorisieren.

Allerdings zeigt das Beispiel Kanadas wiederum, dass die Vorzüge dieses Modells nur dann zum Tragen kommen können, wenn die auf übergeordneter Ebene angebotenen Lösungen unabhängig von den Angeboten auf Gliedstaaten-ebene sind, da sonst nicht die erforderliche Konkurrenzsituation entsteht. Für das Gesellschaftsrecht bedeutet dies, dass – entsprechend dem Beispiel des CBCA in Kanada – eine Gesellschaftsform der übergeordneten Ebene den Anspruch erheben muss, die wesentlichen gesellschaftsrechtlichen Fragestellungen selbst abschließend zu regeln. Zwar zeigt das kanadische Modell, dass auch Abgrenzungsprobleme zu nicht-gesellschaftsrechtlichen Fragestellungen entstehen (vor allem zum Kapitalmarktrecht). Dieser Umstand ist jedoch normal und keine Besonderheit des Systems der parallelen Regelungsebenen, entstehen doch dieselben Probleme im internationalen Gesellschaftsrecht wenn fremde Gesellschaften im Inland tätig werden.

Es erscheint zudem sinnvoll, ein Mindestschutzniveau durch eine Mindestharmonisierung zu erzielen. Darüber hinaus sollte jedoch den nationalen Gesetzgebern ein ausreichender Gestaltungsspielraum verbleiben, damit ein Ideenwettbewerb ermöglicht wird. Eine weitergehende Angleichung der nationalen Gesellschaftsrechte wäre zur Erreichung des Binnenmarktes nicht erforderlich, da eine Gesellschaftsform auf der übergeordneten Ebene zur Verfügung stünde. Insofern führt der Bestand einer Gesellschaftsform europäischen Rechts zu einer Reduzierung des Harmonisierungsdrucks, weshalb den Gliedstaaten eigenständige Entwicklungen ermöglicht werden sollen. Der EU sollte insoweit allenfalls eine koordinierende Funktion zukommen. Eine weitergehende Harmonisierung kann jedenfalls nicht mit dem Argument gerechtfertigt werden, es gelte ein Delaware in

Europa zu vermeiden,[1052] denn bereits an anderer Stelle wurde dargelegt, dass ein institutioneller Wettbewerb in der EU nicht eintreten kann. Sollte ein solcher wider Erwarten dennoch erfolgen und gewisse negative Effekte zeitigen, könnte punktuell das Schutzniveau in genau diesem Bereich durch eine Richtlinie angehoben werden.

Das System der parallelen Regelungsebenen entspricht ferner den Anforderungen eines Binnenmarktes, indem den Unternehmen für grenzüberschreitende Aktivitäten eine Gesellschaftsform der übergeordneten Ebene angeboten wird. Dies bedeutet jedoch zugleich in bezug auf die Verkehrsfreiheit von Gesellschaften der Gliedstaaten, dass ein Binnenmarkt durchaus nicht eine Niederlassungsfreiheit von Gesellschaften in der Ausprägung erfordert, die sie durch die Rechtsprechung des EuGH in seinen Entscheidungen neueren Datums erfahren hat. So stellt sich die Frage, ob die Verhinderung des Imports von fremden Gesellschaftsrechten durch Gründer, die hierdurch bestimmte Regelungen umgehen wollen, tatsächlich ein Verstoß gegen die Niederlassungs-freiheit darstellt. Es spricht vieles dafür, dass die Reichweite der Niederlassungs-freiheit auf die Anerkennung der Rechts- und Prozessfähigkeit solcher-Gesellschaften begrenzt wird. In Kanada zeigt der Bestand der extra-provincial-licensing-statutes, dass die Anerkennung und der Fortbestand fremder Gesellschaften keinen Automatismus darstellt, sondern dass durchaus Konstellationen vorstellbar sind, in denen diese verweigert werden könnte. So ist die Niederlassungsfreiheit von Gesellschaften, die nach Provinzrecht gegründet wurden, nicht verfassungsmäßig garantiert. Deshalb erscheint es nicht fernliegend, dass die Provinzen die Lizenzierung von fremden Gesellschaften verweigern würden, wenn diese aus einer Provinz stammen, die ein besonders „laxes" Gesellschaftsrecht anbietet. Aufgrund des Angebots an Gesellschaftsformen europäischen Rechts verliert eine extensive Auslegung der Niederlassungsfreiheit von Gesellschaften ihre Berechtigung.

Insgesamt würde daher ein System der parallelen Regelungsebenen in der EU den Harmonisierungsdruck auf die gliedstaatlichen Gesellschaftsrechte verringern und dabei dennoch den Anforderungen eines Binnenmarktes gerecht werden.

b) *Verbrauchervertragsrecht*

Die Gestaltung des europäischen Verbrauchervertragsrechts sollte eingebettet sein in eine allgemeine Lösung des Vertragsrechts, bei der jedenfalls das System der parallelen Regelungsebenen wiederum zu favorisieren ist gegenüber einer Vollharmonisierung durch Einheitsvertragsrecht. Die sich zunächst stellende Frage nach der Notwendigkeit eines solchen Schrittes wurde an anderer Stelle bereits

---

1052 *Merkt,* Das Europäische Gesellschaftsrecht und die Idee des "Wettbewerbs der Gesetzgeber", RabelsZ 59 (1995), S. 545, 568.

diskutiert.[1053] Dort wurde die Erforderlichkeit eines europäischen Vertragsrechts zum besseren Funktionieren des Binnenmarktes stark in Zweifel gezogen. Daneben wurde bereits angesprochen, ob nicht eventuell doch auftretende Mehrkosten im Hinblick auf den föderalen Gedanken und die Vorteile eines auf Dezentralität beruhenden Ideenwettbewerbs in Kauf genommen werden sollten, wie dies etwa auch in Kanada der Fall ist. Hier zeigt der Vergleich, dass ein funktionierender Binnenmarkt innerhalb einer Mehrrechtsordnung durchaus nicht ein vereinheitlichtes Verbrauchervertragsrecht voraussetzt. Daher spricht vieles dafür, dass das Konzept der Mindestharmonisierung beibehalten wird. Wie bereits weiter oben angeführt, sind die bisher zu beklagenden Mängel im Angleichungsprozess weitgehend nicht systemimmanent, sondern viel eher auf die Qualität der Richt-linien zurückzuführen.

Sollte dennoch das Vorhaben eines europäischen Vertragsrechtsregelwerks verfolgt werden – wofür bereits eine gewisse Eigendynamik des Prozesses spricht – dann ist jedenfalls das System der parallelen Regelungsebenen vorzuziehen, und zwar in Form eines europäischen Regelwerks, das in ein System der europäischen Vertragsrechte eingebettet wäre.[1054] Hierfür spricht, dass die Notwendigkeit eines europäischen Einheitsrechts bislang nicht nachgewiesen ist. Die Akzeptanz der parallelen europäischen Lösung wird dann aufzeigen, ob tatsächlich ein entsprechender Bedarf besteht. Hinzu kommt, dass ein optionelles europäisches Vertragsrecht den zwischen den nationalen Rechtsordnungen bestehenden Ideenwettbewerb nicht beseitigen, sondern vielmehr ein zusätzliches Element in diesen Prozess einbringen würde, was den Wettbewerb wiederum verstärkt. Aus der Sicht der Rechtsentwicklung kann dies nur positiv sein.

### 3. Ergebnis

Sowohl im Gesellschaftsrecht als auch im Verbrauchervertragsrecht ist damit das System der parallelen Regelungsebenen, das durch eine Mindestharmonisierung ergänzt wird, vorzugswürdig. In beiden Fällen werden die Anforderungen des Binnenmarktes an eine Gestaltung des Rechts erfüllt, welches die Niederlassungsfreiheit von Gesellschaften ermöglicht wie auch durch Rechtsspaltung bedingte erhöhte Transaktionskosten vermeidet. Zugleich verringert dieses Modell den Harmonisierungsdruck auf die mitgliedstaatlichen Rechtsordnungen und bietet damit die Gewähr, dass den beteiligten Gesetzgebern die nötigen Gestaltungsspielräume für eine dynamische Fortentwicklung des Rechts verbleiben.

---

[1053] Siehe die Ausführungen zu den kompetentiellen Fragen eines europäischen Vertragsrechts im 4. Kapitel unter Punkt B. IV. 3. a).

[1054] So auch *Grundmann*, Harmonisierung, Europäischer Kodex, Europäisches System der Vertragsrechte, NJW 2002, S. 393, 393 ff.; *Drobnig*, Ein Vertragsrecht für Europa, in: Festschrift für Steindorff, S. 1141, 1147.

# 6. Kapitel Zusammenfassung der wesentlichen Ergebnisse

Die Untersuchung hat deutlich gemacht, dass die Rahmenbedingungen in Mehrrechtsordnungen, insbesondere die politischen Bedingungen, ausschlag-gebend für die Existenz und den Fortgang eines Harmonisierungsprozesses sind. In den zugrundeliegenden politischen Entscheidungsprozess fließen mannigfaltige Interessen und Einflüsse ein, wobei diejenigen, welche durch rechtswissenschaftliche Untersuchungen ausgehen, nur einen Teil darstellen.

Zunächst konnte festgestellt werden, dass Kanada in bezug auf die aufgeworfenen Fragen ein sowohl geeignetes als auch attraktives Vergleichsobjekt zur EU darstellt. Dies gilt insbesondere im Hinblick auf das politische System sowie die kanadische Mehrrechtsordnung. Historisch bedingt verfügen beide Verbünde über unterschiedliche Verfassungsstrukturen. Dennoch müssen beide die für Mehrrechtsordnungen typischen Probleme bewältigen. Dabei liegt die größte Herausforderung darin, sowohl einer immer globaler agierenden, dem internationalen Wettbewerb ausgesetzten Wirtschaft, als auch der eigenen Bevölkerung effiziente, den Wettbewerb fördernde und adäquate Rechtsregeln zur Verfügung zu stellen, was in vielen Bereichen eine Annäherung der rechtlichen Lösungen in den Gliedstaaten bzw. ein entsprechendes Angebot auf der übergeordneten Ebene der Mehrrechtsordnung bedingt. Die Schwierigkeiten, die in beiden Verbünden bei der Bewältigung dieser Aufgaben auftreten, sind vergleichbar. Hierzu zählen insbesondere eine historisch und politisch bedingte Rechtsspaltung im Privatrecht, sowie die Herausforderung, einen Kompromiss zu finden, zwischen dem Bestreben der Gliedstaaten, ihre Eigenständigkeit zu wahren und dem Erfordernis, effiziente, die Mobilität nicht einschränkende rechtliche Lösungen, zu entwickeln. Dabei war festzustellen, dass ein Rückgriff auf das Prinzip der Subsidiarität in der Praxis keine griffige Lösungsformel zur Bestimmung des adäquaten Maßes an Integration anbieten kann.

Es war zu beobachten, dass beiden Verbünden sehr unterschiedliche Integrationsphilosophien zugrunde liegen. Während eine fortschreitende Integration geradezu das Wesen der Europäischen Verträge darstellt, erlaubt es das kanadische Verfassungsgefüge, den Provinzen ihre Eigenständigkeit zu wahren. In bezug auf die Aufteilung der Gesetzgebungskompetenzen im Privatrecht ist die auf EU-Ebene bestehende Lösung daher als unbefriedigend zu bewerten. So entscheidet letztlich die EU selbst über die sachliche und inhaltliche Reichweite ihrer Kompetenzen in diesem Bereich, ohne dass durch den EuGH bislang Grenzen gesetzt worden wären. Dieser hat sich – anders als der Supreme Court of Canada – bislang nicht zum „Hüter“ des europäischen Föderalismus gemacht. Allerdings muss dabei berücksichtigt werden, dass – anders als in Kanada - die Mitgliedstaaten in Gestalt des Rates eine starke Stellung behalten, da letztlich der Rat über Gesetzgebungsmaßnahmen auf der übergeordneten Ebene der EU entscheidet. In dem Maße, wie die Stellung des Rates gegenüber dem Parlament jedoch gemindert wird, bzw. die Mehrheitserfordernisse im Rat erleichtert werden, müsste die Kompetenzverteilung eine rigidere Form einnehmen, um das Gleichgewicht zwischen der EU und den Mitgliedstaaten zu wahren. Für das Privatrecht würde dies bedeuten, dass eine Aufteilung der Zuständigkeiten innerhalb eines statischen Rahmens von Sachbereichen erfolgen müsste. Zwar ist fraglich, ob der hieraus resultierende Dualismus zwischen der EU und den Mitgliedstaaten von Vorteil wäre. Letztendlich würde dies einen Rückschritt bedeuten, während in Kanada gerade der Versuch unternommen wird, diese Konstellation durch eine verstärkte institutionalisierte Kooperation zu überwinden. Allerdings stellt dies die föderalistische Normalität dar und hindert nicht dynamische Entwicklungen und eine Fortentwicklung des Rechts, wo tatsächlich ökonomische oder gesellschaftliche Gesichtspunkte hierfür sprechen, was wiederum durch das kanadische Beispiel belegt wird. Es wurde im Laufe dieser Arbeit wiederholt festgestellt, dass der Integrationsprozess in der EU nicht „ad infinitum“ geführt werden kann, sonder dass an einem bestimmten Punkt das erforderliche Maß an Integration erreicht sein wird. Damit einher geht jedoch, dass in diesem Fall auch eine die Integration fördernde dynamische Kompetenzaufteilung ihre Notwendigkeit und somit Berechtigung verliert und einer statischen Kompetenzaufteilung weichen muss, die das erforderliche Maß an Integration widerspiegelt.

Zur Herstellung eines durch eine Mehrrechtsordnung gebildeten Binnenmarktes ist vor allem die Schaffung einer negativen Integration erforderlich, d.h. die Beseitigung von Mobilitätshindernissen hinsichtlich Güter, Dienstleistungen, Kapital und Personen. Nach der hier vertretenen Einschätzung ist zur Errichtung eines Binnenmarktes jedoch keine vollständige positive Integration notwendig. Dies wird durch das hier herangezogene Beispiel Kanadas belegt. Gerade das Prinzip des Föderalismus und die ihm inhärente Idee der Subsidiarität bedeuten, dass den Mitgliedstaaten auch nicht unwesentliche Bereiche der Gesetzgebungskompetenzen verbleiben. Es ist unbestritten, dass zentralistische Rechtsregeln isoliert betrachtet Effizienzverluste, die mit einer Diversität des Rechts einhergehen, vermeiden. Wie die Darstellung der verschiedenen Integrationsmodelle zeigt, sind die auf eine Pluralität der Lösungen ausgerichteten Modelle andererseits auch mit Vorzügen verbunden. Deswegen stellt sich die Frage, ob die Wahrung der durch den Föderalismus verfolgten Werte nicht das wertvollere Gut im Vergleich zu einer durch Zentralismus verfolgten Kostenreduzierung darstellt. Dabei darf man nicht dem Trugschluss erliegen, eine wünschenswerte fortschreitende politische und justitielle Integration der EU setze auch eine fortschreitende Vereinheitlichung des Rechts voraus. Hier zeigt Kanada wiederum, dass dies nicht der Fall sein muss. Vielmehr ist zu erwarten, dass eine stärkere politische Integration, mit einer Verfassung und einer statischen Kompetenzaufteilung, die Konkurrenz zwischen EU und Mitgliedstaaten stärken wird und somit jegliche weitere rechtliche Integration sogar noch vor höhere Hürden stellen wird. Politische Integration und Wahrung der Subsidiarität im Privatrecht schließen sich daher nicht aus.

Insgesamt ist daraus zu schließen, dass die als Rechtfertigung für positive integrative Maßnahmen dienenden Definitionen des Binnenmarktes und der Grundfreiheiten in der EU bislang zu extensiv bestimmt worden sind. Vielmehr verdeutlicht das kanadische Beispiel, dass ein Binnenmarkt nicht solch weitgehende integrative Maßnahmen, wie sie in der EU erfolgen, voraussetzt.

In bezug auf die Bereiche des Gesellschaftsrechts und Verbrauchervertragsrechts hat die Untersuchung ergeben, dass die Errichtung eines Binnenmarktes keine Vollharmonisierung erfordert. Andererseits wurde festgestellt, dass ein Wettbewerb der Rechtsordnungen alleine nicht in der Lage ist, das wünschens-werte Maß an rechtlicher Integration zu erzielen. Im Ergebnis ist daher das System der parallelen Regelungsebenen vorzuziehen, welches, ergänzt durch eine Mindestharmonisierung, einen Ideenwettbewerb ermöglicht.

Im Bereich des Vertragsrechts wurde die Notwendigkeit einer Vereinheitlichung des Rechts, insbesondere durch Einführung eines europäischen Zivilgesetzbuches oder eines europäischen Vertragsgesetzbuches, nicht festgestellt. Das von den Befürwortern einer solchen Maßnahme einzig stichhaltig vorgebrachte Argument der Kostenreduzierung ist weder empirisch nachgewiesen, noch drängt die eigentlich betroffene Wirtschaft zu einer solchen Maßnahme. Vielmehr deuten einige Anhaltspunkte darauf hin, dass die fortbestehende Diversität der Vertragsrechtsordnungen nicht die behaupteten – negativen – Folgen nach sich zieht. Entsprechend konnte auch in bezug auf die Vertragsrechtsordnungen der kanadischen Provinzen kein solch weitgehender Vereinheitlichungsdruck festgestellt werden. Dennoch spricht bereits eine gewisse Eigendynamik für die Fortführung des auf ein europäisches Vertragsrecht abzielenden Angleichungs-prozesses, weshalb das im vorangegangenen Kapitel vorgeschlagene System der parallelen Regelungsebenen verfolgt werden sollte. Durch das Angebot eines europäischen Vertragsrechts, für dessen Anwendung die Parteien optieren können, wären die – behaupteten – Erfordernisse des Binnenmarktes an ein vereinheitlichtes Vertragsrecht für grenzüberschreitende Transaktionen gewahrt. Dieses Modell würde dabei die Diversität der nationalen Regelungen jedoch fortbestehen lassen, wodurch die mit einer Pluralität der Lösungen verbundenen Vorzüge beibehalten werden können. Unter anderem würde sich hierdurch auch der Harmonisierungsdruck auf die gliedstaatlichen Vertragsrechte reduzieren, so dass eine Mindestharmonisierung ausreichend würde. Im Übrigen könnte ein Ideenwettbewerb für eine weitere Annäherung sorgen, die den Vorzug für sich in Anspruch nehmen kann, systemgerecht zu erfolgen. Hierbei bietet die kanadische Rechtsordnung wiederum den Beleg, dass ein solcher Ideenwettbewerb im Verbrauchervertragsrecht stattfindet und auch geeignet ist, eine Konvergenz der gliedstaatlichen Rechte zu erreichen.

Entsprechendes gilt für das Gesellschaftsrecht. Die kanadische Rechtsordnung bietet hier das Beispiel für ein funktionierendes System der parallelen Regelungsebenen und demonstriert eindrucksvoll dessen integrative Wirkung. Es ist wohl unbestritten, dass ein Bedürfnis an europäischen Gesellschaftsformen besteht, weshalb die SE einen wichtigen Schritt in die richtige Richtung darstellt. Allerdings wäre es erforderlich, aus der SE eine eigenständige Gesellschaftsform europäischen Rechts zu machen, da sie bislang nur einer Variante des jeweiligen nationalen Rechts entspricht. Daneben steht zu befürchten, dass die Attraktivität der SE durch die Rechtsprechung des EuGH zum internationalen Gesellschaftsrecht konterkariert wird, da nunmehr nationale Gesellschaften verkehrsfähiger sind als die europäischen. Auch in bezug auf das Gesellschaftsrecht zeigt sich, dass die Wirkungen einer marktbestimmten Annäherung nicht zu unterschätzen sind. Sowohl in der EU als auch in Kanada wurden diesbezüglich deutliche Anzeichen festgestellt. Darüber hinaus zeigt das Beispiel Kanadas, dass der Bestand einer Gesellschaftsform auf der übergeordneten Ebene den Harmonisierungsdruck auf die gliedstaatlichen Gesellschaftsrechte vermindert, da die Erfordernisse des Binnenmarkts hierdurch gewahrt werden.

Damit gilt insgesamt für das Privatrecht, dass eine Vereinheitlichung durch Intervention der EU per se nicht wünschenswert ist, da sie die bezweckten Ziele nur unzureichend zu erreichen vermag und darüber hinaus auch nicht erforderlich ist. Selbst eine Harmonisierung der mitgliedstaatlichen Regelungen ist auf ein Mindestmaß zu beschränken, wohingegen das Angebot von eigenständigen rechtlichen Lösungen auf EU-Ebene erfolgversprechend erscheint. Es ist zu erwarten, dass ein Ideenwettbewerb, der auch die EU selbst als Gesetzgeber in einem System der parallelen Regelungsebenen umfasst, eine weitergehendere Harmonisierung erreicht, die zudem den Vorteil hat, systemgerecht zu sein. Dies gilt insbesondere deswegen, weil ein solcher Ideenwettbewerb dadurch unterstützt wird, dass die Gesetzgeber bestrebt sind, ein möglichst günstiges und wettbewerbsfähiges Umfeld für ihre jeweiligen Marktteilnehmer zu schaffen.

Schließlich sollte man sich in Erinnerung rufen, dass Harmonie gerade den ausgewogenen Gleichklang von Verschiedenem bedeutet.[1055] Dies sollte nicht vergessen werden, da gerade diese Verschiedenheit nicht eine Schwäche, sondern eine der Stärken Europas darstellt und geradezu dessen Wesen ausmacht. Es sollte

---

1055 Eine Ausführung von *Glenn* aufgreifend, in: Conflicting Laws in a Common Market? The NAFTA Experiment, 76 (2001) Chicago Kent Law Review, s.o., S. 1789, 1794.

daher das Ziel des Entwicklungsprozesses des Privatrechts in Europa sein, diese Verschiedenheit in Harmonie zu bringen, und nicht sie abzuschaffen.

## Literaturverzeichnis


ANISMAN, Philip: The Regulation of the Securities Market and the Harmonization of Provincial Laws, in: Cuming, (Hrsg.), Harmonization of Business Law in Canada, 1986, S. 77

ARMBRÜSTER, Christian: Ein Schuldvertragsrecht für Europa? Bemerkungen zur Privatrechtsangleichung in der Europäischen Union nach „Maastricht“ und „Keck“ 60 RabelsZ 1996, S. 72

BASEDOW, Jürgen: Europäisches Vertragsrecht für europäische Märkte, 1996

BASEDOW, Jürgen: Europäisches Internationales Privatrecht, NJW 1996, S. 1921

BASEDOW, Jürgen: Materielle Rechtsangleichung und Kollisionsrecht, in: Schnyder/ Heiss/ Rudisch, Internationales Verbraucherschutzrecht, S. 11

BAYER, Walter: Die EuGH-Entscheidung „Inspire Art“ und die deutsche GmbH im Wettbewerb der europäischen Rechtsordnungen, BB 2003, S. 2357

BAYER, Walter: Aktuelle Entwicklungen im Europäischen Gesellschaftsrecht, BB 2004, S. 1

BEAUDOIN, Gérald-A.: La Constitution du Canada, 1990

BEHRENS, Peter: Mindestharmonisierung im Binnenmarkt – Stellungnahme, in Everling/Roth (Hrsg.), S. 33

BELOBABA, Edward P.: The Development of Consumer Protection Regulation: 1945 to 1984, in: Bernier / Lajoie (Hrsg.), Consumer Protection, Environmental and Corporate Law, 1985, S. 1

BELOBABA, Edward P.: Unfair Trade Practices Legislation: Symbolism and Substance in Protection, (1975) Osgoode Hall L. J., S. 327

| | |
|---|---|
| BERNHOLZ, Peter/ FABER, Malte: | Überlegungen zu einer normativen ökonomischen Theorie der Rechtsvereinheitlichung, RabelsZ 50 (1986) S. 35 |
| BERNIER, Ivan/ LAJOIE, Antoine (Hrsg.): | Consumer Protection, Environmental and Corporate Law, 1985, (Vol. 50, Collected Research Studies of the Royal Commission on the Economic Union and Development Prospects for Canada) |
| BERNIER, Ivan: | Le concept d'union économique dans la constitution canadienne: De l'intégration commerciale à l'intégration des facteurs de production, (1979) 20 Cahiers de Droit S. 177 |
| BLANQUET, Françoise: | Das Statut der Europäischen Aktiengesellschaft (Societas Europaea „SE") – Ein Gemeinschaftsinstrument für die grenzübergreifende Zusammenarbeit im Dienste der Unternehmen, ZGR 2002, S. 20 |
| BLOM, Joost: | Canadian International Law: An English System transplanted into a Federal State, Netherlands International Law Review 1992, S. 155 |
| BLÜMCKE, Patrick: | Das Internationale Gesellschaftsrecht von Kanada, 2001 |
| BOGDANDY, VON, Armin: | In: Grabitz/Hilf, Das Recht der Europäischen Union, Kommentar |
| BONIN, Jean-François ZUIDJWIK, Ton JORDAN, Fred: | Federalism, Economic Union and Subsidiarity: Canadian and European Perspectives. An Introduction to the Issue (1993) 3 National Journal of Constitutional Law (N.J.C.L.) S. 301 |
| BOUCOUREСHLIEV, Jeanne/ HOMMELHOFF, Peter: | Vorschläge für eine Europäische Privatgesellschaft – Strukturelemente einer kapitalmarktfernen europäischen Gesellschaftsform nebst Entwurf für eine EPG-Verordnung der Europäischen Gemeinschaft, 1999. |
| BRATTON, William W.: | Corporate Law's Race to Nowhere in Particular, (1994) U. of Toronto L.J., S. 401 |

BRIERLEY, John E. C.: Regards sur le droit des biens dans le nouveau Code Civil du Québec, Revue Internationale de Droit Comparé 1995, S. 33

BRUN, Henri / TREMBLAY, Guy: Droit Constitutionnel, 1990

BUSSANI, Mauro: „Integrative" Comparative Law Enterprises and the Inner Stratification of Legal Systems, European Review of Private Law 2000, S. 85

BUXBAUM, Richard M/ HOPT, Klaus J.: Legal Harmonization and the Business Enterprise – Corporate and Capital Market Law Harmonization Policy in Europe and the USA, 1988 (Integration Through Law, Europe and the Federal Experience, Vol. 4)

BUXBAUM, Richard M/ HERTIG, Gérard/ HIRSCH, Alain/ HOPT, Klaus J.(Hrsg.): European Business Law - Legal and Economic Analyses on Integration and Harmonization, 1991

BUXBAUM, Richard M/ HERTIG, Gérard/ HIRSCH, Alain/ HOPT, Klaus J.(Hrsg.): European Economic and Business Law – Legal and Economic Analyses on Integration and Harmonization, 1996

CAMPANA, Marie-Jeanne: Vers un langage juridique commun en Europe? European Review of Private Law, 2000, S. 33

CANADA, DEPARTMENT OF JUSTICE: L'harmonisation de la législation fédérale avec le droit civil Québécois et le bijuridisme canadien: recueil d'études = The harmonization of federal legislation with Quebec civil law and Canadian bijuralism: collection of studies, 1997

CARON, Yves: De l'action réciproque du droit civil et du common law dans le droit des compagnies de la Province de Québec, in: Ziegel, Jacob S. (Hrsg.), Studies in Canadian Company Law, Bd. 1, 1967, S. 105

CASTEL, Jean-Gabriel: Canadian Conflicts of Law, 4. Auflage 1993

CASTEL, Jean-Gabriel: Introduction to Conflict of Laws, 3. Auflage 1998

| | |
|---|---|
| CASTEL, Jean-Gabriel: | Some recent important trends in Canadian Private International Law, Netherlands International Law Review 1993, S. 15 |
| CHEFFINS, Brian R.: | European Community Company and Securities Law: A Canadian Perspective, [1991] McGill L.J., S. 1282 |
| COING, Helmut: | Europäisches Privatrecht, Bd. 1: Älteres Gemeines Recht (1500 bis 1800), 1985, sowie Bd. 2: 19. Jahrhundert (1800 bis 1914), 1989. |
| CRÉPEAU, Paul-André: | La réforme du Code Civil du Québec, Revue Internationale de Droit Comparé, 1997, S. 269. |
| CUMING, Ronald C.C. (Hrsg.): | Harmonization of Business Law in Canada, 1986 (Vol. 56, Collected Research Studies of the Royal Commission on the Economic Union and Development Prospects for Canada) |
| CUMING, Ronald C.C. (Hrsg.): | Perspectives on the Harmonization of Law, 1985 (Vol. 55, Collected Research Studies of the Royal Commission on the Economic Union and Development Prospects for Canada) |
| CUMING, Ronald C.C.: | Harmonization of Canadian Personal Property Security Law, in: Cuming, Ronald C.C. (Hrsg.), Harmonization of Business Law in Canada, 1986, S. 169 |
| CUMMING, Douglas J./ MACINTOSH, Jeffrey G.: | The role of interjurisdictional competition in shaping Canadian corporate law, Int.Revue of Law and Economics 20 (2000) S. 141-186 |
| CUMMING, Douglas J./ MACINTOSH, Jeffrey G.: | The rationales underlying reincorporation and implications for Canadian corporations, Int. Revue of Law and Economics 22 (2002) S. 277-330 |
| DANIELS, Ronald J./ MACINTOSH, Jeffrey G.: | Towards a Distinctive Canadian Corporate Law Regime, [1991] 29 Osgoode Hall Law Journal, S. 863 – 933 |
| DANIELS, Ronald J./ MACINTOSH, Jeffrey G.: | Capital Markets and the Law: The Peculiar Case of Canada, Can. Investment Review, (1990) S. 77 |

DANIELS, Ronald J.: Should Provinces Compete? The Case for a Competitive Corporate Law Market, (1991) 36 McGill L.J., S. 130

DAVID, René/ GRASSMANN, Günther: Einführung in die großen Rechtssysteme der Gegenwart, 1966

DAWSON, MacGregor R.: The Government of Canada, 1963

DEMARET, Paul: A Short Walk in the Realm of Subsidiarity, in: Buxbaum/Hertig/Hirsch/Hopt (Hrsg.) European Economic and Business Law, S. 13

DEMESTRAL, Armand/ WINTER, Jan: Mobility Rights in the European Union and Canada, (2001) 46 McGill L.J., S. 979

DEMESTRAL, Armand: La subsidiarité est-elle une menace au grand marché intérieur? (1993) 3 National Journal of Constitutional Law (N.J.C.L), S. 391

DOERN, Bruce G/ MACDONALD, Mark: Free Trade Federalism: Negotiating the Canadian Agreement on Internal Trade, 1999

DORE, Karl J.: The Consumer Product Warranty and Liability Act, (1982), 31 U. of New Brunswick L. J. S. 161

DROBNIG, Ulrich: Europäisches Zivilgesetzbuch – Gründe und Grundgedanken, in Martiny/Witzleb, Auf dem Wege zu einem Europäischen Zivilgesetzbuch, S. 109

DROBNIG, Ulrich: Ein Vertragsrecht für Europa, in Festschrift für Steindorff, 1990, S. 1141

DUMOLLARD, Benoit: L'Intégration des Directives Communautaires relatives à la Protection des Consommateurs en Droit Privé Français, in: Schulte-Noelke/Schulze, Europäische Rechtsangleichung und nationale Privatrechte, S. 173.

EASTERBROOK, Frank H.: Federalism and European Business Law, in: Buxbaum/Hertig/Hirsch/Hopt (Hrsg.) European Economic and Business Law, S. 1

EBKE, Werner F.: Unternehmensrecht und Binnenmarkt – E pluribus unum? Dritte Ernst-Rabel-Vorlesung, 1992, RabelsZ 62 (1998), S. 195

EBKE, Werner F.: Unternehmensrechtsangleichung in der Europäischen Union: Brauchen wir ein European Law Institute? In Festschrift für Großfeld, 1999, S. 189

EGER, Thomas: Harmonisierung von Rechtsregeln versus Wettbewerb zwischen Jurisdiktionen in Europa, in Martiny/Witzleb, Auf dem Wege zu einem Europäischen Zivilgesetzbuch, S. 95

ELIADIS, Pearl F.: The Legal System in Quebec, in: Gall, The Canadian Legal System, 1995.

EVERLING, Ulrich/ ROTH, Wulf-Henning (Hrsg.): Mindestharmonisierung im Europäischen Binnenmarkt, Referate des 7. Bonner Symposiums vom 27. April 1996 (1997)

FINKLE, Peter/ COAKELEY, Simon: Morguard Investment Limited: Reforming Federalism from the Top, (1991) 14 Dalhousie L.J., S. 340

FORSTHOFF, Ulrich Internationales Gesellschaftsrecht im Umbruch. Zugleich Anmerkung zum BGH-Urteil vom 13. 3. 2003, DB 2003, S. 979.

FRANZEN, Martin: Privatrechtsangleichung durch die Europäische Gemeinschaft, 1999

FRANZEN, Martin: „Heininger" und die Folgen: ein Lehrstück zum Gemeinschaftsprivatrecht, JZ 2003, S. 321

FRIDMAN, G.H.L.: Sale of Goods in Canada, 4. Auflage 1995

GALL, Gerald L.: The Canadian Legal System, 4. Auflage 1995

GANDOLFI, Giuseppe: Der Vorentwurf eines Europäischen Vertragsgesetzbuchs, ZEuP 2002, S. 1

GERKEN, Lüder (Hrsg.): Europa zwischen Ordnungswettbewerb und Harmonisierung. Europäische Ordnungspolitik im Zeichen der Subsidiarität, 1995

GLENN, H. Patrick: La Cour Suprême du Canada et la tradition du Droit Civil, (2001) 80 Can. Bar Rev., S. 151

GLENN, H. Patrick: Conflicting laws in a Common Market? The NAFTA Experiment, 76 (2001) Chicago Kent Law Review, S. 1789

GLENN, H. Patrick: Codification of Private International Law in Quebec, (60) 1996 RabelsZ, S. 232

GLENN, H. Patrick: Foreign Judgments, the Common Law and the Constitution, (1992) 37 McGill L. J. S. 537

GLENN, H. Patrick: La civilisation de la common law, Revue Internationale de Droit Comparé 1999, S. 559

GRABITZ, Eberhard/ HILF, Meinhard: Das Recht der Europäischen Union, Kommentar (Loseblatt, Stand: April 2003)

GRADY, Patrick/ MACMILLAN, Kathleen: Why is Interprovincial Trade Down and International Trade Up? Canadian Business Economics, November 1998, S. 26

GRENON, Aline: La protection du consommateur et les sûretés mobilières au Québec et en Ontario: «solutions» distinctes? 80 (2001) Can. Bar Rev. S. 917

GROßFELD, Bernhard: In Staudinger, Kommentar zum Internationalen Gesellschaftsrecht, 14. Bearbeitung, 1998

GRUNDMANN, Stefan (Hrsg.): Systembildung und Systemlücken in Kerngebieten des Europäischen Privatrechts, Tübingen, 2000

GRUNDMANN, Stefan: Harmonisierung, Europäischer Kodex, Europäisches System der Vertragsrechte – Die Perspektiven der Kommissionsmitteilung zum Europäischen Vertragsrecht - NJW 2002, S. 393

GRUNDMANN, Stefan: EG-Richtlinien und nationales Privatrecht, JZ 1996, S. 274

GRUNDMANN, Stefan: Das Thema Systembildung im Europäischen Binnenmarkt – Gesellschafts-, Arbeits- und Schuldvertragsrecht, in Grundmann (Hrsg.) Systembildung und Systemlücken in Kerngebieten des Europäischen Privatrechts, S. 1

GRUNDMANN, Stefan: Europäisches Schuldvertragsrecht, ZGR-Sonderheft 15, Berlin, New York 1999

GUYON, Yves: Zur Gestaltungsfreiheit im französischen Gesellschaftsrecht, in: Lutter/Wiedemann (Hrsg.), Gestaltungsfreiheit im Gesellschaftsrecht (ZGR-Sonderheft 13), 1998, S. 297

HABERSACK, Matthias: Europäisches Gesellschaftsrecht, 1999

HABERSACK, Matthias: Europäisches Gesellschaftsrecht im Wandel, NZG 2004, S. 1

HADDEN, Tom/ FORBES, Robert E./ SIMMONDS, Ralph L.: Canadian Business Organizations Law, 1984

HAUSMANN, Rainer: In: Reithmann-Martiny, Internationales Vertragsrecht, 6. Auflage 2004

HAYEK, VON, Friedrich A.: Wettbewerb als Entdeckungsverfahren, in: v.Hayek, Freiburger Studien – Gesammelte Aufsätze (1969) S. 249

HEINRICHS, Helmut In: Palandt, Bürgerliches Gesetzbuch, 64. Auflage, München 2005

HEINZE, Meinhard: Die Europäische Aktiengesellschaft, ZGR 2002, S. 66

HEß, Burkhard: Die „Europäisierung“ des internationalen Zivilprozessrechts durch den Amsterdamer Vertrag – Chancen und Gefahren, NJW 2000, S. 23

HIRTE, Heribert: Die Europäische Aktiengesellschaft, NZG 2002, S. 1

HOGG, Peter W Constitutional Law of Canada, Loseblatt (Stand 1997)

HOGG, Peter W Subsidiarity and the Division of Powers in Canada, (1993) 3 National Journal of Constitutional Law (N.J.C.L), S. 341

HOGG, Peter W. The Law-Making Role of the Supreme Court of Canada: Rapporteur's Synthesis, (2001) 80 Can. Bar Rev. S. 171

HOFFMANN, Markus: Der Diskussionsstand zur Reform der Verbraucherkreditrichtlinie, BKR 2004, S. 308

HOMMELHOFF, Peter: Einige Bemerkungen zur Organisationsverfassung der Europäischen Aktiengesellschaft, AG 2001, S. 279

HOMMELHOFF, Peter: Gesellschafts- und Unternehmensrecht in der Europäischen Union: Stand und Perspektiven 1997, in: Everling/Roth (Hrsg.), Mindestharmonisierung im Europäischen Binnenmarkt, 1997, S. 83.

HOPT, Klaus J./ WYMEERSCH, Eddy (Hrsg.): Capital Markets and Company Law, 2003

HOPT, Klaus J.: Gestaltungsfreiheit im Gesellschaftsrecht in Europa, in: Lutter/Wiedemann (Hrsg.), Gestaltungsfreiheit im Gesellschaftsrecht (ZGR-Sonderheft 13), 1998, S. 123.

HOPT, Klaus J.: Gemeinsame Grundsätze der Corporate Governance in Europa? – Überlegungen zum Einfluss der Wertpapiermärkte auf Unternehmen und ihre Regulierung und zum Zusammen-wachsen von common law und civil law im Gesellschafts- und Kapitalmarktrecht, ZGR 2000, S. 779.

HOWSE, Robert: Securing the Canadian Economic Union: Legal and Constitutional Options for the Federal Government, 1996

HULLE, VAN, Karel: Aktuelle Entwicklungen im Europäischen Gesellschaftsrecht, in: Scheuing/Schwarz/Wollenschläger (Hrsg.) Europäisches Unternehmensrecht, 2001, S. 81

HULLE, VAN, Karel: Financial Disclosure and Accounting, in: Hopt/ Wymeersch (Hrsg.), Capital Markets and Company Law, 2003, S. 153.

HURLBURT, W. H.: Harmonization of Provincial Legislation in Canada: The Elusive Goal, in 12 (1986-1987) Can. Bus. L.J. S. 387

IHRIG, Hans-Christoph/ WAGNER, Jens: Der Diskussionsentwurf für ein SE-Ausführungsgesetz, BB 2003, S. 969

JAEGER, Carsten: Die Europäische Aktiengesellschaft europäischen oder nationalen Rechts, 1994.

JAYME, Erik/ HAUSMANN, Rainer: Internationales Privat- und Verfahrensrecht, 12. Auflage 2004

JAYME, Erik/ KOHLER, Christian: Europäisches Kollisionsrecht 2000: Interlokales Privatrecht oder universelles Gemeinschaftsrecht? IPRax 2000, S. 454

JAYME, Erik: Zum Jahrtausendwechsel: Das Kollisionsrecht zwischen Postmoderne und Futurismus, IPRax 2000, S. 165.

JOERGES, Christian: Desintegrative Folgen legislativer Harmonisierung: ein komplexes Problem und ein unscheinbares Exempel, in: Schulte-Noelke/ Schulze, Europäische Rechtsangleichung und nationale Privatrechte, S. 205

KERBER, Wolfgang: Rechtseinheitlichkeit und Rechtsvielfalt aus ökonomischer Sicht, in Grundmann (Hrsg.) Systembildung und Systemlücken in Kerngebieten des Europäischen Privatrechts, S. 67

KIENINGER, Eva-Maria: Wettbewerb der Rechtsordnungen und Binnenmarktziel – Studien zur Privatrechts-koordinierung in der Europäischen Union auf dem Gebiet des Gesellschafts- und Vertrags-rechts, 2002

KINDLER, Peter: Auf dem Weg zur Europäischen Briefkastengesellschaft? Die „Überseering“-Entscheidung des EuGH und das Internationale Privatrecht, NJW 2003, S. 1073.

KINDLER, Peter: In: Münchner Kommentar zum Internationalen Gesellschaftsrecht, 3. Auflage 1999

KITCH, Edmund W.: Business Organization Law, State or Federal?, in: Buxbaum/Hertig/Hirsch/Hopt (Hrsg.) European Business Law, S. 35

| | |
|---|---|
| KÖTZ, Hein: | Alte und neue Aufgaben der Rechtsvergleichung, JZ 2002, S. 257 |
| KRAUSE, Hartmut: | Das deutsche Übernahmegesetz vor dem Hintergrund der EU-Richtlinie, ZGR 2002, S. 500, 503. |
| KRAUSE, Hartmut: | Die Übernahmerichtlinie – Anpassungsbedarf im Wertpapiererwerbs- und Übernahmegesetz, BB 2004, S. 113 |
| KROHER, Jürgen: | Wettbewerbsrecht und Verbraucherschutz in Kanada, 1985 |
| LABRIE, F. E./ PALMER, E. E.: | The Pre-Confederation History of Corporations in Canada, in: Ziegel, Jacob S. (Hrsg.), Studies in Canadian Company Law, Bd. 1, 1967, S. 33 |
| LANDO, Ole, BEALE, Hugh (Hrsg.): | Principles of European Contract Law, Part I and II, 1999 |
| LANDO, Ole/ CLIVE, Eric/ PRÜM, André/ ZIMMERMANN, Reinhard: | Principles of European Contract Law, Part III, 2003 |
| LANDO, Ole: | Principles of European Contract Law, An Alternative or a Precursor of European Legislation, 56 RabelsZ 1992, S. 261. |
| LANDO, Ole: | Optional or Mandatory Europeanisation of Contract Law, European Review of Private Law 2000, S. 59 |
| LASKIN, Bora: | Canadian Constitutional Law, 5. Auflage 1986 |
| LEACH, Richard H. | Canadian Federalism Revisited, in Waller (Hrsg.), Canadian Federalism: from crisis to constitution, 1988 |
| LEDERMANN, William R.: | Unity and Diversity in Canadian Federalism: Ideals and Methods of Moderation, in 53 (1975) Can. Bar Rev. S. 597 |
| LEDERMANN, William R.: | The Concurrent Operation of Federal and Provincial Laws in Canada, (1962-63), 9 McGill L.J. S. 185 |

| | |
|---|---|
| LEDERMANN, William R.: | Continuing Canadian Constitutional Dilemmas, 1981 |
| LEGRAND, Pierre: | Against a European Civil Code, Modern Law Review 1997, S. 44 |
| LEIBLE, Stefan: | Kollisionsrechtlicher Verbraucherschutz im EVÜ und in EG-Richtlinien, in: Schulte-Noelke/Schulze, Europäische Rechtsangleichung und nationale Privatrechte, S. 353 |
| LURGER, Brigitta: | Regulierung und Deregulierung im europäischen Privatrecht, Frankfurt a.M. 1997 |
| LUTTER, Marcus/ WIEDEMANN, Herbert (Hrsg): | Gestaltungsfreiheit im Gesellschaftsrecht (ZGR-Sonderheft 13), 1998 |
| LUTTER, Marcus: | Europäische Aktiengesellschaft – Rechtsfigur mit Zukunft? BB 2002, S. 1 |
| LUTTER, Marcus: | Europäisches Unternehmensrecht, (ZGR-Sonder heft 1) 4. Auflage 1996 |
| LUTTER, Marcus: | Konzepte, Erfolge und Zukunftsaufgaben der Gesellschaftsrechtsharmonisierung, in Grundmann (Hrsg.) Systembildung und Systemlücken in Kerngebieten des Europäischen Privatrechts, S. 121 |
| LUTTER, Marcus: | Perspektiven des Gesellschaftsrechts in Deutschland und Europa, BB 2004, Heft 1 „Die erste Seite" |
| MACINTOSH, Jeffrey G.: | The Role of Interjurisdictional Competition in Shaping Canadian Corporate Law: A Second Look, University of Toronto Law and Economics Working Papers 18 (1993) |
| MAGNIER, Véronique: | Rapprochement des Droits dans l'Union européenne et viabilité d'un droit commun des sociétés, 1999 |
| MARKESINIS, Basil S.: | Why a code is not the best way to advance the cause of European legal unity, European Review of Private Law 1997, S. 519 |

MARTEL, Maurice/ MARTEL, Paul: La compagnie au Québec, Band 1: Les aspects juridiques, 1998

MARTINY, Dieter/ WITZLEB, Normann (Hrsg.): Auf dem Wege zu einem Europäischen Zivilgesetzbuch, 1999

MARTINY, Dieter: Europäisches Privatrecht – greifbar oder unerreichbar, in Martiny/Witzleb, Auf dem Wege zu einem Europäischen Zivilgesetzbuch, S. 1

MARTINY, Dieter: In: Münchner Kommentar zum Bürgerlichen Gesetzbuch, Band 10, 3. Auflage 1997, Art. 29 EGBGB

MAUL, Silja/ LANFERMANN, Georg/ EGGENHOFER Erich: Aktionsplan der Europäischen Kommission zur Reform des Europäischen Gesellschaftsrechts, BB 2003, S. 1289.

MAUL, Silja: Das Ausführungsgesetz zur SE – der Einzug des monistischen Verwaltungssystems in Deutschland, BB 2003, Heft 19, Die erste Seite

MÄVERS, Gunther Die Mitbestimmung der Arbeitnehmer in der Europäischen Aktiengesellschaft, 2002

MCLEOD, James G.: The Conflict of Laws, 1983

MENJUCQ, Michel: La société européenne, Rev. sociétés 2002, S. 225

MERKT, Hanno: Europäische Aktiengesellschaft: Gesetzgebung als Selbstzweck? Kritische Bemerkungen zum Entwurf von 1991, BB 1992, S. 652

MERKT, Hanno: Das Europäische Gesellschaftsrecht und die Idee des „Wettbewerbs der Gesetzgeber“, RabelsZ 59 (1995), S. 545

MICKLITZ, Hans-W. (Hrsg.): Rechtseinheit oder Rechtsvielfalt in Europa? Rolle und Funktion des Verbraucherrechts in der EG und in den MOE-Staaten, 1. Aufl. 1996, Baden-Baden

MICKLITZ, Hans-W.: Zur Notwendigkeit eines neuen Konzepts für die Fortentwicklung des Verbraucherrechts in der EU, VuR 2003, S. 2.

MONAHAN, Patrick: Constitutional Law 1997

MÜLLER-GRAFF, Peter-Christian (Hrsg.): Gemeinsames Privatrecht in der Europäischen Gemeinschaft, 1993

MÜLLER-GRAFF, Peter-Christian: Europäisches Gemeinschaftsrecht und Privatrecht – Das Privatrecht in der europäischen Integration, NJW 1993, S. 13

NEILSON, William A.: Interjurisdictional Harmonization of Consumer Protection Laws and Administration in Canada, in: Cuming, Ronald C.C. (Hrsg.), Perspectives on the Harmonization of Law, 1985, S. 59

NEUMANN, Melville: Letters Patent and Memorandum of Association Companies, in: Ziegel, Jacob S. (Hrsg.), Studies in Canadian Company Law, Bd. 1, 1967, S. 61

OECHSLER, Jürgen: Die Richtlinie 2005/56/EG über die Verschmelzung von Kapitalgesellschaften aus verschiedenen Mitgliedstaaten, NZG 2006, S. 161

OSMAN, Filali (Hrsg.): Vers un code européen de la consommation. Codification, unification et harmonisation du droit des États-membres de l'Union européenne. Towards a European Consumer Code. Codification, unification and harmonization of European Union member-states law, 1998

OTTENBREIT, Kenneth G./ WALKER, John E.: Learning from the Delaware Experience: Comparison of the Canada Business Corporation Act and the Delaware General Corporation Law, 29 (1998) Can. Bus. L.J. S. 364

OUELLETTE, Yves: Le partage des compétences en matière de constitution des sociétés, (1980-81) 15 Rev. Jur. Thémis S. 113

PAEFGEN, Walter G.: Kollisionsrechtlicher Verbraucherschutz im Internationalen Vertragsrecht und Europäisches Gemeinschaftsrecht, ZEuP 2003, S. 266.

PECHSTEIN, Matthias: Europäisches Zivilgesetzbuch und Rechtssetzungsbefugnisse der EG, in Martiny/ Witzleb, Auf dem Wege zu einem Europäischen Zivilgesetzbuch, S. 19

PEPA, Stevan M.: Extraterritoriality and the Supreme Court's Assertion of the Economic Constitution, (2000) 34 Can. Bus. L.J. S. 231

PFEIFFER, Thomas: Der Verbraucherbegriff als zentrales Merkmal im europäischen Privatrecht, in Schulte-Noelke/ Schulze, Europäische Rechtsangleichung und nationale Privatrechte, S. 21

REESOR, Bayard: The Canadian Constitution in Historical Perspective, 1992

REHER, Tim: Das Gesellschaftsrecht in gemeinsamen Märkten, 1997

REICH, Norbert: Europäisches Verbraucherrecht, 3. Auflage 1996

REMIEN, Oliver: Rechtseinheit ohne Einheitsgesetze? – Zum Symposium „Alternativen zur legislatorischen Rechtsvereinheitlichung", RabelsZ 56 (1992), S. 300

REMIEN, Oliver: Mindestharmonisierung im Verbraucherschutzrecht, Stellungnahme, in Everling/Roth (Hrsg.), Mindestharmonisierung im Europäischen Binnenmarkt, 1997, S. 181

REMIEN, Oliver: Verbraucherrecht oder allgemeines Privatrecht für die EU? In Schulte-Noelke/ Schulze, Europäische Rechtsangleichung und nationale Privatrechte, S. 107

REMILLARD, Gil: Le Fédéralisme Canadien, Band 1 La Loi Constitutionnelle de 1867, 2. Aufl. 1983

RINFRET, Thibaudeau: (1937) 15 Can. Bar Rev., S. 331

ROMANO, Roberta: The Genius of American Corporate Law, 1993

ROSS, N. William C.: The Extra-Provincial Licensing Statutes: Their Scope, Validity and Consequences, 4 (1979-80) Can. Bus. L.J. S. 183

RUSSELL, Peter H.: The Political Role of the Supreme Court of Canada in its First Century, (1975) 53 Can. Bar Rev. S. 576, 578.

SANDROCK, Otto: Die Europäischen Gemeinschaften und die Privatrechte ihrer Mitgliedstaaten: Einheit oder Vielfalt?, EWS 1994, S. 1

SAUTTER, Udo: Geschichte Kanadas (2000)

SAUTTER, Udo: Geschichte Kanadas (1992)

SCHÄFER, Albrecht E.H.: Erwartungen eines deutschen Großkonzerns an das europäische Gesellschaftsrecht, in Scheuing/Schwarz/Wollenschläger (Hrsg.) Europäisches Unternehmensrecht, 2001, S. 61

SCHEUING, Dieter H./ SCHWARZ, Günter C./ WOLLENSCHLÄGER, Michael (Hrsg.): Europäisches Unternehmensrecht, 2001

SCHNYDER, Anton K./ HEISS, Helmut/ RUDISCH, Bernhard (Hrsg.): Internationales Verbraucherschutzrecht, 1995

SCHÖN, Wolfgang: Mindestharmonisierung im Gesellschaftsrecht, in: Everling/Roth (Hrsg.), Mindestharmonisierung im Europäischen Binnenmarkt, 1997, S. 55

SCHÖN, Wolfgang: Playing different games? Regulatory competition in Tax and Company Law compared, C.M.L.R. 2005, S. 331

SCHULTE-NOELKE, Hans/ SCHULZE, Reiner (Hrsg.): Europäische Rechtsangleichung und nationale Privatrechte, 1999

SCHULTE-NOELKE, Hans/ SCHULZE, Reiner: Europäische Rechtsangleichung und nationale Privatrechte – Einführung, in: Schulte-Noelke/Schulze, Europäische Rechtsangleichung und nationale Privatrechte, S. 11

SCHULTE-NOELKE, Hans: Kurzbeitrag: Ein Vertragsgesetzbuch für Europa? JZ 2001, S. 917

SCHULZE, Reiner: Le Droit privé commun européen, Revue Internationale de Droit Comparé, 1995, S. 7

SCHWARZ, Günter C.: Europäisches Gesellschaftsrecht, 2000

SEIDEL, Martin: Mindestharmonisierung im Binnemarkt – Stellungnahme, in: Everling/Roth (Hrsg.), Mindestharmonisierung im Europäischen Binnenmarkt, 1997, S. 39

SMILEY, DONALD V./ MCCLELLAND/ STEWART (Hrsg.): The Rowell-Sirois Report, Book 1

SMITH, Clarence A./ KERBY, Jean Le Droit privé au Canada – Etudes comparatives / Private Law in Canada, A comparative Study, 1975

SMYTH, James E/ SOBERMANN, Daniel A.: Le droit et l'administration des affaires dans les provinces canadiennes de common law, 4. Auflage, 1986

SMYTH, James E/ SOBERMANN, Daniel A./ EASSON, A.J.: The Law and Business Administration in Canada, 8. Auflage, 1998

SPROULE-JONES, Mark: An Analysis of Canadian Federalism, in: Waller (Hrsg.) Canadian Federalism: from crisis to constitution, 1988

STAUDENMAYER, Dirk: Die Richtlinien des Verbraucherprivatrechts – Bausteine für ein Europäisches Privatrecht? In Schulte-Noelke/Schulze, Europäische Rechtsangleichung und nationale Privatrechte, S. 63

STAUDENMAYER, Dirk: Ein optionelles Instrument im Europäischen Vertragsrecht? ZEuP 2003, S. 828

STAUDENMAYER, Dirk: Weitere Schritte im Europäischen Vertragsrecht, EuZW 2005, S. 103

STEINDORFF, Ernst: EG-Vertrag und Privatrecht, 1996

STIKEMAN, Eliot (Hrsg.): Doing Business in Canada, Band I, II, Loseblatt (Stand1990)

STRAIN, J. Frank: Integration, Federalism and Cohesion, 1993

STREINZ, Wolfgang: Mindestharmonisierung im Binnenmarkt, in: Everling/Roth (Hrsg.), Mindestharmonisierung im Europäischen Binnenmarkt, 1997, S. 9

STREIT, Manfred E./ MUSSLER, Werner: Wettbewerb der Systeme und das Binnenmarktprogramm der Europäischen Union, in Gerken (Hrsg.), Europa zwischen Ordnungswettbewerb und Harmonisierung (1995) S. 75

STREIT, Manfred E.: Systemwettbewerb und Harmonisierung im europäischen Integrationsprozess, Max-Planck-Institut zur Erforschung von Wirtschafts-systemen, Jena, Diskussionsbeitrag 9, 1995

STUYCK, Jules: European Consumer Law after the Treaty of Amsterdam: Consumer Policy in or beyond the Internal Market? Common Market Law Review 2000, S. 367

TASCHNER, Hans Claudius: Mindestharmonisierung im Verbraucherschutzrecht, in: Everling/Roth (Hrsg.), Mindestharmonisierung im Europäischen Binnenmarkt, 1997, S. 159

TASSÉ, Roger/ FAILLE, Maxime: Online Consumer Protection: a Study on Regulatory Jurisdiction in Canada, 2001, Office of Consumer Affairs

TASSÉ, Roger/ LEMIEUX, Kathleen: Consumer Protection and Electronic Commerce, 1998, Office of Consumer Affairs

TEICHMANN, Christoph: Die Einführung der Europäischen Aktiengesellschaft – Grundlagen der Ergänzung des europäischen Statuts durch den deutschen Gesetzgeber, ZGR 2002, S. 383

TIEBOUT, Charles M.: A Pure Theory of Local Expenditures, 24 Journal of Political Economy (1956), S. 416

TIETJE, Christian: in Grabitz/Hilf, Das Recht der Europäischen Union. Kommentar

TILMANN, Winfried: Eine Privatrechtskodifikation für die Europäische Gemeinschaft? In: Müller-Graff, Gemeinsames Privatrecht in der Europäischen Gemeinschaft S. 485

TONNER, Klaus: Die Rolle des Verbraucherrechts bei der Entwicklung eines europäischen Zivilrechts, JZ 1996, S. 533

TREBILCOCK, Michael J.: The Supreme Court and Strengthening the Conditions for Effective Competition in the Canadian Economy, (2001) 80 Can. Bar Rev. S. 542

TREMBLAY, André: Les Compétences législatives au Canada et les Pouvoirs provinciaux en Matière de Propriété et de Droits civils, 1967

ULMER, Peter: Vom deutschen zum europäischen Privatrecht? JZ 1992, S. 1

VIETZ, Nadja: Die neue „Blitz-GmbH" in Spanien, GmbHR 2003, S. 26

WALLER, Harold (Hrsg.): Canadian Federalism: from crisis to constitution, 1988

WEATHERILL, Stephen: The Evolution of European Consumer Law and Policy: From Well Informed Consumer to Confident Consumer? In: Micklitz (Hrsg.), Rechtseinheit oder Rechtsvielfalt in Europa? 1996, S. 423

WEGENAST, Franklin W.: The Law of Canadian Companies, 1931

WELLING, Bruce: Corporate Law in Canada, The Governing Principles, 1984

WIESNER, Peter M.: Der Nizza-Kompromiss zur Europa AG – Triumph oder Fehlschlag? ZIP 2001, S. 397.

WIESNER, Peter M.: Corporate Governance und kein Ende – Zum Aktionsplan der EU-Kommission über die Modernisierung des Gesellschaftsrechts und Verbesserung der Corporate Governance, ZIP 2003, S. 977.

WIESNER, Peter M.: Die grenzüberschreitende Verschmelzung und der neue Mitbestimmungskompromiss, DB 2005, S. 91

WILLES, John A.: Contemporary Canadian Business Law, Principles and Cases, 4. Auflage, 1994

WISNER, Robert: Uniformity, Diversity and Provincial Extraterritoriality: *Hunt v. T&N plc* (1995) 40 McGill L. J. 759.

WOUTERS, Jan: European Company Law: *Quo Vadis?*, Common Market Law Review 2000, S. 257

WURMNEST, Wolfgang: Common Core, Grundregeln, Kodifikationsentwürfe, Aquis-Grundsätze – Ansätze internationaler Wissenschaftlergruppen zur Privatrechtsvereinheitlichung in Europa, ZEuP 2003, S. 714

ZIEGEL, Jacob S. (Hrsg.): Studies in Canadian Company Law, Band 1 (1967) und Band 2 (1973)

ZIEGEL, Jacob S./ DANIELS, Ronald J./ MCINTOSH, Jeffrey G./ JOHNSTON, David L.: Cases and Materials on Partnerships and Canadian Business Corporations, Bd. 1, 3. Aufl. 1994

ZIEGEL, Jacob S./ DUGGAN, Anthony J.: Commercial and Consumer Sales Transactions, Cases, Texts and Materials, 4. Auflage 2002

ZIEGEL, Jacob S.: Harmonization of Provincial Laws, with Particular Reference to the Commercial, Consumer and Corporate Law, in: Cuming, Ronald C.C. (Hrsg.), Harmonization of Business Law in Canada, 1986, S. 1

ZIEGEL, Jacob S: Constitutional Aspects of Canadian Companies, in: Ziegel, Jacob S. (Hrsg.), Studies in Canadian Company Law, Bd. 1, 1967, S. 149

ZIEGEL, Jacob S: Is Canadian Consumer Law dead? (1994-95) 24 Canadian Business L. J., S. 417, 418

ZIMMER, Daniel: Ein Internationales Gesellschaftsrecht für Europa, RabelsZ 67 (2003), S. 298

ZIMMERMANN, Reinhard: Das römisch-kanonische ius commune als Grundlage europäischer Rechtseinheit, JZ 1992, S. 8

ZIMMERMANN, Reinhard: Die "Principles of European Contract Law", Teil III, ZEuP 2003, S. 707

ZWEIGERT, Konrad/ KÖTZ, Hein: Einführung in die Rechtsvergleichung, 1996

FSC
www.fsc.org
MIX
Papier | Fördert
gute Waldnutzung
FSC® C083411

Kolibri 360 GmbH
Ferdinand-Jühlke-Straße 7
99095 Erfurt, Deutschland
produktsicherheit@kolibri360.de

Druck:
CPI Druckdienstleistungen GmbH
im Auftrag der
Kolibri 360 GmbH
Ferdinand-Jühlke-Str. 7
99095 Erfurt